# 스포츠 공공외교

## 경기장 안의 또 다른 경기

# SPORT AND DIPLOMACY

## Games within games

# 스포츠 공공외교

## SPORT AND DIPLOMACY

### 경기장 안의 또 다른 경기

Games within games

Edited by J. Simon Rofe

김 진 호 [역]

온누리디앤피
DESIGN & PRESS

훌륭한 스포츠맨이자 대부인

데이비드 존 키어

David John Keir, 1947. 10. 19 - 2017. 3. 25

# 역자의 말

본서는 J. Simon Rofe (ed.), *SPORT AND DIPLOMACY: Games within games,* Manchester: Manchester University Press, 2019를 완역한 것이다. 본서의 구성과 각 장들에 대한 설명은 서론에 잘 설명되어 있다. 참고하기 바란다.

본서는 그동안 외교학에서 잘 다루어지지 않았던 분야인 스포츠와 외교 간의 상호관계를 살펴본 책이다. 그동안 우리는 단순히 올림픽이 열리는 기간 동안 메달 개수를 통하여 자국의 순위가 얼마나 될까라는 생각과 월드컵 축구에서 축구 강국인 브라질, 독일, 영국, 프랑스 등의 유명 선수들의 경기를 보면서 환호하고 열광하는 시간이었다. 특히 메가스포츠이벤트로 불리 우는 동계·하계 올림픽, 피파 월드컵 등을 유치하기 위한 경쟁과 이를 활용한 국격 제고를 위한 외교는 스포츠와 정치 외교 간의 필수 불가결한 관계를 설명해 주고 있다. 그 중에서도 최근 '스포츠의 정치화'와 '정치의 스포츠화' 현상이 발생하고 있다. 이것은 올림픽경기에서 선수단은 참가하되 정부 관료나 외교 대표단 등 공식 사절단의 행사인 개·폐막식 참석은 거부하는 '외교적 보이콧'으로 이어지고 있다. 동시에 메가스포츠이벤트의 상업적 측면도 지나치게 강조되고 있다. 경제적, 정치적 영향력을 미칠 수 있는 다국적기업의 관여는 올림픽의 TV 중계권, 상품화권, 광고권 확대 및 국제올림픽위원회와 국가올림픽위원회에 대한 협찬, 개최지에 대한 재정적 지원 등은 올림픽 운동에 전향적 변화를 압박했다. 올림픽의 순수성의 이상과 상업주의의 현실 간 타협과정을 보여주고 있다.*

본서는 소프트 파워의 주요한 원천으로서 공공외교의 확장성을 담고 있는 스포츠 공공외교 대한 자기 정립을 이루고, 한국의 상황에 적절한 스포츠 공공외교 방안의 대안적 성찰에 대한 이론적·실천적 고민이 담긴 연구가 필요하다**는 데 목적을 두고 있다. 한국은 동·하계올림픽과 월드컵을 개최해본 세계에서 몇 안 되는 나라 중에 속한다. 최근 한국 공공외교 연구 분야에서 K-팝을 중심으로 대중 문화에 대한 연구가 활성화 되어 가고 있다. 현재 해외에서 축구와 야구, 여자배구, 동남아시아 축구와 양궁 그리고 배드민턴 국가대표팀을 지도하는 한국 감독들과 선수들의 활약은 스포츠가 공공외교 자산으로 충분한 역할과 기능을 할 수 있는 가능성을 보여주고 있는 사례이다.

본서는 「2012학년도 KF 공공외교 주요 자료/서적 발간 지원 사업」의 일환으로 이루어졌다. KF(한국 국제교류재단)에 고마운 말을 전한다. 그리고 저작권 교섭하느라 애써준 온누리디앤피의 김용택 사장과 관계자 등에게도 감사드린다.

2022년 5월 17일

제주대학교 사회대학 연구실에서

김진호

---

* 윤득헌, *올림픽의 정치* (서울: 레이보우 북스, 2009), 서문.

** 유호근, *현대스포츠 외교사: 올림픽을 중심으로* (고양: 인간사랑, 2015), p. 15.

# 목차

# 사진 목록

# 표 목록

# 집필자

애런 비컴*Aaron Beacom*은 영국 세인트 마크와 세인트 존 대학교 스포츠와 국제관계학과 부교수이다. 그는 국제장애인올림픽과 사회활동 관련그룹 등과 같은 다중 이해당사자multi-stakeholder외교에 특별한 관심을 가지면서, 이들이 목적을 추구하고 폭넓은 사회변동을 옹호하는 외교과정에 관여하고 있다. 최근 출판으로는 *International Diplomacy and the Olympic Movement*(Palgrave)뿐만 아니라 *International Journal of Sport Policy and Politics, International journal of Sport Communication, Journal of Sport for Development and Diplomacy and Statecraft* 등에 투고한 논문들을 포함한다. 최근 연구에서는 장애인 스포츠와 관련된 거버넌스와 개발 도전에 전념하고 Invictus Games Foundation (2016)을 위한 현장활동에 관계하고 있다. 비컴은 이안 브리타인과 함께 *Palgrave Handbook of Paralympic Studies* (근간)의 공동편집자이다.

알렉산더 카르데나스*Alexander Cárdenas*는 콜롬비아 보고타 출신으로, 콜롬비아와 북아일랜드 등에서 스포츠와 평화구축에 초점을 두면서 스페인 소재 하우메 1 (Jaume I) 대학 평화·분쟁·개발 학과에서 박사학위를 받았다. 그는 북아일랜드 데리Derry 소재 마리 퀴리Marie Curie 지속가능한 평화연구자로서 국제분쟁연구소INCORE에 속해 있다. 카르데나스는 콜롬비아, 북아일랜드와 필리핀 등에서 개발을 위한 스포츠와 평화 등에 대한 광범위한 연구를 수행해 왔고, 라틴 아메리카와 동남아시아 등에서 스포츠와 올림피즘을 통한 공동체 개발에 목적을 둔 프로젝트를 실행해 왔다. 그는 Advanced Olympic Research Grant Program of the Olympic Studies Center를 위한 평가자이며 광범위하게 수집된 스포츠 기념품을 소유하고 있다.

**로렌스 쿨리***Laurence Cooley*는 버밍햄 대학 국제개발학과 연구원이자 퀸스 대학 벨파스트Natural and Built Environment 학부 방문연구원이기도 하다. 그는 인종 분쟁 해결, 심각하게 분열된 사회에서 합의 정치와 스포츠 거버넌스 등에 관련한 연구에 관심을 가진 정치학자이다. 2017년 2월부터 2019년 1월까지, 분쟁 이후 사회에서 합의 정치와 권력 공유 기관의 관계 형성에 대한 프로젝트를 수행했고 ESRC Future Research Center 부교수이다. 자스민 무자노비치Jasmin Mujanović와 함께, *Global Society*와 온라인 잡지인 *Balkanist* 등에 FIFA, UEFA와 보스니아 헤르체코비나에서 축구 거버넌스 개혁 등에 대해서 글을 써 왔다. 연구하는 것 이외에, 자전거가 유일한 취미이다.

**수잔 다우즈***Suzanne Dowse*는 뉴질랜드 캔터베리 크라이스트 처치 대학교 학부장이자 스포츠, 체육 교육과 활동연구센터SPEAR 연구원이다. 이러한 직위를 가지기 전에, 그녀는 스포츠 건강관리와 이벤트 관리 프로그램 책임자였다. 그녀의 강의 전문분야와 전문 과목에는 정치, 국제관계와 스포츠 정책, 그리고 메가 스포츠 이벤트 유치에 관한 정치적 사회적 영향 등이 포함된다. 최근 연구로는 어린이 권리와 다양한 사회 정의 쟁점 간의 분기점을 연구해 오고 있다.

**맥시밀리언 드레팔***Maximillian Drephal*은 제국주의 역사, 식민주의와 후기 식민주의 남아시아 그리고 신 외교사 방법론 등을 전공한다. "The British Legation in Kabul: the coloniality of diplomacy in independent Afghanistan, 1922-1948"에 대해서 잉글랜드 소재 러프버러Loughborough 대학에서 박사학위 논문을 작성하기 전에, 그는 자유 베를린 대학과 맨체스터 대학 등에서 역사와 영문학을 공부했다. 그는 2016년 9월 셰필드

Sheffield대학에서 국제사학 담당으로 역사학과에 부임했다. 최근 출판으로는 *Modern Asian Studies*에 "Corps diplomatique: the body, British diplomacy and independent Afghanistan, 1992-1947를 기고했다.

**요셉 이튼***Joseph Eaton*은 대만 소재 국립정치대학 역사학과 부교수이다. 그는 뉴욕 시 소재 컬럼비아 대학 박사 졸업생이자 대만 단수이 소재 담강 Tamkang대학 미국연구 대학원 전 풀브라이트 학자이기도 하다. 그의 연구는 미국의 세계와의 연계성에 초점을 둔다. 이튼의 책들인, *The Anglo-American Paper War: Debates about the New Republic, 1800-1825* (Palgrave, 2010)에서는 대서양 양쪽에 있는 작가들의 관심을 모았던 미국 초기 공화국 이미지에 대한 논쟁을 살펴본다. 이튼의 논문들은 *Diplomatic History, The Pennsylvania Magazine of History and Biography, The Journal of the Republic of China Military Academy, Nineteenth Century American History, Tamkang Journal of International Affairs and the Taiwan Review* 등에 수록되어 있다.

**캐롤 고메즈***Carole Gomez*는 2013년 이래로 국제관계·전략연구소IRIS 연구원이다. 그녀는 국제스포츠에 관한 작업을 하고 있고 스포츠 보이콧 연구를 전문으로 하면서 스포츠 외교와 진실성 등에 초점을 두고 있다. 고메즈는 벨파스트 소재 퀸스 대학에서 유럽법을 공부한 이후 팡테옹 아사스 Pantheon Assas대학으로부터 국제공법-국제관계 석사 학위를 가지고 있다.

**린제이 사라 크라스노프***Lindsay Sarah Krasnoff*는 역사학자, 컨설턴트이자 The Making of Les Blues: Sport in France 1958-2010 (2012) 저자이기도 하다. 스포츠, 인종, 정체성, 이주와 젊은이 등에 대한 그녀의 업적은 *CNN International, Huffington Post, Roads & Kingdoms, Sports Illustrated, The New Yorker and The New York Times* 등에 출연해 왔다. 크라스노프는 미국 국무부 산하 역사학자실에 근무했다. 거기에서 그녀는 미국-유럽 관계사 작업을 했다. 그녀는 스포츠와 민주주의 싱크 탱크 집행위원회에서 근무했다. 거기에서 그녀는 스포츠 외교를 공동으로 주도했고, Overseas Press Club of America 회원이기도 하다.

시빌 랑*Sibylle Lang*은 독일 함부르크 소재 헬무트 슈미트 대학으로부터 국제관계 박사학위와 뮌헨 소재 루트비히 막스밀리언 대학으로부터 정치학, 북미 연구와 문화 간 커뮤니케이션 석사학위 등을 받았다. 그녀는 뮌헨 소재 연방 국방대학 외래교수이자 특히 연방 지휘 참모대학에서 방위 관련 주제에 대해서 정기적으로 강의하고 있다. 그녀는 개발과 평화구축 분야에서 여러 유엔기구와 싱크탱크/자문기관과 독일 국방부 산하 군사정책과 무기 통책 부서 등에서 임무를 수행해 왔다. 그녀의 연구는 안보/개발의 넥서스 강화, 위기와 위기관리 등에 대한 전체적인(holistic) 접근방법, 임무 분석과 역량개발뿐만 아니라 국제군사협력 등에 초점을 두고 있다.

J. 시몬 로페*J. Simon Rofe*는 국제관계·외교 센터의 외교·국제관계 부교수이자 런던대학 아시아 아프리카학과 석사 학위 글로벌 외교 프로그램 책임자이다. 그의 연구는 외교, 국제·글로벌 역사, 특히 런던주재 미국 대사관에 관심을 가지고 스포츠 외교에 초점을 둔다. 그는 많은 저서와 *Diplomacy and Statecraft, Journal of the Gilded Age and Progressive Era, Sport and Society*와 *The Journal of Transatlantic Studies* 등에 학술논문을 게재한 저자이기도 하다. 선별된 저작물은 다음과 같다. 홈스와 함께 *The London Embassy—70 years in Grosvenor Square 1939-2009* (Palgrave, 2012), 앤드류 윌리엄스와 아메리아 하드필드 등과 함께 *International History and International Relations* (Routledge, 2012), 앤드류 존스톤과 앤드류 프리에스트 등이 편집한 *US Foreign Policy and American Presidential Elections* (University of Kentucky Press, 2017)에 “Nearly man: Thomas E. Dewey from crime buster to presidential contender in 1944” 등을 포함한다.

데이비드 로*David Rowe*는 서부 시드니 대학 문화연구, 문화사회연구소 명예교수, 배스 대학 인문사회학부 명예교수이다. 호주인문·사회 아카데미와 선출 회원이다. 그는 동료 심사를 받는 학술지에 90편의 연구논문

*(International Journal of the History of Sport)*과 편집 저서(*Moral Panics, the Press, and the Law in Early Modern England*)에 110편 이상의 챕터 그리고 참고 교재(*The Oxford Companion to Australian Sport*) 등을 출판해 왔다. 로의 저서로는 *Sport, Culture and the Media: The Unruly Trinity* (McGraw-Hill, 2nd edition, 2004), *Global Media Sport: Flows, Forms and Futures* (Bloombury, 2011) 그리고 *Sport, Public Broadcasting, and Cultural Citizenship: Signal Lost?* (edited with Jay Scherer, Routledge, 2014) 등이 있다. 그의 업적은 중국어, 프랑스어, 터키어, 스페인어, 이탈리아어 그리고 아랍어 등으로 번역되었다.

**아만다 슈만***Amanda Shuman*은 독일 프라이부르크 대학 박사후 연구원이자 ERC가 재정 지원하는 “The Maoist Legacy” 프로젝트 실무관리자이다. 그녀의 연구는 중국 역사, 냉전 동안 남반구의 저개발국, 소프트 파워와 초국가 스포츠 네트워크 등이다. 최근 2014년 캘리포니아 대학 박사학위 청구논문 “The politics of socialist athletics in the People's Republic of China, 1949-1966”에 기반해서 본서의 챕터를 준비 중이다. 예전 1963년 인도네시아에서 개최된 스포츠 메가 이벤트인 새롭게 부상하는 세력에 관한 게임에 중국의 개입뿐만 아니라 1960년대 중국과 아프리카 사이 스포츠 사절 방문 등에 대한 논문을 출판한 바 있다. 근간에서는 1950년대 중국영화에서 나타난 운동기관의 시각적인 이미지를 분석함으로써 중국에서 스포츠와 국가의 치욕을 살펴본다.

**알란 톰린슨***Alan Tomlinson*은 브라이턴Brighton 대학교 인문대학 레저학과 교수이다. 그는 사회사와 스포츠 사회학, 레저와 피파FIFA 정치와 역사에 오랫동안 관심을 가진 대중문화 등으로 국제적으로 저명한 학자이자 연구자이다. 올림픽과 국제올림픽위원회IOC 등과 함께 말이다. 그는 스포츠, 레저와 소비 등에 관한 30여 권의 저서저자이자 편집자이다. *Consumption, Identity and Style* (Abe Books, 1990), *FIFA: The Men, the Myths and the Money* (Routledge 2014), *Sport and Peace-Building in Divided Societies: Playing with Enemies* (Routledge 2017/18, with

John Sugden) 등이 포함된다. 톰린슨은 영국 스포츠 저널리스트연합회 정회원이자 *When Saturday Comes* 축구 주간지에 오랜 기고가이다.

**움베르토 툴리***Umberto Tulli*는 2011년 현재 고등사범학교istituto italiano di science umane에서 역사와 국제관계 박사학위를 받았다. 같은 해, 국제올림픽위원회 올림픽연구센터로부터 1년 연구비를 지원받았다. 그는 볼로냐 대학2012-13과 트렌토 대학2014-17 등에서 박사후 직을 거쳤다. 그는 최근 미국 외교사를 전공하는 비상근 교수이다. 그는 *Tra diritti umani e distensione* (Fanco Angeli Milano, 2013), *Breve storia delle Olimpia* (Carocci, 2012) 2권의 저서와 이탈리아어와 영어 등으로 쓰인 수많은 에세이와 논문의 저자이다. 그는 최근 1979년 직접선거 도입 이전의 유럽의회 역사와 1980년대 올림픽 경기 역사 등을 쓰고 있다.

**레이첼 본***Rachel Vaughan*의 연구 관심은 냉전 동안 스포츠와 문화 외교 등에 초점을 두고 있다. 그녀는 애버리스트위스 대학에서 다양한 연구, 교육과 보직을 수행했고, 현재 *International Relations*지 부편집장이자 비즈니스, 연구와 창의 학과에서 연구역량관리자이다.

# 감사의 말

이러한 종류의 작업은 한 사람의 노력이 아니라는 것이다. 각 쪽page에 등장하는 수많은 사람들에게 고맙다는 말을 전한다. 첫 번째로, 나는 지속가능한개발센터CISD, Center for Sustainable International Deverlopment콜로퀴움 '스포츠와 외교: 메시지, 모드와 메타포'Sport and Diplomacy: Message, Mode and Metaphor의 처음 참가자들에게 감사하다는 말을 표한다.* 여기에서 도출된 협의와 담론 등은 수많은 학술적인 관계형성과 3권의 출판물로 나타났다. 첫 번째는 *Diplomacy and Statecraft* (27, 2016) 라는 학술지의 특별 판이었고, 그런 다음 본서와 함께, 헤더 L. 디커터 박사가 편집한 책으로는 특히 *Soccer and Diplomacy* (Cornell University Press, 근간)에서 볼 수 있을 것이다. 헤더 L. 디커터 박사는 본서 출판에 대해서 각별하게 고맙다는 말을 들을만하다. 그녀의 사유와 행동에 대한 역동성은 이러한 노력이 적절하게 돋보이는 한 인물임을 보여주었다. 그녀의 헌신은 여기에 나타난 작업에서 확실하게 드러난다. 스포츠 역사에 대한 그녀의 뛰어난 공헌 때문이다.

나는 또한 본서 프로젝트를 발전시키는데 댄 플레시Dan Plesch 박사의 변함없는 지원도 고맙게 생각한다. 본서에 대한 기관 지원을 제공해

* 회의는 2015년 7월 3-4일 석사학위과정MA글로벌 외교프로그램 후원 하에 열렸다.

준 지속가능한개발센터 나머지 동료들에게도 마찬가지이다. 본서에 관한 영감은 지속가능한개발센터 석사학위 과정 과목 'Sport and Diplomacy: More tham a Game' since its inception in 2011' 수강생들로부터 나왔다. 특히 학생 기구의 대다수인 여학생으로부터 도출된 풍부한 논의는 나만의 심심한 감사함을 표시하는 것만으로도 보람 있는 일이다. 특별한 감사의 말은 수업에서 2명의 탁월한 보조 교수인 베리티 포스트레스와이트Verity Postlethwaite와 오마르 살라Omar Sahla 등에게도 꼭 전하고 싶다. 스포츠와 외교 분야에 대한 그들의 공헌은 여전히 진행 중이다. 마지막으로, 내가 2011년 스포츠와 외교 프로젝트를 시작할 때  협조자들을 언급하지 않는 것은 예의에 벗어나는 것이다. 그들은 제프 피그만Geoff Pigman 박사와 스튜어트 머리Stuart Murray 등이다.

마지막으로, '모든 책임은 나의 책임'이라고 되풀이하여 말하는 것보다는 차라리, 나는 오류가 없는 원고를 판단하는 것은 독자에게 남겨진 책임이라고 점잖게 제안하고자 한다.

J. 시몬 로페
2017년 7월

## 서론

# 운동장 세우기

J. 시몬 로페 *J. Simon Rofe*

오랜 세월 현대 생활의 일부인 스포츠는 전통적 형태의 외교와 외교관이 좀처럼 할 수 없는 방식으로 전 세계적으로 개인과 사회를 감동시키는 강력한 힘을 가졌다. 작가이자 예전 영국 크리켓 선수이던 에드 스미스Ed Smith가 21세기에 '스포츠는 예전보다도 더 커지고, 더욱 웅장해지고 더더욱 다양해진다'고[1] 적절하게 적시한 바 있다. 그렇지만, 스포츠가 일반적으로 글로벌 문제에서 활약하는 역할—그리고 외교에서 특별하게—은 궁핍하게 이해되고 종종 무시된다. 사실상, 통상적으로 받아들여지는 견해는 스포츠와 정치 분야의 모든 것은 일반적으로 뚜렷하다는 것이다. 그러나 링컨 엘리슨Lincolin Allison이 상정한 바와 같이, 이러한 '자율의 신화'는 연구로 연결되지 않는다는 것이다.[2] 이에 따라서, 스포츠는 외교 영역에서도 이해를 필요로 한다.

세계화된 세상에서 정치·경제력의 확산과 재분배를 가지는 곳이 없다는 것은 세계화된 미디어에 의하여 국제 스포츠와 보도에서 보다

1) Ed. Smith, 'has sport ever had it so good?', 29 December 2015, espncricinfo.com, www.espncricinfo.com/magazine/content/story/956239.html에서 이용할 수 있습니다(2016년 3월 2일 접속).

2) Lincolin, Allison, *The Politics of Sport* (Manchester: Manchester University Press, 1986), 17-21.

더 상당한 가시성을 가진다. 간단하게 말하자면, 오늘날 스포츠는 수십억 달러에 달하는 글로벌 비즈니스이다. 텔레비전 네트워크와 라디오 모델 등을 포함하는 뉴 미디어 기업들은 올림픽 게임과 피파 월드컵 등에서 나오는 주요 경기를 중계하기 위하여 막대한 돈을 지불해 왔다. 국제올림픽위원회IOC의 올림픽 경기를 위한 추산 수입—첫번째 해로 하계올림픽 경기를 아우르는 4년 주기, 리오데자네이로 경기와 함께 절정에 이르게 된—은 40억 달러를 넘어섰는데, 전체 수입의 거의 4분의 3을 차지하는 것이다.[3] 올림픽은 이처럼 막대한 자금을 창출시킬 수 있다는 것이다. 그 이유는 올림픽은 글로벌 관객들을 가지고 있기 때문이다. 수많은 관객들에게 매력을 끌기 위한 이들의 유일한 경쟁자—그리고 이에 따른 잠재적인 소비자—는 피파 월드컵 축구이다.[4] 정확하게 말하자면 외교적 목표를 달성하기 위하여 이러한 경기들의 활용을 모색하는 많은 행위자에게 매력을 끄는 올림픽 경기와 월드컵과 같은 메가스포츠이벤트MSE, Mega Sports Event의 전 지구적인 범위 때문이다. 많은 문헌에서는 본서가 남아프리카 피파 월드컵에 관한 수잔 다우스Suzanne Dowse의 분석 구조에 직접적으로 기여하고 이것이 간접적으로 4년마다 열리는 외교 게임의 거래를 포함하기 때문이라는 스포츠 '메가-이벤트'에 대하여 언급한다.[5]

---

3) IOC, 'IOC marketing: media guide Olympic Games Rio 2016', available at https://stillmed.olympic.org/media/DocumentLibrary/OlympicOrg/Games/Summer-Games/Games-Rio-2016-Olympic-Games/Media-Guide-for-Rio-2016/IOC-Marketing-Media-Guide-Rio-2016.pdf에서 이용할 수 있습니다 (2016년 8월 8일 접속).

4) 피파는 다양한 연령 그룹을 위한 세계선수권대회를 운영하고 있는데, 가장 유명한 것으로는 4년마다 열리는 두 개의 월드컵이다. 시니어 남자를 위한 토너먼트가 1930년에 시작되었고 시니어 여자 팀을 위한 토너먼트(세계여자선수권대회)가 1991년 시작되었다. 젠더로부터 나오는 차이는 글로벌 사회의 반영으로서 스포츠에 대한 높아진 관심의 증거이자 본서에서 제공하는 관심을 정당화해준다.

5) 두 가지 사례들로는 Stephen Frawley (ed.), *Managing Sporting Mega-Events* (Abingdon: Routledge, 2016); and 'Going global: the promises and pitfalls of hosting global games', *Third World Quarterly*, 25:7 (2004) 등이 포함된다.

메가스포츠이벤트에서 볼 수 있는 행위자로 뽑힌 가장 눈에 띄는 구성원은 뭐니 뭐니 해도 국가이다. 국가들이 이러한 이벤트 경쟁자들 중에 시각적인 이미지의 대부분을 공유하기 때문이다. 국가들은 이러한 메가스포츠이벤트를 통하여 수십억 명의 전 세계 관객들은 아니더라도 수백여 만 명의 관심을 이끌어낼 수 있다. 이러한 초국가적인 성격이 부여되기 때문에 이러한 메가스포츠이벤트—분쟁 해결 용어로 '마음을' 사로잡는다는 것—는 개인적으로나 국가적으로 집중된 프로그램보다도 대규모로 그리고 매우 도발적인 수단으로 '공공외교'의 확산을 허용하는 것이다. 최근에 가장 돋보이는 사례로 독일 관광산업은 자국이 2006년 피파 월드컵을 조직하면서 받는 수많은 혜택들을 자랑하는 화려하고 적극적인 자료 표factsheet를 출판했다. '독일이 손님들을 극진히 환대하고' 국가 이미지를 해외에 잘 알리고 최소한 부분적으로 독일이 보여줄 수 있는 매우 긍정적인 자체 이미지 때문임을 언급하면서 말이다.[6] 학술연구는 해외에서 독일의 제고된 이미지에 관한 개선된 인식을 지원한다. 이것은 메가이벤트 조직과 관련해 잠재력 있는 국가이거나 잠재력 있는 개최 도시 등을 독려하는데 도움을 주는 것이다.[7] (재정비용은 메가스포츠이벤트 유치의 잠재적인 혜택에 관한 논쟁을 파악하는데 하나의 도전이다)[8] 알 에스 자하르나R. S. Zaharna는 공공외교와 관광 등

---

6) Germany National Tourist Board, '"A time to make friends™": the 2006 FIFA World CupTM and its effect on the image and economy of Germany', www.germany.travel/media/en/pdf/dzt_marktforschung/Fazit_der_FIFA_WM_2006_PDF.pdf에서 이용할 수 있습니다 (2016년 8월9일 접속).

7) Magdalena Florek, Tim Breitbarth and Francisco Conejo, 'Mega event= mega impact? Travelling fans' experience and perceptions of the 2006 FIFA World Cup host nation', *Journal of Sport and Tourism,* 13:3 (2008).

8) Bent Flyvbjerg and Allison Stewart, 'Olympic proportions: cost and cost overrun at the Olympics 1960–1972', Saïd Business School Working Papers 2002, http://eureka.sbs.ox.ac.uk/4943/1/SSRN-id2382612_%282%29.pdf에서 이용할 수 있습니다 (2016년 3월5일 접속); Martin Müller, 'After Sochi 2014: costs and impacts of Russia's Olympic Games', *Eurasian Geography and Economics,* 55:6 (2014); Tracey J. Dickson, Angela M. Benson and Deborah A. Blackman, 'Developing a

은 '국가-브랜딩'에 관한 두 가지의 핵심 사항이고,[9] 스포츠 이벤트 유치는 두 가지 사항들을 국가와 다른 외교 행위자들은 자신들의 정치 목표를 달성하도록 허용한다고 적고 있다. 모든 국가가 메가스포츠이벤트를 개최할 수 없다. 사실상, 21세기에 소수의 국가들이 유치하기 위한 사회기반 시설과 또는 재정 등을 가지고 있다. 2000년대 초반 올림픽 경기 개최권을 둘러싼 10개 경쟁 도시 정도만이 순위에 있어서, 국제올림픽위원회는 경기를 의미 있게 진행할 여력이 있는 도시들을 발견하기 위하여 21세기 20년 동안 하나의 도전에 직면한다.[10] 다른 스포츠 연합들은 매우 예민하고 즉각적인 곤경에 직면하는데, 스포츠가 재정위기에 직면하는 글로벌 사회를 반영한다는 것이다.

주요 국제스포츠 이벤트 개최에 관한 구심점이 없어도, 국가, 기관 그리고 개인 등은 스포츠를 외교적인 목적 달성을 위하여 활용할 수 있고 그렇게 한다는 것이다. 스포츠는 커뮤니케이션, 대표성과 교섭의 수단으로써 외교 면의 지주로 통찰력을 부여하는 국제체제에 대한 렌즈를 제공한다. 2016년 리우올림픽은 다양한 차원의 외교를 조망했다. 예를 들면, 처음으로 올림픽이 난민들의 어려움을 반영하여 난민 올림픽 팀을 초청한 것이 있다. (난민 올림픽 팀의 환영은 전 지구적으로 난민

---

framework for evaluating Olympic and Paralympic legacies', *Journal of Sport and Tourism,* 16:4 (2011); Jo Jakobsen, Harry Arne Solberg, Thomas Halvorsen and Tor Georg Jakobsen, 'Fool's gold: major sport events and foreign direct investment', *International Journal of Sport Policy and Politics,* 5:3 (2013)

9) R. S. Zaharna, 'Mapping out a spectrum of public diplomacy initiatives: information and relational communication frameworks', in Nancy Snow and Philip M. Taylor (eds), *Routledge Handbook of Public Diplomacy* (New York: Routledge, 2009), 90.

10) 2016년 9월 2024년 올림픽 경기 개최도시로서 이탈리아 로마올림픽위원회의 기권으로 개최 경쟁을 위하여 세 개의 도시들만이 남게 되었다. 로스앤젤레스, 파리와 부다페스트 등이었다. 보스턴과 함부르크 등도 경기유치에 대한 우려 때문에 기권했다. 동일한 무대에서 2012년 올림픽 경기를 위한 준비에서 경쟁 중인 아홉 개의 도시들이 있었는데, 최종 후보자 경쟁명단에는 다섯 개 도시가 들어가 있었다. 런던이 2005년 7월 6일에 2012년 하계올림픽 경기 개최지로 선정되었다.

의 원인에 대한 정치적인 대응과는 명백한 대조를 이루었지만). 예전에 도핑으로 출장 정지 처분을 받았고 도핑검사에서 두 번째 양성 판정을 받아 올림픽에 거의 출전하지 못했던 러시아 수영선수 율리아 에피모바Yulia Efimova는 러시아와 나머지 세계 간 긴장 관계를 반영해 서구가 냉전 시기 반러시아 정서로 회귀하는 중이라고 러시아 미디어에서 대서특필되었다.[11] 레바논 팀은 이스라엘 팀과의 버스 동행을 거부했다. 사우디아라비아 유도선수는 편파 판정을 주장하면서 경기를 기권했다. 이스라엘 언론은 이러한 행동을 이스라엘 선수와의 두 번째 라운드 경기를 회피하려는 것이라고 주장했다. 이집트 유도선수는 자신의 이스라엘 상대 선수와 경기에서 패한 뒤 악수를 거부한 이후 경기장에서 나와 귀국했다.[12] 이러한 에피소드들은 외교관들이 정기적으로 언급하고 일상적인 유형의 '외교사건'으로 여겨질 수도 있다.

일반적으로 스포츠 인기 때문에 개인들도 스포츠 이벤트를 시위를 벌이거나 또는 그 이상의 장소로 활용됐다. 전통외교(국내외)가 변화를 위한 방안으로 나타나지 않을 때, 운동선수와 다른 이들은 스포츠 이벤트에 있는 어마어마한 관중들을 그들의 메시지를 위한 플랫폼으로 활용해 왔다. 정치시위는 1968년 멕시코 올림픽 경기에 미국의 인권운동을 지지한 카를로스John Carlos와 스미스Tommie Smith의 행동을 포함했다. 흑인의 생명도 소중하다를 지지하는 전미농구협회와 전미여성농구협회와 최근 법집행 기관에 의한 비무장한 미국시민의 살해를 항의하는 팀

11) Shaun Walker, 'Yulia Efimova hits back at critics: "I thought cold war was long in the past"', *The Guardian*, 9 August 2016, www.theguardian.com/sport/2016/aug/09/yuilia-efimova-olympics-critics-cold-war-swimming-lilly-king-rio에서 이용할 수 있습니다 (2016년 8월 9일 접속).

12) 'Saudi judoka forfeits Rio match, apparently to avoid Israeli', Times of Israel, 7 August 2016, www.timesofisrael.com/saudi-judoka-forfeits-rio-match-apparently-to-avoid-israeli/에서 이용할 수 있습니다 (2016년 8월 9일 접속); Karolos Grohmann, 'Egyptian judoka sent home over handshake refusal with Israeli', Reuters, www.reuters.com/article/us-olympics-rio-judo-egypt-israel-idUSKCN10Q1WC에서 이용할 수 있습니다 (2016년 8월 22일 접속).

들, 에티오피아에서 탄압받는 오로모Oromo족과의 연대를 보여주기 위하여 마라톤 결승선을 통과하면서 그의 머리 위로 뻗은 팔 위로 X 표시를 한 2016년 은메달리스트 릴레사Feyisa Lilesa, 아프리카 국가들의 1976년 몬트리올 올림픽 경기 집단 보이콧은 아프리카의 아파르트헤이트apartheid, 인종 차별정책 국가들에 대한 스포츠 배제를 확약하고—그리고 아프리카 국가들은 또한 1978년 캐나다 에드먼턴 영연방 경기에 참여해서 보이콧을 하지 않기로—글렌이글스 협정Gleneagles Agreement체결에 기여했다.[13] 검은 9월단Black September Group은 1972년 뮌헨 올림픽 경기를 팔레스타인 문제를 알리는 것으로 활용했었다. 자신들의 테러리스트적인 행동으로 11명에 달하는 이스라엘 선수와 코치 그리고 1명의 독일 경찰 등의 죽음을 불러왔다. 가장 최근으로, 2015년 11월 이슬람 국가IS에 의하여 기획된 파리 테러 공격은 이슬람 국가의 계획된 폭탄 공격 장소들 중에 하나로 스타드 드 프랑스Stade de France국립경기장에서 열린 프랑스-독일 친선 축구경기를 포함한다. 이에 따라서 스포츠가 특정 정치 목표들을 달성하기 위한 수단으로서 다양한 행위자들에 의하여 활용되어 온 것은 놀랄만한 일도 아니다. 계속해서 커뮤니케이션, 대표성과 교섭 등을 위한 수단으로서 스포츠의 외교적 질뿐만 아니라 이러한 사건—그리고 신문 머리기사로부터 멀리 떨어져 있는 것—이 어떻게 스포츠와 외교의 넥서스nexus를 형성하는지에 대한 미묘한 면을 이해할 필요성 등을 강화해 준다.

스포츠와 외교의 관계에 관한 또 다른 스펙트럼의 포인트에서 특별하면서 종종 국가 이미지를 대외적으로 제고하기 위하여 운동선수들을 활용하는 것이 있다. 엘리트 경쟁에 관련된 운동선수들이 자신들을

---

13) Aviston D. Downes, 'Forging Africa-Caribbean solidarity within the Commonwealth? Sport and diplomacy during the anti-apartheid campaign', in Heather L. Dichter and Andrew Johns (eds), *Diplomatic Games: Sport, Statecraft and International Relations since 1945* (Lexington, KY: University Press of Kentucky, 2014), 117-49.

이러한 자질에 상응하는 시장성이 있는 소모품과 잠재적으로 어마어마한 부를 창출해서 소통하고 대표하기 위한 능력을 통해 대중의 관심을 받는다. 그들이 표현력 좋은 웅변가인가는 상관없이, 그들은 자신의 스포츠적 기량을 통하여 소통할 수 있다. 개인 스포츠, 또는 다양한 선수들과 함께 국제 경쟁에서 활약하든지, 그들은 일련의 정체성을 대표하는 중이다. 미국올림픽위원회USOC는 올림픽, 장애인올림픽을 위한 미국팀 대사프로그램과 '자국의 스포츠와 국가를 위한 대사'에 관한 광범위한 교육을 포함하는 '기대, 역할과 미국 대표' 등을 준비하기 위한 장래성 있는 선수들을 가지고 있다.[14] 연방정부 기관이자 전문리그 등과 함께 미국 올림픽위원회는 또한 미국 대사관과 영사관 등이 조직한 공동체와 젊은이 프로그램을 위하여 국무부와 함께 활동하고 있다.[15] 미국은 이러한 면에서 유일한 국가는 아니다. 사실상 운동선수들의 가시성은 음악인과 영화배우 등과 함께 운동선수들 중에 많은 이들이 왜 전 세계에 있는 어린이들의 삶을 개선시키려고 도와주기 위하여 유엔기관인 유니세프UNICEF'친선대사'로서 활약하고 있다.[16] 공식적이고 비공식적으로 사용되는 직함으로서 친선대사는 글로벌 사회의 다른 영역에 대한 외교 용어 유용을 반영하는 것이다. 즉 외교에 스포츠가 포함되는 것이다.

본서 전체를 통하여 지침이 되는 주제는 스포츠와 관련된 외교 관행이다. 본서는 다양한 형태의 소프트 파워 개념과 공공외교의 국가 브랜딩 등과 관련된 이것의 연관 등에 초점을 둔다. 상당할 정도로 학문

---

14) 'Team USA Ambassador Program', TeamUSA.org, www.teamusa.org/About-the-USOC/In-the-Community/US-Olympic-Academy/team-usa-ambassador-program에서 이용할 수 있습니다 (2016년 8월 22일 접속).

15) 'Sports envoys and sports visitors', Department of State Bureau of Educational and Cultural Affairs, https://eca.state.gov/programs-initiatives/sports-diplomacy/sports-envoys-and-sports-visitors에서 이용할 수 있습니다 (2016년 8월 22일 접속).

16) 'Goodwill ambassadors & advocates', UNICEF, www.unicef.org/people/people_ambassadors.html에서 이용할 수 있습니다 (2016년 8월 22일 접속).

적인 논의를 받고 있지만, 세계 스포츠와는 좀처럼 통합되지 않는 용어이다. 하버드 대학 조셉 나이 주니어Joseph S. Nye Jr는 '국가의 [소]프트 파워는 다음과 같은 세 가지의 기본 자원에 주로 의존한다고 했다. 국가의 문화(이것이 다른 이들에게 매력적인 장소), 국가의 정치적 가치(이것이 국내외적으로 조화를 이룰 때), 그리고 국가의 외교정책(다른 이들이 이들을 정통적이고 도덕적인 정당성을 가지고 있다고 바라볼 때)' 등이다.[17] 전 지구적으로 정부와 다른 행위자들은 목적을 달성하기 위하여 스포츠를 활용해 왔다. 수많은 사례에서 정부들은 직간접적으로 스포츠를 활용한다. 개발과 평화를 위한 프로그램 또는 메가스포츠이벤트 유치 등과 같은 것이다. 가장 기본적인 차원의 스포츠 교류—개인 또는 정부 등에 의하여 조직되는—에서 나이를 재차 인용하자면, '마음을 얻는 것'에 기여해 왔다.[18] 다른 한편으로는, 스포츠에서 경쟁을 할 기회를 주지 않거나—'보이콧' 라고 자주 언급되거나 오용되는—또는 이러한 행동에 관한 위협조차도 다양한 행위자들에 의하여 의도된 정치적 결과를 이룩하기 위한 노력으로 활용되어 왔다.

소프트 파워 형태로서 스포츠의 모든 사례가 국가들에 의하여 주도되는 것은 절대 아니다. 민간인 또는 기관 등에 의하여 자주 조직되고 투 트랙two track외교로서 자주 특정되는 민간교류는 인식의 변화에도 기여할 수 있다. 교류 프로그램은 프로그램이 정부에 의하여 지원되거나—미국 국무부가 재정 지원하는 풀브라이트 프로그램 또는 영국문화원의 프리미어스킬캠페인 등처럼—또는 미국에 프랑스 농구 클럽을 보여주기를 원했던 마틴 파인버그Martin Feinberg와 같은 한 개인에 의하여 기

17) Joseph S. Nye, Jr, 'Hard, soft, and smart power', in Andrew F. Cooper, Jorge Heine and Ramesh Thakur (eds), The Oxford Handbook of Modern Diplomacy (Oxford: Oxford University Press, 2013), 566.

18) Joseph S. Nye, Jr, 'Public diplomacy and soft power', *Annals of the American Academy of Political and Social Science,* 'Public Diplomacy in a Changing World', 616:94 (2008), 108.

획되는지에 관계없이 이에 관한 한 가지 양상을 수행한다. 기존 연구는 문화 외교 대리인agents들과 그들이 이러한 프로그램들을 통하여 달성하려고 노력 중인 것 등을 고찰해 왔고, 외교에서 스포츠를 활용하는 다양한 행위자들의 활동도 못지않게 중요하다는 것이다.[19] 자일스 스콧 스미스Giles Scott Smith가 적시한 바와 같이, '이러한 관계 자체들로부터 형성된 비공식적인 네트워크들이 중요한 정치적 수입을 갖는 것'이라고 말이다.[20] 아마도 이러한 교류들의 증거로 가장 강력한 것들 중 한 가지가 에라스무스Erasmus프로그램의 영향이다. 이 프로그램은 유럽연합EU 학생들을 위한 교육교류 프로그램으로 1987년 시작되고 2014년 에라스무스 플러스로 확대되었다. 이것은 모든 유럽연합의 교육, 훈련, 스포츠와 젊은이 프로그램 등을 망라하는 것이다. 유럽연합 가입에 관한 영국 국민투표(2016년 6월 23일)에서, 유럽연합의 일원으로 잔류를 위한 선호도가 젊은 유권자들에 의하여 압도적으로 지지를 받았다.[21] 한 국가에서 거주하고 배우면서 외국에서 시간을 보내는 것이 양국의 젊은 이들에게 오래 지속되는 영향을 가질 수 있는 것이다. 스포츠 투어는 최소한 제2차 세계대전이 끝날 무렵부터 교류를 위해 준비된 매개체를 제공해 왔다.

수많은 기간 동안 이러한 분리된 원칙들에 의하여 상대적으로 도외시 된 이후, 현재는 스포츠와 외교 영역에서 함께 전 학문 분야에서

19) Jessica C. E. Gienow-Hecht, 'What are we searching for? Culture, diplomacy, agents and the state', in Jessica C. E. Gienow-Hecht and Mark C. Donfried (eds), *Searching for a Cultural Diplomacy* (New York: Berghahn Books, 2010), 4

20) Giles Scott-Smith, 'Exchange programs and public diplomacy', in Nancy Snow and Philip M. Taylor (eds), *Routledge Handbook of Public Diplomacy* (New York: Routledge, 2009), 51

21) Jessica Elgot, 'Young remain voters came out in force, but were outgunned', The Guardian, 24 June 2016, www.theguardian.com_/politics/2016/jun/24/young-remain-voters-came-out-in-force-but-were-outgunned에서 이용할 수 있습니다 (2016년 8월 9일 접속).

새롭게 학문적인 주목을 받고 있는 중이다. 본서에서는 스포츠와 외교 등에 관한 논쟁을 확대하고 깊게 다루며, 이처럼 특별하지만 생소한 분야를 확대하는데 조심스럽게 목적을 두고 있다. 학자들은 20세기 말에 스포츠와 국제정치 등을 비판적으로 연구하기 시작했다. 그러나 최근에 와서야 스포츠와 외교를 함께 보는 것이 커다란 관심을 갖는 분야가 되었다.[22] 스포츠와 외교 문헌에 관한 몇몇 저서들은 올림픽 추이에만 초점을 두거나,[23] 또는 양차 대전 사이 20년 간 또는 냉전 등과 같이 특정 기간의 주기화periodisations에만 매우 협소하게 초점을 두고 있다.[24] 스포츠에 관한 챕터에서는 외교에 대한 매우 사실적인 서적이 포함되는데, 이것은 자주 마무리로 돌리거나 국제기구에 관한 하나의 챕터 안에서 언급된다.[25] 다양한 학술 저널지의 특집이 이와 같이 스포츠와 외교의 교차점을 지속적으로 고찰하고 있다.[26] 본서의 편집자들은 이러

---

22) Jim Riordan and Arnd Krüger, *The International Politics of Sport in the 20th Century* (London: Spon, 1999); Pierre Arnaud and James Riordan, *Sport and International Politics: The Impact of Fascism and Communism on Sport* (London: Spon, 1998); Peter Beck, *Scoring for Britain: International Football and International Politics, 1900–1939* (London: Frank Cass, 1999).

23) Roger Levermore and Adrian Budd (eds), *Sport and International Relations: An Emerging Relationship* (London: Routledge, 2004); Aaron Beacom, *International Diplomacy and the Olympic Movement: The New Mediators* (Basingstoke: Palgrave Macmillan, 2012).

24) Barbara J. Keys, *Globalizing Sport: National Rivalry and International Community in the 1930s* (Cambridge, MA: Harvard University Press, 2006); Heather L. Dichter and Andrew L. Johns (eds), *Diplomatic Games: Sport, Statecraft, and International Relations Since 1945* (Lexington, KY: University Press of Kentucky, 2014).

25) David Black and Byron Peacock, 'Sport and diplomacy', in Andrew F. Cooper, Jorge Heine and Ramesh Thakur (eds), *The Oxford Handbook of Modern Diplomacy* (Oxford: Oxford University Press, 2013), 708–14; Jeremi Suri, 'Non-governmental organizations and non-state actors', in *Palgrave Advances in International History* (Basingstoke: Palgrave Macmillan, 2005), 223–46.

26) 특집에는 다음과 같은 논문들이 수록된다. 'Sport and foreign policy in a globalizing world' in *Sport in Society*, 11:4 (2008); 'Sport and diplomacy' in *Sport in Society*, 17:9 (2014); 'Sports diplomacy' in *The Hague Journal of Diplomacy*,

한 주제들을 살펴보는데 매우 장편의 논문 출판을 기대하고 있다.[27]

본서는 여기에서 메가스포츠이벤트 또는 냉전 등에 한정하지 않을 것이다. 이러한 요인들 모두가 다음 쪽에서 나타나도 말이다. 더욱이, 스포츠, 개발과 평화SPD, sport, development, peace분야는 주로 광의의 스포츠 연구에 관한 독자적이고 분리된 구성요인으로 남아 왔는데, 자주 외교와 관련된 사람들이 아닌 주로 스포츠 사회학자들에 의하여 고찰되었다.[28] 여기에 포함된 집필자들은 이러한 세부 분야를 글로벌 문제를 생각하는 사람들과 외교에 관하여 보다 광범위한 대화 안으로 가져다준다. 사실상, 스포츠에 관한 본서에 스포츠·개발·평화 관행에 관한 카르데나스와 랑의 챕터는 과거 냉전의 협소한 한계를 넘어서 21세기 안으로 움직이는 데 도움 준다. 역사적인 사례들에서 타당성을 지닌 이론적

---

8:3-4 (2013); 'Sports diplomacy, politics, and peace-building' in *International Area Studies Review,* 16:3 (2013); 'Diplomacy and sport' in Diplomacy and Statecraft, 27:2 (2016); 'Sport diplomacy forum' in *Diplomatic History,* 450:5 (2016).

27) 두 개의 탁월한 스포츠 관련 모노그래프로는 Beck, Scoring for Britain, and Sayuri Guthrie-Shimizu, *Transpacific Field of Dreams: How Baseball Linked the United States and Japan in Peace and War* (Chapel Hill, NC: University of North Carolina Press, 2012 등이다.

28) Ingrid Beutler, 'Sport serving development and peace: achieving the goals of the United Nations through sport', *Sport in Society,* 11:4 (2008); Bruce Kidd, 'A new social movement: sport for development and peace', *Sport in Society,* 11:4 (2008); Solveig Straume, 'Norwegian naivety meets Tanzanian reality: the case of the Norwegian sports development aid programme, Sport for All, in Dar es Salaam in the 1980s', *International Journal of the History of Sport,* 29:11 (2012); Fred Coalter, 'The politics of sport-for-development: limited focus programmes and broad gauge problems?', *International Review for the Sociology of Sport,* 45:3 (2010); Grant Jarvie, 'Sport, development and aid: can sport make a difference?', *Sport in Society,* 14:2 (2011); Richard Giulianotti, 'Sport, peacemaking and conflict resolution: a contextual analysis and modelling of the sport, development and peace sector', *Ethnic and Racial Studies,* 34:2 (2011) and 'The sport, development and peace sector: four social policy domains', *Journal of Social Policy,* 40:4 (2011), doi:10.1017/S0047279410000930; and G. Armstrong, 'Sport, the military and peacemaking', *Third World Quarterly,* 32:3 (2011).

인 챕터와 특별한 이야기를 살핀 챕터 등과의 조화로, 본서는 이 두 가지를 함께 연구하는 가치를 통해서 스포츠와 외교에 관한 미래 연구의 지침에 도움을 줄 것이다. 이것은 스포츠와 외교 연구자들이 스스로를 특별한 사람으로 바라보지 말고 대신에 각자의 세부 분야에서 귀중한 기여를 하면서 초기분야를 확대하는데 함께 지속하기를 바라는 부가적인 혜택을 갖는다.

소프트 파워와 공공외교 등에 관한 주제와 이들로부터 흘러나오는 내러티브narratives 등을 살펴보기 위하여, 본서는 독자적인 결론 챕터로 이루어진 세 가지 파트로 나누어진다. 첫 번째 섹션에서는 스포츠와 외교에 관한 다양한 개념적인 차원을 함께하고 외교학도에게 익숙한 쟁점들을 해결하면서 시작한다. 즉 평화와 분쟁 등 말이다. '극도로 균열된 사회에서 스포츠 거버넌스: 보스니아 헤르체코비나, 키프로스와 북아일랜드에서 행위자와 기관'에 관한 로렌스 쿨리의 챕터에서는 보스니아의 유고연방 해체 이후의 축구 재건에 대한 유럽축구연맹UFEA, 피파FIFA, 국제올림픽위원회IOC 트로이카와 같은 다양한 행위자들의 경쟁하는 관할권을 살펴본다. 이러한 실용적인 관심사들은 또한 개발과 평화 프로그램에서 컬럼비아와 필리핀 등에서 스포츠 활용에 관한 알렉산더 카르데나스와 시빌 랑과 같은 실무자의 설명에서 명확해진다. 저자들의 현장 활동은, 풀뿌리 외교에 정통한, 스포츠가 제공하는 긍정적이고 진보적인 기회에 대한 이들의 사고에 필수적인 것이다. 알란 톰린슨은 개인, 기관과 이데올로기 등과 같은 세 가지 영역들에서 스포츠와 외교 간의 관계에 관한 질문을 하기 위하여 피파 연구에서 전문적인 식견을 제출한다. 수잔 다우스는 국가가 어떻게 국내와 국제 관중들에게 영향을 미치기 위한 정치적 도구로써 메가스포츠이벤트를 활용할 수 있는지를 제시하기 위하여 2010년 남아프리카 피파 월드컵 사례에서 이러한 주제를 암암리에 시도하고, 엘리트와 일반인들 간을 가로지르는 현실과 기대 간의 불일치를 밝혀낸다. 기대와 현실 간의 이러한 공간을 고찰하는 것은 스포츠와 외교 연구를 촉진할 수 있는 것이다.

두 번째 섹션에서는 정부와 개인 등이 특별한 목적을 달성하기 위하여 공공외교의 형태로 국제 스포츠 경기 활용을 모색해 온 방식을 살핀다. 막스밀리언 드레팔은 아프칸-영국 관계에서 공공외교에 관한 두 가지 차원을 살핀다, 첫째로, 새롭게 독립된 아프가니스탄이 어떻게 자국의 이제 막 정상국가임을 보여 주기 위하여 스포츠를 활용하는지, 둘째로 영국 외교관들이 어떻게 독립 이후 아프가니스탄에서 식민지 유산을 지속하기 위하여 현지 주민들을 위한 이벤트로서 스포츠 경기를 활용하는지 등이다. '핑퐁외교'는 1970년대 미국-중국 관계의 개막을 설명하는 것으로 유명한데, 아만다 슈만은 중국이 어떻게 중소분쟁이 심화될 때 스스로를 더욱 더 강력해진 공산국가로 자리매김하기 위한 노력으로 10년 먼저 새롭게 탈식민화된 국가와의 관계를 맺는데 스포츠를 활용해 왔는지 보여준다. 슈만의 설명은 민간외교에서 국가의 대표성의 의미를 밝힌다. 린제이 사라 크라스노프의 챕터에서는 비공식적인 민간외교를 살펴본다. 1950년대와 1960년대 프랑스 농구 팀PUC의 두 번에 걸친 미국 순회 경기는 프랑스-미국 관계에서 무관심을 배경으로 하는 것과 관련된 스포츠와 개인 등을 위한 지속적이고 긍정적인 유산을 가져다주었다. 데이비드 로웨의 공헌은 이 지역의 인기 스포츠인 축구가 2015년 아시아축구토너먼트를 호주에서 개최하는 데 행동을 해야만 하는 역할과 아시안의 맥락에서 호주의 입장에 의문을 제기하는 것이다.

마지막 섹션에서는 외교 수단으로써 보이콧의 위협을 포함하는 스포츠 경기의 포기를 살펴본다. 캐롤 고메즈는 스포츠와 외교 영역에서 보이콧에 대한 광범위하고 매우 이론적인 접근방법을 취하면서, 이러한 개념을 정확히 밝히는 데에 대한 어려움을 해결하려고 노력한다. 레이첼 본의 챕터는 그녀가 1960년 캘리포니아에서 열린 스켈 밸리 동계올림픽을 둘러싼 '두 개의 중국'에 대한 미국의 외교를 살피면서 서로에 대한 한 가지 영역에서 승인에 관한 함의와 승인에 관한 쟁점과 스포츠를 혼합하는 것이다. 조 이튼은 아마도 가장 유명한 스포츠 보이콧—1980년 모스크바 올림픽—이 아시아와 아프리카 국가들이 보이콧 문제에 관한 미국의 외교적 노력을 살펴볼 것이다. 그의 설명은 1980년 보이콧을 고찰하면서 외교 영역 안에서 다양성에 관한 뉘앙스와 평가 등을 위한 필요성을 강력하게 밝혀낸다. 움베르토 툴리의 기여는 공공외교와 특히 선전 등에 관한 논쟁으로의 회귀이다. 그가 '신'냉전의 와중에 1984년 로스앤젤레스 하계올림픽 조직에서 레이건 대통령의 백악관이 활약했던 광범위하지만 독자적인 역할에 대해서 밝혔기 때문이다. 아론 비콤과 J. 시몬 로페 등의 결론 챕터에서는 논쟁의 개념화가 미래 연구를 위한 함의를 모색함으로써 본서에서 진전하며 조망한 쟁점들을 선택하면서 스포츠와 외교 분야의 추이에 관한 개관을 제공한다.

종합하면, 이러한 챕터들은 스포츠와 외교 분야에 관한 지평을 넓힌다. 이것들은 다양한 접근방법을 반영하고 예전의 확실한 분야 출신의 여러 학자로부터의 방법론은 스포츠와 외교의 이중성에 관한 전반적인 평가를 제고하기 위한 하나의 바람으로 함께 한다는 것이었다. 문화 외교를 논의할 때, 제시카 C. E. 지노우-헤흐트Jessica C. E. Grenow-Hecht와 마르크 C. 돈프리이드Mark C. Donfried 등은 '1945년과 1989-91년 사이에 문화 제작은 이데올로기적인 목표와 전략 등의 제고를 위한 가장 강력한 도구가 되었다'[29]고 언급한다. 본서에서 우리의 바람은 외교적인 노력과 함께 스포츠의 우월성을 보여주는 것인데, 지리학적으로나 잠정적으로 냉전을 초월하는 것이다. 수많은 공공외교 문헌들은 광범위한 스포츠와 외교 학자들과 함께 미국의 외교적 공구 상자의 일부가 되면서 이러한 생각에 초점을 두어 왔다. 이러한 생각은 지금까지 포함된

29) Jessica C. E. Gienow-Hecht and Mark C. Donfried, 'The model of cultural diplomacy: power, distance, and the promise of civil society', in Gienow-Hecht and Donfried (eds), *Searching for a Cultural Diplomacy.*

몇몇 챕터들에서 고찰된 반면에, 본서의 수많은 기고자들은 미국의 범위를 넘어서서, 그리고 사실상 국민국가의 범위를 넘어서서 공공외교의 담론을 확대한다. 전 세계에 있는 국가와 단체 등은 자신들의 소프트 파워 노력 안에서 스포츠 활용을 지속할 것이다. 이러한 노력들이 올림픽 경기 또는 피파 월드컵과 같은 메가스포츠이벤트이거나 엘리트 운동선수 또는 일반 시민이 관련되는 매우 현지화 된 프로그램 등을 포함하는 반면에, 스포츠는 정치적 목표를 달성하기 위한 수많은 방식으로 외교를 활용한다. 냉전은 이데올로기 분쟁뿐만 아니라 중-소 공산주의 분쟁에서 다른 측면에 놓인 수많은 행동을 위한 추동력이었다. 그러나 냉전은 파워 소프트 안에서 스포츠 활용의 종말과 도입도 표시하지 않았다. 스포츠는 외교의 필수 부분이었고 남는다. 수십억 달러의 스포츠 비즈니스, 경쟁의 드라마와 이것이 생산하는 내러티브는 현대 사회의 어떤 곳에서도 나타나지 않으면서 세계인을 하나로 묶어준다. 본서는 과거에 관한 비판적 분석뿐만 아니라 학술적인 스포츠 분야를 넘어선 논쟁을 제공한다.

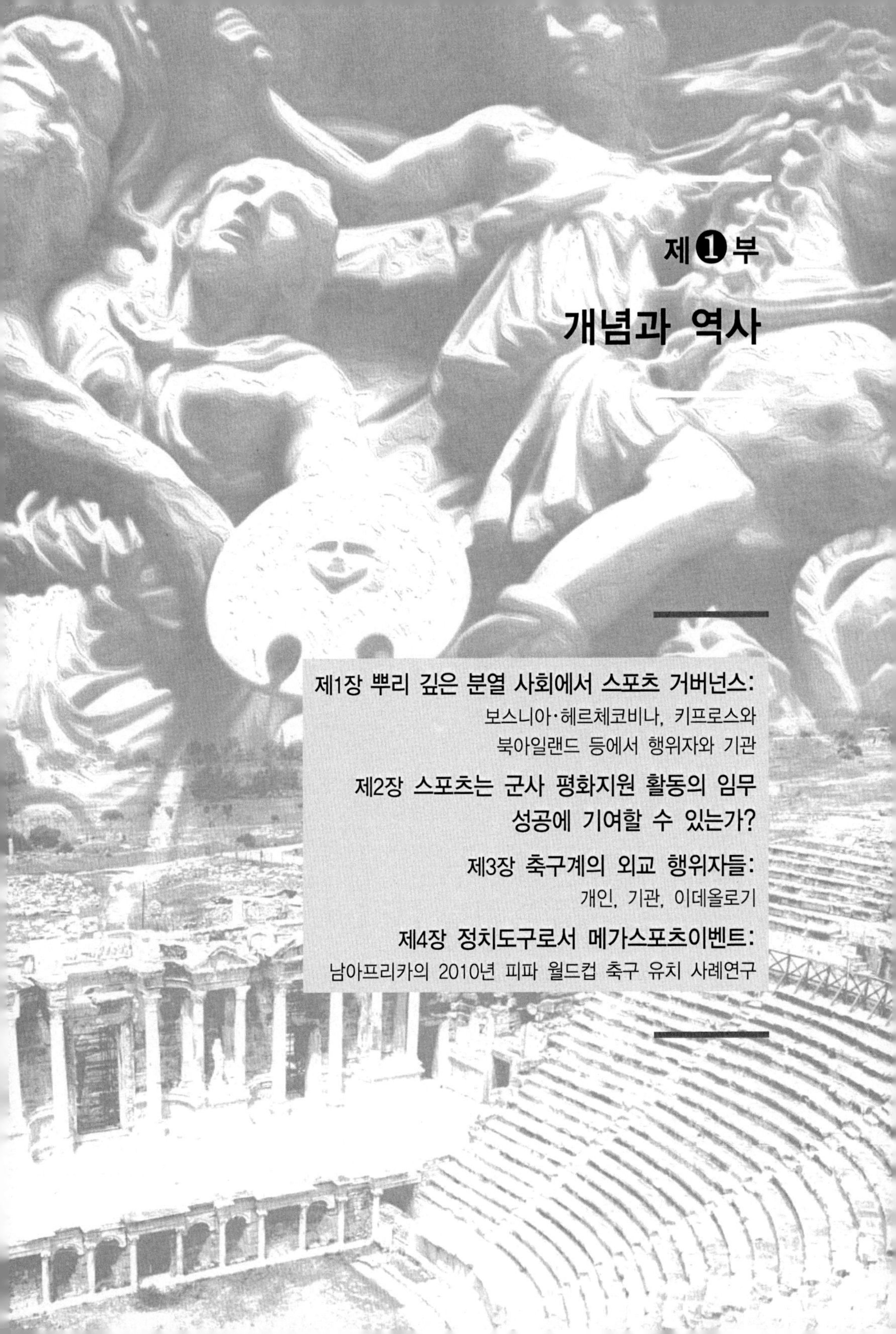

# 제❶부

# 개념과 역사

## 제1장 뿌리 깊은 분열 사회에서 스포츠 거버넌스:
보스니아·헤르체코비나, 키프로스와
북아일랜드 등에서 행위자와 기관

## 제2장 스포츠는 군사 평화지원 활동의 임무 성공에 기여할 수 있는가?

## 제3장 축구계의 외교 행위자들:
개인, 기관, 이데올로기

## 제4장 정치도구로서 메가스포츠이벤트:
남아프리카의 2010년 피파 월드컵 축구 유치 사례연구

제1장

# 뿌리 깊은 분열 사회에서 스포츠 거버넌스:
## 보스니아·헤르체코비나, 키프로스와 북아일랜드 등에서 행위자와 기관

로렌스 쿨리 *Laurence Cooley*

분쟁과 분쟁 해결만큼 국제정치와 외교에서 핵심적인 쟁점은 거의 없다. 한편, 스포츠는 외견상 국제정치, 특히 분쟁 분야에서는 거리가 먼 것으로 보일지도 모른다. 그렇지만 면밀히 검토해 보면, 스포츠와 분쟁과 평화 문제 등 간의 관계 형성은 자체적으로 복잡하고 중요한 것이 될 수 있음을 보여 준다—스포츠 팬들 사이 날마다 벌어지는 폭력 시위, 2016년 프랑스에서 열린 유럽축구 챔피언십의 초기 무대를 훼손시키거나 매우 평화로운 세상의 건설에 기여하기로 선언한 올림픽 운동이 고귀한 목표로 상징되는 것과 같은 것이다. 스포츠는 국가 간 그리고 국가 내부 분쟁에 개입되어 왔다. 리샤르드 카푸시친스키Ryszard Kapuściński에 의하여 잘 만들어진 문서로, 1969년 엘살바도르와 온두라스 간의 '축구전쟁'과 1990년 5월 자그레브 막시미르 스타디움에서 다이나모 자그레브와 레드 스타 베오그라드 팬들 간 폭동 등의 사례로 보여주는 바와 같이, 이것은 폭력적인 유고슬라비아 해체의 상징적인 시발점으로 흔히 여겨져 왔다.[1] 국가 내부 분쟁 경우에, 폭력은 국가, 인종, 종교

[1] R. Kapuściński, *The Soccer War* (Cambridge: Granta, 1990); A. I. Sack and Z.

또는 언어적인 계보 등으로 파편화된 스포츠를 종종 발생시킨다. 동시에, 스포츠는 자주 분쟁 후 사회에서 사람들을 함께하고 불화를 치유하는 수단이 된다. 공여국과 국제기구 등의 지지와 함께 비정부기구에 의하여 운영되는 매우 제도적인 스포츠개발평화SDP의 형태, 또는 상징적인 형식으로 말이다.

본서 출판을 통하여 도움이 되고자 하는 것은, 역사 연구와 특히 외교사 등에 정통한 스포츠에 관한 강력한 문헌이 존재하는 반면에, 정치학과와 국제정치학도들은 최근까지도 스포츠 연구를 역사와 사회학과의 동료들에 대한 사회현상으로 남겨놓는데 만족하는 것처럼 보였다. 사실상, 이것은 스포츠는 정치학자에 의하여 무시되어 왔음(또는 진짜로 적극적으로 도외시)을 적시하는 것이 다반사가 되어 왔다.[2] 이러한 주장을 지속적으로 주장하기가 곤란해진다. 지금 스포츠 정치[3]에 대한 연구기관들이 급속도로 늘어나고 있기 때문이다. 이와 관련된 수많은 문헌들은 외교사에 흥미가 있어야만 하고, 특히 국가와 다른 국제기구 등과의 상호작용과 국제스포츠기구의 힘과 권력 등을 고찰해야 한다.[4]

---

Suster, 'Soccer and Croatian nationalism: a prelude to war', *Journal of Sport & Social Issues,* 24:3 (2000); D. Brentin, '"A lofty battle for the nation": the social roles of sport in Tudjman's Croatia, *Sport in Society,* 16:8 (2013), 996 등을 보라.

2) R. Levermore and A. Budd, 'Sport and international relations continued neglect?', in R. Levermore and A. Budd (eds), *Sport and International Relations: An Emerging Relationship* (London: Routledge, 2004); G. Holden, 'World cricket as a postcolonial international society: IR meets the history of sport', Global society, 22:3 (2008); J. Grix, 'From hobbyhouse to mainstream: using sport' to understand British Politics' *British Politics,* 5:1 (2020).

3) 유용한 개관을 위해서, J. Grix, *Sport Politics: An Introduction* (London: Palgrave Macmillan, 2016)를 보라.

4) 예를 들면, A. Geeraert and E. Drieskens, 'The EU controls FIFA and UEFA: a principal perspective', *Journal of European Public Policy,* 22:10 (2015); H. E. Meier and B. Garcia, 'Protecting private transnational authority against public intervention: FIFA's power over national governments', *Public Administration,* 93:4 (2015); D. Brentin and L. Tregoures, 'Entering through the sport's door? Kosovo's sport diplomatic endeavours towards international recognition',

과거 십여 년간 의미 있는 주목을 받아 오거나 위에서 언급된 스포츠개발 평화 부문이 그래 왔었던 것처럼 또 다른 주제—심층적인 개발 결과를 증진하고 개발에서 평화구축을 진작시키기 위하여 스포츠 활용 연구와 분쟁 이후 국가들이 발전해 왔다는 것이었다.[5)]

스포츠개발평화 이니셔티브에 관한 이러한 초점이 환영받는 반면에, 특히 2015년 9월 채택된 지속가능한 개발목표SDGs 선언이 '관용과 존중 등의 진흥에서 개발과 평화의 실현에 대하여 점증하는 스포츠의 공헌'[6)]을 인정하도록 선언한다. 본장의 초점은 명확한 쟁점이다. 심하게 분열된 사회에서 스포츠 *거버넌스*에 초점을 둔다는 것이다.[7)] 스포

---

*Diplomacy and Statecraft*, 27:2 (2016)를 보라.

5) *inter alia*, R. Giuliaranotti, 'Human rights, globalization and sentimental education: in case of sport', *Sport in Society*, 7:3 (2004); B. Kidd, 'A new social movement: sport for development and peace', *Sport in Society*, 11:4 (2008); R. Levermore, 'Sport: a new engine of delopment', *Progress in Development Studies,* 8:2 (2008); F. Coatler, 'The politics of sport-for-development: limited focus programmes and broad gaige problems?', *International Review for the Sociology of Sport*, 45:3 (2010); S. C. Darnell, 'Power, politics and "Sport for Development and Peace": investigating the utility of sport for international development', *Sociology of Sport Journal*, 27:1 (2010); R. Giulianoth, "The sport, development and peace sector: a model of four social policy domains', *Ethnic and Racial Studies,* 34:2 (2011) and Sport, peacemaking and conflict resolution: a contextual analysis and modelling of the sport, development: approaches and critical issues', *Progress in Development Studies* 11:4 (2011); S. C. Darnell, *Sport for Development and Peace: A Critical Sociology* (London: Bloomsbury Academic, 2012)를 보라.

6) United Nations Security Council, 'Transforming our world: the 2030 Agenda for Sustainable Development', resolution adopted by the General Assembly on 25 September 2015, UN Document A/RES/70/1 (21 October 2015), 10, available at www.un.org/ga/search/view_doc.asp?symbol=A/RES/70/1&Lang=E에서 이용할 수 있습니다 (2016년 8월 5일 접속).

7) 모든 사회는 어느 정도 분열적이다. 노르드링거를 따르면서 나는 '뿌리 깊은 분열'이라는 용어를 매우 정치적으로 뚜렷한 정체성에 기반해서 분파 간에 상당한 적대감이 존재하는 그런 사회에 적용한다. E. A. Nordlinger, *Conflict Regulation in Divided Societies* (Cambridge, MA: Center for International Affairs, Harvard University Press, 1972); see also A. Guelke, *Politics in Deeply Divided Societies* (Cambridge Polity 2012), 13-32.

츠개발평화 문헌과는 다르게 여기에서의 초점은 어떻게, 그리고 스포츠가 이러한 사회들 안에 있는 그룹들 간에 분열 저감의 목적에 작동될 수 있는지에 관한 평가가 아니라 이러한 환경이 존재한다면 스포츠가 어떻게 조직되고 관리되는지이다—그리고 다양한 행위자들이 어떻게 스포츠 거버넌스 제도 형성에 기여해 왔는지이다.

본장에서는 세 가지의 분열 사회들에서 스포츠를 관리하는데 사용된 기관 유형 간에 광범위한 패턴을 특정한다. 즉 보스니아 헤르체코비나(이하 보스니아), 키프로스와 북아일랜드 등이다.[8] 본장에서는 이들 사례들의 각각에서 스포츠 거버넌스에 관한 몇몇 현존하는 연구들에 의지한다. 그러나 이것 또한 단 하나의 사례 분석을 넘어서서 움직이는 모색을 하고, 지역적이고 국제 운영기관 등과 같은 외교 행위자들의 영향 하에서 자주, 스포츠에 반영되는 깊은 사회 분열의 맥락에서 구상되어 왔는지에 관한 매우 일반적인 관찰을 수립하기 시작한다.

본장의 첫 번째 섹션에서는 뿌리 깊게 분열된 사회에서 거버넌스를 위한 제도적 약속에 관한 유형을 이해하기 위한 틀을 제공하는데, 분쟁 관리에 대한 정치학 문헌에 의지할 것이다. 이러한 두 가지의 광범위한 접근방법은, '통합'과 '포용' 등으로 명명되는, 그룹 간 분쟁을 관리하도록 구상된 정치제도의 구상에서 관찰될 수 있다. 그런 다음 통합-포용의 틀은 세 가지의 사례연구들에서 스포츠 거버넌스를 평가하는 렌즈로 활용된다. 각각의 사례연구는 관련 국가에서 분쟁을 관리하는 데 사용되는 정치 제도에 관한 스케치sketch와 함께 시작된다. 스포츠 부문에서 존재하는 거버넌스 협약 분석에 이어지는 것이다. 이러한 접근 방법을 위한 근거는 스포츠 거버넌스 제도 구상에 취해진 접근 방법

---

8) 나는 보스니아 사례는 자스민 무자노비치Jasmin Mujanović와 키프로스 사례에 관한 논의는 콘스탄티노스 아다미데스Constantinos Adamides, 니코스 카르타고울리스Nicos Kartakoullis, 크리스티나 로이조우Christina Loizou, 세르타치 조난Sertaç Sonan 등과의 나의 예전 공동 작업 덕분이었다. 다리오 브렌틴Dario Brentin은 본 장의 초고에 대한 귀중한 피드백과 제언 등을 제공해 주었다.

만이 아니라 각각의 특별한 사례에서 분쟁을 관리하기 위한 광범위해진 접근 방법을 고려하는 맥락에서 그렇게 하는 것이다. 이러한 분석은 각각의 사례에서 스포츠 거버넌스를 위한 통합적이고 제도적인 구상을 위한 광범위한 행위자들 간에 한 가지 선호도가 존재해 왔고, 이러한 접근 방법은 동일한 사회의 정치 제도들에 관한 구상과는 차이가 있다고 한다. 이것은 포용으로 상당히 치우친다. 이러한 선호도를 이해하기 위하여, 스포츠의 사회적 가치를 강조하는 레토릭의 힘을 평가하는 것이 필요하다—지속가능한 개발목표 안으로 이것의 통합의 사례로 적절한—뿐만 아니라 국제경쟁의 수요에 관한 매우 실질적인 고려와 이와 같은 국제 영역에 대한 접근을 확보하기 위한 현지 스포츠 행위자들의 바람이다. 본 장에서는 뿌리 깊게 분열된 사회에서 스포츠 거버넌스 제도 안으로 심층적인 연구와 이러한 제도들을 세우고 개혁하는데 다양한 행위자들의 역할 등을 위한 기회를 반영하며 결론을 내린다.

## 뿌리 깊은 분열 사회에서 제도 구상: 통합 대 포용

스포츠 거버넌스에 관한 특별한 쟁점을 살펴보기 이전에, 뿌리 깊게 분열된 사회에서 제도 구상에 대한 보다 광범위한 문헌을 간단하게 조사할 필요가 있다. 그룹들 간의 분쟁을 관리할 목적으로 채용된 제도유형에 관한 분류체계, 유형분류체계, 또는 범주 등을 발전시키기 위해 수많은 다양한 시도들이 행해져 왔었다.[9] 특정화 된 구상들은 인종적인 혈

9) 특별히, J. Coakley, 'The resolution of ethnic conflict: towards a typology', *International Political Science Review*, 13:4 (1992); S. Smooha and T. Hanf, 'The diverse modes of conflict-regulation in deeply divided societies', *International Journal of Comparative Sociology*, 33:1/2 (1992); J. McGarry and B. O'Leary (eds), 'Introduction: the macro-political regulation of ethnic conflict', in J. McGarry and B. O'Leary (eds), *The Politics of Ethnic Conflict Regulation: Case Studies of Protracted Ethnic Conflicts* (London: Routledge, 1993); J. Snyder, 'Managing ethnopolitics in eastern Europe: an assessment of institutional approaches', in J.

통과 함께 실무 국가들에 의하여 그룹들 간에 분열을 제거하기 위한 시도를 광범위하고 통합하는 전략들이다. 예를 들어, 그룹에 대한 영토적 자율성 부여나 그들 간에 정치권력의 분점 등을 통한 평화로운 국가 공유를 가능하게 하려는 시도를 통하는 것이다.

제도 구상에 관한 접근방법의 범위에 관한 맥게리 이외McGarry *et al.* 의 요약은 통합과 포용 간의 규모로 갖다 놓는데 도움 주는 것이다.[10] 그들이 제시한 통합은 공공 목적을 위한 차이점에 눈을 감아버린다. 이에 대해 주장자들은 '정치적 불안정과 분쟁 등을 정치제도에서 그룹에 기초한 게릴라로부터 나온 결과'임을 믿으며,[11] 이에 따라서 '인종적 차이는 정치적 차이로 반드시 변환되어야 한다는 생각을 거부하는 것' 이다.[12] 이러한 점에서, 통합은 문화적 차이의 사유화를 통하여 정체성의 탈정치화를 위한 자유로운 처방이다.[13] 쿠퍼만Kuperman이 설명한 바와 같이, 통합은 '정체성 또는 위치 등에 의하여 구분되는 그룹들의

---

P. Stein (ed.), *The Politics of National Minority Participation in Post-Communist Europe: State-Building, Democracy, and Ethnic Mobilization* (Armonk, NY: M. E. Sharpe, 2000); S. Smooha, 'Types of democracy and modes of conflict management in ethnically divided societies', *Nations and Nationalism*, 8:4 (2002); J. McGarry, B. O'Leary and R. Simeon, 'Integration or accommodation? The enduring debate in conflict regulation', in S. Choudhry (ed.), *Constitutional Design for Divided Societies: Integration or Accommodation?* (Oxford: Oxford University Press, 2008); S, Wolff, 'Managing ethno-national conflict: towards an analytical framework', *Commonwealth and Comparative Politics*, 49:2 (2011) 등을 보라.

10) 엄격하게 말하자면, 이러한 규모의 종료점은 통합으로 동화와 합의의 끝에서 분리 독립/참가 이다. 맥게리 외(et. al.)는 이러한 것들을 자신들의 분석을 넘어서는 것으로 간주하고, 현 상황에서 그들은 좀처럼 채용하지 않는다(코소보처럼 약간은 주목할 만한 예외를 가지고).

11) McGarry *et al.*, 'Integration or accommodation?', 45.

12) S. Choudhry, 'Bridging comparative politics and comparative constitutional law: constitutional design in divided societies', in Choudhry (ed.), *Constitutional Design for Divided Societies*, 27.

13) B. M. Barry, *Culture and Equality: An Egalitarian Critique of Multiculturalism* (Cambridge: Polity, 2001), 19-62

정치 쟁점을 불식시키는 대신에 매우 집중화된 제도를 통하여 단일의 통합적인 국가를 만들고자 하는 목적이다.'[14] 이러한 제도들에서, 통합주의자들은 대표성은 집단보다는 오히려 개인들이 되어야만 하고, 명목적인 대표성보다는 오히려 능력주의, 차별금지와 공정 등의 원칙에 기반 해야만 한다고 주장한다. 통합주의자들은 일반적으로 그룹에 근거하는 정당들에 대해서 적대적이고 뿌리 깊게 분열된 일반적인 사회에서 관련 분파들을 초월하는 시민사회 단체들을 지지한다. 더욱이, 그들이 연방국가 개념을 지지하는 반면에, 그들은 민족, 인종 또는 언어적인 기준 등에 기초하는 영토적인 통합체에 근거한 연방을 선호하지 않는다. 사실상, 적절한 지역에서 그들은 연방 대안에 대하여 단방국가를 지지한다.[15]

대조적으로 맥게리 이외에 따르면, 포용은 최소한 '한 국가 내부에서 하나의 인종적, 언어적, 민족적 또는 종교적 공동체 이상의 승인을 필요로 한다는 것이다. 이것은 동일 국가 내부에서 다양한 공동체와의 공존을 보장하는데 목적이 있다.'[16] 포용주의자들은 특정의 맥락에서, '민족적, 인종적, 종교적, 그리고 언어적인 구분과 정체성 등은 회복력 있고, 지속적이고 견고하다고 주장하고', '[정]치적 관용과 도덕성 등은 특별한 이해관계, 필요성, 등에 관한 적응, 조정 그리고 배려 그리고 그룹의 두려움 등이어서 그룹들이 국가를 자신들에게 맞추도록 하는 문제로 여기게 된다는 것이다.'[17] 제도적 구상에 관한 포용주의자들의 전략들은 '비례대표, 연방주의, 자치, 할당제, 경제적 재분배 그리고 거부

---

14) A, J. Kuperman, 'Designing constitutions to reduce domestic conflict', in A. J. Kuperman (ed.), *Constitutions and Conflict Management in Africa: Preventing Civil War Through Institutional Design* (Philadelphia, PA: University of Pennsylvania Press, 2015), 2.

15) McGarry *et al.*, 'Integration or accommodation?', 70-1.

16) McGarry *et al.*, 'Integration or accommodation?', 52.

17) McGarry *et al.*, 'Integration or accommodation?', 52-3.

권 등과 같은 장치를 통하여 자신들의 구별되는 정체성 또는 지리적 위치 등에 근거해서' 이러한 그룹들에게 보장을 제공하는 것을 목적으로 한다.[18] 분쟁 관리 연구에서 가장 두드러지는 포용주의자들의 제도적 구상은 정치연합으로 알려진 권력 분점의 형태이다.

간단하게 설명하면, 정치연합은 다원화 사회에서 그룹들 간의 분열이 이러한 사회 그룹들의 엘리트 대표자들 간에 협조를 가능케 하는 민주주의 형식으로 설명한다. 정치연합 민주주의에 관한 영향력 있는 업적에서, 알렌 레이프하르트Arend Lijphart는 이러한 협조에 관한 특성을 나타내는 네 가지의 핵심적인 특성을 밝혀냈다. 이러한 것들은 대연합, 분절적인 문화적 자율성, 공적 자리에 있는 그룹들 간의 비례성, 사활적인 이해관계에 대한 그룹의 거부권 등의 수단으로 엘리트 차원의 권력을 나누어 가지게 된다는 것이다.[19] 가장 최근의 학문적 성과는 두 가지의 핵심적인 특질에 대한 정의를 단순화 시켰다. 사회의 가장 중요한 분파의 대표로, 행정부의 권력분점과 영토적 자치 형식 등이다.[20]

정치연합에 관한 가장 현대적이고 경험적인 연구로는 국가 또는 하부 국가 차원에서 헌법 또는 평화협정 등을 통한 채택에 일반적으로 초점을 둔다. 그렇지만, 몇몇 학자들은 특별한 정책 분야에서 정치연합의 적용에 관한 영향을 살펴보기 시작했다. 예를 들면, 폰타나Fontana는 보스니아의 정치연합적인 정치제도와 국가 내의 문화정책 등의 상호작용을 살펴보고 있는데, 특히 박물관 부문에 초점을 두고 있다.[21] 그녀는

---

18) Kuperman, 'Designing constitutions to reduce domestic conflict', 2.

19) A, Lijphart, *Democracy in Plural Societies: A Comparative Exploration* (New Haven, CT: Yale University Press, 1977).

20) 예를 들면, S. Wolff, 'Consociationalism: power sharing and self- governance', in S. Wolff and C. Yakinthou (eds), *Conflict Management in Divided Societies: Theories and Practice* (London: Routledge, 2012)를 보라.

21) G. Fontana, 'War by other means: cultural policy and the politics of corporate consociation in Bosnia and Herzegovina', *Nationalism and Ethnic Politics*, 19:4 (2013).

보스니아의 헌법 조약에 의해 인종적 차별에 놓인 강조점은 평행선을 강조하고 유지하는 문화 제도들을 위해 실행되어 왔다고 주장한다. 집단의 역사를 나누는데 반대하면서 말이다. 스포츠 거버넌스를 연구하는 것은 정치연합과 같은 분쟁 관리에 대한 연구 방법의 확대에 공헌 기회를 제공한다.

그렇다면, 이와 같은 연구 아젠다를 외교의 어느 분야에 적용할 수 있는가? 정치연합에 관한 초기연구는 권력분점 제도를 수립할 때 외부행위자의 역할을 도외시하는 경향이 있다. 그러나 이러한 것들이 분쟁 이후 해결에 관한 매우 현저한 특성이 되면서, 권력분점을 수립하고 유지할 때 이러한 행위자들의 역할이 늘어났었다.[22] 맥그레이 이외의 학자들은 "통합은 기존의 민주주의 국가들에서 그룹 간 관계를 관리하는 주도적인 방식이다—예를 들면, 유럽의 이주민을 '관리'하기 위한 최적의 방식으로 정치인들이 지지하는 것을 밝힌다[23]—분쟁 이후와 다른 뿌리 깊게 분열된 사회에 대하여 외부행위자들은 빈번하게 포용 전략을 처방한다."라고 말했다. 특히, 연합정치는 유럽연합과 미국 등을 포함하는 많은 행위자들에 의하여 진작되어 왔고,[24] 분쟁 이후 국가들에서 그룹 관계를 조정하는 외부행위자들이 선호하는 방식으로 된다고

22) M. Kerr, *Imposing Power-Sharing: Conflict and Coexistence in Northern Ireland and Lebanon* (Dublin: Irish Academic Press, 2006); J. McEvoy, 'The role of external actors in incentivizing post-conflict power-sharing', *Government and Opposition*, 49:1 (2014).

23) McGarry *et al.*, 'Integration or accommodation?', 50-1.

24) B. O'Leary, 'Debating consociational politics: normative and explanatory arguments', in S. J. R. Noel (ed.), *From Power Sharing to Democracy: Post-conflict Institutions in Ethnically Divided Societies* (Montreal: McGill-Queen's University Press, 2005), 3; R. Taylor, 'Introduction: the promise of consociational theory', in R. Taylor (ed.), *Consociational Theory: McGarry and O'Leary and the Northern Ireland Conflict* (London: Routledge, 2009), 9-10; C. McCrudden and B. O'Leary, 'Courts and consociations, or how human rights courts may de-stabilize power-sharing settlements', *European Journal of International Law*, 24:2 (2013), 480.

거의 틀림없이 여겨질 수 있다.

## 세 가지의 뿌리 깊은 분열 사회에서 스포츠 거버넌스

뿌리 깊은 분열사회의 거버넌스를 촉진하기 위하여 사용되는 기관유형을 특정하면서, 이러한 맥락에서 스포츠 거버넌스에 관한 매우 특별한 쟁점들로 진입하는 것이 지금 가능해졌다. '일상생활에 관한 구성 성분과 대중문화'로서, 스포츠는 민족, 인종, 종교적 또는 언어적 계보가 뿌리 깊은 분열 사회에서 분쟁의 영향으로부터 보호되지 않는다.[25] 사실상, 스포츠개발평화 개입이 구축된 가정과는 반대로, 뿌리 깊은 분열 사회에서 스포츠는 종종 현존하는 분열을 강조하는 것으로 작용한다.[26] 석던과 톰린슨 등이 주장하는 바와 같이, 스포츠는 일반적으로, 특히 축구는 국민통합의 표현이자 발산 등을 위한 의미 있는 극장이자 동원화된 형태인 내셔널리즘 등인 것이 증명되어왔다.[27] 실제로, 몇몇 저자들은 스포츠는 국가적 성과를 보여줄 수 있는 *가장 강력한 형식*이라고 주장한다.[28] 카푸스신스키가 설명하는 엘살바도르-온두라스 '축구전쟁'과 같은 사례에서 폭력 촉발에 직접적으로 기여한다는 주장, 또는 자그레브 마크시미르 스타디움에서 다이나모 자그레브와 레드 스타 베오그라드 팬들 간 폭동 등은 논쟁이 될 만하지만, 스포츠를 통한 내셔널리

---

25) A. Tomlinson, *Sport and Leisure Cultures* (Minneapolis, MN: University of Minnesota Press, 2005), xiv.

26) J. Hoberman, 'The myth of sport as a peace-promoting political force', *SAIS Review of International Affairs*, 31:1 (2011); J. Coakley, *Nationalism, Ethnicity and the State: Making and Breaking Nations* (London: Sage, 2012), 131.

27) J. Sugden and A, Tomlinsen, *FIFA and the Contest for World Football: Who Rules the people's Game?* (Cambridge: Polity, 1998), 8.

28) T. Edensor, *National Identity, Popular Culture and Everyday Life* (Oxford: Berg, 2002), cited in A. Bairner, 'Assessing the sociology of sport: on national identity and nationalism', *International Review for the Sociology of sport*, 50:4-5 (2015), 376.

즘 고무가 폭력 유발의 역할을 함에도 불구하고, 폭력 분쟁의 후유증에서 해당 스포츠 조직은 자주 분쟁의 향방에 따라서 분열로 남겨진다는 것이다.

뿌리 깊은 분열 사회에서 스포츠가 몇몇 연구의 주제가 되어 온 반면에, 스포츠가 어떻게 이러한 맥락에서 다루어지는지에 대해서는 별로 관심을 보이지 않아 왔다.[29] 눈에 띄게 예외적인 것으로는 라이헤Reiche의 레바논에서 스포츠와 고해성사 간의 관계에 관한 연구, 코피에터스Coppieters의 브뤼셀, 베이루트와 예루살렘 등에서의 마라톤 협회에 대한 연구, 축구와 사이클링 등을 포함하는 북아일랜드 스포츠협회에 대한 많은 논문과 조사보고서, 벨기에 스포츠 기구에 대한 벤로이젤Vanreuse 외의 연구, 그리고 보스니아 헤르체코비나의 축구 거버넌스 협약을 고찰하는 몇몇 업적 등이다.[30] 우리의 분석은 보스니아 사례와 함께 시작한다.

---

29) 예를 들면, J. Sugden and A. Bairner (eds), *Sport in Divided Societies* (Aachen: Meyer & Meyer Sport, 1999); J. Sugden, 'Critical left-realism and sport interventions in divided societies', *International Review for the Sociology of Sport*, 45:3 (2010); D. Hassan and P. O'Kane, 'Terrorism and the abnormality of sport in Northern Ireland', *International Review for the Sociology of Sport*, 47:3 (2012)를 보라.

30) D. Reiche, 'War minus the shooting? The politics of sport in Lebanon as a unique case in comparative politics', *Third World Quarterly*, 32:2 (2011); B. Coppieters, 'The organisation of marathons in divided cities: Brussels, Belfast, Beirut and Jerusalem', *International Journal of the History of Sport*, 29:11 (2012); A. Bairner, 'Inclusive soccer-exclusive politics? Sport policy in Northern Ireland and the Good Friday Agreement', *Sociology of Sport Journal*, 21:3 (2004); A. Bairner, 'Sport, the Northern Ireland peace process, and the politics of identity', *Journal of Aggression, Conflict and Peace Research*, 5:4 (2013); K. Howard, 'Territorial politics and Irish cycling', *Mapping Frontiers, Plotting Pathways Working Paper 21* (Belfast: Queen's University Belfast, 2006), www.qub.ac.uk/research-centres/CentreforInter-nationalBordersResearch/Publications/WorkingPapers/MappingFrontiers workingpapers/Filetoupload,175422,en.pdf에서 이용할 수 있습니다 (2016년 8월5일 접속); B. Vanreusel, R. Renson and J. Tolleneer, 'Divided sports in a divided Belgium', in Sugden and Bairner (eds), *Sport in Divided Societies*; D. Sterchele, 'Fertile land or mined field? Peace-building and ethnic tensions in post-war Bosnian football', *Sport in Society*,

## 보스니아와 헤르체코비나

1992-95년 보스니아 전쟁 종식에 이어서 보스니아에서 축구 거버넌스 기관들의 재부활 사례와 국제 압력 하에서 이들에 대하여 이어지는 개혁 등은 본장의 핵심적인 두 가지의 중요한 주제를 보여준다. 첫째, 스포츠 통합을 촉진하기 위하여 시도된 초기의 접근방법은 포용으로 특징 됨을 제시한다. 각자의 영토들에서 게임 통제로 남아 있는 분쟁으로부터 발생했던 세 가지의 다른 관리기관들을 허용했지만—시간이 지나면서, 외부행위자들과 몇몇 현지 의견 등이 매우 통합적인 접근방법을 요구하는데 성공했다. 이것은 보스니아에서 하나의 축구 관리기관의 설립으로 생각되어 왔었다. 둘째로, 사례는 스포츠 외교에 관련되는 행위자의 범위—국제와 현지—를 광범위하게 정의하고 이러한 행위자들의 이해관계가 어떻게 상호작용하는지 등을 제시한다.

보스니아 스포츠 협회들을 완벽하게 이해하기 위하여, 우선 보스니아에 관해서는 매우 폭넓은 정치적 맥락에서 이해할 필요가 있다. 보스니아 전쟁은 1992년 3월 유고슬라비아로부터의 국가독립으로 촉발되었다. 이것의 뿌리는 1990년 유고슬라비아 민주적 지역선거로부터 거슬러 올라갈 수 있다. 내셔널리스트들이 공화국 대부분의 유권자들의 권력을 장악했다. 1991년 유고슬라비아 센서스census에 따르면, 공화국 인구의 43.7퍼센트가 무슬림 (지금은 일반적으로 보스니아크Bosniak로 보스니아 이슬람교도를 지칭), 31.4퍼센트가 세르비아, 17.3퍼센트가 크로아티아, 5.5퍼센트가 유고슬라비아 그리고 2.1퍼센트가 기타 및 미상 등으로 나타났다.[31] 전쟁은 처음 보스니아 정부군과 보스니아 세르비

16:8 (2013); L. Cooley and J. Mujanović, 'Changing the rules of the game: comparing FIFA/UEFA and EU attempts to promote reform of power-sharing institutions in Bosnia-Herzegovina', *Global Society*, 29:1 (2015).

31) R, Petrović 'The national composition of Yugoslavia's population, 1991', *Yugoslav Survey*, 33:1 (1992), cited in R. M. Hayden, 'Imagined communities and real

아 민병대 간에 벌어졌다. 이들은 국가독립에 반대하고 베오그라드에 의하여 적극적으로 지원되었다. 그들은 독자적인 보스니아 세르비아 국가 건립을 모색했다. 그들은 후에 희망했던 대로 세르비아로 합칠 수 있었다. 전쟁 이후, 분쟁은 역시 보스니아 이슬람교도와 보스니아 크로아티아 군 간에 촉발되었다. 후자가 보스니아에 크로아티아 거주 지역에 대한 통제를 시도했기 때문이었다. 그들은 자그레브에 있는 내셔널리스트 정치 리더십에 의하여 지원받았는데, 그 이후 후자가 매우 중도적인 보스니아 크로아티아 리더십을 추방시켰다.

보스니아 내전은 국제적으로 1995년 데이턴Dayton협정 중개로 종결되었다. 이 협정은 보스니아를 위한 새로운 헌법을 만들었다. 이 헌법은 보스니아를 두 가지 정체polity로 구성된 국가로 규정했다. 보스니아 헤르체코비나 연방과 스릅스카 공화국RS, Republika Srpska인데, 전쟁 종식으로 국가분열을 반영하게 되는 것이다. 광범위한 세력들이 핵심인 보스니아 국가를 희생하면서 독립체로 남게 된다. 각각의 독립체는 자신만의 대통령, 정부와 의회를 가지고, 연방 권력에서 열 개의 켄턴canton, 국가에서 지역을 나눈 주들에게 위임된다는 것인데, 각자 의회를 가진다는 것이다. 데이턴 협정문은 모든 정부 부처와 공직 등에서 쿼터 방식으로 인종적인 대표성을 보장한다. 또한 하원의 결정으로 최소한 각 정파의 3분 1의 투표를 필요로 하는 거부권을 설립하고, 상원의 결정은 모든 보스니아 이슬람, 크로아티아 또는 세르비아 대표들의 다수결에 의하여 거부권을 행사할 수 있다. 이러한 세 개의 인종 집단은 보스니아 '유권자'로서 헌법에 규정된다. 협정은 '고전적인 정치연합의 해결의 사례'로 설정되는 것으로 설명되어 왔다.[32] '제도가 이상적인 유형의 정치연합

---

victims: self-determination and ethnic cleansing in Yugoslavia', *American Ethnologist*, 23:4 (1996), 787.

32) S. Bose, *Bosnia after Dayton: Nationalist Partition and International Intervention* (London: Hurst, 2002), 216.

적인 민주주의에 상응한 것이다.'[33)]

2000년대 중반 이래로, 수많은 시도들이 데이턴 협정 개정을 위하여 행해져 왔다. 보스니아 정치 제도들이 믿을 수 없을 정도로 불충분할 뿐만 아니라 인정된 '유권자'들 중 하나에도 속하지 않는 시민들에 대한 차별이라는 것이다.[34)] 비판자들은 데이턴 협정에 의하여 도입된 정치연합적인 제도들은 보스니아 내에서 인종 분열의 현저성을 강화해 왔고 선거가 인종적 센서로 전환되었다고 주장한다. 협정문은 인종적-내셔널리트 당사자들에게 자신들만의 집단의 경계를 넘어서면서 호소하기 위한 아무런 인센티브를 제공하지 않는다.[35)] 외부적으로 인센티브를 주어 장려하는 협정문 개정에 대한 시도가 실패했기 때문이다. 정확하게는 권력에 대한 자신들의 계속되는 장악을 보장하려는 제도 유지에만 집착해 온 현지 행위자들의 비타협성 때문이었다. 협정문 개혁이 성공했다 하더라도, 이것은 정치 연합적인 접근방법과는 동 떨어진 의미 있는 움직임을 포함하지 않은 것이 될 수 있었다. '데이턴 기본 사항에 관한 몇몇 변수를 위임 사항'은 모두를 진전시킨 개혁 조항이기 때문이었다.[36)]

---

33) R, Belloni, 'Peacebuilding and consociational electoral engineering in Bosnia and Herzegovina', *International Peacekeeping*, 11:2 (2004), 336.

34) S. Sebastián, *Post-war Statebuilding and Constitutional Reform: Beyond Dayton in Bosnia* (Basingstoke: Palgrave Macmillan, 2014); V. Perry, 'Constitutional reform in Bosnia and Herzegovina: does the road to confederation go through the EU?', *International Peacekeeping*, 22:5 (2015); D. Tolksdorf, 'The European Union as a mediator in constitutional reform, negotiations in Bosnia and Herzegovina: the failure of conditionality in the context of intransigent local politics', *Nationalism and Ethnic Politics*, 21:4 (2015).

35) Belloni, 'Peacebuilding and consociational electoral engineering in Bosnia and Herzegovina', 337. 또한 S. G. Simonsen, 'Addressing ethnic divisions in post-conflict institution-building: lessons from recent cases', *Security Dialogue*, 36:3 (2005); R. Aitken, 'Cementing divisions? An assessment of the impact of international interventions and peace-building policies on ethnic identities and divisions', *Policy Studies*, 28:3 (2007)를 보라.

36) R. Belloni, 'Bosnia: Dayton is dead! Long live Dayton!', *Nationalism and Ethnic*

1995년 전쟁이 끝날 무렵에, 보스니아 스포츠도 인종적인 노선과 함께 파편화 된 채로 남았다. 축구에서, 각자 자신만의 리그를 운영하는 중인 세 가지의 뚜렷한 관리기구들이 분쟁으로부터 부상되었다.[37] 2002년이 되어서야 피파, 유럽축구연맹과 국제올림픽위원회 등의 압력으로 통합된 축구연맹인 보스니아 헤르체코비나 축구협회N/FSBih가 만들어졌다. 스테르켈레가 적시한 바와 같이, 통합연맹은 데이턴 모델을 따랐다.[38] 독자적인 '인종적' 협회는 보스니아 헤르체코비나 축구협회의 하부 협회로 계속 존재했다. 그리고 각 하부 협회의 5명으로 구성된 집행위원회와 3명의 회장 등으로 구성되었다.[39]

스포츠 거버넌스를 위한 이러한 약속은, 보스니아 헌법에 들어가 있는 정치연합의 반향을 지닌, 과도기적인 조치로 둘 작정이었다. 유럽축구연맹의 스포츠 법률 담당 책임자인 마르셀 벤츠Marcel Benz가 축구 저널리스트인 조나단 윌슨Jonathan Wilson에게 2011년 말했던 바와 같이, 유럽축구연맹은 시간이 지나면서 연맹이 통상적인 국제관행에 따라서 한 명의 회장을 선택하려는 확신을 가지고 있다는 것이었다. 이러한 확신에도 불구하고, 진척은 매우 더디게 진행되었다. '과도한' 거버넌스 협약은 국제회의에 3명의 회장들에 의하여 대표되는 협회와 보스니아 헤르체코비나 축구협회 집행위원회 등의 투표 규칙으로 인하여 쉽게 방해받는 법규를 지닌 피파와 유럽축구연맹에 문제 제기를 시작했다.[40] 보스니아 헤르체코비나 축구협회는 국내 게임에서 의미 있는 문제를

*Politics*, 15:3 (2009). 368.

37) P. K. Gasser and A. Levinsen, 'Breaking post-war ice: Open Fun Football Schools in Bosnia and Herzegovina', *Sport in Society*, 7:3 (2004), 460; Sterchele. 'Fertile land or mined field?', 975.

38) Sterchele, 'Fertile land or mined field?', 975-6.

39) J. Wilson, 'Three into one won't go for Bosnia as Fifa and Uefa ban hits home', *The Guardian*, 21 April 2011, www.theguardian.com/football/blog/2011/apr/21/bosnia-fifa-unefa-ban에서 이용할 수 있습니다 (2015년 5월 26일 접속).

40) Wilson, 'Three into one won't go'.

해결하거나 부패 척결을 위한 팬들로부터의 압력에 대응할 수 없거나 의지도 없는 것처럼 보였다. 팬들은 2000년 비에이치 파나티코BH Fanaticos 그룹이 만들어진 이래로 축구 협회에 반대하는 시위를 계속해 왔다—가장 유명한 사고는 2007년 3월 오슬로인데, 그들이 보스니아 헤르체코비나 축구협회 내부의 부패문제를 강조하기 위하여 경기장에 불꽃을 던지면서 노르웨이와 경기가 한 시간 이상 지체되었을 때이다.

보스니아가 직면한 축구 거버넌스 문제에 대응해서, 2010년 10월 피파와 유럽축구연맹 등은 보스니아 헤르체코비나 축구협회에게 3인 회장직을 대체하는 조건을 포함하는 개혁을 6개월 안에 할 것을 요구했다. 이러한 요구는 의미 있는 저항에 직면했다. 보스니아 헤르체코비나 축구협회 안에 있는 보스니아 세르비아 대표는 자신들의 정치적 자율성에 위협을 가할 수 있다는 우려 때문에 개혁에 반대했다. 그러나 피파의 행동들이 몰상식한 외부적인 개입이라고 주장하는 보스니아 크로아티아인들로부터도 약간의 저항이 존재했다.[41] 데드라인이 2011년 4월을 지나가고 개혁이 합의되지 않을 때, 협회는 피파와 유럽축구연맹 등에 의하여 연기되었는데, 보스니아 국가대표팀과 보스니아 클럽 등이 국제 또는 유럽 무대에서 경쟁할 수 없다는 의미이었다.

연기됨에도 불구하고, 개혁에 대한 정치적인 반대가 잔존했다. 스릅스카 공화국 대통령인 밀로라드 도딕크Milorad Modik는 자신은 모든 국가기구에서 '전체 보스니아 헤르체코비나를 대표하는 한명의 회장 선출에 반대한다고' 주장했다—그 밖에 무엇이든지, 양봉협회에라도 말이다.[42]

---

41) K. Morrison, 'Three's a crowd', *When Saturday Comes*, June 2011, www.wsc.co.uk/the-archive/917-International-football/8825-three-s-a-crowd에서 이용할 수 있습니다 (2016년 1월8일 접속).

42) 'Soccer bosses show Bosnia red card over ethnic rule', *Sydney Morning Herald*, 5 April 2011, www.smh.com.au/sport/soccer/soccer-bosses-show-bosnia-red-card-over-ethnic-rule-20110404-1cyyg.html에서 이용할 수 있습니다 (2016년 1월 8일 접속)에서 인용.

피파의 긴급위원회는 즉각적으로 보스니아헤르체코비나 축구협회에 관한 '정상화 위원회'를 강요했고, 필요로 하는 개혁을 만들도록 위원회에 임무를 부과했다. 보스니아 선수 출신인 이비카 오심Ivica Osim이 책임을 맡으면서, 2개월 안에 위원회는 새로운 법령을 채택했는데, 2011년 5월 말에 연기를 풀 수 있도록 허용했고, 2012년 12월에 협회 역사상 처음으로 한명의 회장을 선출하는 길을 열어 놓았다.[43]

그런 다음, 매우 짧은 시간 내에, 팬 시위의 형식으로 아래로부터 그리고 위로부터 압력의 조화는 보스니아에서 축구 거버넌스에 대한 중대한 변화를 가져왔다. 이러한 성과는 아마도 의미 있는 정도의 행운에 의존했다. 스릅스카 공화국 수도 출신인 에프케이FK 보락 반자 루카Borac Banja Luka는 첫 번째 보스니아 프레미어 리그 타이틀을 쟁취했고, 유럽축구연맹 챔피언스 리그 결승전에 출전할 기회를 얻지 못했더라면 연기는 해제되지 않았을 것이다. 보라크 팬과 관계자 등은 개혁의 수용을 위하여 로비를 했는데, 스릅스카 공화국에서 정치적 저항 극복의 결과를 가져다주었다.[44] 이와 같이 확실한 성공을 위한 명분이 복잡해지는 동안, 국제공동체가 데이턴 협정문 개혁을 10년 이상 투쟁하는 반면에, 보스니아에서 축구 거버넌스 개혁은 매우 신속하게 이루어진 것은 눈여겨 볼만 하다. 더욱더, 매우 통합적인 방향으로 정치연합적인 데이턴의 권력분점 접근 방법 식으로부터 멀리 떨어지는 의미 있는 조치를 취해왔다.[45] 이러한 결과를 이해한다는 것은, 위에 분석이 제시한 바와 같이, 우리가 일변의 행위자들의 복잡한 상호작용의 이해를 필요로 한

---

43) 전체 설명에 대해선, Cooley and Mujanović, 'Changing the rules of the game'를 보라.

44) E. Dedovic, 'The Bosnian national football team: a case study in post-conflict-institution building', *open Democracy*, 14 October 2013, www.opendemocracy.net/can-europe-make-it/edin-dedovic/bosnian-national-football-team-case-study-in-post-conflict-instituti에서 이용할 수 있습니다 (2016년 1월 8일 접속); Sterchele, 'Fertile land or mined field?', 989 n.43.

45) Cooley and Mujanović, 'Changing the rules of the game'.

다는 것이다.—국가와 국가 하부 연방, 국제 관리기구, 팬 조직과 정치인 등을 포함한다.

## 키프로스

키프로스 섬의 스포츠 분열은 1990년대 보스니아가 경험했던 분쟁보다도 더 멀리 거슬러 올라가는 오랜 역사를 지니고 있다. 그리스계 터키인과 터키계 그리스인 등을 포함하는 의미 있는 스포츠 경기는 1950년대부터 중단되었다—1974년 섬의 공식적인 분할 훨씬 이전—공동체 간의 분열을 넘어서는 가능성 있는 스포츠의 재통합으로 만들어지는 진전은 최근이었다. 보스니아 사례에서처럼, 섬에서 두 개의 축구협회와 관련된 피파가 촉진하는 교섭 덕분에 국제적인 조명을 받은 것은 특히 축구이다. 그러나 이 섹션에서의 분석이 보여주는 바와 같이, 키프로스에서 진행 중인 과정은 보스니아에서 목격했던 것보다도 매우 국내적으로 추동되는 것인데, 협회 자체에서 나오는 재통합을 위한 주된 촉진제와 함께 말이다. 그렇지만, 스포츠에 대한 최근의 추이를 살펴보기 전에, 처음으로 더 광범위해진 정치적 맥락을 이해하는 것이 다시 한 번 필요하다.

키프로스는 1960년 영국으로부터 독립을 이루어 냈다. 그리스와의 통일을 선호했던 그리스계 키프로스 게릴라들과 영국 당국 사이의 분쟁기간에 이어서 말이다. 1960년대 동안 그리스계와 터키계 키프로스인들 간의 공동체 내부 폭력이 여러 해 동안 있어 왔다. 1963년, 헌정 파괴가 있었고, 이듬 해 유엔평화유지군이 설치되었고 심층적인 폭력 예방의 임무를 부여받았다. 1960년대 말, 양 공동체 간에 긴장이 확산되면서, 1974년 그리스 군부정권과 키프로스 내셔널 가드National Guard 등이 키프로스계 대통령을 쿠데타에서 추방했다. 침공 감행으로 대응한 터키는 섬의 북쪽을 점령했다. 키프로스는 그때부터 분단된 상태로 남게 되었다. 국제적으로 승인받은 키프로스공화국 정부는 섬의 남쪽을 효과적으로 통제해 오고 있다. 북키프로스터키공화국TRNC은 터키에 의해서만 국가로 승인되었다.

섬을 재통일하기 위한 가장 중요한 시도는 2000년대 초에 시작되었다. 유엔이 주도하는 교섭이 재통합을 위하여 제출된 계획의 결과로 나타났을 때였다. 후에 유엔사무총장이 된 아난 플랜으로부터 알려졌다. 플랜은 2004년 4월 국민투표 앞서서 많은 수정을 경험했다. 공개투표에서, 터키계 키프로스인들의 대다수 (65퍼센트)가 이 플랜을 지지했지만, 유권자들의 76퍼센트를 차지하는 다수인 그리스계 키프로스 인들에 의하여 거부되었다.[46] 이것이 채택되었다면, 아난 플랜은 연방주의 정치연합주의 원칙에 입각해서 헌법구조를 구성했을 것이다. 플랜 자체가 제출된 키프로스 헌법의 모델로 스위스를 인용했지만, 보세가 적시한바와 같이, 이것 또한 보스니아의 데이턴협정과 북아일랜드의 성금요일 협정Good Friday Agreement 등을 따른 것이었다.[47] 제안된 헌법은 의석이 공평하게 그리스계와 터키계 키프로스인들 간에 균등하게 나누어 가지는 상원과 하원은 인구 비례에 따라서 각각의 선거구 대표로 구성되는 양원제 의회를 구성하려 했었다. 상하원은 의석의 최소 25퍼센트를 보장해주는 것이다. 아난 플랜이 단독 과반에 기반해서 만들어지는 결정을 예상한 반면에, 상원에서 이것은 각 주의 선출 대표자의 4분 1을 포함할 필요가 있다는 것이었다. 중요한 이해관계를 가지는 특정 지역의 경우에 각주 출신으로부터 특별다수결이 필요하다는 것이었다. 각 주 2명의 대표들을 포함하는 각주의 40퍼센트의 상원의원들의 승인을 가진 9명의 의원들로 구성된 대통령위원회가 설립되어야만 한다는

[46] C. Christophorou, ‘South European briefing: the vote for a united Cyprus deepens divisions: the 24 April 2004 referenda in Cyprus’, *South European Society and Politics*, 10:1 (2005).

[47] S. Bose, *Contested Lands: Israe-Palestine, Kashmir, Bosnia, Cyprus, and Sri Lanka* (Cambridge, MA: Harvard University Press, 2007), 99-100.

것이다. 대통령과 부통령 사무실은 20개월 만에 한번 그리스계와 터키계 키프로스 주 출신의 대표들 간에 오가게 했다. 한 때 이러한 사무실들 중에 하나가 그리스계 키프로스 그리고 다른 하나는 터키계 키프로스에 유치한다는 것이었다.[48]

1974년 이래로 키프로스의 분단은 섬의 스포츠 협회에 대한 불가피한 영향을 가지고 있었다. 대체로 대부분의 키프로스인들이 지리적으로 두 개의 공동체들이 나누어진 소위 '그린 라인'green line을 넘어서는 것이 불가능하기 때문인데, 최소한 2003년 국경선 통제 완화까지 였다.[49] 사실 위에선 언급한 대로, 공동체 스포츠 지부는 섬의 정치적이고 실질적인 분열보다 먼저 발생한다. 예를 들면, 카르타쿨리스와 로이조우 등은 터키계 키프로스 축구팀이 키프로스 축구협회CFA가 조직한 경기에서 경쟁했던 마지막 시즌이 1954-55년 이라고 적시했는데, 그리스계 키프로스의 반 식민주의 투쟁의 맥락에서 선린 공동체 관계 유지라는 명목으로 스포츠 시설 이용을 금지한 후 이었다.[50] 이것이 잠정조치이어야 했던 반면에, 공동체 간 폭력을 위한 잠재성이 종식될 때까지 이것은 자신들만의 협회인 키프로스투르크풋볼연맹CTFA를 구성한 터키계 키프로스 팀의 결과를 가져왔다. 피파와 유럽축구연맹 등이 키프로스축구협회만을 합법적인 키프로스 축구협회로 승인했고, 협회 회원으로 승인받으려는 키프로스투르크풋볼연맹의 요구를 거절했기 때문에, 터키

---

48) C. Yakinthou, *Political Settlements in Divided Societies: Consociationalism and Cyprus* (Basingstoke: Palgrave Macmillan, 2009), 75-6.

49) 그렇지만, 이러한 영향은 학문연구에서 특별하게 입증되지 않는다. 사실, 키프로스인의 스포츠 거버넌스에 관한 최근 조망은 섬의 분열을 밝히지 않고 키프로스 공화국 통제 하에서 있는 영토 안에서 활동 중인 유일한 스포츠 기구만을 취재한다. M. Charalambous-Papamiltiades, 'Cyprus', in I. O'Boyle and T. Bradbury (eds), *Sport Governance: International Case Studies* (Abingdon: Routledge, 2013).

50) N. L. Kartakoullis and C. Loizou, 'Is sport (football) a unifying force or a vehicle to further seperation? The case of Cyprus', *International Journal of the History of Sport*, 26:11 (2009), 1656-7.

계 키프로스 축구는 국제적으로 고립된 채로 남아 있었다.[51]

그렇지만 2004년 국민투표 이래로, 키프로스 축구 조직을 재통합하는 시도들이 있어 왔다. 아난 플랜에 반대하는 그리스계 키프로스 투표에 이어진, 키프로스투르크풋볼연맹은 피파 가입을 위한 심도 있는 시도를 했고, 피파 관계자들과의 모임에서 대표단은 키프로스투르크풋볼연맹의 권위를 인정하고 가입하려는 계획을 수용했다. 그렇지만, 플랜은 터키계 키프로스 정치인들에 의하여 반대되었고, 이것은 실행으로 나가는 진전을 방해했다.[52] 최근에, 심도 있는 피파의 촉진적인 회담이 일어나고 있다. 취리히 교섭에 이어진 2013년 11월, 키프로스축구협회와 키프로스투르크풋볼연맹 등은 실천된다면 키프로스투르크풋볼연맹이 키프로스축구협회의 회원이 되어서 섬의 축구에 관한 풋볼 재통합을 이룩하는 결과를 가져오는 임시 협약에 서명했다.[53] 1년 반이 지난 후인 2015년 3월, 키프로스투르크풋볼연맹 관계자들이 자신들은 키프로스축구협회 가입을 위한 계획을 추진 중이라고 발표했다.[54] 결정은 그 당시 북키프로스터키공화국 부수상이자 경제관광문화스포츠장관인 세르다 뎅타스Serdar Denktas로부터 비판을 받았다. 그는 협정이 실행될 때 클럽에 대한 재정지원 삭감위협을 가했다. 그리스계 키프로스 측에서도 반대가 있었는데, 키프로스축구협회에 의하여 주도되는 비밀투표에서 합병 제안에 반대하는 몇몇 클럽들이 있었다.[55] 그렇지만, 2015년

---

51) Kartakoullis and Loizou, 'Is sport (football) a unifying force?', 1657.

52) Kartakoullis and Loizou, 'Is sport (football) a unifying force?', 1657-8.

53) FIFA, 'Cyprus Football Association and Cyprus Turkish Football Association sign landmark arrangement' (Zurich: Fédération Internationale de Football Association, 5 November 2013), www.fifa.com/governance/news/y-=2013/m=11/news=cyprus-football-association-and-cyprus-turkish-football-association-sign-2218369.html에서 이용할 수 있습니다 (2015년 5월 27일 접속).

54) M. Kambas, 'Cyprus football officials determined to unify despite protest', Reuters, 30 March 2015, http://uk.reuters.com/article/2015/03/30/uk-soccer-cyprus-reunification-idUKKBN0MQ12X20150330에서 이용할 수 있습니다 (2015년 5월 27일 접속).

4월 북키프로스터키공화국 새로운 대통령으로 무스타파 아큰스Mustafa Akinci의 당선은 통합으로 향하는 정치 환경의 신호탄을 쏘아 올렸다.[56] 본장을 쓰고 있을 때, 축구협정이 여전히 실천 중인데, 부분적으로 키프로스투르크풋볼연맹의 법적 지위에 관한 복잡함 때문이었다.[57] 그렇지만, 키프로스에 관한 두 개의 연맹을 통합하기 위한 의도는 그 당시 잘 만들어진 것으로 보인다.

통합 키프로스축구를 위하여 규정된 제도협약의 유형은 위에서 논의한 바 있는 보스니아의 과도 협정의 그것들과는 상당히 다르다. 임시 협정의 문장은 채택해야 할 정확한 협약을 규정하지 않은 반면에, 조항들 중에 하나는 키프로스축구협회가 회원 클럽들 중에서 자신만의 경기를 조직할 수 있는 키프로스투르크풋볼연맹의 능력을 인정하는 것이다. 이처럼 아무런 합동리그가 언급되지 않았다.[58] 이러한 면에서, 협약은 통합리그가 만들어진 보스니아의 그것보다도 매우 제한적이다. 이러한 차이는 양 당사자들이 정체성을 포용하려는 바람보다는 상대적으로 재정상태가 좋은 그리스계 키프로스 클럽과 기껏해야 그리고 일반적으로 국가 재정에 의지하는 준-프로이다. 그들의 터키계 키프로스 상대방 간의 중요한 재정적인 격차의 반영이다. 새로운 협회도 구성되지 않았다. 오히려 키프로스투르크풋볼연맹이 현재 키프로스축구협회의

---

55) A. Warshaw, 'CFA votes in favour of next steps to Cypriot football's reunification', *Inside World Football* 25 November 2013, www.insideworldfootball.com/world-football/europe/13673-cfa-votes-in-favour-of-next-steps-to-cypriot-football-s-reunification에서 이용할 수 있습니다 (2015년 12월 7일 접속).

56) H. Smith, 'Divided Cyprus begins to build brides', *The Guardian*, 1 June 2015, www.theguardian.com/world/2015/may/31/mustafa-ankinci-advocates-focus-future-for-splintered-cyprus에서 이용할 수 있습니다 (2015년 12월 7일 접속).

57) E. Andreou, 'Missing document delays TCFA-CFA union', *Cyprus Mail*, 13 November 2015, https://cyprus-mail.com/2015/11/13/missing-document-delays-tcfa-cfa-union/에서 이용할 수 있습니다 (2016년 1월 8일 접속).

58) N. Lekakis 'Can football loosen the "Gordian Knot" in Cyprus?', *International Journal of Sport Policy and Politics*, 7:2 (2015), 269.

회원이 되었다. 보스니아와는 다르게, 키프로스투르크풋볼연맹은 권력 분점 회장을 통한 대표성을 보장하지 않는 것이었다. 이들의 임시 협정에서, 두 기관들은 터키축구협회 위원회와 총회 등에서 터키계 키프로스 대표가 어떻게 보장되는 지를 생각해보는 운영위원회의 설립에 동의했다. 2015년 9월 경, 이 대표는 분열된 그리스계 키프로스 리그의 자체를 동일한 기반으로 될 것임을 구성하려고 생각했다.[59]

키프로스 사례와 보스니아 사례 간의 또 다른 의미 있는 차이점은 국내행위자들의 동기부여에 관심을 두는 것이다. 보스니아에 과도 거버넌스 협약에 관한 궁극적인 개혁의 사례와는 반대로, 현지 활동가(영향력 있는 팬들은 제외)는 개혁에 저항했고 해결책은 피파개입을 통한 외부로부터 부과되었는데, 키프로스에서 두 개의 연맹을 통합하기 위한 이니셔티브는 매우 국내적인 이니셔티브이다. 피파가 당사자들 간에 회담을 재촉하는 반면에, 진전의 주요 촉매제는 터키계 키프로스 축구의 국제적인 고립 종식을 위한 키프로스투르크풋볼연맹의 관심이어 왔다. 협회 회장은 2013년 11월 합의에 합의된 협정은 '30년 이상의 고립'과 '우리 클럽에 희망을 부여하고', '축구로 불리는 스포츠 지구촌에 접근하기 위하여 노력하는 우리 클럽, 우리 선수, 무엇보다도 우리 젊은이들'에게 희망을 주는 것이라고 적혀 있다.[60]

## 북 아일랜드

마지막 사례연구는 북아일랜드이다. 분석이 보여주겠지만, 이 사례도 포용적으로 분류될 수 있는 스포츠 거버넌스에 대한 접근방법으로 특

59) 이러한 견해는 2015년 9월 동안 키프로스에 있는 저자에 의하여 인터뷰한 수많은 스포츠 관계자들에 의하여 표명되었다.

60) H, Setoğlu, 'Open letter to all Cypriots and the members of the Cypriot football community', Nicosia, Cyprus Turkish Football Association, 16 December 2014, www.ktff.org/NewsDetail/Index/47에서 이용할 수 있습니다 (2015년 5월 29일 접속).

징되어 왔다. 이것도 광범위해진 분쟁의 정치적 해결을 위한 기반을 구성해 왔던 권력분점 접근방법과는 대조적이라는 것이 현저하게 눈에 띈다. 그렇지만, 지금까지 논의된 두 가지 사례들은 국제관리기구들의 개입에 관한 다양한 정도를 보여준 반면에, 북아일랜드의 사례는 스포츠 거버넌스가 일반적으로 국내문제인지에 대한 것이다—국경을 넘는 아일랜드 차원이라도 말이다.

북아일랜드에서 스포츠 거버넌스 맥락을 이해하기 위해선, 맨처음 아일랜드의 역사를 살펴보는 것이 필요하다. 1921년 아일랜드의 분할은 영국과의 지속적인 연합을 수월하게 생각하고 지지했던 다수의 프로테스탄트를 보유했던 북아일랜드를 만들어낸 반면에, 이것은 이러한 프로테스탄트 연합과 대신에 압도적으로 통합 아일랜드를 선호했던 가톨릭 소수파인 내셔널리스트 간의 분쟁을 해결하지 못했다. 그렇지만, 이러한 분쟁이 북아일랜드분쟁'The Troubles'으로 알려지면서 에스컬레이트된 것은 1960년이 되어서야 이었다—한 편으로 공화국 무장단체(주로 북아일랜드 가톨릭계 과격파 무장 조직, IRA)와 다른 한편으로 영국과 충성파 무장 조직 간에 투쟁했던 30년간의 폭력분쟁. 이 기간 동안, 약 3,600명의 사람이 사망했는데, 분쟁은 제2차 세계대전 이후로 서유럽에서 가장 치명적인 분쟁이 되고 말았다.

공화국무장단체가 1994년 휴전을 선언했던 1990년대 동안 평화로 향하는 의미 있는 진전이 있었다. 1998년 성금요일 협정 이후로, 북아일랜드는 주요 권력 사항이 영국 정부로부터 벨파스트에 있는 권력분점 정권으로 이관되는 협정 하에서 통치되어 왔다. 협정문은 '우리의 지속적이고 일반적으로 정통성 있고 정치적 야망 간에 실질적인 차이'를 인정하는 것이지만, '우리는 민주적으로 합의된 협약 안에서 화합과 화해의 손길 등으로 향하는 모든 실질적인 방향 간의 실질적인 차이를 해소하기 위하여 노력할 것'이다. 이것은 당사자들에게 북아일랜드 안에서 그리고 북과 남 아일랜드, 그리고 이러한 섬들 간 관계 형성의 기초로서 '파트너십, 평등과 상호 존중' 등을 지키기 위하여 북아일랜드 의회와 북/남 부처 회의와 영국-아일랜드 협의회 등과 같은 수많은 초국가적인 기구 등을 만들었다.[61] 1998년 수립되고 2006년 10월 성 앤드류St. Andrew협정에 의하여 수정된 북아일랜드의 '정치 제도들은 본질적으로 정치연합적이 된다는 것'에 폭넓게 합의한다. 외부의 연방적이고 연합적인 양상과 함께 해도 말이다.[62]

북아일랜드 의회의 집행권은 유권자의 숫자에 따라서 공유된다. 선거 시스템은 비례제이다. 각부 장관들은 수학 원칙에 의하여 자동적으로 배분된다. 모든 국회의원은 스스로를 '연합주의자' 이거나 '내셔널리스트' 또는 '기타' 등으로 지정해야만 한다. 행정부는 제1 장관과 제1 부장관 등이 이끈다. 이러한 역할들은 의회 안에 있는 제1과 제2 거대 정당 지도자들에게 배분되는데, 두 정당은 동일한 공동체 블록에 속하지 않았어야 한다. 핵심 사항—예산 문제에 관한 계속 주문과 '우려의 청원'이 의장에게 전달되어 온 모든 쟁점 등과 같이—도 입법 결정을 위한 공동체 간의 지지 보장을 구상하도록 투표 규칙이 존재한다. 연합주의자와 내셔널리스트 국회의원의 다수결뿐만 아니라 절대 다수결 또는 각 블록의 40 퍼센트와 전체 다수의 60 퍼센트 국회의원들의 지지를 필요로 하는 것이다.[63]

북아일랜드의 정치 제도 구상이 매우 명백하게 연합주의자와 내셔

---

61) 1 Northern Ireland Office, 'The Agreement', agreement reached in the multi- party negotiations (10 April 1998), www.gov.uk/goverment/uploads/system/uploads/attachment_data/file/136652/agreement.pdf에서 이용할 수 있습니다 (2016년 8월 5일 접속).

62) J. Garry 'Consociationalism and its critics: evidence from the historic Northern Ireland Assembly election 2007', *Electoral Studies*, 28:3 (2009), 459; 또한 J. McGarry and B. O' Leary, 'Consociational theory, Northern Ireland's conflict, and its Agreement. Part 1: what consociationalists can learn from Northern Ireland', *Government and Opposition*, 41:1 (2006)을 보라.

63) Garry, 'Consociationalism and its critics', 459.

널리스트의 이해관계 등의 포용을 전제로 한 반면에, 북아일랜드의 스포츠 기구는 매우 통합적(개별 스포츠들이 다른 것보다도 한 가지 특정 공동체와 연관되었다 할지라도)이라고 주장될 수 있다. 사실상 많은 스포츠들이 아일랜드 전체에 기반을 두고 조직되는데, 북아일랜드와 아일랜드 공화국 등을 포함하는 팀에 기반하는 국제적인 대표성을 가지는 것이다.[64] 예를 들면, 럭비는 1922년 아일랜드 독립 이전에 이러한 근거 하에 조직되어 왔다. 이 모델은 독립이 이루어지면서 분열에서 살아남게 되었다. 럭비, 테니스와 골프 등을 포함하는 '중산층' 스포츠가 사이클링과 (협회) 축구(게일 스포츠는 '모든 것이 아일랜드에 뿌리를 두고 있다는 원칙을 항상 견지해 왔다'고 그는 주장한다) 등과 같은 '프롤레타리아' 스포츠보다도 그들의 조직에서 완전한 아일랜드의 것이 되려는 것이다.[65]

사이클링은 흥미로운 사례를 제공한다. 아일랜드 섬의 스포츠에는 세 개의 관리기구들이 존재해 왔기 때문이다. 하워드가 설명한 바와 같이, 북아일랜드 사이클연맹NICF과 아일랜드 사이클연맹ICF 등 이것들 중에 두 개는 국제사이클연합UCI에 의한 국가 관리기관으로 승인되었다. 반면에 세 번째인 아일랜드국가사이클협회NCA는 그렇게 되지 않았다.[66] 1980년대 말, 세 개의 기관들이 아일랜드사이클선수연맹으로 구성하기 위하여 통합하도록 제안했다. 북아일랜드사이클연맹 회원자격에 관한 투표가 이것을 승인하는데 필요한 3분의 2 정도의 다수결을 충족하지 못했지만 말이다. 북아일랜드사이클연맹에 잔류하고 아일랜드사이클연맹과 제휴한 얼스터사이클연맹을 구성함으로써 대응했다. 이것은 공식적인 관리기구로서 북아일랜드 스포츠연합회로 재승인되었다. 아일랜

64) 조사를 위해선, E. Saunders and J. Sugden, 'Sport and community relations in Northern Ireland', *Managing Leisure*, 2:1 (1997)를 보라.

65) J. Whyte, 'The permeability of the United Kingdom-Irish border: a preliminary reconnaissance', *Administration*, 31:3 (1983), 304-6.

66) Howard, 'Territorial politics and Irish cycling', 5-6.

드사이클연맹은 국제사이클연합에 의하여 인정받은 유일한 관리기구가 되었다. 북아일랜드사이클연맹이 수년 동안 국경을 넘어서서 스포츠 통합에 저항을 계속한 반면에, 2006년 12월 이것의 회원자격은 얼스터사이클연맹에 가입하는데 찬성하는 쪽으로 기울었다.[67]

그러는 와중에, 축구에서의 조직적인 분열은 북아일랜드와 아일랜드 공화국 등이 독자적인 리그와 국가대표팀 등을 유지하면서 지속되었다. 그렇지만 북아일랜드 안에서 축구를 매우 포용적으로 만들기 위한 시도가 있어왔다. 북아일랜드 축구가 연합주의자의 이해관계로 좌지우지된다는 인식을 알리기 위해서이다. 2000년 4월, 영국 정부는 문화예술레저부 장관 자문패널을 구성해서 북아일랜드에서 축구를 위한 전략을 창출하기 위해서이었다. 자문 패널 보고서는 수많은 가톨릭 교도들은 국제경기(많은 가톨릭 선수들에게 북아일랜드 대신에 아일랜드공화국을 대표하도록 선택하는 것)에 불편함과 불안을 느끼고, 팬들 간에 분열적 양상은 축구를 통한 공동체관계 개선의 장애물이라고 적시했다. 그럼에도 불구하고, 보고서에서는 축구는 공동체 분열을 초월하여 의미있는 지지를 받고 있고 공동체 전체의 화해를 위한 가능성을 제공한다고 적시되어 있다. 이것은 이러한 잠재력을 실현 시킬 수 있는 반-분파주의 전략 채택을 권고하고 있기도 하다.[68] 바이르네르가 설명한 바와 같이, 축구는 연합주의자들의 패권적인 통제 하에서 활동하는 것처럼 보이도록 허용할 수 없기 때문에, 정치적 독려는 북아일랜드 '국가대표' 팀 지원을 더욱 포용적으로 만들려는 목적을 지닌 통합주의자들을 위한 주장이었다.[69]

그렇지만 바이르네르는 이러한 접근 방법은 대조를 이루고, 북아일

---

67) Howard, 'Territorial politics and Irish cycling'; T. Lamb, 'NICF joins forces with Cycling Ulster', *Irish times*, 18 December 2006, 48.

68) Bairner, 'Inclusive soccer-exclusive politics?', 278-9.

69) Bairner, 'Sport, the Northern Ireland peace process, and the politics of identity', 224.

랜드에서 더 광범위해진 정치적 제도적 맥락에 의하여 상당히 약화되었음을 제시한다. 그는 스포츠를 매우 포용적으로 만들기 위한 시도는 성금요일 협정의 정치연합적인 본질을 언급하면서 '분파적인 차이가 합법화되었고 심지어 매우 평화롭고 덜 분열화시키는 북아일랜드를 창조하는 데 도움을 줄 작정으로 하는 장치를 통하여 공식적인 교섭을 부과해 온 정치적인 맥락에서 결실 맺기'를 기대 한다고 말한다.[70] 그는 '스포츠 세계에서 시민들은 사회적 포용과 공동체초월 통합 등에 관한 이해관계에서 문화적 차이에 관한 과시적인 요소를 섭렵하도록 요구받는 중이지만' 결과로 생긴 정책들은 사회의 다른 영역에서 증진되어 온 것들과는 근본적으로 다르다고 결론을 내린다. 대신에 사회적 균열이 제도화된 지역, 특히 정치과정에서 말이다.[71] 그런 다음 보스니아와 키프로스 두 가지에서처럼, 스포츠 거버넌스를 위한 처방은 분쟁에 관하여 보다 광범위해진 정치적 관리를 위한 것들보다도 의미심장하게 더 통합주의적이라는 것이다.

## 설명을 찾아서: 결론과 심층 연구를 위한 방향

위에선 언급했던 세 가지의 모든 사례들에서 나타난 경험적인 증거는 스포츠 거버넌스가 관련 국가의 광범위한 정치 제도들 보다도 매우 통합적이거나 최소한 매우 통합적인 방향으로 움직여 왔음을 제시한다. 우리가 어떻게 이러한 유형을 설명할 수 있는가? 우리가 국가와 국제스포츠 관리기구들이 왜 우리가 헌법과 평화협정 등에서 채용된 것을 발견하는 것보다도 매우 통합적인 거버넌스 협약을 위하여 압력을 가해 왔는지를 설명하려고 시도할 때 우리는 무슨 설명을 추구해야 하는가?

한 가지 설명은 이러한 접근방법은 스포츠 관리자들이 자주 스포

70) Bairner, 'Inclusive soccer-exclusive politics?', 282.
71) Bairner, 'Inclusive soccer-exclusive politics?', 283.

츠의 영향을 통합하려는 것에 대해서 만들려고 하는 주장에 관한 레토릭적인 효과를 부분적으로 반영하려는 것이다. 아이크Eick는 '축구를 마케팅화 하는 것에는 공개적으로 정치적 역할이 포함된다'고 주장해 왔다. 피파는 축구의 사회적 활용 가치를 강조하고 피파 목적에 명시한 바와 같이 "사회적 결집"을 촉진하기 위하여 축구의 능력을 지속적으로 강조한다. 축구 경기를 끊임없이 개선하고 이것의 통합, 교육적이고 문화적이며 인도주의적인 가치에 비추어서 전 지구적으로 이것을 진작시키는 것을 말한다.[72] 사실상, 이와 같은 레토릭은 지금 피파 세계와 다른 스포츠 관리기구 등을 넘어서서 확대되고 있다. 지속가능한 개발목표선언 안으로 통합되면서 반영되고 있다. 보스니아 사례에 적용시키면, 이것은 균열의 증거인 보스니아 축구 안에서 부패화 정치화로 나타날 때, 피파와 유럽축구연맹 등은 좀처럼 행동할 수 없었음을 주장할 수 있었다. 스포츠는 통합할 수 있는 힘을 지니고 있다는 이들의 레토릭을 부여하는 것이다.[73] 이에 따라서 심층적인 연구에 관한 한 가지 방안인 '레토릭적인 함정'[74]은 국제기구가 스포츠개발평화에 접목시켜 왔다는 중요성과 연관되는데, 그들이 실질적으로 이러한 담론을 믿는 정도에도 불구하고 말이다.

우리는 국제와 국내관리 기구의 행동에 관한 매우 실용적인 설명을 간과해서는 안 된다. 국제스포츠기구는, 국가대표팀에 의한 국가대표를 전제로 하는, 다층적인 관리기구들의 존재를 통한 사회적 균열을

---

72) V. Eick, 'A neoliberal sports event? FIFA from the *Estadio Nacional* to the fan mile', *City*, 14:3 (2010), 288.

73) Cooley and Mujanović, 'Changing the rules of the game', 55.

74) T. Risse and K. Sikkink, 'The socialization of international human rights norms into domestic pratices: introduction', in T. Risse, S. C. Ropp and K. Sikkink (eds), *The Power of Human Rights: International Norms and Domestic Change* (Cambridge: Cambridge University Press, 1999); F. Schimmelfenning, 'The community trap: liberal norms, rhetorical action, and the eastern enlargement of the European Union', *International Organization*, 55:1 (2001).

포용하도록 모색하는 해당 지역의 협약을 쉽게 받아들이지 않는다. 분쟁 관리에 관한 포용주의자 전략과 연관된 다양한 형태의 자율성과 국제스포츠의 본질 때문에 단일의 국가 정부기구를 선호할 가능성이 있는 국제 관리기구의 요구 간에 명백한 불일치가 존재한다. 보스니아 사례에서, 보스니아 헤르체코비나 축구협회 개혁을 위한 피파와 유럽축구연맹의 시도 이면에 있는 명백한 동기부여는 매우 조화로운 인종 간 관계(이것은 설명의 일부가 되겠지만)에 기여하는 것이 아니라, 연맹의 3자 회장직으로부터 거슬러 올라가는 국제무대에서 보스니아의 부적절한 영향력에 관한 우려를 살펴보기 위하여, 그리고 국내 게임 안에 존재했던 상당한 문제를 해결하기 위한 것이었다. 실용적인 관심도 키프로스축구협회에 합류하고 키프로스의 축구 거버넌스를 통합하려는 키프로스투르크풋볼연맹의 헌신을 설명하는데 도움을 준다. 위에서 언급한 바와 같이, 키프로스투르크풋볼연맹이 몇몇 터키계 키프로스 정치인들로부터 이 계획에 대한 상당한 반대에 직면한 반면에, 이것은 터키계 키프로스 축구의 거의 완벽한 고립 종식의 방식으로 키프로스축구협회와의 통합목표를 지속적으로 추구한다.[75]

이러한 우려들은 여기에서 제시했던 세 가지의 사례 연구들에서 스포츠 거버넌스에 관한 통합적인 방향이 정치연합주의와 같은 분쟁관리에 대한 매우 포용적인 접근방법의 신중한 대안이 될 수 없을 것이다. 국제 경기의 요구에 대한 실용적인 대응만큼이나 말이다. 심층 연구는 스포츠가 뿌리 깊은 분열사회에서 관리되는 방식뿐만 아니라 스포츠 거버넌스에서 다양한 제도 구상 수립 이면에 있는 추동력 등을 살펴보아야만 한다. 여기에서, 국내와 국제 차원에서 다양한 행위자들에 대한 상대적인 중요성을 거의 완벽하게 이해할 필요가 또한 존재하는 것이다. 인종으로부터 거슬러 올라가는 거버넌스 우려를 불식시키기 위하

75) Sertoğlu, 'Open letter to all Cypriots and the members of the Cypriot football community'를 보라.

여 보스니아 축구연맹에 대한 피파와 유럽축구연맹 등의 연기가 독특(메이에르와 가르시아 등은 지금까지 이러한 개입의 가장 일반적인 촉발자를 대신하는 것은 정부의 개입이라고 주장한다)한 반면에, 아마도 조사할 가치가 있는 중앙정부 기관에 대하여 국제적인 영향력에 관한 더욱 미묘해진 형태로 존재한다.[76] 보스니아 사례는 또한 위로부터 압력의 잠재력 있는 의미를 강조하는 것이다—즉, 스포츠팬들로 부터이다.

로페는 스포츠외교에 관련된 거대한 행위자(또는 그의 스포츠 유추를 활용하기 위하여 선수들)들 숫자를 적시해 왔다.[77] 여기에서 살펴본 사례들은 다양한 행위자의 이해관계와 동기부여를 설명하고 어떻게 우리가 목도하는 유형의 제도적인 결과를 생산하기 위하여 상호작용하는지 등의 필요성을 보여준다. 보스니아와 키프로스 축구경험의 비교가 보여주는 바와 같이, 현지 행위자들의 동기부여는 사례별로 의미 있게 다를 수 있다는 것이다. 결과가 피상적으로 유사하기까지 한 분야라도 말이다. 반대로 보스니아에서는 피파와 유럽축구연맹(팬들과 함께) 등은 국가축구연맹 안으로부터 개혁에 대한 저항에 직면했는데, 키프로스섬에서 게임 거버넌스를 통합하기 위한 이니셔티브는 현지 협회에 의하여 추동되어 왔다—그리고 키프로스투르크풋볼연맹도 특히 그렇게 했다. 그렇지만, 보스니아와 키프로스 사례에서, 내셔널리스트 정치엘리트들은 더욱 가까워진 통합에 대한 반대의 의견을 냈다.

심층적인 연구가 뿌리 깊은 분열사회에서 스포츠 거버넌스로 전달하려는 심도 있는 문제는 분쟁과 정체성에 관한 보다 광범위해진 쟁점들에 대한 거버넌스 협약의 효과에 관심을 두는 것이다. 스포츠개발평화 문헌에 관심으로 되돌리기 위하여 본 연구와 연계시키도록 하는 것

---

76) Meier and García 'Protecting private transnational authority against public intervention', 895–7.

77) J. S. Rofe, 'Sport and diplomacy: a global diplomacy framework', *Diplomacy and Statecraft*, 27:2 (2016).

이다. 본 장에서 이미 논의한 바와 같이, 제도 구상에 관한 통합주의자 접근방법의 목적은 중앙집권화 된 제도 채택을 통하여 공유하는 정체성을 진작시키는 것이다. 그런 다음 스포츠 거버넌스에 채용될 때 이러한 유형의 제도들이 무슨 영향을 가지는가? 통합 키프로스 축구연맹이 키프로스의 더 강력해진 정체성을 제고시켜서, 스포츠팬들과 선수들 간에 그리스와 터키계 키프로스의 인종적 정체성을 초월할 것인가? 대안으로, 스포츠에서 통합된 제도는 단순하게 규칙에 예외인가, 그리고 지속된 사회적 균열과 함께 공존할 것인가? 후자의 가능성이 북아일랜드 사례에 부합되는 것이다. '북아일랜드 축구 의식의 신호는 아마도 부상하는 북아일랜드 정치의식은 아니지만, "민족 정체성" 더욱이나 아닌 지역 말이다.[78] 보스니아 사례에서, 2014년 월드컵에서 국가대표 팀의 출전에 관한 국제미디어보도의 머리기사는 다인종 팀 이면에 있는 통합을 한 국가로 보도했다는 것이었다.[79] 반면에 현실은 약간은 매우 복잡한데, 사실상 보스니아 국가대표팀을 응원하는 수많은 보스니아계 세르비아인과 보스니아 크로아티아인 등으로 말이지만, 자주 세르비아 또는 크로아티아 그것에 대한 2차 팀으로 말이다.[80]

'스포츠개발평화' 이니셔티브가 사회과학 전역에 걸친 수많은 명망 있는 학자들의 주목을 잡은 것처럼 보이지만, 스포츠에 관심을 가진 이

78) Bairner, 'Sport, the Northern Ireland peace process, and the politics of identity', 225.

79) 예를 들면, D. Sito-Sucic, 'Bosnia's divided people unite behind World Cup bid', Reuters, 14 October 2014, http://uk.reuters.com/article/uk-soccer-world-bosnia-idUKBRE99D08Y20131014에서 이용할 수 있습니다 (2016년 1월 10일 접속)를 보라; E. Vulliamy, 'How Edin Džeko united Bosnia', *The Observer*, 8 June 2014, www.theguardian.com/world/2014/jun/08/edin-dzeko-united-bosnia-world-cup에서 이용할 수 있습니다 (2016년 1월 10일 접속).

80) E. K. Vest, 'The War of Positions: Football in Post-Conflict Bosnia- Herzegovina', PhD thesis, Brunel University, 2014, 256-7. 또한 레바논에서 스포츠와 분파주의 그리고 국가정체성 등에 대한 복잡한 관계에 대한 논의를 위해선, Reiche, 'War minus the shooting?'를 보라.

러한 정치학자들은 지금까지 스포츠가 어떻게 뿌리 깊은 분열사회에서 관리되는 지에 관한 문제를 일반적으로 도외시해 왔다. 이것은 아마도 놀랄 일일 텐데, 일반적으로 이러한 사회에서 제도구상의 문제에 대하여 모아진 주목을 받는다면 말이다. 본장에서는 문헌상에서 이와 같은 간극을 살펴보는 작업을 했고, 그렇게 하면서, 보스니아, 키프로스와 북아일랜드 등에서 스포츠 거버넌스에 관한 통합적인 방향을 살펴보아 왔다. 이것은 통합 제도가 정치 제도들이 통합보다 포용에 의하여 더 특정된다는 환경의 맥락에서 스포츠에서 왜 부상되는 지를 위한 몇몇 잠정적인 설명을 제공해 왔다. 여기에 살펴본 몇 가지 쟁점들은, 현지와 국제 행위자들과 제도와 정체성 간의 관계형성과 같은 것은 정치학, 국제관계와 외교연구 등 안에서 중요한 논쟁거리이고 뿌리 깊은 분열사회에서 스포츠 거버넌스로 심층적인 비교연구를 희망적으로 시도할 것이다.

제2장

# 스포츠는 군사 평화지원 활동의 임무 성공에 기여할 수 있는가?

알렉산더 카르데나스와 시빌 랑 *Alexander Cárdenas & Sibylle Lang*

다국적 연합국들에 의하여 수행되는 오늘날의 평화지원 활동PSO, peace support operations은 거의 언제나 특정 국가 또는 지역에서 평화와 개발을 지원하기 위하여 국제공동체에 의하여 좀 더 커지고 복잡한 외교적 민간 노력의 일부가 되었다.[1] 아프가니스탄에서 콩고민주공화국까지의 사례들은 평화지원활동이 서로 다른 인식과 상황인식, 오해, 불신, 편견과 우려 등에 기반한 수많은 커뮤니케이션, 조정과 협력 도전 등에 직면했음을 보여준다. 이러한 도전들은 다음과 같은 네 가지 영역에서 관찰될 수 있다. 다국적 연합국 사이, 군사 활동과 민간위기관리 행위자들 간, 주재국 정부와 이들의 군, 그리고 활동 지역의 현지 주민들 간 등이 있다.

외교적이고 평화구축 용어에서 스포츠는 다양한 사례에서 개인적 만남, 커뮤니케이션과 신뢰 구축 등을 위한 출구로써 긍정적인 영향력임을 증명해 왔다. 상호 존중을 위한 학습 도구, 페어플레이와 협력, 그

1) 평화지원 활동은 학술과 실무자 문헌 등에서 상당한 관심을 받아 왔다. 영속적으로, 학자와 실무자 등은 Alex Bellamy, Paul Williams and Stuart Griffin, *Understanding Peacekeeping* (Cambridge: Polity, 2nd edn, 2010)에 관한 다양한 편집에 의존한다.

리고 공유된 긍정적 경험을 위한 플랫폼 등이다. 컬럼비아와 필리핀 등에서 군부는 내부 평화 프로세스와 평화구축 등에서 지원요인으로 스포츠를 활용하기 시작했다. 유엔은 평화유지활동 틀 안에서 시범적인 스포츠개발평화SDP, Sport, Development, Peace프로젝트를 실행해 왔다.[2] 아직도, 줄리아노티와 암스트롱 등이 언급했던 바와 같이, 활동 동안 스포츠 관행에서 직접적이고 협조적인 평화유지군 개입은 실질적으로 부재한 것으로 계속된다.[3] 일반적으로, 이러한 주제에 관한 학술적인 연구는 오늘날까지 한정적이어 왔다.

현존하는 스포츠개발평화와 평화지원활동 문헌, 이 분야 관련 활동 조사, 그리고 현지 평화 프로세스와 관련된 다국적 평화지원활동에 봉사해 왔던 독일과 컬럼비아 출신 군 장교들과의 인터뷰 등에 기반 하면서, 본장에서 검토할 핵심 논쟁은 이것의 특별한 성질 때문에 스포츠는 평화지원활동커뮤니케이션, 조정과 협력 도전 등을 완화해서 임무 성공에 기여하기 위하여 성공적으로 활용될 수 있는 것이다.

## 평화구축 도구로써 스포츠

스포츠개발평화로 알려진 개입 전략 하의 활동, 사회행위자(주로 유엔)의 다양성 등은 다양한 맥락에서 사회적 도전을 고찰할 뿐만 아니라 평화구축과 분쟁해결 등을 진전시키기 위한 스포츠의 잠재력을 인정해 왔다.[4] 사회적 결집 도구로서 스포츠 옹호론자들은 이러한 활동은 분

---

2) T. Woodhouse, 'Peacekeeping, peace culture and conflict resolution', *International Peacekeeping*, 17:4 (2010).

3) R. Giulianotti and G. Armstrong, 'Sport, the military and peacemaking: history and possibilities', *Third World Quarterly*, 32:3 (2011).

4) A. Cárdenas, 'The Use of Football and other Sports for Peace Building in Colombia and Northern Ireland', unpublished doctoral dissertation, University Jaume I, 2015; C. B. Dyck, 'Football and post-war reintegration: exploring the role of sport in DDR processes in Sierra Leone', *Third World Quarterly,* 32:3 (2011); P.

열 사회에서 평화구축을 진전시키고 화해를 진작시키기 위하여 스포츠의 활용을 허용하는 독특한 특성을 가진다고 주장한다. 예를 들면, 스포츠 인기는 정치 이데올로기와 지리적 장벽 등을 초월하는 것으로 여겨져 문화와 사람 간 공통분모가 되었다.[5] 개입전략으로서 스포츠 활용은 스포츠에 관한 글로벌 호소는 이해 당사자를 위험에 처한 주민과 대립 당사자 등을 프로그램과 개입 안으로 데려오기 위한 고리hook라는 믿음에 의하여 지지되는데, 몇 가지는 평화와 화해를 제고시키도록 의도적으로 구상된 것이다.[6]

평화를 위한 도구로써, 스포츠는 평화구축에 관한 전체론적holistic인 과정으로 충분히 연관될 수 있다. 갈퉁이 이론화한 바와 같이, 다음과 같은 세 가지 전략적인 요인을 포함한다. 폭력 이후 주민과 장소 재건, 분쟁과 적대행위 해결 등에 있었던 당사자들의 화해 등이다.[7] 재건은 스포츠 경기와 스포츠와 관련된 활동 등을 통하여 사회관계의 재수립으로 이해될 수 있다. 스포츠가 열릴 장소는 경기와 토너먼트 등을 거행되도록 하는 것이어서—분쟁 이후의 정상화 된다는 느낌을 제공할

---

K. Gasser and A. Levinsen, 'Breaking post-war ice: open fun football schools in Bosnia and Herzegovina', *Sport in Society*, 7:3 (2004); N. Schulenkorf, 'Sport events and ethnic reconciliation: attempting to create social change between Sinhalese, Tamil and Muslim sportspeople in war-torn Sri Lanka', *International Review for the Sociology of Sport*, 45:3 (2010); J. P. Sugden, 'Belfast united: encouraging cross-community relations through sport in Northern Ireland', Journal of Sport and Social Issues,15:1 (1991); and A. G. van der Niet, 'Football in post-conflict Sierra Leone', *African Historical Review*, 42:2 (2010)를 보라.

5) 개발과 평화워킹그룹을 위한 스포츠를 위해선,- SDP IWG, 'Harnessing the power of sport for development and peace: recommendations to governments', SDP IWG Report (2008), www.sportanddev.org/en/article/publication/harnessing-power-sport-development-and-peace-recommendations-governments에서 이용할 수 있습니다 (2015년 5월5일 접속).

6) A. Cárdenas, 'Peace building through sport? An introduction to sport for development and peace', *Journal of Conflictology*, 4:1 (2013).

7) J. Galtung, *Peace by Peaceful Means: Peace and Conflict, Development and Civilization* (London: SAGE, 1996), 8를 보라.

뿐만 아니라 스포츠 장소를 넘어서서 확대될 수 있는 의미 있는 사회관계망을 형성하는 것이다. 첫 번째 요인의 하부 구성요인들 중에 하나로서 부흥은 스포츠와 관련된 활동에 관한 채용으로부터 혜택을 받을 수 있다. 폭력 분쟁 동안 신체적이고 심리적 부상은 희생자들에 대한 영향을 가지는데, 몇몇 사례에서 특히 후자는 치유하기가 곤란하다는 것이다. 이러한 틀 안에서 스포츠는 개인들에게 새로운 정체성을 형성하고 점차적으로 게임과 체육활동 등을 통합하는 심리사회적인 프로그램을 통하여 심각한 트라우마를 점차적으로 극복하는데 도움을 준다.[8)] 화해의 과정은 예전에 희생자와 가해자 간에 긍정적인 관계의 (재)구축을 목적으로 하는 것이다. 분쟁 이후 상황에서 수행된 평화구축 활동들 중에서 보르사니는 스포츠를 특정 상황 하에서 특히 화해에 관한 각 단계의 장기적인 과정을 재촉하는데 공헌할 수 있는 '매우 강력하고 중립적이고 단순하고 보편적이고 유용한 수단'임을 강조한다.[9)]

스포츠의 긍정적인 영향에도 불구하고, 이러한 활동은 독자적인 평화구축 전략으로 여겨질 수 없고 평화구축 도구로 사용될 때 여러 가지 한계를 나타낸다는 것이다.[10)] 심각한 내부 분쟁을 경험하는 지역에서 스포츠는 정치적이고 군사적인 포용이 선행되지 않는다면 화해를 강화하는 적절한 전략이 될 수 없는 것이다.[11)] 스포츠는 또한 내셔널리즘과

---

8) A. Fukushima, 'Peace and culture: fostering peace through cultural contributions', in Joint Research Institute for International Peace and Culture, Aoyama Gakuin University and The Japan Foundation New York (eds), *Conflict and Culture: Fostering Peace through Cultural Initiatives Report* (Tokyo: Aoyama Gakuin University - Joint Research Institute for International Peace and Culture JRIPEC, 2011), 5-14.

9) S. Borsani, 'The Contribution of Sport with the Process of Peace and Reconciliation: From Trauma Healing towards Social Integration', MA dissertation, Sant'Anna School of Advanced Studies, 2009, 61.

10) J. Lea-Howarth, 'Sport and Conflict: Is Football an Appropriate Tool to Utilise in Conflict Resolution, Reconciliation or Reconstruction?', MA dissertation, University of Sussex, 2006.

11) J. P. Sugden, 'Anyone for football for peace? The challenges of using sport in

심지어 물리적 폭력 등에 관하여 과장한다는 느낌을 높일 수 있다.[12)]

## 스포츠, 군과 평화 만들기

2006년 유엔스포츠개발평화사무국, 평화유지활동부와 국제올림픽위원회 등은 유엔평화유지활동 범위 내에서 스포츠를 활용하기 위한 파트너십을 만들었다. 세 가지의 활동은 시범프로젝트를 위한 장소로 다음과 같이 특정되었다. 콩고 공화국, 코트디브아르UNOCI, 유엔코트디브아르임무단, 리베리아 등이다.[13)] 콩고 공화국에서, 스포츠 프로그램은 대통령과 국회의원 선거 결과에 앞서서 평화와 화해 분위기를 진작시키기 위하여 실행되었다. 반면에 2007년 리베리아에서 15개 국가가 '평화구축, 국민 화해와 조화' 등에 기여할 목적으로 7주 동안 평화를 위한 스포츠 프로그램에 참여했다. 세 개의 지역들 중에 가장 적극적인 코트디브아르에서 유엔코트디브아르임무단은 2006년 이래로 평화를 위한 스포츠 프로그램 활동을 진흥시켜 왔다. 축구 경기 관중들이 월드컵 경기에 맞추어 조직되고 그 당시 주장이자 스타 플레이어인 디디에 드로그바Didier Drogba가 이끄는 화해를 위한 팀의 요구안을 만들었을 때이었다.[14)] 게임이 진행되는 동안, 활동 권한에 관한 정보와 평화의 메시지가 전달되었는데, 주민들을 위기 해결에 관계되고 독려하고 위기에 처한 공동체에서 평화를 위한 스포츠의 목적에 공감을 표하도록 하는 것이다. 더욱이 유엔동티모르통합임무단은 2009년에 수행된 스포츠 이벤트에 물량지원을 제공했다. 이것은 동티모르를 '평화와 국민통합의 장소'로 진흥시

---

the service of co-existence in Israel', *Soccer and Society*, 9:3 (2008), 414를 보라.

12) Woodhouse, 'Peacekeeping, peace culture and conflict resolution', 496.

13) Woodhouse, 'Peacekeeping, peace culture and conflict resolution', 495.

14) Didier Drogba's 2005 post-match appeal to his countrymen to come together and resolve the Sierra Leone civil war, www.youtube.com/watch?v=KAW7DF1Ufek 에서 이용할 수 있습니다 (2017년 4월 26일 접속)을 보라.

키는데 활용되었다.[15] 열정과 우수성으로 유엔교전중지관찰부대UNDOF를 통합시킨다는 제목 하에서, 스포츠 토너먼트들이 유엔교전중지관찰부대 (골란고원) 안에 조직되었다. 그들의 단결과 활동의 공유 등을 개선하기 위하여 다양한 공여 부대를 통합하는데 기여하는 확실한 목적과 함께 말이다.[16]

스포츠 그리고 평화와 개발 단체들은 이와 같은 경향에 필수적이었다. 대화와 논의를 독려하고, 세미나와 포럼 등을 통하여 주제에 대한 정보를 전달하기 때문이었다. 예를 들면, 나토와 영국문화원 등과의 협조로 현지에 기반을 둔 싱크탱크에 의하여 조직되고 2010년 브뤼셀에서 열린 국제회의 등은 논의의 핵심 요점으로써 스포츠를 방위, 안보와 분쟁 예방 등에 통합시켰다.[17] 2009년 국제올림픽위원회에 의하여 조직된 스포츠개발평화에 관한 첫 번째 프로그램은 연설자로 여단장인 지아니 고라Guanni Gola장군을 초대했다. 그는 국제군인스포츠협의회CISM라는 스포츠를 군인들 간에 평화구축을 위한 도구로 스포츠를 활성화할 것을 강조했던 인물이었다. 국제군인스포츠협의회는, 134개 회원국을 보유하는 세계 최대 다국적 기구 중에 하나, 스포츠와 군인 등을 통한 평화 증진에서 핵심적인 역할을 수행해 왔다.[18] 1948년에 설립되어서, 연례적인 군인스포츠게임 기구, 스포츠와 평화 간에 관계형성을 고

15) UN Office on Sport for Development and Peace–UNOSDP, 'United Nations peacekeeping', www.un.org/sport/node/183509.에서 이용할 수 있습니다 (2015년 7월 15일 접속).

16) United Nations Disengagement Observer Force–UNDOF, 'Peacekeeping forces sports event 2011', Article (2011), http://undof.unmissions.org/Default.aspx?ctl=Details&tabid=9227&mid=12271&ItemID =10440에서 이용할 수 있습니다 (2015년 5월 11일 접속).

17) Security and Defence Agenda – SDA, 'Conflict prevention and resolution: the role of cultural relations', SDA International Conference Report (2010), http://capacity4dev.ec.europa.eu/culture-and-development-international-cooperation/document/conflict-prevention-and-resolution-role-cultural-relations-britishcouncilsda-2010에서 이용할 수 있습니다 (2015년 1월19일 접속).

18) Giulianotti and Armstrong, 'Sport, the military and peacemaking', 390.

찰하는 스포츠에 관한 다양한 양상과 세미나와 포럼 등을 고찰하는 군인스포츠게임에 관한 연례 조직을 포함하는 일련의 활동을 수행한다. 이러한 이벤트들은 군사 당국과 평화유지군 지휘관, 나토, 국제올림픽위원회, 유엔과 기타 관련 국제공동체 행위자 등으로부터의 참여를 모색해 왔다.[19]

필리핀과 같은 분쟁지역에서, 군부는 스포츠를 프로그램 올림피스Program Olympeace를 통하여 공동체 주민들과 연계를 가지도록 활용하는 중이다. 이러한 이니셔티브는 필리핀 군대, 시민사회단체와 민다나오 지역 출신 기독교와 무슬림 신도 학생 등과 함께 했다—이것은 수십여 년 동안 무장분쟁 진원지—지역 자체와 관련된 것으로 스포츠와 체육 활동 등을 통한 평화문화와 문화 간 양해를 진흥시키기 위해서이다.[20] 콜롬비아에서—서반구는 가장 오래된 분쟁을 종식시킬 수 있는 평화프로세스를 최근에 경험 중인 나라—스포츠는 전쟁으로 영향 받는 고립된 농촌 공동체와 군부세력의 연계를 강조하는 전략으로 채택했는데, 특히 경기운동장 건설과 스포츠 관련 활동을 수행하는 것이다. 고위 관료들이 언급한 바와 같이, 스포츠는 '공동체 안에서 사회관계를 제고'한다. 주민들은 다른 사람들과 기꺼이 협력하고 집단적으로 작업하려 한다. 산악지역에 운동장 건설은 우리가 해 왔던 것처럼 주민 복리를 위하여 작업할 바람과 이니셔티브를 깨운다. 스포츠는 조그마한 공동체에서 집합노동을 제고시키도록 하는 적절한 출발점이다.[21]

평화유지에서 스포츠의 역할에 관한 학술 연구—이것은 아직까지 드문 것으로 남아있는—는 특정 평화구축과 평화유지 목표 등을 달성하고 군을 도와줄 때 유용한 전략으로서 이러한 활동 가치에 관하여 분

---

19) International Military Sports Council-CISM, *About CISM*, www.cism-milsport.org/eng/002_ABOUT_CISM/intro.asp에서 이용할 수 있습니다 (2015년 5월 11일 접속).

20) Personal interview at Asia America Initiative in the Philippines, 18 July 2011.

21) Personal communication, 7 January 2015.

석과 숙고 등을 위한 여지를 열어 놓아 왔다. 보스니아, 리베리아와 발칸 등에 관한 연구에서 줄리아노티와 암스트롱 등은 평화개입을 위한 스포츠는 민간인, 비정부단체, 예전 전투원, 그리고 평화와 화해를 진흥시키는 다른 개인과 제도 등을 매우 적극적으로 관련시키는 새롭고 신선한 수단을 가진 군인들을 나타낸다고 결론을 내린다.[22] 문화와 분쟁해결 간 넥서스에 대한 연구에서, 우드하우스는 스포츠를 평화유지활동에 관하여 특별한 관심을 가지면서 평화구축의 전반적인 과정을 지지하기 위한 사활적이지만 여전히 탐구자이고 채널로서 인정한다는 것이다.[23]그는 스포츠는 더 넓어진 분쟁해결 노력의 특정 구성요인으로 자리매김할 때, 긍정적인 진화와 현대 평화유지 활동의 변환 등에 적법하고 신뢰할 만한 기여를 만들어낼 수 있다고 결론 내린다.

## 평화지원 활동의 도전 – 스포츠를 위한 무슨 역할?

오늘날 복잡한 긴급 상황들은 국제공동체로부터 다차원적인 대답을 필요로 한다. 수많은 거대하고 다양한 국적과 임무단의 문화 등뿐만 아니라 군과 시민행위자들 간의 협조 등을 포함시킨다. 이외에, 오늘날 평화지원 활동은 역시 현지 주민들의 개입을 위한 이들의 필요성—'전폭적인 지지를 얻는' 진부한 구호에 의하여 요약되는—에 의할 뿐만 아니라 주재 정부와 주재국 군대 등과의 협조를 위한 그들의 필요성에 의하여 특징된다. 후자에 관한 필수적인 구축과 훈련과 합동 작전 등을 포함하는 것이다. 임무 달성관점으로부터 바라보면서, 이것은 다음과 같이 도전이 부상하는 이러한 노선들과 함께 하는 것이다. 1) 다국적 연합에서 군 파트너들 간에, 2) '확대된' 평화지원연합 또는 '통합 임무' 안에서 군과 민간인 행위자 간, 예를 들면 유엔의 틀 안에서, 3) 주재국에서 국

22) Giulianotti and Armstrong, 'Sport, the military and peacemaking', 380.
23) Woodhouse, 'Peacekeeping, peace culture and conflict resolution', 494.

제 군 연합과 현지 주민과 민간 이해당사자 간, 4) 주재국의 국제 군 연합과 국가 당국과 부대 간 등이다. 이러한 커뮤니케이션, 조정과 협력 등의 도전들이 단순히 기술적인 쟁점으로 인식될 뿐만 아니라 언급된 행위자들 간에 주요 문화적 다양성과 차이점 등의 결과로서, 이것들은 스포츠에 관한 긍정적인 사회적 영향에 대하여 스스로를 의탁할 값어치가 있을 수 있는 것이다.[24)]

임무를 진화시키는 기능으로써 군대 자체는 변화 과정이거나 슈바벨과 에흐하르트 등이 설명한 바와 같이, 미국 해병대 장군 크루락의 다음과 같은 '쓰리 블록 전쟁'three block of war 개념 구축을 적시하는 것은 흥미로운 일이다. '우리는 탈근대적인 군의 부상을 목도 중'이고, '탈근대 군인은 전사일 뿐만 아니라 평화유지군, 경찰, 외교관, 사회복지사, 그리고 평화 활동단' 등이다.[25)] 슈니벨과 에흐하르트 등에 따르면, 세계의 부대들은 지속가능한 정의와 안보 등을 지원하기 위하여 소극적 평화(즉, 직접 폭력의 부재)와 적극적 평화(즉, 정치적 경제적 그리고 사회적 환경의 창출) 등을 지원하는 개선되고 매우 직접적인 활동을 준비하고 있다.[26)] 이러한 변화는 평화를 위한 도구로써 스포츠가 제자리를 잡고 있는 지역에서 군의 가치와 필요로 하는 기술의 적용 또는 보완 등으로 이끌 수 있는 것이다.

---

24) R. A. Rubinstein *et al.,* 'Culture and interoperability in integrated operations', *International Peacekeeping* , 15:4 (2008).

25) Charles Krulak, 'The strategic corporal: leadership in the Three Block War' , *Marine Corps Gazette,* 83:1 (1999); A. Schnabel and H. G. Ehrhart (eds), *Security Sector Reform and Post-conflict Peace Building* (Tokyo: United Nations University Press, 2006), 1-16.

26) Schnabel and Ehrhart (eds), *Security Sector Reform* , 3. For more on positive and negative peace, Andrew Williams, Amelia Hadfild and J. Simon Rofe, *International History and International Relations* (London: Routledge, 2012)를 보라.

## 다국적 군사 활동에서 군부대 간의 관계는 공동으로 시행되는 스포츠로부터 혜택을 얻을 수 있다.

다국적군의 협력이 오랜 역사를 가지고 있더라도, 다국적성의 범위와 질 등은 확실하게 진화되어 왔다. 소에터스와 마니가르트 등에 따르면, 다국적성은 '군사 활동의 우월적인 특성'이 되어왔다. 군사 임무단은 현장에서 자신들만의 노동력의 '구조적인 세계화'를 다루어 왔다. 예를 들면, 나토와 같은 집단 방위와 그것을 벗어나 주둔 중인 지역 군 조직 또는 유엔 권한 하에 있는 다국적 연합군 등의 틀 안에서 말이다.[27] 동시에, 실무자와 학자 그리고 평화지원 활동 맥락에서 다국적 협력이 임무 성공을 위한 자신만의 권한에서 도전이거나 이러한 도전이 군사적 효율성과 전체적인 임무 성공을 달성하기 위하여 적절하게 완화될 필요가 있다는 연구자 간에 광범위하게 인식된 진실이다.[28] 공동안보방위 정책에 대한 나토와 유럽연합과 같은 지역기구들이 공동 기획과 작전 절차를 개발시키는 반면에, 주둔 중인 다국적 또는 최소한 다국적화 된 본부와 함께 공동 작전과 합동훈련 그리고 작전에 연관되면서, 평화지원 활동을 위하여 유엔은 모든 면에서 더 낮은 정도의 표준화에 필요에 따라서 그리고 더 넓어진 문화적으로 특정 관행 분야까지로 다국적 군을 충원한다.[29]

---

27) J. Soeters and P. Manigart (eds), *Military Cooperation in Multinational Peace Operations: Managing Cultural Diversity and Crisis Response* (London: Routledge, 2008), 2-10.

28) 예를 들면, K. Homan, 'Multinational peace support operations: problems and prospects', in O. Ribbelink (ed.) , *Beyond the UN Charter: Peace, Security and the Role of Justice* (The Hague: Hague Academic Press, 2008) , 114를 보라.

29) Homan, 'Multinational peace support', 115; and T.S. Tresch, 'Cultural and political challenges in military missions: how officers view multiculturalism in armed forces', in G. Caforio (ed.), *Contributions to Conflict Management, Peace Economics and Development* [Advances in Military Sociology: Essays in Honor of Charles C. Moskos, vol. 12:1] (Bingley: Emerald Group, 2007), 5.

우드하우스에 따르면, '모든 다국적 평화유지 활동에 관한 작전 수행과 전략에서 불가피한 비효율성의 다층성이 존재한다는 것이다. 이들 중에 많은 것이 문화적 시각에서 바라볼 수 있다. 즉, 이것들은 부대 공여국(그 중에서도, 지휘체계, 다양한 부대 능력의 혼재, 참모단 예규에서 국가 간 차이, 기준과 장비, 언어상의 곤란과 문화관습과 에토스 등에 영향을 준다)의 목적에서 가끔씩 변화로부터 제기된다.'[30] 소에터스와 마니가르트 등도 국가 차이를 강조하는데, 예를 들면, 분쟁, 작전 스타일, 그리고 폭력의 활용과 부대 보호 등을 고찰하는 부대 방식에 관련 있다. 일반적으로, 그들은 리더십 스타일, 군기, 근무조건과 근무량 등과 같은 구별되는 업무 관련 차이점을 지적하고, 다국적군의 배경에서 최적의 협조보다도 낮게 이끄는 전략 문화의 요인들을 지적한다. 그들은 순효과는 이러한 효과가 군사적 효율성에 중요한 일종의 응집력 강화를 약화시킬 수 있다고 주장한다.[31]

2007년 연구에서, 트레쉬는 다국적연합 참가자들 속에서 신뢰의 개념과 다국적인 군사개입의 의미 등을 고찰했다. 군 장교들과의 수많은 인터뷰에 근거하면서, 그는 다음과 같이 결론을 내렸다. 성공적인 임무를 위하여 관계형성이 좋아야만 한다고. 이것은 상호 이해에 바탕을 두는 것이다. 사람들이 서로 안다면, 오해와 신뢰 부족 등을 최소화할 수 있다.[32] 로페는 '외교 실무 그리고 특히 개인 외교에[서], 신뢰가 중요하다. 그 이유는 몇몇 차원에서 커뮤니케이션은 교섭대상자를 신뢰하는데 달려 있다'고 언급한다.[33] 트레쉬는 또한 현장에 있는 다국적 군 안에서 공식적이고 비공식적인 '통합' 장치에 관한 가치를 고찰했고 '비공식적 통합 장치는 과도하게 중요한 역할을 수행한다는 것'을 발견했는

30) Woodhouse, 'Peacekeeping, peace culture and conflict resolution', 488.

31) Soeters and Manigart (eds), *Military Cooperation*, 6.

32) Tresch, 'Cultural and political challenges', 10.

33) J. Simon Rofe, in Alison Holmes with J. Simon Rofe, *Global Diplomacy: Theories, Types and Models* (Boulder, CO: Westview Press, 2016), 39.

데, '스포츠 경기'가 다국적 군사협력을 촉진한다고 언급하면서 말이다.[34]

스포츠와 일반적으로 관련되는 다국적군의 협력에 관한 도전에 대해서 말해 온 것에 비추어서 보고, 협력의 결집력(유엔교전중지관찰부대)을 강화하기 위하여 스포츠를 활용하는 최근 관행과 다국적 평화지원 활동에 근무했던 군 장교들의 개인 의견 등에 따르면, 스포츠가 국제 평화지원 활동에서 다국적인 협력 제고 역할을 수행할 수 있다고 확신할 수 있다. 스포츠는 의미 있는 사회관계 세대를 지원하는 데 기여할 수 있고 서로에 대해 알아가는 플랫폼으로 작동된다. 동시에, 스포츠는 통합적인 세력으로 활동될 수 있어서, 문화를 넘어서서 통합 상황을 허용하는 것이다. 이것은 전문적인 군 협력영역에 대한 파급효과 가능성을 가지는 것이다. 스포츠가 오랜 일상적인 사회화를 대체하지는 못해도, 주도면밀한 환경 하에서 동질감과 소속감을 창출해내서 상호 신뢰, 신뢰와 믿음 등을 강화시킨다. 이것들은 모든 평화지원활동에 관한 결속과 성공을 위해 필수적이다.

## 스포츠는 복잡한 평화지원 노력의 맥락에서 민-군 관계를 개선하는데 기여 한다

이미 언급한 바와 같이, 복잡한 긴급 상황에서 현대 평화활동은 군, 외교, 인도주의와 개발, 그리고 평화구축 노력 등을 통합하고 광범위한 범위의 행위자들과 관련된다. 이와 같은 설정에서, 군과 민간인 행위자 간 협력과 조정기능은 임무 성공을 위하여 어떻게 정의내리더라도 중요하다. 그렇지만 일반적으로 이러한 조정은 참여 행위자들을 위하여 불가피한 것은 아니다.[35]

---

34) Tresch, 'Cultural and political challenges', 11.

35) 예를 들면, G. Lloyd and G. van Dyk, 'The challenges, roles and functions of civil-military coordination officers in peace support operations: a theoretical

이질적인 접근방법, 역할과 임무, 그리고 군의 결과론적인 다양한 조직문화와 민간 위기관리 행위자 등은 행위자들의 효율적이고 지속가능한 조정과 협력에 대한 장벽으로 광범위하게 특정되어 왔다.[36] 퓨는 '군과 민간인 간에는 역사적으로 연결고리가 [없]다고 강조하는데, 이들 간에는 다양한 역할을 가지고 있기 때문이 아니라 . . . 다양한 철학적인 배경 때문이다. 이와 같은 두 가지의 괴리는 단기간에 최소한 중요한 것처럼 보이는 민군협력(CIMIC)에 대한 상한ceiling으로 간주된다.'[37] 이러한 장벽들을 극복하기 위하여, 맨와링은 '적절한 기획과 조직적인 체계를 갖추고 있어도 애매모호성, 혼돈과 긴장 등이 발생할 가능성이 있음'을 발견했다.[38] 올슨과 그레고리안 등은 성과 있는 민군 상호작용은 '회의의 올바른 조합, 정보 흐름과 조정 등에 관한 올바른 조합으로 핵심 요점들을 해결할 수 있는 단순한 기술적인 행동 이상을 필요'로 한다고 강조한다.[39]

평화지원 활동에서 미군 간의 의미 있는 조정과 협력을 개선하기 위한 조치는 명백하게 단순한 제도적이고 절차적인 관리도구를 넘어서서 나가야만 한다. 스포츠는 동시에 다른 것에 관한 학습을 위한 플랫폼으로서 작동하면서 제도적이거나 절차적인 조정·조치보다도 더 깊은

---

discussion', *Scientia Militaria – South African Journal of Military Studies*, 35:2 (2007), 68을 보라.

36) 예를 들면, V. Franke, 'The peacebuilding dilemma: civil-military cooperation in stability operations', *International Journal of Peace Studies*, 11:2 (2006), 13; Lloyd and Van Dyk, 'Challenges, roles and functions', 86; and Woodhouse, 'Peacekeeping, peace culture and conflict resolution' , 488를 보라.

37) M. Pugh, 'Civil-military relations in Peace Support Operations: hegemony or emancipation?' , Overseas Development Institute – ODI, Seminar on Aid and Politics, 1 February 2001, 3, www.hitpages.com/doc/4775505853153280/1#pageTop에서 이용할 수 있습니다 (2015년 6월 8일 접속).

38) M. G. Manwaring, 'Peace and stability lessons from Bosnia', *Parameters* (1998), 28.

39) L. Olson and H. Gregorian, 'Civil-military coordination: challenges and opportunities in Afghanistan and beyond', *Journal of Military and Strategic Studies*, 10:1 (2007), 1.

변환의 힘을 가질 수 있는 것이다. 스포츠는 운동장에서 민군위기관리 행위자 간에 적대감을 해소하는 데 기여하고 상호 신뢰에 근거해서 협력과 조정 그리고 정보공유를 위한 개인 채널 창출을 허용한다.

## 국제 군사주둔은 스포츠를 통하여 현지인과 이해관계자 등과의 관계를 개선할 수 있다

국제적인 평화지원 활동은 현지인과 이해관계자 등의 수용부족에 의하여 자주 좌절을 빚는다. 단순한 무관심에서 노골적인 적대감과 방해 또는 저항까지 다양하다. 그렇지만, 현지 지원은 장기적인 평화, 안보, 그리고 재건과 개발 등의 목적을 달성하는데 비추어서 성공을 위해 필수적인 것이다. 이것은 유엔레바논과도 임무단에 대한 초기 연구에서 볼 수 있고 아프가니스탄과 다른 활동 등에서의 나토 국제안보지원군 임무에 관한 최근 분석과 평가에 의해서도 확인된 바 있다.[40] 그렇지만, 다국적군 개입은 현지인들과 이해관계자의 '마음을 얻는데' 반복해서 실패해 왔다.

루빈스타인, 켈러와 셔저 등은 국제 평화지원 활동을 위하여 다음과 같이 주장한다. '도전 중에 [하나]는 . . . 현지인들과 임무단과 현지 주민 등에 의하여 수행되는 행동 또는 의미와 합리성에 관한 이해를 공유하는 것이다'.[41] 우선적으로, 이것은 국제평화 지원 활동에 관한 활동과 본질에 관한 사실 확인을 필요로 하는 것이다. 2015년 3월, 뉴욕 평화구축그룹—다른 것들 중에서도, 유엔과 현장에서 다양한 평화관련 쟁점들에 종사하는 월드비전World Vision과 국제평화연구소International Peace Institute 등을 포함하는 기구들의 모임—은 '유엔평화활동과 유엔평화구축구상 검토를 위한 시민사회권고'를 발표했다.[42] 보고서에는 수많은

40) Rubinstein *et al.*, 'Culture and interoperability in integrated operations', 542.
41) Rubinstein *et al.*, 'Culture and interoperability in integrated operations', 544.

지역에서 현지인들은 자신들의 공동체에서 벌어지는 유엔평화활동의 역할에 관해 확실하게 이해하지 못한다고 주장했다. 직접적인 상호작용이 없어서 역점을 두어야 할 유엔과 현지인 간의 신뢰 부족 때문이다. 신뢰 부족으로 인해 공동체들은 국제평화 지원 활동을 정부 또는 무장단체를 도와주는 것이고 주민은 대상이 아니라고 현장에서 인식하게 되는 것이다.

단순히 사실 여부의 정책을 넘어서서, 특정 방식으로 커뮤니케이션하면서 전달되는 태도와 명백한 국제주둔에 의하여 취해지는 행동 등은 주재국에서 현지인과 이해관계자 등을 다루는데 차이점이 있다. 루빈스타인, 켈러와 셔저 등은 평화유지활동이 일반적으로 달성하기가 어려운 작전이라는 '자신들의 세계관에 관한 핵심적인 상징을 위한 진정한 파트너십과 존중으로 의사소통하는 현지인들과 상호 교류할 수 있는 평화유지군의 역량에 달려있는 것'이다.[43] 이들의 권고하는 초점은 '공동체를 끌어들여서 평화유지군들이 존중을 느끼고 자신들의 모국 공동체를 재건할 때 동등한 파트너로 대접하는 방식을 모색하는 거'이다.[44]

스포츠가 어떻게 군사작전 때 현지인 등에서 활용될 수 있는 지를 물어볼 때, 한 독일 장교는 다음과 같이 언급했다.

> 스포츠는 젊은이들에게 접근을 모색하고 그들과 의사소통하는데 도움을 줄 수 있다. 스포츠를 통하여 당신은 가치와 사상을 전파할 수 있고, 다양한 주민들 중에 여러 단체들을 서로 접촉 등등을 하도록 해준다. 이것은 노력을 거의 들이지 않고서도 민군협력의 일부가 될 수 있다. 운동장, 스포츠 시설

42) New York Peacebuilding Group – NYPG, 'Civil Society Recommendations for the Review of UN Peace Operations and the UN Peacebuilding Architecture', briefing note (2015), http://quno.org/resource/2015/3/civil-society-recommendations-reviews-un-peace-operations-and-un-peacebuilding에서 이용할 수 있습니다 (2015년 7월7일 접속).

43) Rubinstein *et al.*, 'Culture and interoperability in integrated operations', 545.

44) Rubinstein *et al.*, 'Culture and interoperability in integrated operations', 552.

> 건설, 공·배급 등등은 비교적 비용이 적게 들고 쉬운 편이다. 대부분의 부대에서 당신은 쉽게 필요한 지식과 능력을 갖춘 사람들을 발견한다.[45]

국제평화 지원 활동은 이러한 면에서 탄자니아, 브루키나파소, 기니, 수리남과 말리 등에서 민군협력 후원 하에 실행된 프로젝트 시리즈에서 '문을 열고 어린이들을 데려오라'로부터 영감을 얻은 것이다. 이니셔티브는 각국에 있는 부대 막사에서 어린이들을 위한 축구 훈련과 시합 조직을 특징으로 한다. 어린이들의 체력과 정신건강을 향상시키고, 사회성, 단결심, 관용과 자존 등을 제고하며, 삶의 질을 개선할 수 있는 여지를 부여할 목적을 가지고 있다. 반면에 뉴만이 외교의 장으로 특정하는 것으로 확대되기도 한다.[46] 일반적으로, 군 시설의 활용뿐만 아니라 스포츠와 교육 등에 대해서 군인과의 의견교환 등은 군 대 주민 등에 관한 적극적인 이미지에 공헌하는 것으로 작동될 수 있다.

뉴욕 평화구축그룹 보고서와 현장경험 등을 언급하면서, 스포츠는 현지인들 간에 정보를 퍼뜨리기 위한 평화지원 활동의 맥락에서 활용될 수 있다. 예를 들면, 더 많은 관객들에게 도달할 수 있는 능력 때문에 스포츠 이벤트는 현지인들에게 진행 중인 활동에 관한 정보제공을 하기 위한 효율적인 장치로 활용될 수 있다. 정확하게 설명할 때, 스포츠도 현지인과 이해관계자 사이에 화해와 긍정적인 개입 등을 지지하는데 활용될 수 있는데, 평화로운 조우를 위한 운동장을 예를 들면 이들의 조직적인 병참 지원 노하우와 실질적인 도움을 주는 군에 제공하는 것이다. 동시에 스포츠 이벤트 지원과 활동 등은 현지인들의 필요를 위한 지원과 국제 평화지원활동의 인식을 전시하는 전달자로서 작동될 수 있는 것인데, 현지인들의 신뢰성을 제고하는 것이다.

---

45) Personal communication, 7 January 2015

46) Iver B. Neumann, *Diplomatic Sites: A Critical Enquiry* (London: Hurst, 2013), 121-46.

## 현지부대 재건설, 훈련과 합동 작전 연습은 스포츠를 통하여 지원될 수 있다

다국적 연합군이 떠난 이후 독자적으로 활동할 수 있도록 현지 부대원을 재조직하고 사람들을 훈련하는 작전, 그리고—과도기 국면에—국제 군부대와 현지 부대 간의 합동작전은 현대 평화지원 활동을 위한 주요 도전으로 부상되어 왔다. 야스토미와 카르만스 등은 외부와 국제행위자 간의 '작전상의 결속도'는 이러한 중요한 현장에서 성공의 열쇠이다.[47]

통합부대를 구성하고 훈련하는 것은 분쟁이후 환경에서 절대 쉬운 일이 아니다. 예전 적대적인 비정규군들은 사회 안으로 특히 정규군으로 통합되어야만 하고, 인종적이고 다른 부대들은 극복될 필요가 있다.[48] 도전은 개인들을 기능하는 실체 안으로 통합하고 전환시키는 것이다. 이것은 평화, 안보와 전문적이고 민주적인 감독 하에서 방위 등에 비추어보면 모든 국민에게 봉사하는 것이다. 통합군을 건설하려는 노력은 통상적으로 모든 면에서 훈련과 교육 등이 수반되는데, 방위 전술에서 실질적인 훈련, 개입 기술, 운전 기술, 발사, 데모 진압 등에서 소프트 스킬soft skills, 남들과 잘 소통하는 자질 (책임감, 민주적 감독, 인권 존중, 젠더 쟁점 등)에서의 훈련까지 망라된다.[49] 훈련과 교육이 처음으로 다국적 연합과 당시 현지 참모와 제도 등에 의하여 지속적으로 전달된다.

---

47) A. Yasutomi and J. Carmans, 'Security Sector Reform (SSR) in post-conflict states: challenges of local ownership', *Central European Journal of International and Security Studies,* 1:2 (2010), 117.

48) Schnabel and Ehrhart (eds), *Security Sector Reform,* 7을 보라.

49) 예를 들면, R. Domisiewicz, 'Consolidating the security sector in post-conflict states: Polish lessons from Iraq', in A. H. Ebnother and P. H. Fluri (eds), *After Intervention: Public Security Management in Post-conflict Societies-From Intervention to Sustainable Local Ownership* (Vienna: Bureau for Security Policy at the Austrian Ministry of Defence; National Defence Academy; Geneva Centre for the Control of Armed Forces and PfP-Consortium of Defence Academies and Security Studies Institutes, 2005), 179.

훈련과 교육 동안, 그리고 후에 모니터링에 대해서, 국제와 현지부대의 접촉은 특히 긴장되어서 승부욕이 부족할 것이다. 국제적인 오해와 '부적응자' 등은, 국제 대 현지 사단 등과 함께 문제 있는 '선생-학생' 관계의 맨 위에 있는, 효율성을 방해하는 부정적인 인식을 상호 간에 야기시키는 경향이 있다.

아프가니스탄에서 복무했던 한 독일 장교는 훈련과 상황 모니터링 등은 임무 성공을 진전시키기 위하여 특별한 방식으로 스포츠 활용에 스스로를 줄 수 있다고 시사했다.[50] 이것은 양측에서는 동등하게 만날 수 있고 긍정적인 관계를 수립하며 상호존중으로 발전하거나 국가를 초월하고 문화를 초월하는 협력을 위한 플랫폼으로 작용하는 혼성팀 게임에 가장 적절하게 맞는 운동장으로 돌아감으로써 해결될 수 있다. 특히 국제-현지 합동작전을 목적으로, 스포츠는 확실할 정도로 사교성과 신뢰구축 효과를 발휘한다. 더욱이, 스포츠는 통합, 결속, 재건 주창자들 간에 화해 강화로 국내 부대 안에서 연대감 등을 지원하는 데 적절한 기여를 만들 수 있다. 스포츠는 또한 현지인과 현지 부대원 등이 참여하는 스포츠 이벤트와 관련된 긍정적인 상호작용을 위한 플랫폼을 통하여 현지인과 국내 부대원 등의 관계를 개선하거나 국내 부대원들을 현지인을 위한 스포츠 이벤트를 위한 지원으로 확대하는데 도움을 줄 수 있다.

## 결론

본 장 서론에서 개관했던 평화지원 활동 도전들에 관한 네 가지의 클러스터들은 평회지원 활동에 관련된 주요 이해관계자들 사이에서 유익한 상호작용과 시너지 등을 지연시킬 수 있다. 이것들은 커뮤니케이션, 조정과 협조 등의 의하여 문화 간, 조직 간 그리고 개인 간 관계에 달려있

50) Personal communication, 3 July 2015.

다. 이처럼, 이것들은 자주 스포츠와 외교 간에 대단히 중요한 관계를 위한 수많은 선착장을 제공한다.

스포츠에 관한 신뢰구축과 팀 구성의 질은 다국적 군과 국제 민군 관계뿐만 아니라 현지 카운터파트와의 관계 등에 적용될 수 있는데, 다양한 국가 출신의 부대원을 활동의 결속력을 제고하기 위하여 스포츠 경기에 함께 한다는 유엔교전중지관찰부대의 관행은 실질적인 한 사례이다. 현지인과 이해관계자의 '인정'과 좋은 관계 등에 관한 도전을 고찰하면서, 스포츠는 커뮤니케이션을 위한 장치로서 사용될 수 있는데, 예를 들면 각각의 평화지원활동은 작전에 관하여 청중들에게 정보 제공을 하는 시간 간격을 얻거나 평화 혜택에 관한 공공 인식을 제고하고/하거나 분쟁 이후 지대에서 긍정적인 스포츠의 역할에 대한 정보를 제공하는 스포츠 이벤트를 통하여 말이다. 스포츠에 관한 화해와 재건의 잠재성은 평화지원 활동에서 스포츠에 기반하는 조치로 활용될 수 있는데, 평화와 화해 분위기 증진을 목적으로 하고 현지인과 이해관계자 간에 평화와 통합 등에 관한 실질적인 공헌을 이끄는 것이다. 현지인들에 의한 스포츠 이벤트에 평화적인 참여는 시작될 수 있으며 평화지원 활동 자원과 능력에 의하여 조직적, 물량적으로 지원받을 수 있다. 분쟁에 의하여 파괴된 스포츠 장소의 복구 또는 건설을 위한 지원은 현지 주민들이 스포츠의 긍정적인 영향력을 지속적으로 향유하고, 이것을 넘어서서 평화지원 활동의 긍정적인 야망과 복지 지원 의지 등을 증명해 주고 현지인들의 필요성에도 적용됨을 보장해 줄 수 있다. 스포츠의 화해력은 현지 부대원들의 지지 속에서 주재국 부대와 현지인 간의 관계를 개선시키거나 국제주둔군이 현지 부대원들의 구축과 교육 그리고 훈련 등에 도움 주는 동안 새롭게 구성된 현지 부대원들의 평화롭고 효율적인 통합을 지지하는 데에도 활용될 수 있다. 복구를 넘어서, 스포츠는 또한 전쟁 희생자와 부상자, 그리고 트라우마 증상의 군인 등의 복구의 일환으로 활용될 수 있다. 이것은 평화지원 활동이 각국의 작전에 기여할 수 있는 분야이다.

주제에 관한 심층연구는 확실하게 필요한데, 현장으로부터 증거와 증언 등을 통합하고, 한편으로 평화지원 활동의 도전들에 대한 경험적이고 이론적인 지식과 스포츠개발평화 장치에 관한 지식 등을 통합하며, 군사작전의 맥락에서 스포츠를 활용하는 방식과 가능성 등에 관한 가정을 검증하고 개량하기 위해서 말이다.

제3장

# 축구계의 외교 행위자들:
## 개인, 기관, 이데올로기*

알란 톰린슨 *Alan Tomlinson*

본 장에서는 일반적으로 다음과 같이 스포츠외교라고 명명할 수 있는 다양한 국면에 관하여 선별된 양상들을 특징하는 메시지와 신화, 의미 등에 관한 문제를 제기한다. 스포츠가 국제 관계와 외교적 관행의 양상에 기여해 왔던 이와 같은 사회 배경과 역동성 등이다. 세 가지 국면은 개인, 기관과 이데올로기가 있다. 이들의 역할이 어느 정도 크든 적든 간에 명분과 또는 결과가 있어 왔다. 선택받은 개인, 공식적이든 전통적이든 정치적인 것을 넘어서서 확대된 조직의 네트워크에서 활동가로서 활약해 오던 영향력 있는 조직, 스포츠외교 형태가 딱 들어맞았다. 몇몇 경우에 상당히 영향력을 주어 왔다. 예를 들면 국민문화, 국가와 시장 등에 관하여 상당히 영향력 있고 심지어 결정적이기까지 했다. 특히 이데

* 나는 다음과 같은 회의 총회연설 발표를 할 수 있게 초대해주고 본장의 발전에 귀중한 공헌을 해준 이러한 회의 참가자 등에게 감사하다. 2015년 7월, 본장의 제목을 산출해낸 발표는 2015년 7월 3-4일 런던대학 SOAS *Sport and Diplomacy: Message, Mode and Metaphor*회의에서 행해졌다. 본서의 많은 부분이 여기에서 유래했다. 2016년 7월 6일, 'From Flawed Idealism to Racketeering: FIFA's Betrayal of the Simple Game'에 대한 총회연설은 *Locating Leisure: Blurring Boundaries,* the Annual Conference of the Leisure Studies Association, Liverpool John Moores University, Liverpool, UK. 등에서 행해졌다. 나는 본장의 거친 초고에 대한 그의 통찰력 있는 편집자적인 반응과 그의 귀중한 제안 등 때문에 J. 시몬 로페에게 특별하게 감사하다.

올로기적인 태도이던 방식에서 말이다. 여기에 있는 사례들은 기본적으로 역사, 축구의 사회학과 정치 등으로부터 나오는데, 축구협회, 피파, 그리고 국제올림픽위원회와 올림픽 역사와의 선별된 비교 등이다.

첫째, 그러나, 다음과 같은 적절한 배경의 맥락이다. 20세기 초 영국 축구 역사에 대한 연구는 영국경기의 조직과 관리에 관한 외교 관행과 개입 등에 관한 핵심을 살펴보는데, 완벽하게 파악하거나 전체적인 조망으로 외교적 의의와 20세기 후반에 올림픽 정치를 연구하기 위한 이와 같은 관행과 개입 등의 적절성을 우선시하지 않았지만 말이다. 피터 백Peter Beck의 연구인 *Scoring for Britan*은 국제축구발전에서 사례와 중요한 국면 등에 관한 완벽하고 흥미로운 사실을 보여주는 고찰이다.[1] 특히, 축구협회FA, Football Association (스탠리 라우스 경이 1930년대 대부분을 사무총장으로 재직)와 관련 기구 행위자들의 관련성에 관한 면밀한 검토는 이 기구가 1928년 피파로부터 탈퇴한 이후 영국 축구의 고립주의 기간에 대한 기존의 해석에 도전한다. 의심할 것도 없이 피파의 회원자격과 국제협조 등에 대한 집단적인 태도에서 영국협회—영국, 스코틀랜드, 웨일스와 북아일랜드 축구협회—의 비타협성은 경기 발전을 위한 문제였는데, 특히 영국 자체만으로도 그랬다. 라우스는 그가 축구협회 사무총장이 되는 것으로 부여받은 영국협회에 관한 '고립적인 태도'를 다음과 같이 회고했다. '나는 확실하게 이것이 영광스런 고립이라는 생각을 전혀 갖고 있지 않았다. 나에게 이것은 후회 할 일이고 우리가 피파와 매우 밀접한 관계를 맺어오지 않은 것은 지속적인 어려움의 원인이었다.'[2] 라우스—국제 심판, 규칙제정자, 규칙을 만드는 국제축

---

1) Peter J. Beck, *Scoring for Britain: International Football and International Politics, 1900-1939* (London: Frank Cass, 1999).

2) Stanley Rous, *Football Worlds: A Lifetime in Sport* (London: Faber and Faber, 1978), 91, 92. 라우스는 여기에서도 19세기 후반 대영제국에 의하여 채택된 고립주의 입장에 기원을 두고 관련된 외교와 국제관계학자에게는 잘 알려진 '영광스런 고립'을 수행했다. 고립주의는 또한 미국 외교정책에 대한 특별 접근방법을 특징하기

구협회이사회 지지자—도 영국협회와 피파 간에 존재했고 지속되었던 '매우 우호적인 관계'[3]가 협조와 국제협력 등을 위한 플랫폼을 제공했음을 적시했다. 국제축구발전에 관한 대화에 관한 사활적인 지속성 때문이었다. 예를 들면, 피파의 어떤 헝가리 회원은 영국협회를 '우리들의 리더이자 자문관'이라고 다음과 같이 불렀다. 미래 피파 총재인 로돌프 세일드라이어스Rodolphe Seeldrayers는 국제무대에서 영국축구에 대하여 경의와 '예외적인 위치'를 부여했다고 적고 있다. 피파로부터 공식적으로 떨어져 나왔음에도 불구하고 말이다.[4]

벡은 영국의 '확실한 독자성'에서 일종의 뚜렷한 영국의 예외주의를 유럽대륙에서 공식적으로 발전된 '스포츠 외교'와는 대조적이라고 확신한다. 벡은 독자적으로 가는 영국의 판단을 강조한 것은 옳다. 동시에 세계축구경기에서 주도적인 영향력 행사를 주장하면서 말이다. 이것은 헝가리 피파 위원이 위에서 언급했던 것과 같은 견해에서 확실한 증거로 나타난다. 여기에서 중요한 요점은, 벡이 보여준 바와 같이, 영국은 상위에서 다르게 인식되기를 원했다는 것이다. 여전히 라우스와 같은 사람들을 통하여 연맹의 일일 비즈니스에 관여했다. 이것은 벡의 중요한 논의이자 덜 가시적인 중요성을 이해하기 위한 의미 있는 이정표이고, 비국가의 국제적이고 효율적으로 네트워크화 되고, 영국 스포츠의 특징을 나타내는 관계이다. 계속해서 벡의 연구는 스포츠 발전과 외교의 넥

---

위한 것으로 보여져 왔다. 세계 전쟁 또는 전후 조약 작성 등에 미국의 불개입을 지지했던 20세기의 많은 미국 정치가들의 이상과 목표를 유지되어 왔었다. Iain McLean and Alistair Macmillan (eds), *The Concise Oxford Dictionary of Politics* (Oxford: Oxford University Press, 2003), 280. 또한 J. Simon Rofe, 'Isolationism and internationalism in transatlantic affairs', *Journal of Transatlantic Studies*, 9:1 (2011)를 보라. 라우스가 비판적인 방식으로 말로 행동으로 할 수 있는 것은 언어로 흔치 않은 노련함, 배려되고 예절바른 스타일로 전달되는 베일에 가려진 비평의 활용에서 약간의 기술 등을 보여주었다.

3) Beck, *Scoring for Britain*, 112.

4) Beck, *Scoring for Britain*, 112.

서스에서 과거에 도외시되던 공공외교 형식에 대한 인식을 도와주는데 일조한다. 벡과 같은 주의 깊고 열성적인 연구는 '스포츠 외교'를 진지하게 다루는 의미를 확실하게 하는데, 정통적인 역사 기록에 관한 수정주의적인 재조명을 채택하면서 말이다. 이러한 종류의 역사적 분석은 스포츠 역사에 관한 스포츠-외교적 차원을 매우 분명하게 만드는 가치를 보여주고 스포츠 기구에 관한 역사처럼 현장에서의 외교 연구로부터 나온 시간의 완벽한 적응에 관한 잠재성을 보여준다. 벡은 국제관계에서 스포츠의 위상에 관한 통찰력 있는 혜안을 일관되게 제공했다. 예를 들면, 독일의 현재와 미래 영국 이미지를 반영하고, 설명하고, 영향을 주고 강화하는 데, '스포츠'의 역할은 최소한 대중적이고 미디어 차원에서 과소평가해서는 안 된다는 것을 축구와 독일-영국 관계 등에 관하여 2003년 논문에서 살펴보았다.[5] 일반적으로, 그렇지만, 벡은 외교 또는 '공공외교' 연구라는 용어를 확실하게 사용하지 않았고, 이러한 면에 비추어서 '공공외교' 세부 분야에 관한 특별한 주장을 고려하는 것이 유용하다.

얀 멜리센Jan Mellissen이 주장한 바와 같이, '신 공공외교'는 외교 관행에서 '일반 개인들을 ... 지속적으로 가시적이게' 만드는 것이다.[6] 이것은 '국제정치에서 확실한 참여자'로 시민들을 인정 하는데 일조하고 '비국가행위자들의 폭발적인 증가'를 포용하는 것이다.[7] 그는 외교 게임에서 비공식행위자들은 일반적으로 다루기 힘든 외교정책 관료주의보다도 더 신속한 지원의 동원화임을 증명해준다고 덧붙인다. 국제스포츠에서 확실하게 이것은 타당하고 비국가행위자들의 지속적인 등장은 국제스포츠와의 조우를 만들고, 지속하게 해온 네트워크에 크게 기인해

5) Peter J. Beck, 'The relevance of the "irrelevant": football as a missing dimension in the study of British relations with Germany', *International Affairs*, 79:2 (2003), 408.

6) Jan Melissen, *Wielding Soft Power: The New Public Diplomacy*, Clingendael Diplomacy Papers 2, May 2005, 29-30.

7) Melissen, *Wielding Soft Power*, 29-30.

왔다. 문화 부문 전체를 통하여, 멜리센도 도시와 같은 하부 국가 행위자들은 올림픽 게임 또는 월드 엑스포 등과 같은 '획기적인 이벤트'를 위한 합동 로비에서 국가 부문과 지속적으로 통합한다.[8] 숀 리오르단Shaun Riordan은 비정부 외교관이 극적으로 성장하고 있음을 인식시켜 주는데, 세계 무대에서 활동 중인 20,000개 엔지오 네트워크 중에 90퍼센트가 20세기 후반에 설립되었다.[9] 그는 공공외교는 협조 정책 개발의 새로운 모델을 제고하고 '시민사회를 진작시키기 위하여 공공외교의 활용은 서구 외교의 핵심(핵심이 아니더라도) 요인이 되어야만 한다'고 덧붙인다.[10] 그런 다음, 신 공공외교는 확대된 협조적인 이해관계로 외교를 움직이게 하는 것인데, 계층적인 국가 중심적인 국제 관계 모델보다는 오히려 네트워크 환경에서[11] 말이다. 이러한 환경에는 '글로벌화 된 시장에서 활동하는 국제기업'들이 포함되고, 기업들의 공공 관계에 대한 관심은 국가 이익과 동일시 된다고 말해진다. 브랜딩과 공공외교는 사실상 일반적으로 보완적인 것과 같이 말이다.[12] 권력의 회랑corridors과 이와 같은 신 공공외교의 영향으로 이동시키는 것—또는 진입을 모색하거나—은 행위자와 이해관계의 과잉이 존재한다. 이것은 이와 같은 교차부채꼴의 경향과 현상 등을 이해하기 위한 가치 있고 개념적인 강조인데, 개념상의 융통성에 책임에 확실하게 취약하지만 말이다. 이것 또한 '공공외교'는 오랫동안 인정되어 온 국제 네트워킹과 로비 형식을 위한 용어이다. 그럼에도 불구하고, 용어는 역사, 사회학, 국제정치학, 스포츠 중심 기관 등과 어느 정도 현실적인 적실성을 가진다.

---

8) Jan Melissen, *Beyond the New Public Diplomacy*, Clingendael Diplomacy Papers 3, October 2011, 17.

9) Shaun Riordan, *The New Diplomacy* (Cambridge: Polity, 2003), 86.

10) Riordan, *The New Diplomacy*, 125.

11) Jan Melissen, 'The new public diplomacy: between theory and practice', in Jan Melissen (ed.), *The New Public Diplomacy* (Basingstoke: Palgrave Macmillan, 2005), 3-27, 20.

12) Melissen, *The New Public Diplomacy* , 12, 20.

스포츠 맥락에 적용시킨 국제정치와 정치학에서, 외교에 관한 초점은 좀처럼 새로운 것이 아니다. 예를 들면, 크리스토퍼 힐은 그의 저서 *Olympic Politics*의 많은 챕터에서 반박의 여지가 없는 국제외교의 쟁점에 관한 '정치의 우위성'에 대해서 다음과 같이 할애하고 있다. 인종차별 시스템과 1960년대 올림픽 운동에서 남아프리카의 출전정지, 두 개의 독일의 정치적 역동성, 두 개의 중국 (대만 문제), 그리고 두 개의 한국 등이다.[13] 힐은 남아프리카의 출전정지를 '실패한 올림픽 외교'라고 부르는데, 이것은 보편성이라는 올림픽의 핵심 원칙을 약화시켰다는 점에서 이다. 가장 성공적인 것은 회원 자격 유지와 중국과 두 개의 독일 등의 참여였다. '받아들이면, 양 당사자는 어떤 고난이 있어도 올림픽에 남을 수 있기 때문'이었다.[14] 분단되거나 신생독립국 등을 대표하는 국가올림픽위원회의 승인 문제는 물론 근본적으로 외교적인 쟁점이다. 제2차 세계대전 이래로 국제정치에서 올림픽운동의 관여 회담에 관한 힐의 사려 깊은 워딩이지만, 정치적인 영역으로서 올림픽에 관한 그의 사례와 경우 등은 국제외교 분야에서 지속적으로 탁월했던 스포츠와 관련된 국제 엔지오인 싱고SINGO의 역할에 꾸준하게 관심을 가진 것처럼 말이다.[15] 힐은 이에 대해서 확실하게 힌트를 준다. 새로 당선된 후안 안토니오 사마란치 국제올림픽 위원장이 초창기 행동들 중에 하나는 국제올림픽 위원회에 대항하는 대만의 법적 행동의 위협을 막아버린 것이었다. '새로운 회장의 외교[16]. . . 덕분인데' 물론 사마란치가

---

13) 이러한 정치 사례들은 로페가 스포츠 외교에 관한 상투적인 문구라고 부르는 것들 사이에 들어가는데, 주류 설명에서 일종의 약칭이자 희화화까지로 말이다. J. Simon Rofe, 'Sport and diplomacy: a global diplomacy framework', *Diplomacy and Statecraft*, 27:2 (2016)를 보라.

14) Christopher R. Hill, *Olympic Politics* (Manchester: Manchester University Press, 1992), 33.

15) SINGOs에 대해선, Lincoln Allison and Alan Tomlinson, *Understanding International Sports Organizations: Principles, Power and Possibilities* (London: Routledge, 2017)를 보라.

경력외교관 출신이었던 결과이다.[17]

그 당시 국제스포츠 기구는 암묵적으로 외교 임무를 가지고 있다. 공통성을 발견해서 스포츠와의 만남이 방생할 수 있게 하고, 합의를 모색하고, 이상주의적이고 일시적이라 하더라도, 뿌리 깊게 확립된 정치적 실체 간에 말이다. 상호 간에 인정된 스포츠 격식에서 커뮤니케이션과 상호작용에 관한 공유하는 언어를 발견하기 위해서이다. 힐은 '하찮게 보이는 문제들은 종종 심층적인 분쟁의 상징'과 '시간이 걸린다는 것은 꼼꼼한 말도 안 되는 소리의 예술이라고 외교관들에 의하여 부풀려진' 다음, '이러한 면에서 올림픽 관계자들은 정부 동료들과는 다루지 않음'을 가지는 의미를 가지면서 스포츠에서 정치의 우위성에 관한 자신의 챕터를 결론 내렸다.[18] 이것은 약간 분명하고 외교 영역의 요약으로서 환원주의자 등으로 들릴지도 모르고, 힐이 주장하는 일반적인 요점은 국제올림픽위원회와 피파 총재 등의 프로파일 개관에 관하여 다음 섹션에서 역사적으로 비교적으로 고찰한다. 이것은 제도적 행위자인 피파 섹션과 피파의 성장이 정부와 전 세계에 있는 비정부 기구 대표와 외교 조우에 필수적으로 관련되는 광범위한 개별 행위자들의 업적으로서 이해될 수 있는 방식 등보다 앞서는 것이다.

## 개인

스포츠계에서 가장 유명한 개인들은 물론 신기록수립자와 우승자 이다.

16) Hill, *Olympic Politics,* 52.

17) Aaron Beacom, *International Diplomacy and the Olympic Movement: The New Mediators* (Basingstoke: Palgrave Macmillan, 2012)에서는 '국제문제와 외교활동 등이 올림픽과 관련해서 진화 중이고 그의 책에서 이러한 학문적인 공석을 살펴보기 위한 시도를 요구 중이고 '올림픽운동과 관련 중인 외교적 담론에 관한 특성에 적절한 주목'을 부여하기 위한 방식'에 대한 문제 매우 완벽한 해답을 발전시켜 왔었다. 2.

18) Hill, *Olympic Politics,* 53.

그들은 장벽을 무너뜨리고, 미래 희망에 관한 지평을 설정하며, 글로벌 대사직, 전문 스포츠 등의 형식으로 국가 또는 지역을 대표하는 것이다. 데이비드 베컴Davis Beckham이 2008년 북경 올림픽 폐막식에 있는 런던의 빨간색 버스 위에서 2012년 런던올림픽의 개막을 알렸다. 축구공을 경기장 안으로 찬 다음 2012년 런던올림픽 개막식을 위하여 올림픽 스타디움의 성화대로 전달하는 쾌속정의 조종 장치에 나타났다. 공공외교가 단순하게 국제 브랜딩을 위한 이름이라면, 독일의 전문 스포츠웨어 퓨마Puma를 위하여 우샤인 볼트Usain Bolt와 그에 앞서서 나이키Nike를 위한 마이클 조던Michael Jordan 등이 이룩한 업적은 공공외교관으로 그들이 자격을 가질 수 있다는 것이다. 반면에 아마도 이러한 인물들에 관한 매우 균형적인 분석은 이들을 모든 '신 공공외교'를 위한 유일한 대변인보다는 오히려 전 세계적인 명사 무대에 대한 개인, 슈퍼스타, 명사, 스포츠의 전 지구적 통합의 개인적 실현, 소비의 아이돌—레오 로엔탈이 사용하는—등으로 확실하게 설명한다.[19)]

1930년대이긴 하지만, 피터 백이 보여 준 바와 같이, 축구 우승권자인 아이돌이 아닌 스탠리 라우스Stanley Rous는 축구협회FA(잉글랜드)와 다른 영국 축구협회 등의 자신감에 맞서는 전략과 외교적 이니셔티브 등으로 끌고 나갔던 인물이었다. 국가와 국가를 초월하는 기구의 리더십에서 핵심 자리는 스포츠를 통하고 외교적인 목적이 달성할 수 있는지 여부를 통한 수단 등과 같은 이와 같은 외교적인 활동에 핵심이 되

19) Leo Lowenthal, 'The triumph of mass idols' (written 1943/44), in *Literature, Popular Culture and Society* (Palo Alto, CA: Pacific Books, 1961). On Beckham, see Garry Whannel, 'The case of David Beckham', in David L. Andrews and Steven J. Jackson (eds), *Sport Stars: The Cultural Politics of Sporting Celebrity* (London: Routledge, 2001). On Michael Jordan, one source among many, see Walter LaFeber, *Michael Jordan and the New Global Capitalism* (New York: W. W. Norton, 2002), 요르단은 '특별하게 냉전이 종식되면서 이윤, 유명인사, 무엇보다도 시장성 등을 가치로 여기는 사회에서 상당한 이윤이 남는 생필품이 되었다'고 전해진다. 가끔 미국화의 부패를 포함해서 말이다. 128.

어 왔다. 이에 따라서 스포츠와 관련된 국제 엔지오들 중에 아마도 두 개의 최상위 프로파일인 피파와 국제올림픽위원 등에서 가장 저명한 이러한 리더들의 프로파일을 검토하는 것은 시사적이다. 표 3.1과 3.2 등에서는 이러한 위치에 있는 이들 모두가 남성이고 백인인 18명의 프로파일을 요약한 것이다.

총재의 임기에서 특정될 수 있는 일반적인 경향은 국제올림픽위원회와 피파 등 안에서 서로 자리 바꾸기이다. 아마추어, 공적인 약속에서 조직 팽창과 재정 성장 등에 관한 매우 상업화된 모델까지이다. 전기와/또는 자전적인 설명—칭찬 일색의 전기가 아닌 한—은 이러한 변화에 대한 흥미로운 사실을 드러내는 자료가 될 수 있다. 킬러닌Killanian 경이 1984년 로스앤젤레스 올림픽 경기 입찰 팀을 다루는 설명할 때 그는

표 3.1 피파FIFA 역대 회장

| 회장 | 원적국 | 재임기간 | 전문직 배경 |
|---|---|---|---|
| 로버트 게랭 (Robert Guérin) | 프랑스 | 1904-6, 2년 | 엔지니어, 기자 |
| 대니얼 울폴 (Daniel Woolfall) | 영국 | 1906-18, 12년 | 공무원 |
| 줄 리메 (Jules Rimet) | 프랑스 | 1921-54, 33년 | 변호사 |
| 로돌퍼 세일드라이어스 (Rodolphe Seeldrayers) | 벨기에 | 1954-55, 1년 | 변호사, 행정가, 스포츠 기자 |
| 아서 드루리 (Arthur Drury) | 영국 | 1956-61, 5년 | 생선가게/상인 |
| 스탠리 라우스 (Stanley Rous) | 영국 | 1961-74, 13년 | 체육 교사, 축구 행정가 |
| 주앙 아벨란제 (João Havelange) | 브라질 | 1974-98, 24년 | 사업가와 변호사 |
| 조셉 블라터 (Joseph Blatter) | 스위스 | 1998-2015, 17년 | 마케팅 컨설턴트, 스포츠 행정가 |
| 지아니 인판티노 (Gianni Infantino) | 스위스 | 2016- | 변호사, 스포츠 행정가 |

표 3.2 국제올림픽위원회IOC 역대 회장

| 회장 | 원적국 | 재임 기간 | 전문직 배경 |
|---|---|---|---|
| 데메트리오스 비켈라스 (Demetrius Vikelas) | 그리스 | 1894-96. 2년 | 기업가/작가 |
| 피에르 드 쿠베르탱 (Pierre de Coubertin) | 프랑스 | 1896-1925, 29년 | 귀족/교육가 |
| 앙리 드 바리에 라투르 (Henri de Baillet-Latour) | 벨기에 | 1925-42, 17년 | 귀족 |
| 시그프리드 에드스트룀 (Sigfrid Edström) | 스웨덴 | 1942-52, 10년 | 기업가/사업가 |
| 에이버리 브런디지 (Avery Brundage) | 미국 | 1952-72. 20년 | 사업가 |
| 마이클 모리스, 킬라닌 경 (Michael Morris, Lord Killanin) | 아일랜드 | 1972-80, 8년 | 언론인/작가 |
| 후안 안토니오 사마란치 (Juan Antonio Samaranch) | 스페인 | 1980-2001, 21년 | 직업정치인/외교관 |
| 자크 로게 (Jacques Rogge) | 벨기에 | 2001-13, 12년 | 의사/외과 의사 |
| 토마스 바흐 (Thomas Bach) | 독일 | 2013- | 변호사 |

'영리회사로 올림픽 경기를 운영하려고 하는' '명백한 것'이라고 언급했는데, 킬러닌을 분노하게 했던 일종의 오만이다. 상업적인 차원은 킬러닌을 그의 총재 역할로 자신의 외교적 기술을 활용하도록 강요했다. 그 이유는 그가 입찰 팀과의 외교 소통 채널을 반드시 지속했기 때문이었다. 교류와 잠재적인 타협의 분위기를 창출하기 위해서였다. '이것은 각 당사자가 결과에 만족함을 느꼈던 입장을 달성하는 데 많은 교섭을 하게 했다.'[20]

스위스 민법이 포용하는 범위 내에서 비영리협회로서 국제올림픽위원회와 피파 등과 같은 조직 모델이 부여된다면, 후원 형식은 정책결정 과정에 대한 도전이 거의 없이 리더십에 의하여 제공될 수 있다. 그래서 피파는 모든 국가 협회 (이글을 작성하는 2017년 211개 회원국)

20) Lord Killanin, *My Olympic Years* (New York: William Morrow, 1983), 98.

가 중요 결정에 한 표를 가지고 있는 총회에 근거한 글로벌 민주주의 모델이 될 수 있다고 주장할 수 있다. 이에 따라서 바누아투는 정책 결정에서 브라질이나 독일만큼 강력하다는 것이다. 국민국가를 위한 보통선거에 기초해서, 피파 총회가 유엔 총회보다도 더욱 더 대표성을 띤다고 주장할 수 있는 것이다. 그럼에도 피파 고위층에서 부패를 드러내는 수많은 내부 폭로는 조직의 대표성에 관란 신뢰도를 칭찬하는 주장들을 깎아내린다.

피파가 가장 확장되는 기간에 한 베테랑과 대륙연맹의 부상은 뉴질랜드의 찰리 뎀시Charlie Dempsey는 25년 동안에 아벨랑제Havelange 회장 재임 기간 '피파는 아무런 제약 없이 매우 자율적인 조직이라고 적을 수 있다. 그러나 나는 오세아니아에 대한 동정심이 존재한다고 생각하고 내가 동정표를 얻을 것임을 알고 있다.'[21] 사무총장이자 그 당시 오세아니아 연맹 회장으로서, 뎀시는 그의 지지를 리더십의 동정과 거래할 수 있었다. 이것에 핵심적인 것은 그 또한 연맹 회원을 구성하는 국가협회들이 총회에 가져 올 수 있는 피파 총회에서 10여 표를 가져오거나 오도록 모색하면서 회장을 충실하게 지지하는 것을 계속할 수 있음을 주장하는 것이다. 국제스포츠의 외교적 차원에 관한 일반적인 정의를 하자면, 국가축구협회와 대단히 중요한 국제 관리기구 간 일종의 빈틈없는 교섭horse trading은 일상적인 국제외교 관행으로 볼 수 있다. 스튜어트 머레이Stuart Murray와 지오프 피그만Geoff Pigman 등은 '외교로서 국제스포츠는 외교적인 대표성, 국제스포츠 경기의 결과로서 발생하는 비국가행위자들 간 커뮤니케이션과 교섭 등에 관심을 가진다'고 적고 있다.[22] 그래서 이해관계가 국제스포츠의 확대하는 문화 경제에서 제기

---

21) Peter Devlin, *The Dempsey Years: The Rise of New Zealand Soccer* (Auckland: SeTo Publishing, 1988), 105

22) Stuart Murray and Geoffrey Allen Pigman, 'Mapping the relationship between international sport and diplomacy', *Sport in Society: Cultures, Commerce, Media, Politics*, 17:9 (2014), 1099.

되면서, 국가와 국제스포츠연맹에서 비국가행위자의 위상과 프로파일 등이 극적으로 다음과 같이 제고되고 있다. 미디어 기술이 진보되고 월드컵 결승 경기가 국제적으로 중계될 때, 국가 차원에서 올림픽 또는 냉전 등의 조우는 이러한 문화경제에서 끊임없이 중요하게 성장되고, 막대한 자금으로 사적인 이익이 지속적으로 중요한 행위자로 부상되며, 기록상 인물/관중 등을 바라보는 지상 최대의 것을 끌어들인다. 국제올림픽위원회와 같은 국제스포츠 관리기구와 팽창하는 파트너들의 범위(미국 안에서 엔비씨 방송 또는 에이비씨 방송, 그리고 코카콜라와 맥도날드 등과 같은 기존 또는 새롭게 부상하는 후원사들) 간의 '대표성, 커뮤니케이션과 교섭' (위에 있는 머레이와 피그만의 언급) 등은 정말로 중요한 비즈니스가 되었고 마케팅과 방송중계권 등을 위한 연합 입찰과 예정된 스포츠 경기 주기 등을 뒷받침하는 것이다. 이것은 비즈니스에 기반한 싱고SINGO버전인 빙고BINGO를 설립했고, 머지않아 입찰 과정 자체를 특징되도록 하는 남용과 과용 등을 만들어 냈다.[23]

국제스포츠의 성장으로, 이에 따른 문화적 끌림과 경제 붐과 국제스포츠가 창출할 수 있고/거나 반향을 줄 수 있는 정치적 충격 등이 다층적인 이해관계 외교의 새로운 영역의 핵심으로 최대이고 가장 수요가 많고 가장 대중적인 스포츠를 갖다 놓았다.[24] 그리고 이것이 사적인 이익과 정치 목표 등을 함께 묶어 놓을 때, 위에서 언급한 바와 같이, 피파 월드컵에서 명백한 부패 입찰 과정은 머레이와 피그만의 외교로

---

23) John Sugden and Alan Tomlinson, 'Not for the good of the game: crisis and credibility in the governance of world football', in Lincoln Allison (ed.), *The Global Politics of Sport: The Role of Global Institutions in Sport* (London: Routledge, 2005), 26–45, where it is argued that FIFA in the last quarter of the twentieth century 'transformed itself from an INGO ... into a BINGO (Business International Non-Government Organisation)', 26를 보라.

24) Brian Hocking, 'Multistakeholder diplomacy: forms, functions, and frustrations', in Jovan Kurbalija and Valentin Katrandjiev (eds), *Multistakeholder Diplomacy: Challenges and Opportunities* (Malta and Geneva: DiploFoundation, 2006), 13-29를 보라.

서 국제스포츠를 특징짓는 전통적인 외교 모델은 허위진술, 냉소적으로 조작되는 커뮤니케이션 그리고 전례가 없을 정도로 위선적인 교섭 관행과 장치 등으로 대체되어 왔다. 이러한 경향과 과정 등에 관한 최악의 순간은 2018년 러시아 연방과 2022년 카타르 등으로 월드컵 개최를 결정한 2010년 스위스 취리히 결정이었다. *선데이 타임스* 지 저널리스트인 블레이크와 칼버트 등이 '월드컵을 산 카타르의 음모'라는 기사를 보도하도록 허용해 준 소스에 대해서 언급한 바와 같이, 피파 파일에는 세계 관리기구가 '오명의 브랜드가 되어 버려서 피파의 신뢰추락에 기여했다는 것이었는데, 전례 없는 부패, 탐욕과 세상에 대한 표리부동 등과 같은 동일 용어'로 말이다.[25] 여전히 기구 회원들끼리 유럽축구연맹 회장 미셸 플라티니Michel Platini와 그의 오래된 부정거래에 관한 증거를 피파윤리위원회에 제출했다. 축구 관련 모든 활동으로부터 엄중한 금지에 이어진 2015년 10월 위원회의 자격정지를 이끌었다. 피파 회장 블라터는 외교적인 술수를 지속적으로 행사할 수 있었다.

2014년 11월, 모로코 마라케시에서 블라터는 여전히 위기의 순간—2022년 카타르월드컵을 위한 성공적인 선정을 강조하는 부패 폭로—이 해결되었다고 다음과 같이 선언했다. '우리는 재차 우리 조직에서 통합을 이루었다. . . 나는 피파를 재차 돌려놓을 것이다. 그러나 혼자만은 아니다. 나는  집행위원회가 필요하고 그런 다음 나도 축구 가족이 필요하다. . . 나는 나 자신을 신뢰하고 나의 동료들을 신뢰한다. 그리고 동시에, 우리가 이것을 할 것이다.'[26] 이러한 구구절절한 호소—머릿속에 피파와의 세계 축구 가족이라는 메타포에 관한 가짜 이상주의와 함께—는 외교 담론이 가장 끔찍한 환경에서조차도 채택될 수 있음을 보여주었다. 일반적으로, 외교적인 색채에 관한 호소가 허황되게

---

25) Heidi Blake and Jonathan Calvert, *The Ugly Game: The Qatari Plot to Buy the World Cup* (London: Simon & Schuster, 2015), 452.

26) Blake and Calvert, *The Ugly Game*, 453.

들린다는 것을 보여주었다. 국제스포츠 거버넌스에서 피파의 제도적인 장치가 흔들리고 있는 것처럼 말이다. 대조적으로, 매우 이상적인 시간과 장소에서, 국제스포츠 거버넌스에 관한 외교적 차원은 국제스포츠의 글로벌 성장에 사활적이다. 지금 가장 적은 두개의 대륙 연합 초창기 발전에 관한 고찰 사례로 돌릴 차례라는 것이다. 북중미카리브축구연맹CONCONAF (1961년 설립된 북중미와 카리브 등을 대표)과 오세아니아 (1965/66년에 설립된 호주, 뉴질랜드와 남태평양국가 등을 대표) 등이다.[27]

## 외교관으로서 스탠리 라우스 경:
## 미주와 남태평양 등에서 피파의 메시지

### 북중미카리브축구연맹(CONCONAF)

설립된 지 10년 동안 북중미카리브축구연맹은 피파 회장인 스탠리 라우스 관심의 최우선 사항으로 남아 있었다. 이것은 피파 회장직에 라우스가 당선된 동년에 설정되었다. 10년간의 교섭은 피파의 계층구조와 지역 협회 간의 경직된 관계에 거의 영향을 미치지 않아 왔던 것으로 여겨졌지만 말이다. 1971년 7월 라우스 스스로가 네덜란드령 앤틸리스 제도Netherlands Antilles, 베네수엘라 북쪽 및 동북쪽의 카리브 해에 있는 네덜란드의 해외 영토; Aruba, Bonaire, Curacao, Saba 및 St. Eustatius의 여러 섬과, St. Martin의 남부를 포함해서 네덜란드 왕국의 일부로 간주되고 있음 국가축구협회 50주년 기념을 축하하는 총회 연설을 하는 자신을 발견했다. 피파 회장으로의 초청은 북중미카르브축구연맹 뿐만 아니라 네덜란드령 앤틸레스 제도 등에서도 나왔다. 도착하자마자 라우스는 북중미카리브축구연맹 회장 호아킨 소리아 테레

---

27) 이러한 두 가지 상황에서 라우스 활동과 관련한 문서자료들은 필자의 개인 소장본이다. 스탠리 라우스 경의 개인 소장 피파 문서의 원래 형태로 접근 한 이후에 말이다.

자스Joaquin Soria Terrazas도, 사무총장인 카를로스 카레라Carlos Carrera도 없다는 걸 알았지만 말이다. 초청은 라우스가 취임사를 연설하는 총회에 사회를 주도했던 코스타리카 축구협회 회장인 프란시스코 모렐리 코자였다. 아마 비행기 여행이 안전하고 일상적이며 당시 피파 회장이 풍부한 예산과 다양한 차원의 보상을 가지고 있는 2017년이라면 보기 불편한 장면이었을 것이다. 라우스의 피파는 재정적으로 건전했고 엄격했다. 그는 총재로서 보수를 받지 않으면서 활동했다. 여전히 그는 국제주의자인 면이 있었다. 그의 임무는 가능하면 전 세계 모든 곳에서 축구를 하고 발전시키는 것이었다.

축구, 교육과 전쟁 복무 등은 라우스엑 서쪽 머트포드에서 전원적이고 적절한 양육을 하고 전원생활에 관한 숨 막히는 분위기를 떠날 기회를 제공해 왔다. 제1차 세계대전 후반기 카이로와 팔레스타인 등에서 병참 장교로서 그의 경험은 축구는 전 세계의 모든 지역에 있는 사람과 주민 등에 대한 영향력을 가지고 있음을 그에게 보여주었다.[28] 그는 남아프리카 전선에 대한 외교적 악몽으로 자신을 학대했다. 순진하고 본의 아닐지라도, 인종차별정책을 지지했다. 그럼에도 불구하고 그의 임무는 축구를 할 수 있고 가능하면 전 세계의 많은 지역에서 많은 사람에게 의미를 가지는 축구와 이와 같은 것을 하도록 하는 것이었다. 대륙 간 컨페더레이션을 통해서 활동하면서 말이다.[29] 그는 1969년 이래로 컨페더레이션 회장이고 모국에서 1970년 멕시코 월드컵에서의 그의 조직력의 탁월성으로부터 우쭐한 테라자스의 무례와 부재가 피파 메시지를 잘라먹거나 약화시키는 방향으로 움직이지 않도록 했다.

라우스는 연설에서 천천히 움직였는데, 초청장 수용에 관한 정중한

---

28) 라우스의 배경에 대해선, Alan Tomlinson, *FIFA: The Men, the Myths and the Money* (London: Routledge, 2014); and Alan Tomlinson, 'Welcome to FIFA land: FIFA and the men who made it', *Soccer and Society,* 1:1 (2000)를 보라.

29) Paul Darby, 'Stanley Rous's "own goal": football politics, South Africa and the contest for the FIFA presidency in 1974', *Soccer and Society,* 9:2 (2008).

감사의 말로 시작하면서, 그는 '활동에서 북중미카리브해축구연맹 회원국으로 참여할 기회를 가진 것에' 대해서 기쁘다고 했다. 그의 급선무는 활동이고, 그런 다음 이러한 활동은 책임과 업무 등에 관한 그의 책임으로부터 해방에 사활적인 '의무'이었음을 덧붙였다. '피파와 컨페더레이션 사이 적절한 커뮤니케이션'은 사활적이라고 그는 강조했다. 컨페더레이션 총회와 회원국 방문은 다음과 같은 두 가지 목표를 위해서이다. 개인 관계망 형성을 위하여 사절들과의 만남, 지역과 회원국 등에서 '축구 경기 발전에서. . . 심도 있는 작업과 진전이 이루어지고 있는지를 알고 배우기 위해'서이다. 임무에 관대한 라우스는 그런 다음 피파 회장 역할에 관한 그의 비전으로 확대해 나갔다. 그의 워딩wording은 연계와 조화, '조정 역할' 등의 팽창을 촉구하는 공학과 심리학의 혼합이었다. 이러한 인물인 라우스가 계속하면서 핵심에서 무슨 일이 진행되는지에 관한 정보를 가져오는 동시에 국가 고려에 관한 영향을 미치는 특별문제에 관하여 배울 수 있는 것이다. 이것은 140개국의 회원국을 가진 조직 안에서 핵심적인 일이었다. 라우스는 핵심과 여가에서 부상 중인 주변부 간의 상호적인 혜택의 흐름을 제안하는 중이었다. 핵심대표로서 그는 상대적으로 주변부 국가대표들에게 지식과 잠재력 있는 자원 등을 가져올 수 있었다. 그는 재차 이러한 장소들에서 축구인들과 함께 커뮤니케이션과 직접적인 경험 등을 얻을 수도 있었다. "당신이 필요한 것을 나에게 말하고 피파가 당신을 도울 수 있는 모든 것을 하는 것은 라우스의 메시지를 표현하는 또 다른 방식이었고, 몇몇 도서국가들, 특히 카리브 해, 간에 커다란 거리가 있는 것과 같은 문제들은 해소될 수 있었다. 30년 후 회장직에 도전한 블라터는 지지를 받기 위하여 소국 축구협회들에게 '맞춤형 해결'을 마련했었다—의심 할 여지가 없는 성공으로 말이다.[30] 라우스도 '이들의 발전을 심도 있게 촉구

30) John Sugden and Alan Tomlinson, *Badfellas: FIFA Family at War* (Edinburgh: Mainstream, 2003), 150 for a reproduction of this letter를 보라.

하기 위하여'자신의 힘이 닿는 대로 모든 것을 하겠노라고 맹세했다. 제공할 자금이 거의 바닥임에도 불구하고, 텔레비전 계약과 *기부금*, 그가 컨페더레이션을 설립할 때 핵심 인물이었고 '이들을 피파와 연계시켰던 위원회 시스템을 고안했던 것'만을 덧붙였다.

그렇다면, 피파 회장이 어떻게 효과적인 가교 이니셔티브를 시작하고 유지할 수 있는가? 그는 이것을 하는 데 두 가지 방식을 지적했다. 첫째, 위원회이고 둘째 토너먼트인데 특히 아마추어 위원회와 청소년과 학생 위원회 등을 강조하는데—그가 적시했던 세계 언론이 별로 관심을 갖지 않는 위원회들이다. '이것들이 풀뿌리 축구에서 활동 중이고 이들의 성공이 경기 미래를 보장했기 때문에 모든 것이 가장 중요하지만 말이다.' 그는 그 당시 시민 외교관이라고 불렀던 참가자들에게 호소했다—축구 활동가, 취미 선수와 청소년 리그 등이지 최고 관리자 또는 야심 있는 미디어 거물도 아니고 조정이 가능한 떠오르는 정치인들은 더더욱 아니다.[31] 라우스는 여기에서 자신의 핵심 메시지를 구축하고 컨페더레이션에게 서로 배울 수 있도록 모색 중이었다. 피파는 '광범위하고 일반적인 견해를 취할 수 있었고,' 다른 컨페더레이션의 경험뿐만 아니라 '오랜 경기 경험과 이에 따른 문제점 등을 알고 있기 때문에 한 컨페더레이션을 강화할 수' 있었다. 네덜란드가 경영했던 식민지 카리브 해의 외진 구석의 대표단에 제공 중인 전 지구적으로 확산된 지식의 형식이었다. 라우스는 나/우리를 믿고, 함께 일하자고 말하는 중이었다. 피파-컨페더레이션 관계는 '핵심이기 때문이다. 피파는 봉사기구로 여겨져야만 한다, 정부기관이 아니다. . . 경기 발전에 대하여 정보, 전문 지식, 재정적인 도움과 기술지도 등을 제공할 수 있는 것이다.' 라우스는 피파가 이것만을 할 수 있다고 말하지는 않았다. 피파는 동맹이 필요하고, 이들이 컨페더레이션과 국가협회 뿐만 아니라 각국의 정

31) Giles Scott-Smith, 'Private diplomacy, making the citizen visible', *New Global Studies,* 8:1 (2014)을 보라.

치교육기관 그리고 첫 번째로 경기를 설립하고 유지하는 풀뿌리 조직 등을 포함하고 있었다.

물론 라우스의 국제 심판으로서 축구협회 경력과 고위직의 위상 탓만은 아니었다. 교육과 군 경험 등은 그를 머트포드에서 취리히까지 긴 여정을 하게 만들었다. 10여 년 동안 그는 영국 엑서터 소재 성 루크 교원양성대학에서 공부한 이후에, 와트포드 중학교에서 체육을 가르쳤다. 국민건강 논쟁과 팀 경기의 특징인 팀 구성에 관한 한두 가지 일을 알고 있어서 그를 따르는 사람들에게 '모든 정부 기관이, 특히 교육 당국, 경기 발전에 역할을 기꺼이 하기를 바란다'고 말했다.

북중미카리브축구연맹의 상황을 예의 주시하면서, 라우스는 또한 대화의 중요성에 관한 문제를 다음과 같이 제기했다. 피파가 해줄 수 있는 봉사는 '양방향에서 자유로운 생각의 교류' 없이는 일어날 수 없다는 것이었다. 이것은 많은 것이 행해졌고 많은 사람이 신뢰하지 않은 중미/카리브 컨페더레이션에 대한 신중하고 세심한 어조의 비판 등으로부터 명백했다. 그렇다 해도, 노골적인 비판으로는 적절하게 활용되지 않았다. 더디지만 확실하게 라우스를 위한 날의 순서인데, 전형적인 외교 대화의 자세를 채택했다. 제국주의자적인 분위기이지만 말이다. 칼 마르크스Karl Marx는 성 루크 대학 또는 제1차 세계대전 시 팔레스타인의 병참 장교 창고 등에 있는 라우스 독서목록에 들어있지 않았다. 라우스는 '죽은 모든 세대의 전통은 삶의 한 가운데에서 악몽처럼 압박한다'는 경고를 인식하지 않았다.[32] 어느 정도로 잘 외교적 개입을 의도했든지 간에, 몇몇을 위하여 이것들은 오만한 탈식민주의자의 공허한 약속으로 보였다.

---

32) Karl Marx, 'The Eighteenth Brumaire of Louis Bonaparte', in *Karl Marx/Frederick Engels, Collected Works Volume 11, Marx and Engels: 1851–53* (London: Lawrence & Wishart, 1976), 103.

## 오세아니아

컨페더레이션에 가장 늦게 참여한 오세아니아는 처음엔 '남서태평양축구컨페더레이션'으로 표시되었다가, 그 이후 '서'를 삭제했다. 시드니에 본부를 둔 호주축구연맹ASF사무총장인 워클리W. G. Walkley는 1965년 4월 7일(4월 13일 취리히에서 수령한 소인이 찍힘) 라우스에게 편지를 썼다. 워클리는 자신의 편지가 '결과보고서'로 간주되는지 물었고, 몇 주 앞선 3월 14일에, '우리는 멜버른에서 회의를 가졌는데 . . . 남태평양축구컨페더레이션 결성을 논의하기 위해서 말이다'고 확인했다. 멜버른 소재 서던 그로스 호텔Southern Cross Hotel에서 호주, 뉴질랜드, 파푸아뉴기니, 그리고 피지 대표단들이 만나서, 뉴칼레도니아가 이러한 의도를 지닌 이니셔티브에 합류시키는 의도를 내비쳤다. '만장일치'로 이 제안이 이루어졌다. 순조롭게 시작하기 위하여 호주로부터 어느 정도의 일반 재정지원으로 간청했던 워클리는 사업은 '모험적'임을 인식했다. 그는 '우리는 사닥다리의 밑바닥에 있는 우리의 발을 갖다 놓았고, 적절한 시기에 우리는 남태평양에 강력한 컨페더레이션을 만들 것'이라 믿는다고 썼다. '친애하는 스탠리 경', 워클리는 친밀한 문체로 써 내려갔다. 강력한 로비가 진행되는 와중에, 막 시작된 컨페더레이션으로부터 온 편지 윗부분의 주소도 남태평양축구컨페더레이션—피파의 임시회원 (1965년 3월14일 창립)—으로부터 라우스의 런던 자택으로 배달되었다. 이러한 소속/회원자격 요구는 라우스에 의한 빨간 펜으로 동그라미를 그렸고—언제나 선생님 처럼—그리고 작가(지. 바유티의, 호주축구연맹 주소와 동일한 것으로 시드니 주소로 적혀진)가 자신을 런던에서 열리는 다가오는 피파연구회 모임에 초대했다. 라우스의 오류가 전혀 없는 자필로 '무슨 일로?', '아젠다는?', '새로운 컨페더레이션을 논의 한다구요?' 되물었다. 명백하게 여기에 움직이는 축이 있었다. 커뮤니케이션의 명확성을 위한 외교관의 기교를 보여준 라우스는 간접적으로 표현한 교류와 추정 등을 할 인물은 아니었다.

3월 모임에 관한 매우 세세한 의사록에는 새로운 컨페더레이션의 이름으로 '오세아니아'가 아니라 오히려 '남태평양'으로의 선택이 포함되었다. '오세아니아'는 비회원국인 몇몇 국가 또는 지역 등을 포함하기 때문이었다. 그래서 멜버른의 한 선술집으로부터, 스포츠 단체를 위한 장소 선택으로는 낯설지만—세계의 마지막 축구 컨페더레이션이 시작되었다. 사실, 피파는 1961년 초 사무총장이던 카이저가 제안했던 '오세아니아'를 일찍이 선호하고 있었다. 예전 라우스가 피파 회장이 되던 해이었다. 그리고 1964년 도쿄 올림픽에서 열린 피파총회에서 오세아니아 컨페더레이션의 설립을 권고했을 때, 미온적인 대답에 다음과 같이 대처했다. '이 이름으로는 진정한 의미를 담아내지 못하는 느낌'이라고 카이저가 적고 있다. 그럼에도 불구하고, 호주축구연맹은 라우스(1964년 9월 30일)를 오세아니아에 대한 *인사이클로피디어 브리타니카*에 등재 요약본에 파견했다. 새로운 '컨페더레이션 창립에 대한 논의'에 피파 집행 위원회의 홍보를 위해서였다. 창립 기간에도, 뉴칼레도니아와 같은 프랑스령에 소속된 것에 대해서 프랑스축구협회와 같은 기관들이 해야 할 작업이 남아 있었다. 라우스는 프랑스연맹은 예전 '영국' [원문 그대로 임] 식민지들이 컨페더레이션과/또는 피파에 가입하거나 반대로 영국 축구협회에 준회원자격으로 남는 것을 허용하는 영국 축구협회 모델을 따르도록 권고했다. 그럼에도 불구하고 상징에 지나지 않는 후자의 약속은 일종의 지위 균형을 이루는 것이고 스스로를 발전 목표에 대한 다음과 같은 라우스의 언명(1965년 12월 16일 피에르 들로니에게)에 의지하는 것이었다. '그들(예전 식민 지역)에게 국제 경기를 주선하고 다양한 협회들과의 더욱 긴밀한 협력으로부터 나오는 다른 방식으로 혜택을 주면서 이들 지역 [원문 그대로임]의 축구를 발전시킬 수 있다는 것이었다.'

이러한 교섭에서 라우스는 세계적으로 영향력 있는 인물로 간주되었다. 위에서 적시한 바와 같이, 호주축구 연맹의 워클리는, 뉴칼레도니아 문제를 언급하면서, 문제 해결을 위하여 라우스의 존재를 가져오기 위하여 피파 회장 자격으로 그를 소환했다. '그렇지만, 프랑스 사람을 이해한다면, 나는 당신에게 프랑스 사람들에게 뉴칼레도니아의 오세아니아 컨페더레이션 가입에 찬성하도록 결정을 촉구하는데 일종의 충분한 영향력을 활용한지를 물어보는 편지를 작성하는 중이다' (1965년 10월 19일). 문제는 피파위원회 대표와 관련되는 것과 프랑스의 뉴칼레도니아의 지위에 대한 프랑스 컨페더레이션의 입장 문제 등이 끊임없이 괴롭혔다. 그러나 시드니 핵심관계자로부터 승인된 오세아니아축구 컨페더레이션을 '1966년 1월1일 설립' 표제지로 적시 할 수 있었다. 이것의 제안은 1966년 런던에서 열린 피파 총회에서 최종적으로 수용되었다.

새로운 컨페더레이션에서 상충되는 이해관계를 교섭하기 위하여, 라우스에게는 선생님의 인내력, 외교관의 언어와 정치인의 결단력 등이 필요로 했다. 그는 오세아니아 사무총장 이안 맥앤드류Ian McAndrew가 피파 집행 위원회에 지속적으로 컨페더레이션 대표에 관한 민감한 쟁점에 관하여 박사인 케서Käser 사무총장에게 편지를 썼을 때 (1967년 2월 14일) 행간의 의미를 읽을 수 있었다. 바유티Bayutti는 기술적 지원에 관한 논의를 위하여 취리히를 방문할 예정이었다. 컨페더레이션이 '그를 원하지 않는다'고 적시한 라우스의 주석—은 '명백했다'. 그리고 여기에서 피파 회장은 루키rookie 컨페더레이션의 내부 정치를 평가하려는 중이었다. 그는 또한 스스로에게 행동이 '우리가 만나는 모든 국가에게서 경청하고 최소한 제안 조항을 수용할 때까지 진짜로 필요한지'를 스스로 되새겼다. 1968년 1월 27일 호주, 뉴질랜드, 파푸아뉴기니, 뉴칼레도니아 (초청으로) 등이 모였고, 피지는 사과 사절을 파견한 브리스번 메틀로폴리턴 모델에서 오세아니아의 첫 번째 총회가 열렸다. 네 개의 국가협회 회원이 모여서 시작되고 운영되었다. 이들 모두는 컨페더레이션 집행위원회를 대표하지 않았다. 두 개의 거대 플레이어인 호주와 뉴질랜드 등이 주도했다. 그리고 새로운 행위자들이 광장으로 진입하고, 단일 컨페더레이션의 잠재력을 보는 중이다. 집행위원회에 대표단을 보낸 뉴질랜드는 국외 거주자인 스콧 찰스 뎀시Scot Charles Dempsey 이었다. 그는 컨페더레이션의 무능을 한탄하면서 2년 안에 행정적인 권한이 맥앤드류와 호주 출신들에게 손아귀에 놓이게 될 것이라고 카이저 박사(라우스에게는 복사본)에게 편지를 썼다.

오세아니아는 하나의 프로젝트로서 굳혀지는 중인데, 호주가 설립자/리더십의 역할을 좀처럼 수행하지 않고 있다. 뎀시는 오세아니아 컨페더레이션 순회의장의 위치에서 부회장이 '나에게 우리는 오세아니아를 우리 모든 나라들의 이익을 위하여 발전시키기를 원한다는 뉴질랜드의 태도를 표명하도록 요구'하는 글을 적었다. 뉴질랜드는 오세아니아에 참여하기를 열렬히 바라고 호주가 회의 개최 희망과 같은 모든 합당한 요구에도 응할 것이다. 이러는 와중에 우리는 열심히 호주로부터 약간의 의견을 기다리고 있다. 의심할 것도 없이 모든 다른 오세아니아 국가들(1970년 4월 14일 4월 21일 취리히에서 수령)이 그러하는 것처럼 말이다. 맥앤드류와 워클리 경 등에 의하여 무시당한 라우스는 뎀시에게 편지를 썼는데 (1970년 2월 28일), 심각한 우려를 다음과 같이 표명했다. '피파는 오세아니아가 잘 창설되고 관리되도록 하는데 대단히 관심이 많다. 이들로부터의 평가는 피파 집행위원회 안에 한 사람의 대표를 인정하기 위한 총회에서 인정받아 왔다. 그러나 나는 결의가 진전이 그럴싸한 조직으로 만들어질 때까지 성공적일 것'이라고 생각하지 않는다.

조직의 건전성은 요원하고 호주는 조화롭게 여섯 개 나라와 함께할 수 없다. 또한 아시안 컨페더레이션에서 중요인물을 합류하도록 모색 중이다. 이것은 1972년에 그러하도록 모색했었다. 그러나 뎀시는 허비한다면 오세아니아 축구발전을 위한 기회는 영영 허사로 끝날 것이라고 보았다. 그는 전기 작가에게 다음과 같이 말했다.

> 우리는 호주와의 모임으로부터 나와서 쉐브론 힐튼 호텔로 건너갔다. 우리가 무엇을 할 수 있을 것인가? 오세아니아 일을 끝낼 수 있는가? 나는 그렇지 않을 것이라고 말했다. 나는 우리는 무슨 일이 있더라도 컨페더레이션을 양보해서는 안 된다는 스탠리 경의 말을 되새겼다. 그 이유는 우리가 그렇게 하면 우리는 이것을 절대 되돌려 받지 못하기 때문이었다. 나는 우리가 컨페더레이션을 가지고 있었음을 알고 있었다. . . 이것은 피파에 의하여 승인되고 허가되어 왔었다. . . 그래서 우리는 코위에를 회장으로 만들었고, 사시가 총무가 되었고, 아후메드는 경기를 책임 맡았다.. 나는 사무총장이 되었다. 그런 다음 나는 스탠리에게 그간의 과정을 알렸다. 그는 인정했고 우리이게 오세아니아가 움직이고 있다고 말했다.[33]

그래서 막 탄생한 컨페더레이션의 있을 법한 잔해로부터, 이것은 뎀시가 할 일인데, 피파 집행위원회의 한 자리 오세아니아 자리를 위한 과정을 만들 때 라우스에 의하여 지원받았던 한 명의 다른 뉴질랜드 대표, 두 명의 피지인 등과의 문제이었다. 그는 호주로 불려 왔는데—원하지 않았지만, 아시아 컨페더레이션에 의하여 증명된 바와 같이—1977년 옛 보금자리로 되돌아 왔고 1982년 스스로 회장이 되었는데, '오세아니아의 발전'을 주장했다.[34] 뎀시는 아벨랑제의 오랜 지지 세력이 되

---

33) Devlin, *The Dempsey Years*, 110.

34) 2006년 호주는 규모가 훨씬 큰 아시아축구컨페더레이션에 재차 가입하기 위하여 오세아니아를 떠났을 때, 로위Lowe연구소의 안소니 부발로Anthony Bubalo는 *축구외교*라는 간략한 정책 브리핑에서 움직임에 관한 명분을 제공했다. 그는 문화와 국가 경계선을 넘어설 수 있도록 경기 평가를 공유하고, 호주와 아시아 출신 사람들의 번영할 수 있도록 발전된 풀뿌리 개입 등에서 '사회 간의 대화' 등에 관한 스포츠의 공헌을 강조했다. 개별적인 아시아 사회가 정말 어땠는지에 관한 현지 인식—그리고 예상—에 관한 변환은 심지어 기획되기까지 했다. 이러한 거대한 목표는 라우스와 뎀시 간의 교환에 있다고 특정하지 않아 왔다. 호주의 2008년 움직임에 관한 *현실정치*realpolitik는 매우 실용적인 것과 밀접하게 관련이 있다. 몇몇 사람들은 금전적인 동기는 아시아의 거대 국가들과 연계하고 아시아 컨페더레이션이 보장하는 월드컵 본선진출권들 중에 여러 자리들 중에 하나를 확보하려는 것 등이라고 말하기도 한다. '축구 외교'에 관한 자세한 내용에 대해선, David Rowe, *Global Media Sport:*

었다. 2006년 월드컵 개최권을 남아프리카 보다는 오히려 독일에게 부여하는 2 라운드 피파 집행위원회 투표에서 기권으로 2000년 호되게 비난받았다.

뎀시는 글로벌 관리기관의 파워 폴리틱스를 요리조리 잘 피해 나갔다. 그는 오랜 오세아니아/피파 경력에서의 외교 스타일 역할로 매우 효율적인 정치공작, 로비와 네트워킹 등을 통하여 많은 것을 이루어 냈는데, 어떤 정파에도 관심 없는 중립적인 노선을 유지했다. 그가 주장한 바와 같이 시종일관 말이다. 1972년 8월 피파 파리 총회로부터 나온 오세아니아에 대한 그의 보고서는 다음과 같이 흥미로운 읽을거리(1972년 9월 23일 라우스 수령)를 만든다.

> 총회 자체에 대해서, 이것은 전혀 만족할 일이 아니었다. 이것은 부장 중인 압력그룹이 존재하고 피하는 이것을 등에 업어서 많은 압력을 받고 있는 게 확실하다—특히 아시아 국가들로부터이다. 내가 느끼는 사람은 정치를 축구에 개입시키는 사람들이다. 이러한 면에서 나는 미래를 위한 우려를 품게 된다. 나는 분열이 나올 수 있음을 생각하는데. . . 태도에서의 변화가 없다면 말이다.

권력 이동이 후에 2년도 되지 않아서 아벨랑제가 라우스로부터 피파 회장직을 거머쥐었고 아벨랑제의 호소가 아프리카로 갔을 때 일어났다. 뎀시가 예상했던 분열은 피파 상층부의 리더십 변화로 외면되고 말았다. 뉴질랜드 대표는 미래 26년 동안 아벨랑제 체제에서 살아남는데 아무런 문제가 없었는데, 그의 멘토인 라우스를 다음과 같이 역사의 뒤안길로 남기면서 말이다. 왕은 죽었다, 왕이시여 만수무강하소서. 아벨랑제는 아프리카와 아시아에서 팽창 중인 축구 비즈니스를 거의 제

---

*Flows, Forms and Futures* (London: Bloomsbury Academic, 2011), 115를 보라. 직접 인용은 여기에서 나온 것이다. 컨페더레이션 회원자격에 관한 호주 협회의 변덕에 관한 완벽한 설명을 위해선, 본서의 데이비드 로웨의 분석을 보라.

공하지 않으면서 동떨어진 식민주의자로서 라우스의 인식에 실망하는 데 아무런 일도 하지 않았다.

라우스는 피파에 있는 오세아니아에 대한 외교적 산파 노릇을 해 왔다. 교섭가와 촉진자로서 그는 오세아니아의 부상을 활성화시켰고, 오세아니아를 소멸로부터 구했고, 찰스 템시의 행정적인 손아귀에서 회복을 감시해 왔다. 그의 기술은 관료주의적인 정확성과 외교적 탁월성으로 통합했는데, 수많은 국가와 영토 등으로부터 국가축구협회를 다루면서 말이다. 찰스 뎀시의 회고록에는 라우스와 관련해서 덜 공공심이 있었다. 지역 발전에 대한 그의 언명이 얼마나 열정적이던 간에 말이다. 그의 피파 집행 위원회 라이프 스타일은 스포츠 교섭과 관련 있는데, 위원회 실보다는 오히려 자주 골프 코스 또는 호텔 로비에서 말이다.

> 당신은 점차적으로 시스템 안에서 성장하고 신뢰성을 얻는다. 의심할 것도 없이 나는 나의 피파 연결고리를 통하여 뉴질랜드 혹은 오세아니아 등을 위한 많은 문제를 극복할 수 있었다. 이것은 친구를 만들고 이러한 차원에서 수 년 동안 접촉 등을 통해서이다. 이러한 접촉들 중에 몇 가지는 세상 저편에 있는 골프 게임에서 더욱 심층적으로 이루어져 왔다.[35)]

비공식적인 환경과 접대 정장 등에서 과장되고 효과적인 것, 아이버 뉴만Iver Newmann이 외교 장소라고 부리는 것,[36)] 피파 브이아이피VIP, 위원회 관계자, 경기 위원 등으로 여행하는 빅 이벤트 어디에나 있는 것으로, 뎀시는 직책의 특전을 활용해 왔다. 그는 중국에 있는 텐진 면

---

35) Devlin, *The Dempsey Years*, 99.

36) Iver B. Neumann, *Diplomatic Sites: A Critical Enquiry* (London: Hurst Publishers, 2014)에서는 식사 장소와 '중립적인' 휴식 장소 등과 같은 위치가 외교 교류와 만남의 일상세계에서 얼마나 중요한지를 말해 주는 것이다. 이것은 운동장은 사회학자 어빙 고프만Erving Goffman이 사회학 연출기법의 모델로 부르는 것에 관한 매우 면밀한 조사와 연구 등으로부터 도움을 받은 것처럼 보인다. Erving Goffman, *The Presentation of Self in Everyday Life* (London: Allen Lane The Penguin Press, 1969 [1959]).를 보라.

세점에서 '우리에게 많은 선물을 애니에게 보내도록 허락해주도록 내가 이제까지 본 적이 없는 대형 가방을 구매하기 위한 기회를 반복해서 가졌다. 나는 미동반 수하물로 집에서 되돌려 받았다.'[37] 그의 부인인 애미는 솜씨 좋은 골퍼가 절대 아닌데도 그녀 남편의 피파 스케줄과 라이프 스타일을 불평 없이 즐기고 있다.[38]

외교는 권력이동과 *시대정신*zeitgeist조차도 변하면서, 기대치 않은 결과 투성이다. 국제외교관인 라우스는 스코틀랜드 글래스고 사업가이자 건설사장의 피파 권력의 회랑corridors of power, 정부에서 중요 사항들이 결정되는 상층부로 진입하는 데 도움을 주었다. 피파의 내부 엘리트로의 진입이 허용되자, 뎀시는 독단적이고 카리스마적인 아벨랑제의 추종자이자 특별한 귀염을 받는 사람으로 자리매김했다. 부유해진 피파가 위원회 위원과 컨페더레이션 출신의 동조세력 등에게 제공하는 제멋대로이고 휘황찬란한 특권과 경험에 한 번도 맞서지 않았다. 회장으로 다섯 번이나 재 선출에 반대하지 않은 지속적인 지지의 대가로, 아벨랑제는 컨페더레이션의 족쇄를 풀어주어서 월드컵을 부흥시키면서 그들의 수입이 늘어나는데 도움을 주었다. 그리고—그의 후임자인 제프 블라터Sepp Blatter가 집착했던 접근 방법으로—피파와 컨페더레이션 등이 미국 법무부와 에프비아이FBI를 2015년 5월 취리히 호수 해변으로 오게끔 만든 지나침, 부패 그리고 자기 세력 확대 등의 스캔들로 휘청거리게 되었다. 여기에서, 조직범죄피해자보상법RICO, Racketeer-Influenced and Corrupt Organization Stature Act이 컨페더레이션 직원(그들 중 대부분은 중남미카리브축구협회 출신)들에 대한 일련의 검거가 진행되면서, 스탠리 라우스의 외교적 목표가 먼 기억 속으로 남게 되었다.[39]

---

37) Devlin, *The Dempsey Years*, 103.

38) 외교세계와 개인적 그리고 가정생활 등에 관한 광범위한 맥락에 대해선, Anne Coles, 'Making multiple migrations: the life of British diplomatic families overseas', in Anne Coles and Anne-Meike Fechter (eds), *Gender and Family among Transnational Professionals* (London: Routledge, 2008)를 보라.

스탠리 라우스1895-1986의 회장직은 국제스포츠 외교 역사에서 *롱런*longue dureé의 종말이었다. 그는 에드워드 시대1901- 1910에 성장한 사람이었고, 국제올림픽위원회가 창립1894된 지 얼마 안 되어서 출생했다. 그가 학교 선생님에서 축구협회(잉글랜드) 사무국을 현대화하려는 축구협회 관리자가 되기 딱 2년 전에, 피파는 1929년 피파 창립 25주년 기념식을 축하하던 중이었다. 국가축구협회의 설립자/회원, 칠레, 미국, 에콰도르 그리고 팔레스타인 등의 축구 관계자뿐만 아니라 유럽 전역의 축구 국가 등으로부터 25편의 기고문을 담은 1930년 출판물에서는 피파, 목표 그리고 성과 등을 좋게 평가했다.[40] 프랑스 출신 피파 회장 줄 리메Jules Rimet, 1873-1956도 축구에 관한 긍정적인 차원에 대한 서면 담화를 제공했다. 그는 다음과 같이 적고 있다.

> 이것은 원초적인 폭력이 충성스럽고 정직한 경기규칙의 원칙에 부합하는 경기장에서 평화적인 시합/경기로부터 이러한 열정을 빼앗을 우리의 스포츠 시간에 관한 르네상스의 영광이고 승자의 전리품은 이겼다는 자아도취와 관중들에 의하여 갈채를 받는 어떤 국가의 색깔을 보는 데에만 한정된다는 것이다.[41]

그는 기고자의 노력들을 환영했는데, 국가연맹 설립자(이것은 피파가 대륙 간 컨페더레이션의 창립을 인정하기 전 25년 전)들은 축구의 그들처럼 동일한 도덕적 자질로 다음과 같이 특징되어 진다. 국가기구/협회 간에 호혜적인 신뢰, 특별/개별적인 이익의 희생, 자기 이익의 거부, 대의명분의 개발 등이다. 이러한 도덕적인 자질들은 국제차원에서 게임

39) 피파의 일련의 사건에서 부상 중인 스캔들의 규모에 관한 오래 기간의 이야기에 대해선, John Sugden and Alan Tomlinson, *Football, Corruption and Lies: Revisiting 'Badfellas', the Book FIFA Tried to Ban* (London: Routledge, 2017)을 보라.

40) FIFA, *Fédération Internationale de Football Association 1904–1929* (undated, printed by J. H De Bussy, Amsterdam). The Rimet and Hirschman contributions/quotations are translated from the French by the author (Alan Tomlinson).

41) FIFA, *Fédération*, 3.

확대를 발전시키는 근거가 되었다고 그는 덧붙였다. 연맹이 힘을 쏟고 있는 도덕적 권위는 '각자가 아주 침착하게 특별 임무에서 활동할 수 있고 우리가 책임지고 있는 현대의 기사도인 아름다운 스포츠를 만드는 참여할 수 있음'을 의미했던 것이다.[42] 확실히 다음과 같은 메시아적인 것이다. 한 치의 의혹도 없는 이상주의이고, 반론의 여지가 없고 두서없더라도 외교적이다.

외교 담론은 유동적인 시간과 공간의 환경, 개인의 동기부여와 기관의 가치 등에 달려 있다. 1906년부터 피파 사무총장/총무이자 기념일 책의 편집자인 허시만A. W. Hirschman은 자신만의 에세이를 기고했는데, 그가 '국제 관계에서 평화주의자의 스포츠 임무'라고 부르는 것을 고찰한 것이다. 이 부분에 대한 전제조건은 인생은 '요람에서 무덤까지' 싸움이고, 인간집단의 싸움의 규모는 지속적으로 커져간다는 확증이다. 가족, 부족, 국가, 국가집단 간으로 말이다.[43] '우리는 자신들끼리 벌이는 조건부 싸움을 보면서 끝낼 수 있을 것인가?' 라고 허시만은 물으면서 의문을 제기했다. 그리고 그는 인류가 일상적인 전쟁의 사이클에서 닫혀있는 대가족과 같다는 인식을 하는 인류가 중재의 사례에서처럼 '평화적인 해결'을 추구할 필요성을 수용한다고 생각하는 것은 무모한지에 의문을 품었다.[44] 모든 일이 이와 같은 노선으로 발전된다면, '스포츠'는 '적절한 방식'으로 '상당한 영향력을 다음과 같이 행사할 수 있다.'

> 그들 사이 평화적으로 투쟁하고 잘 조직된 '팀워크'에 의한 인간 진보의 단계를 달성하기 위하여, 스포츠 정신을 흉내 내는 것은, 모든 문명에는 가능하지 않을 것인가 ? ['팀워크'이라는 용어는 영국식을 따름]. 외교가 스포츠 정신에 의하여 강화된다면 우리가 이미 이루어낸 진보는 무엇인가![45]

---

42) FIFA, *Fédération*, 3.

43) FIFA, *Fédération*, 11.

44) FIFA, *Fédération*, 12.

여기에서 피파의 정신은 쿠베르탕Pierre de Coubertin 남작의 정신과 그의 올림픽 비전 등을 반영한 것이다.[46] 이 시기는 파시스트 초기의 중부 유럽 국가들 몇 개와 1929년 경제적 대공황에 의해 국제정치 전역에 걸쳐서 어려웠던 시기이다. 올림픽/국제올림픽위원회 모델의 이상주의는 피파를 위한 영감과 본보기 등을 제공하기를 계속했다. 허시만의 그랜드 디자인은 1931/32년에 그가 피파 자금을 횡령해서 이 돈을 성과 없고 무모한 투자 계획으로 날려버린 것이 드러난 이후 불명예로 피파를 떠날 때 비웃음을 샀었다.[47] 그렇다면 그렇게나, '이러한 시절에 우리는 사회생활에서 진정한 스포츠 정신을 행사할 수 있는 평화주의자 역할에서 완벽한 자신감을 보여줄 때 정당화 한다고 그의 사면을 위하여 수년 동안 먼저 행해졌는데, 그래서 다른 사람들의 권리와 이익을 위하여 인간 활동, 정의와 존중 등의 모든 영역에서 이다.'[48]

## 결론: 스포츠-외교에 대한 이데올로기적인 제약

이것은 물론 개인을 기관과 분리시키는 것은 독단적이다—그리고 논의와 분석에서 위에 언급된 개인 행위자들은 항상 제도적인 맥락에 뿌리를 둔다. 일반적으로, 제도는 개인행위자의 구축으로 대부분이 이해될 수 있다. 이것은 역사가 만들어진 집합적인 이야기를 통한 두 가지의

45) FIFA, *Fédération*, 13.

46) 1908년 런던에서 행한 연설에서, 쿠베르탕은 '올림픽 정신'을 '기사도 정신의 일부로서 —여기에서 당신이 "페어플레이"로 당연하게 부르는 것—그리고 부분적으로 아름답고 우아한 것에 대한 숭배에 관한 미학적인 사상' 등으로 뿌리내린 강력한 체육으로 정의했다. Pierre de Coubertin, *Pierre de Coubertin 1863-1937 Olympism: Selected Writings*, ed. Norbert Müller (Lausanne: International Olympic, Committee, 2000), 588를 보라.

47) Pierre Lanfranchi, Christiane Eisenberg, Tony Mason and Alfred Wahl, *100 Years of Football: The FIFA Centennial Book* (London: Weidenfeld & Nicolson, 2004), 74.

48) Hirschman, in FIFA, *Fédération*, 13.

혼합이다.[49] 그래서 결론에서 여러 중요한 주제들을 재음미해 볼 가치가 있는데, 지주 개인과 기관을 함께 묶어주는 것을 강조하면서 말이다. 이것은 영향력을 구성하는 가치와 이해관계의 세트이다. 우리가 본장에서 나타난 물자에서 스포츠-외교에 대한 반복되는 부분들을 특정 한다면, 이러한 모든 사례는 또한 구성, 이데올로기를 결정하고 자주 구속하는 맥락에서 이해될 수 있어야만 한다. 여기에서, '이데올로기'라는 용어는 뚜렷한 용어 또는 신념체계에 관한 유사-중립적인 감각 세트로 사용되지 않는다.[50] 오히려, 마르크스 용어로, '이데올로기'는 권력관계에 완전하게 녹아들지 않다면 함축적인 경쟁하는 이해관계의 세트로 언급한다.[51]

---

49) C. 라이트 밀스는 너무 알기 쉽고 명백하고 주장한 바와 같이, 그가 1959년 처음으로 책을 출판했을 때인 오래 전에, 사회학적인 상상은 자서전과 역사의 연계를 인정할 필요가 있다. 이것은 '개별 자서전이 벌이는' 제도에 관한 이해를 필요로 한다. C. Wright Mills, *The Sociological Imagination* (Harmondsworth: Penguin, 1970), 178를 보라.

50) 개념에 관한 권위적인 조망을 위해선, Jorge Larrain, *The Concept of Ideology* (London: Hutchinson, 1979)를 보라.

51) 마르크스의 이데올로기에 관한 개념은 약간은 융통적이고 심지어 규정하기 힘든 것으로 증명 되어 왔다. 1840년대 중반에 쓰인 *The German Ideology*에서, 마르크스는 그가 '정신적 생산', 사상, 개념, 의식 등에 관한 생산'으로 불리 우는 것에 관한 과정의 철학적 논쟁 안에서 유명한 논평에서 변화하는 왜곡된 이미지와 유사성을 활용했다. 이러한 정신적 생산은 '인간의 정치, 법, 도덕, 종교, 형이상학 등의 용어'에서 표현된다. 즉, 이데올로기적인 형성과 사회에 관한 표현은, 마르크스에게 '인간의 존재'의 생산. . . 인간의 실질적인 생활 과정. 그리고 이와 같은 역사적 생활의 과정인데, '한 사회의 이데올로기적인 요인을 형성하는 인간의 물질적인 교류와 물질적인 활동'에 뿌리를 두는데, '모든 이데올로기에서 인간과 인간 간의 관계 등은 '*암상자*'초창기의 카메라에서처럼 '거꾸로 보이는 것이다. Karl Marx and Frederick Engels, 'The German Ideology: critique of modern German philosophy according to its representatives Feuerbach, B. Bauer and Stirner, and of German socialism according to its various prophets'. in *Karl Marx/Frederick Engels, Collected Works Volume 5, Marx and Engels: 1845-47* (London: Lawrence & Wishart, 1976), 36을 보라. 19세기 전반 새로운 기술발전은 암상자라틴어로 '암실'에서를 철학의 시험적인 구성에 대한 원칙을 채택하는 중이다. 르네상스 시대에, 예술가들은 자신들의 작품을 발전시키고자 마법사 또는 속임수로 보이는 원칙 사용에 대해서 의심을 가졌다. 마르크스의 경우에, 용어는 환상, 왜곡 또는 망상 그리고 엥겔스와 함께

첫째, 그런 다음, 공공외교의 정점과 범위를 확대시키는 것과 스포츠-외교에 관한 매우 정교한 해체가 환영되어야만 한다는 것이 명확하다. 이것은 역사, 정치와 스포츠 문화 사회학과 기관에서 네트워크의 본질과 핵심 인물에 대한 재조명을 허용하고 실질적으로 불러온다. 이것은 스포츠-외교 차원을 확실히 불러오면서 고전적인 활동을 재해석할 수 있다. 그리고 개인과 스포츠에 기반한 권력, 정치와 외교 네트워크에서 이들의 격식 등에 관한 기록 작업을 위한 무한정의 가능성을 제공하는 것이다.

둘째로, 개인과 기관의 실질적인 관행을 바라보는 것이 최우선적이다—정말 무엇을, 어떻게, 왜, 언제 그리고 어디에서 하는 지를 말이다. 이것은 이데올로기 분야에 대해서 직접적으로 분석을 이끈다. 누구의 이해관계가 확실한 스포츠-외교행위자들을 활동하게 하는가? 1930년의 사기를 치는 피파의 리더의 예 또는 스탠리 라우스와의 그의 관계에서 뉴질랜드에서 젊은 활동적인 이상주의자 찰스 뎀시 등의 사례를 들어본다. 이것은 피파 초기에서 가장 이상주의적인 선언들은 조직 상부의 착취와 부패 등으로 포장되었음을 밝혀 왔다. 줄 리메가 얼마만큼 진실했던 지 간에, 그럼에도 불구하고 조직은 한 사람 개인의 개성이 강한 활동으로 위험에 놓일 수 있었다. 최신 컨페더레이션인 오세아니

---

심층적인 활동에서 허위의식 등으로서 그의 이데올로기 개념을 위하여 완벽했다. 이것은 소형 공간을 통하여 바라보는 과정—핀홀 이미지pinhole image—인데, 사실상 명백하게 마르크스를 동일하게 관심을 끌었다고 이미지에 관한 왜곡과 가시적인 허위진술이라는 자세한 내용에 대한 초점을 두었다. 이것은 악의적으로 오해하고 왜곡되는 세계에 대한 시각을 나타내고, 설명하며 확산시키는 주도적인 외교 담론에 관한 자세한 파괴를 위한 이러한 이데올로기 감성의 잠재성을 통하여 생각해보는 것은 흥미롭다. 본서의 본장의 목적을 위하여, 이데올로기는 사회단체에 의하여 유지되는 믿음과 가치 클러스터clusters의 개념화 수단이고, 종종 규모가 큰 사회의 권력구조와 역동성 등 안에 있는 이러한 단체의 입장을 정당화해주는데 활용되었다. 이러한 정당성을 이룩하기 위하여, 특별한 이해관계가 보편적인 이해관계(악의적으로 왜곡되고 조작되는)로 공급된다. 이러한 면에서 개념은 마르크스주의자 계보의 정신에서 채용된다.

아 초기에서, 우리는 떠오르는 스포츠 관리자인 딤시가 어떻게 누가 회장직에 있던 지간에 아부하고 보호할 수 있는 지를 보아 왔다. 이것은 조직은 애매한 실체가 아님을 생각나게 하는 것이다. 조직이 애매한 모델과 확고한 기반 없는 유형을 따르면 몇몇 사회과학의 모델에 대한 총애보다는 오히려 조직이 비대해지고, 기관은 모든 종류의 개인에 의한 착복에 취약해질 수 있다. 중남미카리브축구연맹 컨페더레이션 사무총장 척 블레이저Chuck Blazer의 오명을 살펴보자. 그는 컨페더레이션을 뉴욕 5번가에 있는 트럼프 타워에 널찍하고 호화로운 사무실을 안으로 옮겼다. 이와 같이 호사스러운 배경 하에 1997년 2월 인터뷰에서, 그는 축구를 위한 팽창 중인 미디어 시장의 잠재성에 대해서 이야기했다. 최빈 지역인 카리브 또는 중미 등에서 경기 진작의 수단으로서가 아니라 그의 조직의 위신과 프로파일을 제고시키는 방식으로 말이다. 중남미카리브축구연맹은 '약간 맛이 갔다.'[52] 규제가 철폐된 시장이 계속 조정되면서 돈이 굴러가면, 블레이저는 그 자신과 선택된 동료 등을 풍요롭게 하는 작업을 했다. 에프비아이를 정보원으로 전환하고 중추적으로 피파와 연관된 중남미카리브축구연맹과 특히 남미컨페더레이션CONMEBOL 등의 내부인물을 미국의 기소로 이끌었던 확실한 증거로 기여했다. 블레이저는 세상에 질려버린 저널리스트로 가득 찬 미디어 실에 호감을 가졌고 중심지역 사회 주변에서 대중적이 인물이었다. 피파 세상에서 정책결정의 네트워크에서 심각하게 여겨지는 것이다. 그는 피파미디어 마케팅위원회 의장으로서 부정직한 활동을 물려주었고 전례 없는 규모에 대한 접근으로 에스컬레이트 되었다. 많지는 않지만, 그의 소통기술, 사회 매력과 외교적 *친밀감*bonhomie 등은 맨 앞에 있다. 현실적으로, 그의 컨페더레이션 회장인 트리니다드 사람인 잭 워너Jack Warner가 완전히 속이게 되면서, 그는 봉토처럼 북중미카리브축구연맹 기관에 출마할 수

52) Alan Tomlinson, 'Blazing a trial', *When Saturday Comes*, 341 (July 2015), 16-17.

있었다.[53]

셋째로, 스포츠 학에서 외교 주제에 대한 초점은 개인 레토릭과/이거나 제도 그리고 조직의 특정 관행이거나 더 넓어진 세계의 현실 간 간극에 대한 연구를 위한 셀 수 없는 현실을 제공한다. 사례들에는 조직의 원칙과 이상을 요약하기 위한 1990년대 사용되었던 '인간성을 기념하는' 용어에 대한 국제올림픽위원회의 채택과 같은 싱고SINGO의 수많은 슬로건을 포함한다. 기념과 보편주의의 조합은 사회정치적인 세계의 본질을 잘못 이해한 환원주의 형식인데, 인간성에 관한 모든 포용적인 개념에 대한 강조와 복잡하고 자주 분쟁으로 시달리는 세상에 관한 사회문화적인 현실로부터 주목을 끄는 포용성 등이다.[54]

---

53) 블레이저의 과잉과 조락에 관해선, Mary Papenfuss and Teri Thompson, *American Huckster: How Chuck Blazer Got Rich From - and Sold Out - the Most Powerful Cabal in World Sports* (New York: Harper, 2016) 보라. 블레이저는 미국 뉴저지에서 2017년 7월 사망 했다. 국가정보 요원들에게 등을 돌리면서 기소와 구속을 피했다. 워너의 배경에 대해선, Alan Tomlinson, 'Lord, don't stop the carnival: Trinidad and Tobago at the 2006 FIFA World Cup' *Journal of Sport and Social Issues*, 31:3 (2006)을 보라. 2015년 9월 29일 피파독립윤리위원회는 워너에게 평생 동안 축구관련 활동을 금지했다. '비밀에 붙여지고 불법적인 지불에 관한 영수증, 수뢰, 제공' 등을 포함하는 불법적인 돈벌이가 되는 계획과 신용사기 등을 들면서 말이다. 워너는 윤리 강령에 관한 다양한 위반으로 유죄를 받게 되었다. 일반적인 행동규칙은 다음과 같다. 헌신, 고지의무, 이해충돌, 선물/혜택 주고받기, 당사자 협력의무 등과 관련되는 것 등이다. *Independent Ethics Committee Adjudicatory Chamber Media Release*, 29 September 2015, www.fifa.com/governance/news/y=2015/m=9/news=independent-ethics-committee-bans-jack-warner-from-football-related-ac-2701902.html에서 이용할 수 있습니다 (2018년 1월 1일 접속)를 보라 블레이저와 워너 등이 결정과 재정 협상을 조작하면서 축구계를 횡령하고, 속이고, 도용한 것은 협회와 협회의 네트워크를 넘어서서 개인적인 이해관계와 범죄 확대, 그리고 최소한의 투명성과 신뢰성 등을 감추어 왔던 유사-외교가 미국 당국의 관심을 끌었던 협잡꾼들을 고무시켜 왔다는 글로벌 스포츠 거버넌스 모델의 취약성을 오래 동안 확인했다.

54) Alan Tomlinson, *A Dictionary of Sports Studies* (Oxford: Oxford University Press, 2010), 74. 올림픽 레토릭에 대한 인종문제 적용을 위해선, Ben Carrington, 'Cosmopolitan Olympism, humanism and the spectacle', in John Bale and Mette Krogh Christensen (eds), *Post-Olympism? Questioning Sport in the Twenty-first Century* (Oxford: Berg Publishers, 2004)을 보라.

넷째이자 마지막으로, 스포츠-외교는 이데올로기의 이동과 경쟁의 맥락으로 이행되어야만 한다. 20세기 중반 피파는 포용성과 탈식민 3세계 발전의 이름으로 성장할 수 있었다. 수많은 신생국들의 독립적인 움직임으로부터의 긴장이 무엇이든지 간에 말이다. 21세기 매우 현대적인 배경에 있는 피파는 더 깊어진 모순 덩어리를 대표하고 이것의 공공/스포츠 외교는 우리가 신자유주의라고 불리는 매우 탈규제되고 세계화되면서 착취와 남용 등에 지속적으로 취약해지게 되었다. 토비 밀러Toby Miller는 문화적 시민권은 소유의 위기가 늘어나는 사람들과 전 세계 사람들을 위하여 에스컬레이트 되었다고 확실하게 주장해 왔다. 그들을 위하여, 그리고 밀러는 여기에서 조지 소로스George Soros의 말을 다음과 같이 인용한다. '시장 가치의 확산이 모든 생활 영역 안으로 들어왔다'고. '자유방임 자본주의의 제약받지 않은 집중화'와 함께, 모든 공개적이고 민주사회에서 시민권에 바탕을 둔 참여 기반이 쇠퇴한다.[55] 이러한 맥락에서, 사람들이 이들의 정체성의 근원과 지속적으로 책임없는 종류의 제도 등으로부터 연결되지 않게 되었다. 이데올로기적인 형성이 다음과 같이 통합된다. 신자유주의 순간이 시대의 주도적인 정통이 될 수 있다. 밀러가 언급한 바와 같이, 신자유주의 정치 우파인 경우에, 문화 시민권은 '새로운 시장 세트와 자체 거버넌스의 기독교적인 틈새이자 장소일 뿐이다.'[56] 피파 상층부의 부패하고 왜곡된 네트워크가 세계 '축구 가족'에 대하여 보편주의와 이상주의 등이 강력하게 혼합된 것을 설교해 왔다. 가족 저축을 흘러넘치게 하는 반면에, 우리는 중대한 이데올로기가 어떻게 개인과 기관의 경험, 스포츠의 문화와 기관 등에 관한 현실과 인식 등이 변화해 왔다. 싱고SINGO와 같은 비국가 행위자들은 활동하는 더 넓어진 세상의 이데올로기 분위기를 인정하지

---

55) Toby Miller, *Cultural Citizenship: Cosmopolitanism, Consumerism and Television in a Neoliberal Age* (Philadelphia, PA: Temple University Press, 2007), 179.

56) Miller, *Cultural Citizenship*, 179.

않고 활동하는 방식을 이해하지 않고서는 불가능하다.

본 장 내용에서 언급한 바와 같이, 스탠리 라우스는 경기의 긍정적인 면을 믿어 왔고, 피파의 나중 모토들 중에 하나로, 전 세계의 최빈 지역에 아무것도 가진 것이 없는 사람들의 경우이다. 그가 도움을 모색했던 사람들의 눈에서, 그는 여전히 과거 자신만의 특권에 대한 비중을 나르고 있다. 그는 탈식민 세계를 가로지르거나, 외교적으로 교묘하게 험담하기와 야망을 재촉하는 변화하는 경기에서 마지막 수단으로 바라본다는 것이다. 국제스포츠 세계에서 외교 행위자와 관행 등에 관한 연구는 개인, 기관과 이데올로기 등이 어떻게 현재 스포츠 광경과 조망을 만들 때 상호 연계되어 온 것을 보기 위한 무수히 많은 기회를 제공한다. 이러한 기회에 대한 반응은 스포츠-외교 연구 분야로부터 나오는 생각과 시각 등과의 연계로 제고될 것이다. 이러한 분야 자체는 누구를 위한 개인과 기관 등에 대한 경험적으로 고정된 역사적이고 사회적인 연구의 인식으로부터 혜택 받을 것이고 무슨 외교관행—그 당시 어떻게 명명되었든 간—이 현재의 이데올로기적인 흐름을 교섭할 때 비판적이어 왔다.

제4장

# 정치도구로서 메가스포츠이벤트:
## 남아프리카의 2010년 피파 월드컵 축구 유치 사례연구

수잔 다우즈 *Suzanne Dowse*

경제적인 용어로 확실하게 타당성이 있지만,[1] 메가스포츠이벤트MSEs는 도시 재생사업,[2] 공공외교와 소프트 파워 창출 등과 관계된 정치적 기회라고 널리 인식되고 있다.[3] 그렇지만, 이러한 야심이 잘 인식되는 반

1) V. Matheson, 'Mega-events: the effect of the world's biggest sporting events on local, regional, and national economies', College of The Holy Cross, *Department of Economics Faculty Research Series*, Paper No.06-10, 2006, http://college.holycross.edu/RePEc/hcx/Matheson_MegaEvents.pdf에서 이용 할 수 있습니다 (2011년 3월 2일 접속).

2) C. Gratton and I. Henry (eds), *Sport in the City: The Role of Sport in Economic and Social Regeneration* (London: Routledge, 2001); C. Matheson, 'Legacy planning, regeneration and events: the Glasgow 2014 Commonwealth Games', *Local Economy*, 25:1 (2010); A. Smith, '"De- risking" East London: Olympic regeneration planning 2000-2012', *European Planning Studies*, 22:9 (2014).

3) R. Levermore and A. Budd (eds), *Sport and International Relations: An Emerging Relationship?* (London: Routledge and Taylor and Francis Group, 2004); S. Murray and G. Allen Pigman, 'Mapping the relationship between international sport and diplomacy', *Sport in Society: Cultures, Commerce, Media, Politics*, 17:9 (2014); W. Manzenreiter, 'The Beijing Games in the Western imagination of China: the weak power of soft power', *Journal of Sport and Social Issues*, 34:1 (2010); J. Grix and B. Houlihan, 'Sports mega-events as part of a nation's soft power strategy: the cases of Germany (2006) and the UK (2012)', *British Journal of Politics and International Relations*, 16 (2014).

면에, 예상 비용과 혜택 간에 단절 또는 '분리' 등이 빈번하게 반복되는 것은 오슬로, 스톡홀름, 크라쿠프, 보스턴과 함부르크 등을 포함하는 많은 도시들이 성장하는 결과를 가져 왔는데, 주최 기회로부터 후보 자격을 철회하면서 말이다.[4] 이러한 개발은 외부자에게는 스포츠 단체에게 관심을 가지게 하는 흥미로운 일이다. 주최에 포함되는 공공보조금 지급에 대한 민간 자원을 확보하기 위해 분리는 필수불가결하기 때문이다. 이러한 공개적인 지지는 또한 높은 사회 가치를 지닌 혜택에 대한 강조를 독려할 때 나타난다. 일자리 창출과 사회기반시설 개발 등과 같은 일들은 소프트 파워와 같은 매우 추상적인 정책의 우선순위와 주최 기회를 위한 정치 지지를 뒷받침해서 제고되고, 현실적인 결과들 간 분리에 기여하는 국제적 위상 등과 경쟁하는 것이다. 간극을 메우는 것은 복잡하다. 메가스포츠이벤트의 주최 과정에 의하여 나타난 기회는, 이 사회기반시설 개발과 같이 유형적이거나 소프트 파워의 잠재력처럼 무형적인지, 효과적인 전략정책 접근방법을 알릴 수 있는 강력하고 맥락적으로 정보 제공된 증거 자료 보다는 오히려 반복되는 표현 과정을 통하여 수립된 '사회적 사실'로서 자주 수용된다.[5] 주최 기회에 대한 대

---

4) R. Baade and V. Matheson, 'Bidding for the Olympics: fool's gold?', in C. Barros, M. Ibrahimo and S. Szymanski (eds), *Transatlantic Sport* (London: Edward Elgar, 2002), 127-51; L. Abend, 'Why nobody wants to host the 2022 Winter Olympics', *Time Magazine*, 3 October 2014, http://time.com/3462070/olympics-winter-2022/에서 이용할 수 있습니다 (2016년 7월 8일 접속); K. Grohman, 'Hamburg withdrawal no major concern at IOC', *Reuters*, 9 December 2015, http://uk.reuters.com/article/uk-olympics-hamburg-idUKKBN0TS14X20151209?feedType=RSS&feedName=sports News에서 이용할 수 있습니다 (2016년 1월 12일 접속); K. Seelye, 'Boston's bid for Summer Olympics is terminated', *New York Times*, 27 July 2015, www.nytimes.com/2015/07/28/sports/olympics/boston-2024-summer-olympics-bid-terminated.html에서 이용할 수 있습니다 (2016년 1월 7일 접속).

5) S Cornelissen, 'Scripting the nation: sport, mega-events, foreign policy and state building in post-apartheid South Africa', *Sport in Society*, 11:4 (2008)3; M. Weed and S. Dowse, 'A missed opportunity waiting to happen? The social legacy potential of the London 2012 Paralympic Games', *Journal of Policy Research in*

중적인 거부는 상황의 허무함을 강조하지만, 필요한 전략적 증거에 기반한 정책 접근방법의 달성은 어떤 맥락과 방법에서 작동하는 상당한 지식을 필요로 하는 것이다. 이것은 선진국 사람들의 주최에 관한 정치적 우선순위와 정책 함의와는 약간 다르며, 현대 국제관계와 정치를 고찰하는 정치학을 이해하는 데에 또 다른 시선을 제공하는 개도국의 맥락에 메가 스포츠 이벤트의 현대적인 재배치를 부여하기 때문에 특히 중요하다.[6]

준-주변 국제관계에 위치하는 개도국으로서, 남아프리카의 2010년 피파월드컵 축구FWC 주최는 현대 국제관계와 다양한 단계 또는 개발에서 위치에 적합한 정책도구 등으로 통찰력을 제공하는 메가스포츠 이벤트 연구의 잠재력을 고찰할 이상적인 기회를 제공했다. 본 장에서 제시하는 사실들은 국제공동체 안에서 '중견국'Middle Powers의 지위에 관한 논의의 요점을 제공하고 남아프리카 정치 엘리트들이 관련된 중요한 공공보조금을 정당하게 사용되는데 비중 있게 진작된 국내 목표의 해악적인 이벤트에 관한 외교정책 잠재성을 우선시했다.[7] 정책문서와 핵심 정책 이해관계자와의 인터뷰 등은 정치엘리트들이 피파월드컵축구를 국가의 지역적이고 국제적인 지위를 제고하는 수단으로서 여기고 있다. 이러한 엘리트 간에 기대는 매력적이고 역량 있는 지역 강대국으로서 남아프리카의 위상을 과시함으로써 창출되는 소프트 파워 증강을 통하여 의미 있는 외교정책 역량을 필수불가결하게 발전시키는 것이다. 남아프리카 정치사 관찰자들은 국제스포츠가 국가의 정치적 지위와 정

---

*Tourism, Leisure and Events*, 1:2 (2009).

6) D. Black and J. van der Westhuizen, 'The allure of global games for "semi-peripheral" politics and spaces: a research agenda', *Third World Quarterly*, 25:7 (2004); J. Grix and D. Lee, 'Soft power, sports mega-events and emerging states: the lure of the politics of attraction', *Global Society*, 27:4 (2013).

7) E. Jordaan, 'The concept of middle power in international relations: distinguishing between emerging and traditional middle powers', *Politikon*, 30:2 (2003).

책 행동 등을 지지하거나 제재하기 위한 (국내외적으로) 도구로서 남아프리카 전체 역사를 통하여 활용되어 왔다는 이러한 기대에 놀랄 일이 아닐 것이다.[8] 그렇지만, 이러한 역사는 정치인과 정책 이해관계자 등을 이벤트의 잠재성을 극대화하고 관련 위험부담을 최소화하는 유리한 입장으로 갖다 놓을 필요가 없었다. 기대되고 현실화된 결과에 부상되는 단절에 관한 분석은 이벤트 전달 과정의 역동성에 관한 정책 이해관계자의 이해에서의 취약성은 국내외 정책 분야 범위를 넘어서서 주최 이니셔티브를 관리하기 위한 노력을 방해했음을 의미했다. 기대하지 않고 몇몇 경우에 도움이 되지 않는 결과 등으로 이끌지만 말이다. 이에 따라서 이러한 사실들은 주최 기회에 대한 정책 접근방법을 대신하기 위하여 메가스포츠이벤트 연구에서 정치학자에 의한 좀 더 커진 관여를 위하여 만들어진 요구를 강조한다.[9]

## 남아프리카의 2010년 피파 여정

정치엘리트, 정책 실무자와 시민 등에 의하여 남아프리카 2010년 피파 월드컵축구 개최의 기대는 이를 달성하기 위한 남아프리카 국내외정책의 우선순위와 역량 등을 제공하는 자국의 역사와 사회정치 환경 등과는 분리될 수 없는 것이다. 이에 따라서 이것은 아프리카 대륙에서 가장 강력한 행위자들 중에 하나임에도 불구하고, 남아프리카는 상대적으로 신생 민주주의 국가이고 인종차별정책의 사회 양극화에 의하여 지

8) P. Hain, *Don't Play with Apartheid: The Background to the Stop The Seventy Tour Campaign* (London: George Allen & Unwin, 1971); R. Archer and A. Bouillon, *The South African Game: Sport and Racism* (London: Zed Press, 1982); J. van der Merwe, 'Political analysis of South Africa's hosting of the Rugby and Cricket World Cups: lessons for the 2010 Football World Cup and beyond', *Politikon*, 34:1 (2007).

9) D. Black, 'Dreaming big : the pursuit of "second order" games as a strategic response to globalisation', *Sport in Society*, 11:4 (2008).

속적으로 도전받아 왔음을 인식하는 것이 중요하다. 이러한 유산들에는 시민의 불안, 광범위한 불평등과 극도의 빈곤 등에 의하여 특징되는 국내 환경을 포함한다. 이것들 모두는 국가와 국가 하부 차원에서 정책 선호들에 반영된다.[10] 의심스럽게도, 공공 서비스 전달 개선과 포용적인 국가 정체성 발전 등을 포함하는 중요한 정책 목표들을 개선하기 위해 역량은 정책결정과 수행 역량 등에서 취약성에 의해 심각·위태로웠다. 유사한 것으로, 중견국으로서 지역정책의 선점, 전 지구적인 기구에서 다층적인 활동의 우선사항과 개혁 추구 등에서 드러나는 지역 리더십과 국제적인 영향력을 위한 야심을 포함하는 남아프리카는 부상하는 중견국의 핵심적인 특성을 보여준다.[11] 아직도 여기에서, 진전은 남아프리카의 지역 관계와 명성 등을 약화시키는 인종차별 정책 유산에 의하여 도전받는다. 리더십의 야심은 저주하고 국제적으로 인정받았고 지역적으로는 반대에 직면하는 결과였다. 즉, 남아프리카는 합의로운 조화를 위하여 필요한 정통적으로 인정된 권력, 가치와 도덕적 권위와 호소할 수 있는 소프트 파워 자원을 소유하지 않았다.[12] 문제를 더욱 꼬이게 만든 것으로, 남아프리카의 외교정책 야망이 양 차원에서 진전을 저감하는 지역과 국제적인 우선순위 간 긴장에 의하여 좌절된다는 것이다.[13] 예를 들면, 이러한 긴장에는 범-아프리카 이익과 수행 능력과

---

10) South Africa: The Presidency, State of the Nation Address of the President of South Africa, Thabo Mbeki, Houses of Parliament, Cape Town, 14 February 2003, www.info.gov.za/speeches/2003/03021412521001.htm에서 이용할 수 있습니다 (2010년 5월 5일 접속).

11) M. Schoeman, 'South Africa as an emerging middle power: 1994-2003', in J. Daniel, A. Habib and R. Southall (eds), *State of the Nation: South Africa 2003-2004* (Cape Town: Human Sciences Research Council Press, 2003), 349-67, available at www.hsrcpress.ac.za에서 이용할 수 있습니다 (2012년 3월 12일 접속).

12) C. Alden and G. le Pere, 'South Africa in Africa: bound to lead?', *Politikon*, 36:1 (2009).

13) M. Lipton, 'Understanding South Africa's foreign policy: the perplexing case of Zimbabwe', *South African Journal of International Affairs*, 16:3 (2009).

함께 자유 시장, 자유주의 자본주의와 민주주의에 관한 서구 규범적인 기대에 균형을 맞추는데 본질적인 어려움을 포함한다.14) 예를 들면, 남아프리카 정부가 시장을 선호하는 자유주의 경제발전 정책을 추구했던 국가 발전 정책목표를 발표했을 때인 2000년 초 이러한 긴장이 나타났다. 이러한 모순적인 정책 접근 방법은 정부에게 아프리카 발전에 손을 놓고 지역 신뢰성을 훼손되게 만들었다.15)

남아프리카의 국내외정책 조망과 함께, 국제스포츠와 이와 관련 된 스포츠의 사회적인 의미를 지닌 남아프리카의 역사적인 연관성은 2010년 피파월드컵축구를 위한 정치적 동기와 기대 등을 이해하는데 중요한 맥락을 제공한다. 식민주의 스포츠 정책, 국제 스포츠 보이콧 그리고 가장 최근의 이벤트 개최 등은 이러한 역사에서 현저한 특징을 나타낸다. 이것은 스포츠가 어떻게 정치와 시민의 이익을 지원하고, 진흥하고 수호해 왔는지에 대한 사례들로 충만하다.16) 이러한 사례들 중에서 중요한 것은 남아프리카의 인종차별정책 이후의 역사에서 국제적으로 인식된 획기적인 사건으로는 1995년 럭비 월드컵RWC이었다. 이것은 거의 즉시 이어진 남아프리카의 민주화가 남아프리카의 인식이 매우 긍정적으로 흘러가는 흐름이었고 국제정치 스포츠 공동체에 재진입 과정이 진행하는 시기에 발생했다.17) 이에 따라서, 이벤트의 영향력은 매우

---

14) L. Nathan, 'Consistency and inconsistency in South African foreign policy', *International Affairs*, 81:2 (2005).

15) P. Kagwanja , 'Introduction: uncertain democracy – elite fragmentation and the disintegration of the "nationalist consensus" in South Africa', in P. Kagwanje and K. Kondlo (eds), *State of the Nation: South Africa 2008* (Cape Town: Human Sciences Research Council Press, 2009); xv-1, http://www.hsrcpress.co.za에서 이용할 수 있습니다 (2010년 11월 21일 접속).

16) G. Jarvie, *Class, Race and Sport in South Africa's Political Economy* (London: Routledge & Kegan Paul, 1985); M. Bose, *Sporting Colours: Sport and Politics in South Africa* (London: Robson Books, 1994).

17) D. Black and J. Nauright, *Rugby and the South African Nation: Sport, Cultures, Politics, and Power in the Old and New South Africas* (Manchester: Manchester University Press, 1998).

맥락적이었지만, 그럼에도 불구하고 스포츠 이벤트 개최의 정치적 효용성을 위한 참고 요점으로 럭비월드컵을 하기로 작정했다.[18] 그 당시 인식된 유용성은 이벤트의 상징적이고 커뮤니케이션 가치에서 깔려 있었는데, 남아프리카의 오랫동안 이어진 반-인종차별정책 고립 기간이 세계 공동체 안으로 재진입을 보이는 능력으로서 외교정책 역량으로 보일 수 있었다. 이것은 또한 공동체 차원에서 인종 화해를 촉진하고 보여줌으로써 인종차별정책 이후 과정의 국가건설에 지지를 부여함으로써 국내정책 역량도 인정하는 것이었다.

정책 분야에서 상징의 중요성과 화해와 수용의 메시지를 촉진하기 위한 이벤트의 역량은 반 인종차별주의 운동의 상징적인 지도자인 넬슨 만델라가 인종차별 정책과 연계된 스포츠에서 국가대표팀 주장인 프랑수아 피에나르에게 우승 트로피를 수여했고 하얀색 셔츠를 입었을 때 국제적으로 환호했던 순간의 이미지에 대한 호소로 보여주었고 지속되었다.[19] 여전히 이 순간의 상징적인 가치는 절대 무시되어서는 안 되는 반면에, 이에 관련된 결과의 깊이와 지속가능성은 당연한 것으로 여겨져서도 안 된다. 예를 들면, 국가대표팀의 승리를 둘러싼 미디어의 광고와 기쁨 등은 국내 통합을 위한 일시적인 이벤트가 보여주는 장면으로 오해된다는 것으로 제시되어 왔다.[20] 이러한 논쟁은 남아프리카의 국내외 영광을 부여하고 이벤트 개최에 부수됨에 따라서 상징적인 가치를 보증하는 긍정적인 사회 경험으로서 럭비월드컵의 위상을 거부하지는 않는다. 그렇지만, 이러한 논쟁들은 중요하다. 복잡한 국내외정책

---

18) J. Carlin, Playing the Enemy: *Nelson Mandela and the Game that Made a Nation* (London: Atlantic Books, 2008).

19) Carlin, *Playing the Enemy*.

20) A. Grundlingh, 'From redemption to recidivism? Rugby and change in South Africa during the 1995 Rugby World Cup and its aftermath', *Sporting Traditions*, 14:2 (1998); Van der Merwe, 'Political analysis of South Africa's hosting of the Rugby and Cricket World Cups'.

쟁점들과 관련해서 행사 개최로부터 의미 있고 지속가능한 결과를 달성할 때 본질적인 도전들에 주목을 끌기 때문이다.

정책 개입을 검토한 문헌에서 설정된 바와 같이, 효율적인 치유책은 중요 문제의 다양성을 살펴보고 이것들이 지탱된다면 지원되는 사회정치 환경을 필요로 하는 다층적이고 지속가능한 접근방법에 근거한다는 것이다.[21] 이러한 필요조건들이 1995년 럭비월드컵에서는 제자리에 있지 않았다. 그 이유는 기회가 기획단계에서 기대하지 않았고 이어진 정책 환경이 지속적으로 민주주의 하에서 개선된 삶의 질을 위한 대중적인 기대에 부응하는 데 실패해서 위태로워졌기 때문이었다.[22]

두드러진 특징은 정책도구로써 활용된 메가스포츠이벤트는 접근방법과 기대 등에서 보면 다른 어떤 정치 개입처럼 다루어져야만 한다는 것이다. 이러한 전제의 핵심은 의미 있고 지속 가능한 실질적인 정책 결과를 전달하는 모든 이벤트를 기대하는 것은 타당하지 않다는 것이다. 이것이 이벤트 전달 우선순위 또는 이벤트 소유자의 그것 등에 대한 성과를 강조하는 다차원적이고 전략적인 정책 접근방법에서 통합되지 않는다면 말이다.[23] 사실상, 럭비월드컵의 영향력이 이와 같이 중요한 경고로부터 주목을 다른 데로 돌리는 것을 제안하는 것은 타당할 수도 있다. 이것의 영향력은 독특한 그 시기의 사회정치적 조망에 의하여 이례적으로 확대되기 때문이지만, 중요하고 맥락적인 특징은 정책도구로서 이벤트를 위한 기대에서 규칙적으로 수용되지 않아 왔다. 이에 따라 상징적 메시지 전달과 이미지 재구축 능력 등과 같이 이벤트와 연관

---

21) Mike Collins, 'Sport, physical activity and social exclusion', *Journal of Sports Sciences*, 22 (2004).

22) Interview, RWC Delivery Manager, 2010; S. Terreblanche, 'the developmental state in South Africa: the difficult road ahead', in Kagwanja and Kondlo (eds), *State of the Nation*, 107–30, www.hsrcpress.ac.za에서 이용할 수 있습니다 (2010년 1월 21일 접속).

23) A. Smith, 'Leveraging sport mega-events: new model or convenient justification?', *Journal of Policy Research in Tourism, Leisure and Events*, 6:1 (2014).

된 광범위한 기회는 자동적으로 긍정적으로 여겨지기보다는 광범위해진 정책 목표에 무비판적으로 적용되는 결과를 얻는 것은 적절한 입장과는 거리가 있다. 요점은 특히 개도국 맥락에서 열리는 이벤트와 관련해서 중요하다. 개도국들은 다층적이고 광범위하게 도달하는 목표에 대한 효과적인 반응으로 발전하지만 역설적이게도 이러한 목표 실현에는 장애물로 부상된다는 것이다. 이것은 이벤트에 투자되는 자원의 함의와 정치 가치가 그렇지 않은 사회 외교정책 우선순위의 전달과 추구에 투자되는 인적 재정 자본을 흡수하는 경향이 있기 때문이다. 불행하게도, 이러한 문제의 증거로는 광범위하게 알려진다. 2010년 델리 영연방경기대회에 관한 미디어 보도에 밝혀진 바와 같이 말이다.[24)]

럭비월드컵 유치를 기준으로, 올림픽경기와 피파월드컵축구 등을 포함하는 일련의 이벤트 주최로 이어진 남아프리카의 목적은 이해할 수 있는 것이다. 지속적인 불안정과 성공적으로 개최할 수 있는 영향과 축적된 역량 등에 관한 중요한 문제를 제기한다는 사실에도 불구하고 말이다.[25)] 이러한 목표를 달성하기 위한 의지에 관한 이야기는 의지 목적 달성에 관한 이야기들은 아프리카민족회의ANC, African National Congress 리더십의 우월한 이해관계에 따라서 뉘앙스를 가지는 다양한 정치 메시지를 보내는 데 활용했던 주최 기회의 유용성과 정치 가치의 지속성

---

24) Reuters, 'Brazil 2014: less than half of country favour hosting World Cup', *The Telegraph*, available at www.telegraph.co.uk/sport/football/world-cup/10752888/Brazil-2014-less-than-half-of-country-favour-hosting-World-Cup.html (accessed 12 January 2016); J. Burke, 'Delhi battling human and financial cost of hosting Commonwealth Games', *The Guardian*, www.theguardian.com/sport/2010/aug/04/commonwealth-games-delhi-preparations에서 이용할 수 있습니다 (2016년 1월 12일 접속).

25) H. Hiller, 'Mega-events, urban boosterism and growth strategies: an analysis of the objectives and legitimations of the Cape Town 2004 Olympic bid', *International Journal of Urban and Regional Research*, 24:2 (2000); K. Swart and U. Bob, 'The seductive discourse of development: the Cape Town 2004 Olympic bid', *Third World Quarterly*, 25:7 (2004).

을 설정한다.[26] 예를 들면, 2006년 피파월드컵축구를 위한 노력은 국제공동체와 남아프리카의 연계와 아프리카에 관한 용어를 바꾸기 위한 노력과 지역 리더십의 야심을 지지받는 데에 활용되었다. 이것은 지역 역사에 반영했고 지속적인 주변부와 개도국의 억압 등에 불공정하고 책임 있는 국제공동체의 구조와 관계를 설정하는 신 식민주의 용어로 이벤트에 응했다는 이야기 설정을 통하여 이루어졌다.[27] 이러한 담론 속에서, 수상과정은 아프리카의 발전을 지지하는 도덕적 의미에 대한 국제공동체의 약속에 관한 상징으로서 자리매김한 것이었다.[28] 결과적으로 이벤트가 최상 선진 유럽국가인 독일에게 계속해서 수여되었을 때, 결정은 국제문제에서 '별로 관계없는 부속물'인 아프리카 대륙을 '주변부화'하기 위한 지속적인 의도의 증표로 비웃음 당할 수 있었다.[29]

응모 보상을 둘러 싼 뇌물과 부패 의혹은 유치 결정을 움직였던 국제공동체에서 권력관계의 우월한 비대칭성이라기보다는, 오히려 피파 이해관계자들의 개인적인 이득이었음을 보여준다.[30] 그렇지만 남아프리카 (그 당시) 대통령인 타보 음베키는 "주최 기회는 아마도 특히 산업화된 선진국과 비교해서 자원의 한정으로 불리한 국가들을 위한 귀중한 대안적 정치도구가 될 것"이라는 스칼렛 모르네리센의 주장을 뒷받침하는 방식으로, 피파월드컵를 위한 특히 강력한 정치적 지위를 수립하는 표면적으로 무관계한 정치 목적을 위한 대리인으로서 이벤트를

---

26) Van Der Merwe, 'Political analysis of South Africa's hosting of the Rugby and Cricket World Cups.

27) P. Alegi, '"Feel the pull of your soul": local agency trends in South Africa's 2006 World Cup bid', *Soccer and Society*, 2:3 (2001).

28) S. Cornelissen, '"It's Africa's turn!" The narratives and legitimations surrounding the Moroccan and South African bids for the 2006 and 2010 FIFA finals', *Third World Quarterly*, 25:7 (2004).

29) BBC Online, 'Mbeki lashes Fifa', 12 July 2000, http://news.bbc.co.Uk/l/hi/world/africa/830703.stm에서 이용할 수 있습니다 (2012년 9월 1일 접속).

30) S. Cornelissen, 'Sport mega events in South Africa: processes, impacts and prospects', *Tourism and Hospitality Planning and Development*, 1:1 (2004).

설정했다.31) 확실하게 반대라 해도, 이러한 관찰은 선진국들 사이에서 이벤트를 위한 제고된 경쟁을 설명하는 데에 도움을 주는데, 이들 국가들이 자원의 한계와 이벤트 소유자의 상업적이고 비즈니스적인 이익에 비중을 둔 관행 등에 비추어서 옮기는 위험부담이 주어진다면 말이다.32) 피파월드컵축구 응모결정 과정에 관한 상징적인 메시지 주기 지위에서 투자했던 정치적 지위는 2010년 남아프리카 유치를 매우 가능성이 높은 것으로 만들었다. 그렇지만, 2010년 이벤트를 위한 지원이 초기 응모 실패에 대한 반성적인 대응이었음을 시사한다. 반면에 일반적으로 메가스포츠이벤트 이야기와 비슷하게 국민의 지지는 비현실적이지만, 관광과 일자리 창출에 종사하는 영향력 있는 인물들에 의하여 경제개발이라는 이름하에 지지되는 사회적인 우선사항의 이니셔티브로 자리매김하면서 탄력 받게 되었다.33) 이와 같이 동일한 국내외정책의 역동성은 남아프리카의 2010년 피파월드컵축구를 흥미로운 외교적 연구로 만들었는데, 특히 정치와 정책 이해관계자와 주최 경험의 현실 등에 의한 이벤트 개최의 기대를 이행하려는 능력으로 비추어 보면 말이다.

## 2010년 피파 월드컵 축구

2010년 주최 기회에 관한 경제 잠재력에 관한 남아프리카의 기획은 사전 이벤트 예측이 확실하게 변명이 될 수 없이 낙관적이라는 메가 이벤트의 평가에서 반복되는 사실과 일치했다.34) 아직도 메가이벤트를 위

31) S. Cornelissen, 'Scripting the nation: sport, mega-events, foreign policy and state building in post-apartheid South Africa', *Sport in Society*, 11:4 (2008).

32) Van der Merwe, 'Political analysis of South Africa's hosting of the Rugby and Cricket World Cups.

33) South Africa: Portfolio Committee: Sport and Recreation, 'Soccer bid 2010 briefing, 15 April 2003', Parliamentary Monitoring Group, www.pmg.org.za/node/2701에서 이용할 수 있습니다 (2009년 3월 31일 접속); Cornelissen, 'Scripting the nation', 486.

한 경제 비즈니스 경우와 관련된 기존의 우려에도 불구하고, 해제된 자료들은 대중적*이고* 정치적인 기대를 뒷받침했던 '사회적 사실' 안으로 적절하게 진화되었다.[35] 이와 같이, 남아프리카 전역으로 의미 있는 사회가반시설 개발은 주최가 발생시킨 경제적 잠재성과 유형의 유산에 관한 실질적 차원 등에 필수적인 것으로 나타났다. 이러한 기대에는 국가와 지방 차원의 남아프리카 전력으로 나타났다. 프로젝트에 관련된 공무원들은 기획되거나 중요한 프로젝트를 가져온 이벤트를 활용할 수 있는 역량이라는 면에서 설명했다. 다음과 같이 국가 재정과 고정된 마감일을 제공한 접근의 결과 때문이라는 것이다.[36]

> [한 도시]가 자금을 필요로 하고 이것이 월드컵축구와 연계된 이후면, 이것이 드러나게 된다. 통상적으로 재무성이 이것을 광역정부에게 전달하고 기초단체에 전달하는 것이다. 월드컵축구 하에서 자금은 중앙재무성에서 기초정부에게 곧바로 들어간다.[37]

그렇지만 이러한 기대가 남아프리카에서만 유별난 것이라면, 진정으로 발전되기 위하여 개최과정에 의해 촉진되는 활동은 중앙과 지방의 우선 사항에 맞추어 조정되어야만 한다. 조심스럽게 확실하게 이러한 용어로 나타내는 동안, 예전 이벤트로부터 나온 증거는 결론에 이르지 못하고 확실하게 남아프리카 경험의 특징으로 다음과 같이 부상되었다.[38]

---

34) S. Dowse, *Power Play: International Politics, Germany, South Africa and the FIFA World Cup™*, SAIIA Occasional Paper No. 82, May 2011 (South Africa: South African Institute of International Affairs, 2011).

35) Cornelissen, 'Scripting the nation', 486.

36) R. Tomlinson, 'Anticipating 2011', in U. Pillay, R. Tomlinson and O. Bass (eds), *Development and Dreams: The Urban Legacy of the 2010 Football World Cup* (Cape Town: Human Sciences Research Council Press, 2009), 96-113.

37) Interview, Host Province Government Officer (1), 2010.

38) C. Schulz Herzenberg (ed.), *Player and Referee: Conflicting Interests and the 2010 FIFA World Cup* (Pretoria: Institute for Security Studies, 2010).

> 귀환을 극대화하기 위하여, 우리는 신청이 결정된 이후 까지 애슬론Athlone의 권리를 원했음을 인식해야만 한다. 그린 포인트Green Point로 만든 이후 결정은 다른 목적들을 극대화하도록 내려진다. 애슬론은 도시를 위한 새로운 성장의 혹으로 개발될 수 있는 기회를 나타냈을 것인데, 애슬론 탑과 개선된 정거장 등과 연계된다. 2004년 올림픽 경기로 만들어진 개선사항들로. . . 도시가 충격받는다. 그러나 이것은 이벤트에 동의하거나 일부가 아니라는 것이다. 그렇다면 도시는 이것을 최적으로 만드는 것이었다.[39)]

본질적으로 이러한 개발 쟁점은 이벤트의 이익과 필요성, 그리고 주최국 간의 긴장의 결과이다. 이러한 긴장을 관리하는 것은 확실하게 판단을 내리는 글로벌 미디어의 조망 하에서 위신이 걸린 스포츠 경쟁을 중계하는 것에 관련된 이벤트 소유자의 힘과 명성의 위험 부담 등에 부여된 도전이다. 그렇지만 이러한 본질적인 도전들이 개최 프로젝트를 위한 추동력으로서 제고된 개발 기회에 대한 피파월드컵에 관한 상징적이고 이미지 재구축 역량에 관한 정부의 우선순위 매김으로 악화되었다. 수많은 쟁점이 이와 같은 우선사항들의 순위로 몰리게 되었는데, 이벤트 기획 과정에 끼어들고 최우선 관심으로 이벤트의 이익을 설정하는 개최 협약 조건에 맞추는데 정신이 팔리는 것을 포함한다.[40)] 현지 필요성에 관한 계속되는 취약성은 충돌되는 이해관계 또는 자원 제약 등이 이벤트 찬성과 현지 결정 찬성 간 선택을 강요할 때 확실하게 드러났다. 이러한 상황은 국가 재정이 어느 정도로 서비스 전달을 기획하더라도 경기장 도로가 마을 도로가 세워진다는 것을 설명했던 한 지방정부 관리에 의한 사례가 적절하다.[41)] 이 또한 설사 있다손 치더라도

---

39) Interview, Host City Government Officer (1), 2010.

40) South Africa: Limpopo Provincial Government, *Draft Limpopo 2010 World Cup Masterplan/(Work in Progress) July 2007* (unpublished); South Africa: City of Johannesburg, *2010 Case Study – Report 1: Progress towards Delivering the 'Best World Cup Ever'* (Johannesburg: Office of the Executive Mayor, 2008).

41) Interview, Provincial Government Officer (3), 2011.

국내외 언론에서 보도된 이들에 대한 오래 기간의 가치에 제한적이던 이벤트 사회기반시설을 위한 방법을 만들기 위한 현지 공동체의 이동 시에도 뚜렷해졌다. 이것은 사회 불안을 야기했고 해당 학생들의 교육과 복지 등을 위한 약속이 새로운 경기장 건설을 위한 방식 때문에 몸벨라Mpnbela에 있는 학교시설의 이전을 포함했다.42) 결과적으로, 인터뷰한 사람들이 설명했던 이벤트 주도의 개발의 '유산'은 조금씩 일어난 변화일 뿐만 아니라 퇴행적인 사례들이다—어떤 시청 공무원이 제안했던 상황은 공통의 초점에 부응해서 집단적으로 움직이는 국가를 지지해온 개발을 위한 국가적으로 추동하는 전략적인 기획의 부재에 일반적으로 기인하는 것이다.43) 결과적으로, 이벤트 주도형의 개발을 위한 잠재력이 존재해도, 발표된 이해상계상충은 달성하기에는 극도로 위험부담이 큰 목표이고 정치적 우선순위 매김과 지원 등에 의존하는 것임을 확실하게 해준다. 이용 가능한 정보는 남아프리카의 사례만이 아니라 대신에 경제개발 논리가 국제정치 인정을 보여주기 위하여 메가스포츠 이벤트 유치에 관한 상징적인 역량에 의하여 추동되는 정치적 야망을 위한 국내적으로 구미에 맞는 보호막을 제공해주었음을 보여준다.

증거는 또한 국제적인 인정을 보여주기 위한 수단으로 유치권 확보에 부수되는 가치와 관련해서, 남아프리카의 정치 엘리트들은 피파월드컵축구는 자국의 국제적인 위상을 제고하고 자국의 국가 이미지를 수정하기 위한 기회를 제공할 것이라는 믿음을 가졌다. 이러한 믿음은 (그 당시) 부통령이던 제이콥 주마에 의하여 분명히 설명되었다. 그는 유치를 아프리카에 관한 '선입견과 편견'을 불식시키고 아프리카를 '세계적인 무대를 올릴 수 있는 최적의 장소'로 회복시킬 수 있는 기회로서 설명한 바 있다.44) 이와 같이 유치 프로젝트는 외교를 위한 채널로

---

42) *Farenheit 2010*, directed by Craig Tanner [DVD] (Leviathan Films / Rogue productions, South Africa, 2009).

43) Interview, City Government Officer (2), 2011.

서 그리고 협회에 의하여, 국제공동체와의 아프리카의 연계와 남아프리카 위상을 재정립하고 커뮤니케이션의 외교정책 목표에 대한 합리적인 반응이다.[45] 주마의 언명은 아프리카 대륙을 위한 정의의 문제로서 유치권의 쟁점을 나타낸다. 이러한 프레이밍은 지역 리더십의 야망에 대한 지원으로 대륙을 대표해서 만들어진 수확으로서 2010년 이벤트에 관한 남아프리카의 업적이 보이도록 허용해 주었다.[46] 이러한 방식으로 이벤트 유치가 결정 났을 때, 주마는 2006년과 2010년 이벤트를 위한 유피 과정에서 사용한 탈 식민 이야기 활용을 계속했다. 그렇게 하면서, 그는 중견국이 어떻게 불리한 세계 규범과 전통적 거버넌스를 넘어서는 과정과 포럼을 활용하는 구조 등에 관한 수정을 모색하는지에 관한 사례를 제공했다.[47] 그렇지만, 유치에서 인지되는 '정의'는 터무니없는 것으로 논쟁이 될 만 했다. 그 이유는 피파가 계약과정을 악용했고 국내사정으로 인한 명백한 무시에서 복귀를 극대화하기 위한 전 지구적인 이목하에서 남아프리카의 유치 실패에 관한 두려움은 다음과 같이 묘사되는 것처럼 보였기 때문이었다.

> 2010년 월드컵을 위하여 도시와 피파가 서명했던 개최도시 협정은 계약상의 필요조건을 충족시킬 때 도시를 드러낼 수 있는 잠재력을 가지고 있는지에 대한 부담스런 조항을 가지고 있었다. 수많은 사례에서 계약상 도시는 이러한 필요조건들이 합리적이던 그렇지 않든 간에 상관없이 피파의 필요조건을 충족해야 할 필요가 있다. 사실상 피파가 성공적인 이벤트를 보장하기 위하여 요구하는 것이라면 무엇이든지 충족해야 하기 위하여, 도시에 부과된 절대적인 의무들이 도시의 이익 보호 임무를 매우 곤란하게 만들었다.[48]

44) South Africa: The Presidency, 'J. Zuma: handover of SA 2010 Bid Book, 29 September 2003', www.polity.org.za/artide/j-zuma-handover-of-sa-2010-bid-book-26092003-2003-09-26에서 이용할 수 있습니다 (2010년 5월5일 접속).
45) Nathan, 'Consistency and inconsistency in South African foreign policy'.
46) South Africa: The Presidency, J. Zuma: handover of SA 2010 Bid Book'.
47) Cornelissen, 'Scripting the nation', 488.
48) Interview, Host City Officer (3), 2011.

제한적인 계약조건 대 2018/22년 토너먼트를 위한 벨기에-네덜란드 공동유치 등을 바꾸려는 피파의 반대에 관한 정보는 이러한 접근방법이 남아프리카에만 한정된 것은 아님을 확인시켜 주었다.[49] 그렇지만 인터뷰에 응했던 수많은 정치 엘리트가 정치엘리트에 의한 개최기회에 부여한 가치는 국제공동체에서 남아프리카의 종속적인 위상과 함께 이러한 착취에 특히 취약함을 의미했다. 이러한 인식은 국내의 이익을 보장해줄 수 있는 '필요조건'에 반대하는데 필요한 정치 신뢰의 부족과 개최로부터 합리적으로 기대될 수 있는 것에 관한 장벽을 칠 수 있는 무능력과의 관련으로 다음과 같이 설명된다.

> 프레임워크는 동일하지 않고 맥락이다. 개발 차원에서 추가 필요조건이 존재함을 의미했던 것과는 다르기 때문이다. 그러나 그 이상으로 남아프리카는 진정으로 이벤트를 원했고, 월드컵 무대를 올리고 개최하기를 원했다. 모든 기관이 남아프리카를 문제에 노출시켜서는 안 된다고 할 정도로 보장하는 행동을 취했었다.[50]

> 독일은 이벤트에 대하여 다른 장소에서 다른 접근방법이었다. 독일은 제 장소에 필요한 사회기반시설을 갖춘 준비가 완벽히 갖춘 상태여서 자신만만했다. 피파는 남아프리카로부터 빼앗아 버리고 싶었다. 예를 들면, 남아프리카 정부는 제3국으로의 이관을 저지했던 입장권에 관한 피파의 규칙과 필요조건 등을 지원하려는 마음도 가지고 있었다. 독일에서 이것은 허용되고 피파는 권리를 침해하지 않는 것이었다. 독일 민법은 피파 규정에 우선한다.[51]

---

49) Letter from Jörg Vollmüller, FIFA's Commercial Legal Team to Mr Henny Smorenburg for the foundation, 2018/2022 Belgium-Holland bid regarding changes made to the contractual guarantee template provided for the bid application, www.transparencyinsport.org/The_documents_that_FIFA_does_not_want_fans_to_read/PDF-documents/(10)FIFA-aan-NL.pdf에서 이용할 수 있습니다 (2016년 7월 14일 접속).

50) Interview, National Government Department Officer (1), 2010.

51) Interview, Foreign Policy Practitioner (1), 2010.

시의 적절했지만, 이러한 관찰들은 국가 간 관계와 국제관계의 규범 개발 등에 관련한 이론을 탐구하기 위한 경험적인 채널을 국제관계 학자들에게 제공하기 위한 글로벌 스포츠 과정 연구를 위한 잠재력에 대한 신빙성을 더해 준다.52) 예를 들면, 남아프리카에 대한 피파의 행동은 중심과 주변을 차지하는 실체들 간의 관계를 반영한다는 점에서 논쟁거리이다.53) 이와 같이, 특정의 국제적 위상을 가진 국가를 위한 '정상적인' 활동으로서, 남아프리카 안팎에서 정치 공동체들은 메가스포츠이벤트 유치를 인식하는 방식은 뛰어난 제작자에서 발전의 벤치마크로 진화하거나 해 왔음을 제시한다.54) 메가스포츠이벤트에서 인식된 정책의 잠재력에 의하면 이것은 중요한 고려이다. 개최에 관한 예외주의가 쇠퇴하는 것처럼 국제공동체에서 제도된 영향력 또는 위상 등을 위한 기대가 저감된 상징적인 영향력의 결과로서 성취하기가 더욱 곤란해졌음을 의미할 수 있다. 이러한 쟁점들은 개최에 관한 상징적인 영향의 깊이와 지속가능성 등에 회의를 가진 국제외교 공동체 구성원에 의한 논평으로 제시되었다. 그 이유는 특정 수준의 개발 국가를 위한 규범적인 관행이기 때문이라고. 협회에 의하여 개최할 수 없는 국가는 저개발로 간주될 수 있음을 다음과 같이 의미한다.

> 나는 남아프리카는 생각하는 대로 축하를 많이 받게 될 것이라고 믿지 않는다. 특히 이러한 종류의 성과는, 메가이벤트를 개최하는, 규범인 선진국에서는 아니다. 몇 가지 칭찬이 있을 것이다.55)

---

52) A. Beacom, 'Sport in international relations: a case for cross-disciplinary investigation', *Sport Historian*, 20:2 (2000).

53) P. Darby, 'Africa's place in FIFA's global order: a theoretical frame', *Soccer and Society*, 1:2 (2000).

54) A. Smith, 'Sporting a new image? Sport-based regeneration strategies as a means of enhancing the image of the city tourist destination', in Gratton and Henry (eds), *Sport in the City*, 144-45.

55) Interview, Diplomat (2), 2010.

문제가 있게, 이벤트에 잠재력이 있는 위상과 이미지가 어느 범위까지 기대를 충족하고 결과적으로 국제정치 공동체 안에서 행동할 수 있는 개최국의 역량을 제고시킬 수 있는지를 특정 하는 것은 결정하기가 어려운 일이다. 필수불가결하게, 이것은 개최가 제고할 수 있는 긍정적인 호소와 명성 등에 관한 소프트 파워 자원이 무형적이고 특정 정책 결정보다는 오히려 외교정책 결정을 위한 환경에 영향을 미치기 때문이다.[56] 또한 국가 이미지 변화에 관한 연구가, 이벤트로 주도되는 변화를 위한 잠재력에 관하여 지지하지만, 지속가능하고 의미 있는 변화를 독자적으로 촉매작용을 위한 하나의 이벤트로 잠재력을 지지하는 것처럼 보이지 않기 때문이다. 근본적으로 국가 이미지는 지속적인 경향이 있기 때문이다. 고착된 고정관념이 메시지에 대항한다 해도, 달성된 변화는 잠정적일 가능성이 있다. 이러한 것들이 추구했던 이미지 변화와 연관된 증거에 입각한 메시지 전달에 관하여 광범위하고 지속 가능한 패턴으로부터 고립으로 수용된다면 말이다.[57] 마지막으로, 이미지 변화가 실질적으로 국제관광에서 행위 변화의 결과로 가져오는지 간에 비즈니스와 정치 공동체 등은 명확하지 않다.[58]

지속 가능한 이미지 변화를 위한 필요조건에 관한 정보가 이벤트에 관한 지식기반의 맥락에서 검토될 때, 이 또한 개최는 이벤트가 성공적으로 진행될 때조차도 바람직하지 않은 결과를 창출하는 것으로 나타난다. 예를 들면, 메가 이벤트는 이미지 변화에 필수불가결하게 가치가 있는 장기 전략 접근방법을 위한 기초를 제공한다. 그 이유는 이것들은 규정되지 않은 유산 기간에 선정의 요점으로부터 미디어의 관

56) J. Nye, *Soft Power: The Means to Success in World Politics* (USA: Public Affairs, 2004).

57) M. Kunczik, *Images of Nations and International Public Relations* (Mahwah, NJ: Lawrence Erlbaum Associates, 1997); S. Anholt, 'Beyond the nation brand: the role of image and identity in international relations', *Exchange,* 2 (2011).

58) Smith, 'Sporting a new image?', 143.

심을 제고시켜서 지속적인 공공 비즈니스와 정치적 대중과 영향력 있는 공공외교 메시지를 강력하게 투사하는 것을 제공하기 때문이다. 그러나 선정 시기가 길어진다는 것은 개최 능력에 관한 문제를 제기하는 부정적인 보도에 의하여 빈번하게 특징 지어진다.[59] 마케팅과 관련된 스포츠도 전 세계의 다양한 관중들의 특징에 대응을 목적으로 삼기보다는 오히려 일반적인 경향이 있다.[60] 마지막으로, 브라질의 2014년 피파월드컵축구와 2016년 올림픽 경기 개최 보도가 시사 하는 바와 같이, 이벤트가 촉발하는 지속적인 관심은 개최의 매우 부정적인 속성의 프로파일을 제고 할 수 있었는데, 현존하는 스테레오 타입을 강화하는데 적용되면서, 임시방편적인 변칙으로 이벤트를 표사하고, 긍정적인 공공외교 메시지를 훼손한다.[61] 이것은 개도국들처럼 안정적인 국내 환경을 갖지 못한 국가들은 나타낼 수 있는 이미지 기회로부터 혜택을 덜 받을 수 있음을 의미한다.[62] 이들 국가는 또한 완벽한 이벤트 라이프 스타일을 포용하는 전략적인 접근방법을 발전시키기 위하고 글로벌 미디어의 집중적인 관심을 동반하는 위험 부담의 관리를 할 수 있는 조그마한 자원을 가지고 있다.[63]

남아프리카에서 위에서 언급된 문제가 되는 쟁점의 범위는 불행하

---

59) MediaTenor, *WC 2010: Correct Misconceptions? Pre-World Cup Coverage of the Host of WC 2010* (South Africa: Media Tenor, 2010).

60) Smith, 'Sporting a new image?', 144.

61) BBC News, 'Brazil tracks World Cup lessons for Rio Olympics', available at www.bbc.co.uk/news/world-latin-america-28357124에서 이용할 수 있습니다 (2016년 7월 14일 접속); W. Worley, 'Rio de Janeriro bike path collapses, killing two ahead of 2016 Olympic Games', *The Independent*, www.independent.co.uk/news/world/americas/rio-de-janeiro-brazil-bike-path-collapses-2016-olympic-games-a6996196.html에서 이용할 수 있습니다 (2016년 7월 14일 접속).

62) P. Dimeo and J. Kay, 'Major Sports Events, image projection and the problems of "semi-periphery": a case study of the 1996 South Asia Cricket World Cup', *Third World Quarterly,* 25:7 (2004).

63) Dimeo and Kay, 'Major Sports Events'.

게도 뚜렷하다. 이것은 긍정적인 영향력이 부재함을 나타내지는 않지만 말이다. 예를 들면, 남아프리카와 아프리카 등에 관한 국제 인식을 회복하기 위한 노력과 피파월드컵과는 별개로 진행 중인 프로젝트 등은 이벤트 기획과정으로 효율적으로 통합되지 않는다.[64] 이러한 가능성은 현지 접근방법은 게임시간에 초점을 두는 경향이 있음을 제시하는 개최도시 이해관계자들과의 인터뷰에서 부상되었다. 이러한 미디어 쟁점들이 의미 있게 여겨지지 않았던 것으로 특정되어, 2007년 열린 피파월드컵방송 필요분석 워크숍에 관한 사실로도 지원되었다. 이와 같이, 남아프리카 주재 외교 핵심 구성원들의 피드백은 남아프리카가 수용 중인 미디어의 관심에 관한 인지된 '양날'을 확인했다. 그 이유는 개최 프로젝트를 통하여 기획된 발전 이미지를 약속할 수 있는 방식으로 경험한 남아프리카의 지속적인 사회 문제들에 대한 주의를 이끌기 때문이다. 이에 따라서, 남아프리카가 의심할 것도 없이 압도적으로 긍정적인 게임 시간 보도를 받는 반면에, 영향력은 예전에 존재했던 스테레오 타입에 맞추어 조정된 남아프리카의 더 넓어진 사회문제의 프로파일을 증가하고 오랜 기간 이벤트 이전 기간에서 수용된 부정적인 보도에 의하여 순화된다는 것이 가능하다. 또한 이러한 쟁점들은 변칙적인 것으로서 둘 잠재성을 가지는 이벤트에 이어졌던 확대된 공공부문 파업으로 인해 약화되었음이 가능하다.[65] 이러한 가능성들은 검토된 이용가능한 정보에 의하여 명백해지지 않는다. 예를 들면, 이벤트 이후 행해진 비비씨 세계여론은 이것들이 영향력 있지 않다고 제시하는데, 아프리카

---

64) International Marketing Council, *Brand South Africa National Communications Partnership (NCP) 2009 Conference Report*, 17 August 2009, www.imc.org.za/content/ncpc2010/ncp_2009 report.pdf에서 이용할 수 있습니다 (2012년 9월 5일 접속).

65) D. Smith, 'South African public sector strike "endangering lives"', *The Guardian*, www.theguardian.com/world/2010/aug/23/south-africa-public-sector-strike에서 이용할 수 있습니다 (2016년 7월 14일 접속).

대륙의 이미지 개선에 관한 과거 존재했던 경향이 유지되었기 때문이다.[66] 그렇지만 이러한 경향은 안홀트Anholt국가브랜드지수에 반영되지 않았다. 2011년에 회복되지 않았던 2009년과 2010년 사이에 남아프리카의 위치가 떨어진 것을 보도했었다.[67] 확신이 모자랄 때 두 가지 방식인 이것은 개최 과정은 예상치 않고 도움이 되지 않는 결과를 창출하고 기획 접근 방법에서 이것을 수용할 필요성을 진작에 인정하는 것은 아마도 바로 인내심일 것이다.

남아프리카의 국가 이미지에 관한 메가스포츠이벤트 과정에 관한 영향 평가의 본질적인 어려움은 개최국을 지원하는 관계 네트워크에 비추어서 개최에 관한 소프트 파워 잠재력의 탐구에서 일반적으로 가장 중요한 것이기도 하다. 이러한 도전들은 이러한 관계도 무형적이고 아무 생각없이 월드컵 효과와 관련될 수 있는 특정한 정책 결정보다는 오히려 외교정책 결정 환경에 영향을 미치기 때문에 제기된다. 이러한 이해와 관련해서, 남아프리카 정책관리들은 이벤트 개최가 남아프리카 외교정책 환경에 긍정적으로 기여해 왔음에는 일반적으로 동의했지만, 광범위한 일련의 활동들이 목적을 위해 다음과 같이 구상되었다고 한다. '요점으로부터 논의 핵심에서 적중했던 선정을 따냈다. 우리는 아프리카 대륙에서 지원에 충격요법을 쓰고 조직화 할 수 있다. . . 이것은 협력하게 된 것으로 보이는 하나의 기회였다.'[68] 이러한 결과는 일반적

---

66) BBC World Service, BBC World Service County Rating Poll 2011, www.bbc.co.uk/pressoffice/pressreleases/stories/2011/03_march/07/ brazil.shtml에서 이용할 수 있습니다 (2011년 4월 4일 접속).

67) GfK Roper Public Affairs & Corporate Communications, *The Anholt-GfK Roper Nation Brands Index 2010 Report, October 2010, Prepared for: Sweden* (New York: GfK Roper Public Affairs & Corporate Communications, 2010); SouthAfrica.info, *Brand South Africa Up in the Rankings* 13 October 2010, www.southafrica.info/business/success/brandsa-anholt11.htm#.UnZnqMsgGSM에서 이용할 수 있습니다 (2012년 9월 15일 접속).

68) Interview, National Government Department Officer (1), 2011.

으로 다음과 같이 예상되었다. 이에 따라서 남아프리카 내에서 부족한 신뢰를 발전시키도록 개최 경험이 국가이익 추구를 진행하도록 도움을 주는 방식이 더 큰 이익이 되었다. 남아프리카*에서* 만들어진 신뢰는 국제 권력의 불균형에 대한 인지된 기반과 국제 정책결정에 영향을 미치는 제한적인 능력 등의 고찰과 관련해서 핵심적인 목적이었다는 충분한 이유를 들어 주장할 수 있었다. 남아프리카 *안에서* 창출된 신뢰는 기대 속에서 유사한 프로파일을 가지지 않아서 특히 흥미가 있었다. 내부적인 신뢰에 대한 두 가지의 관련된 차원이 존재했다. 하나의 양상으로는 효과적으로 움직이기 위하여 공공 부문 단체의 능력을 만들어 내는 대중의 신뢰에 있었다. 다른 것으로는 개최 과정은 이것들이 역할에서 효율적이 될 수 있는 공공 부문 단체에서 작업하는 사람들에게 자기 신뢰를 촉진시켜 온 방식이었다. 후자의 발전은 책임에 관한 중요한 확대를 포함했던 민주화에 이어서 발생했던 의미 있는 정치적이고 공공 부문의 구조조정의 맥락에서 특히 중요한 것으로 인식되었다. 이러한 규모의 구조조정만으로는 최소한 잠정적으로 남아프리카의 공공부문 단체의 전달 역량을 압도하는 반면에, 관련된 도전은 다른 조건 하에서 진행 중인 단체 변화를 통하여 이들에게 멘토를 해 주었던 다른 환경 하에 있는 이들을 이동시킴으로써 많은 흑인 공무원을 늘려 주는 인구 구성학적으로 구조 조정된 노동력을 달성하도록 구상되기 위한 절감 조치와 정책 등으로 약화되었다.[69] 순수한 효과는 효과적인 공무원의 전달을 위한 역량을 강조하는 것이고 전달 이해관계자에게 개인적으로 영향을 미치는 것으로 여겨졌다. 이에 따라서 개최 경험은 중요한 것으로 여겨졌다. 적절한 시기와 국제기준에 관련해 국가 프로젝트를 전달하기 위하여 보여준 능력과 국제 기준 등이 자부심과 신뢰의 원천을 제공했기 때문이다. 획득된 기술과 경험 등과 함께 이러한 혜택들은 결정

69) A. Habib, Public Lecture: 'Understanding contemporary South African politics', Johannesburg, 13 May 2010.

적이고 사전 대책을 강구하는 행동이 나가기 위한 개별적인 역량을 제고하도록 기대되었다. 이러한 행위의 양상은 월드컵에 이어진 증거에 있었음을 보여주었다. 예를 들면, 어떤 외교관은 남아프리카는 외교정책 수행에서 새롭고 '놀랄만한' 자율 수준을 보여 주는 중이다.[70] 피파월드컵과 무심코 연계되지 않았지만, 성공적인 전달로 고무된 국내외 신뢰의 조화는 정책 이익에 관하여 매우 단호한 추구를 지원했다. 결과적으로, 개최과정은 특히 가치 있는 국가건설이거나 최소한 이벤트에 관한 잠재력 논의에서 아직도 완벽하게 인식해야만 하는 공공부문 개발 혜택 등을 가지게 됨을 제시한 것이 적절할지도 모른다.

적극적인 개발과 함께, 정치 관계와 명성 등으로 보는 소프트 파워 자원에 관한 가능성 있는 요약은 역시 특정되고 평가하기가 특히 곤란했다.[71] 부분적으로 완벽히 자세한 내용이 이용 가능하게 만들어지지 않았기 때문이었다. 그러나 주로 피파월드컵과 관련해서 부상되었던 실질적인 문제의 영향력을 평가할 때 본질적인 어려움이 있는데, 준비 과정에서 발생되었던 더 커지고 형태가 없어진 남아프리카의 국내외정책 환경에 관한 도움이 되지 않은 국가 간 관계처럼 말이다. 예를 들어, 한 국가의 이벤트와 연관된 안전과 보안에 대한 우려는 남아프리카의 관계 안으로 마찰을 가져다주었다. 양국의 대표가 더 넓어진 양자협정이 영향을 주지 않을 가능성이 있음을 믿었지만 말이다.[72] 그렇지만 이러한 견해들은 상당히 논쟁할 가치가 있다. 그 이유는 적극적인 영향이 이벤트를 초월하고 광범위한 외교관계에 영향을 미친다면 동일한 것이 부정적인 본질의 영향력에 적응하는 것처럼 수용되어야만 하기 때문이다. 확실하게 이와 같이 더 넓어진 잠재력은 피드백 해준 인터뷰 당사

70) Interview, Diplomat (3), 2011.

71) South Africa, *2010 FIFA World Cup South Africa: Draft Report on Government Guarantees and Obligations*, November 2010 (supplied by interviewee).

72) Interviews, National Government Department Officer (3), 2010; Diplomat (2), 2010.

자들에 의하여 지원되었다 (ibid.). 개최 과정은 정치 네트워크의 특정 서클에게 도움이 되거나 되지 않는 준거점을 제공할 수 있음을 시사했다. 그렇지만, 위에서 설명했던 사건에 대한 설명은 피파월드컵 축구 쟁점들이 필수불가결하게 이미 부가적으로 강조된 긴장된 관계로 놓이게 되었음을 시사했다. 그런 다음 메가스포츠이벤트는 필연적으로 몇몇 경우에 도움이 되지 않을 수 있는 국가 간 관계의 핵심적인 특징을 증폭시키는데 작동됨을 제시한다. 결과적으로, 외교 역량 발전을 위한 정치 도구로써 이벤트 활용을 모색하는 정부는 관련 부담을 관리하기 위하여 잠재성에 주의할 필요가 있는 것이다.

이러한 분석에서 제기된 마지막 고려는 2010년 피파월드컵축구를 위한 남아프리카의 외교정책 목표에 대한 매우 특수한 지역 외교 차원이다. 이것은 진작에 '아프리카 월드컵' 이라는 이벤트로 강조되었다. 이것은 비일상적인 틀이었다. 피파월드컵은, 배타적이지 않지만, 주도적으로 국가 조건으로 나타내기 때문이었다. 예를 들면, 2006년 독일월드컵은 '유럽' 월드컵으로 전혀 짐작되지 않았다. 2002년 한일월드컵은 '아시아' 월드컵으로도 부흥되지 않았다. 하지만 흔치 않게도 이러한 틀은 남아프리카 인종차별정책 이후 정부의 지역적인 정향과 굳건히 일치했고, 지역과 국제 외교정책 이익을 균형 잡을 때 남아프리카의 어려운 점을 반영했던 문제점들이 노출되게 만들었다.[73] 이러한 것들에는 모든 아프리카 국가들을 불안하게 조장하는 국제적인 스테레오 타입을 완화시키기 위하여 지역 예외주의를 진작시킬 필요성과 '아프리카'의 이익 등과 함께하면서 지역을 통합하는 국가로 기회? 하는데 본질적인 긴장이 포함되고, 앙골라에서 아프리카 네이션스 컵의 테로 공격으로 공허한 안도감을 불러 일으켰다.[74] 이러한 도전을 한쪽으로 하고, 또한 이해관계자들이, 후원사의 브랜드와 미디어의 경기장에 대한

73) Nathan, 'Consistency and inconsistency in South African foreign policy'.

74) Interview with National Government Department Officer (4), 2010.

초점으로 인하여, 개최국에 대한 주목을 개별화하는 이벤트를 통해 의미 있는 집합적인 정체성을 기획하기 위한 잠재성으로 충분히 고려하는지가 불명확했다.[75] 그럼에도 불구하고, 요점은 지역 정책의 서약에 관한 확인을 가시적으로 확실하게 보여주기 때문에 지역 관계의 지지로서 아프리카의 단결을 인식했던 남아프리카에 본부를 둔 정책관리와 지역대표 등은, 관계 설정 기회를 제공했고 남아프리카 정치엘리트들과의 연결되면서 능력의 범위를 확대시켜 주었다. 그렇지만 이러한 관찰들은 다시 한 번 이벤트가 고립될 수 없다는 것으로부터 지역 관계 설정 활동에 관한 더 커진 과정의 일부로서 자리 잡게 되었다. 이것은 정책도구로써 활용된 이벤트가 기대감, 관리와 평가 등으로 유사하게 평가되어야만 함을 본 장 내내 강조한 많은 요점들을 강조한다.

## 결론

남아프리카의 정치 엘리트들은 2010년 피파월드컵축구를 정책 우선 사항으로 지원하기 위한 기회임을 표출했다. 그렇지만, 국내와 주로 경제 정책 용어로 정당화 되었지만, 정부는 이와 같은 사회적 관심에 대한 체계적으로 우선순위가 된 이벤트가 개최 기회와 연관되는 정치 가치를 뒷받침했던 이미지 회복과 기회와 상징적인 메시지 전달하기 등을 통한 소프트 파워 자원과 외교정책 이익을 확보하는 외교적 잠재성임을 제시한다. 이러한 외부적인 초점이 남아프리카에게 특별하거나 그 당시 메가스포츠이벤트 개최를 모색하는 광범위한 국가 계층들에게 매우 관대하게 적용하는지 등이 불명확하다. 개도국 개최 경험으로 인한 추가적인 도전은 최소한 이러한 국가들에게는 적절한 사례라고 제안한다. 그렇지만 국제관계에서 소프트 파워 자원에 관한 지속적인 특징은

75) A. Desai and G. Vahed, 'World Cup 2010: Africa's turn or the turn on Africa?', *Soccer and Society*, 11:1 (2010).

개도국과 선진국 공히 영향을 미치는 매우 일반적인 트렌드가 될 수 있는 잠재력을 지지한다는 것이다. 또한 월드컵을 위한 남아프리카의 현저하게 이례적이며 지역적인 노력과 통상적으로 국제공동체에 의하여 주변으로 남아 있었던 아프리카 대륙을 위하여 달성한 '정의'로서 선정 결정의 프레이밍 등은 국제관계에서 '중견국 자격'의 표현으로 간주 될 수 있었다.[76]

제시된 연구에서도 심층적인 연구 가치가 있는 다른 이벤트가 주도하는 결과들이 존재함을 제시하는데, 정책 우선순위를 위하여 필요로 하는 신뢰, 기술과 경험 등을 발전시킴으로써 국가 건설 활동을 지원하기 위한 개최 과정의 역량과 같은 것이다. 이것은 이러한 잠재성이 기획 단계에서 파악되었다면, 남아프리카는 믿을 수 없을 정도로 가치 있는 유산을 획득하게 되는 이러한 분야에서 남아프리카의 취약성의 시각으로 볼 법하다. 확실하게 미래 개최와 이와 같은 잠재성의 깊이를 고찰해볼 가치가 있을 것이다. 메가이벤트 개최는 국제공동체에게 개도국에서 국가건설 지원을 위한 정치적으로 구미에 맞는 장소를 제공하게 되는 것이다. 국내정책 분야에서 외부 간섭에 관한 예민성을 개선할 수 있는 방식으로 중요하고 복잡한 국가프로젝트 실행과 관련된 정부 부처들의 역량을 개발하는 수단으로서 제공하기 때문이다.[77]

남아프리카의 개최 경험으로부터 추출할 수 있는 마지막 포인트로는 정책 도구로써 추진했던 하나의 이벤트가 다른 모든 정책 개입에서 유사한 방식으로 간주되어야만 한다는 것이다. 즉, 메가스포츠이벤트는 남아프리카의 국내외 정책 조망의 깊은 구조를 독자적으로 변화시킬 수 있는 변환 도구가 아니라는 것이다. 의미 있고 지속가능한 결과를

---

76) Cornelissen, 'Scripting the nation', 488.

77) S. Van de Walle and Z. Scott, 'The political role of service delivery in state-building: exploring the relevance of European history for developing countries', *Development Policy Review*, 29:1 (2011).

가지기 위하여 광범위한 전략정책 과정 안으로 녹아 들어갈 필요가 있다. 심지어 이것은 부정적인 쟁점들이 더 커진 사회정치 환경에서 부상된다면 의미를 갖지 않을 수도 있다. 정책 개입으로서 메가스포츠이벤트를 더 낫게 활용하는 것을 지지하기 위하여, 많은 작업이 정책개발자들을 전달과정과 성공적인 정책 개입을 위한 필요조건 등에 본질적인 도전을 이해하는 도움을 주도록 할 필요가 있다. 해결되지 않은 상태로 놔두면 기대와 결과 간 단절성이 남은 가능성이 된다. 특히 이벤트가 여전히 다른 것을 추진하는 데 활용되는 한 가지 세트의 정책 선호도에 근거해서 열광한다면 말이다.

# 제 ❷ 부

# 공공외교

제5장

# 독립논쟁:
## 아프가니스탄에서 식민지 스포츠 문화와 외교, 1919-49

맥시밀리언 드레팔 *Maxmillian Drephal*

## 서론: 아프가니스탄 독립기념

1919년 아프가니스탄은 독립했다. 아프간 정부는 국가독립과 군사 퍼레이드, 문화 프로그램 조직 그리고 스포츠 경기 개최 등을 하면서 매년 일주일 동안 열리는 기념행사에서 하나가 되는 아프간 건국을 기념했다. 아미르 아마눌란 칸Amir Amanullah Khan, 1896-1960이 아프간의 독립 선언 이후 즉시 축제를 만들었다. 축제는 처음에 카블 외곽에 있는 아프간 법원의 여름 휴양지인 파그만Paghman에서 시작되었지만, 그 이후에 아프가니스탄과 외교 일정에 중요한 이벤트를 형성하는 카블로 옮겨졌다. 주일은 아프간 왕의 연설과 함께 시작되었다. *외교단*을 위한 아프가니스탄의 의례 전범에 따르면, 외국 대표들은 '왕에게 축하의 말을 전달하려는 군사 퍼레이드가 열리는 장소에 화려한 공식 정장을 입고 나가도록' 요청 받는다.[1] 기념식은 또한 이들의 사교로 유명한데, 건축물, 영화 관람 그리고 예술과 민예 전시회 등으로 사치스런 전기 조명

[1] British Library, London (hereafter BL), IOR/L/PS/12/1925, no. 96 from A. E. H. Macann, 4 September 1937.

을 특징으로 한다. 프로그램에는 아프간 무용과 연극공연 등이 포함되었다. 아프간 국민들은 '일주일 내내 폐점 했다.'[2] 아프칸 법원의 비밀에서, 가든 파티와 가면무도회 등이 있었다.[3] 클레이 피전 사격clay pigeon shooting, 점토를 구워 만든 원안을 허공에 던져 쏘는 사격이 매일 이루어졌다. 아마눌라 칸의 부인인 여왕 소라야는 스스로가 '꽤 훌륭한 연기자'임을 보여주려 했다.[4] 말, 코끼리 그리고 당나귀 경주, 염소와 황소 싸움, 아프간군 역사의 재연, 레슬링, 체조공연과 다른 것들 중에서도 텐트 말뚝치기 등과 같은 다양한 프로그램들이 펼쳐진다.[5] 기념식은 아프가니스탄의 국가의 독립, 군사력, 관습뿐만 아니라 운동 실력 등을 보여주었다. 이러한 독립기념식은 여러 스포츠 종류를 포함하는데, 아프간은 아프간이라는 나라를 국내외 귀빈들에게 멋있게 나가고 있는 모습을 보여주려고 했다. 아프간 운동선수들이 스포츠 경기에서 아프가니스탄의 독립을 구현하기 위하여 오고, 한 보도에 따르면, '공개된 경기에서 절대 지지 않고 승리하기 위하여' 움직였다는 것이었다.[6]

기념식은 대중의 구경거리이기도 했다. 기념식은 특수 공간을 대표했다. 이것은 카불의 문화적, 정치적, 사회적 외교적 삶 사이에 접촉을 허용하는 것이었다.[7] 예를 들면, 통상적으로 국가안보 문제에 관한 소

---

2) Middle East Centre Archive, Oxford (hereafter MECA), GB165-0326, 1/1/10, letter from W. K. Fraser-Tytler, 26 May 1939.

3) BL, IOR/L/PS/10/1207, 무관 일기 복사본, British Legation, Kabul, for the weeks ending 18 August and 25 August 1928; 또한 D. B. Edwards, *Before Taliban: Genealogies of the Afghan Jihad* (Berkeley, CA: University of California Press, 2002), 1-10을 보라.

4) BL, IOR/L/PS/10/1207, copy of the diary of the military attaché, British Legislation, Kabul, for the week ending 27 August 1927.

5) MECA, GB165-0326, 8, Kabul Legation diary, 42-9, 132-5; see also 'Afghanistan news: Independence Day celebrations', *The Times of India*, 14 September 1922; 'Afghanistan's independence week: a care free and confident people', *The Times of India*, 4 September 1935.

6) National Archives of India, New Delhi (hereafter NAI), External Affairs, 1944, 528-F, no. 69 from G. F. Squire, 5 August 1944.

문과 수집 등을 위한 통상적으로 근무하는 영국 영사관 무관에 관한 첩보 보고서에서는 카블에 있는 한 카페의 영업 시작에 관한 평가가 있다.[8] 1928년 독립기념 주간 동안, 아마눌라 칸은 사회개혁 프로젝트를 알렸다. 이것은 수개월 있다가 자신의 퇴위를 초래하는 데 일조했다.[9] 그해 참석자들은 베일에 싸여 있는 '동방의 여왕을 알현하는 유혹' 때문에 엄청나게 고무되어 있었는데, 1927/28년 그랜드 투어grand tour 동안 소라야 여왕의 야회복에 대한 언급 때문이었다.[10] 독립기념식에 많은 방문객의 참석은 아프간에게는 중요한 목적이었다. 종종 강제 참석도 행해졌다. 예를 들면, 아마눌라 칸은 '군중에 대한 모자람과 동정'으로 알려진 것을 알릴 목적으로 파그만 근처에 있는 마을 사람들을 불러 모았다.[11] 그렇지만 다음 해, 파그만과 카블 등은 수많은 방문객과 여행자 등의 마음을 사로잡은 것처럼 보였다.[12] 스포츠 이벤트의 수많은 관람객은 장소의 형편에 따라서 달랐다. 크리켓, 축구, 하키와 부즈카시 buzkashi, 말을 타고 죽은 염소를 빼앗는 아프가니스탄의 국기 등과 같이 공개 장소에서 벌어지는 공연뿐만 아니라 선수들의 행진 등이 벌어지는 경기는 테니스와 당구처럼 매우 제한적인 공간에서 벌어지는 오락보다도 더 많은 사람의 호감을 가졌다. 관객에 관한 설명은 드문 반면에, 1922년 '조그

7) The National Archives, London (hereafter TNA), FO 371/10986, N 5349/533/97, no. 70 from F. H. Humphrys, 29 August 1925.

8) BL, IOR/L/PS/12/1841, Intelligence summary no. 22 for the week ending 3 June 1938; MECA, GB165-0326, 1/1/10, letter from W.K. Fraser-Tytler, 2 June 1939.

9) R. T. Stewart, *Fire in Afghanistan, 1914-1929: Faith, Hope and the British Empire* (Garden City, NY: Doubleday, 1973) , 385-97.

10) 'Afghan jirgha and reforms: independence festival', *The Times of India*, 7 August 1928.

11) MECA, GB165-0326, 8, Kabul Legation diary, 134.

12) For instance TNA, FO 402/18, no. 88, no. 58 from W. K. Fraser-Tytler, 11 June 1937; NAI, External Affairs, 1943, 637-F, D.O. no. 322/41 from G. F. Squire, 4 September 1943.

맣고 뜨거운 천막' 안에서 권총 사격 이벤트 동안 일단의 '대단히 부유한 귀족'에 대한 언급이 있다.[13] 15 카블 루피까지 치솟은 높인 입장권은 몇몇 이벤트를 일반 사람들은 들어가지 못하도록 만들었다.[14] 여전히, 1944년 독립 기념일 경기에 대한 언급이 다음과 같이 있다.

> 의심할 것도 없이 이것들은 사람들에게 엄청나게 인기가 있고 애국심과 국가 통합 정신을 강화하는 주된 목표에 도움 된다. 일주일 내내 카블은 전국에서 모인 흥겨운 군중들로 문전성시를 이룬다. 주요 스포츠 이벤트는 수많은 학생들을 포함한 수 천 여 명의 관심 갖는 관람객들의 마음을 사로 잡는다.[15]

아프간 독립기념일 동안 스포츠 경기는 다양한 운동장에서 벌어지는 영국-아프간 대결 기회를 제공한다. 본장에서는 1919년 이후 영국-아프간 관계의 맥락에서 이러한 만남들을 연구하는 것이다. 1919년과 1947년 사이 남아시아에서 여러 독립의 순간은 이것의 전반적인 기간을 설정한다. 19세기 초 이래로 영국-아프간 상호작용은 여러 폭력 사례에 의하여 특징되는데, 다름 아닌 세 번의 영국-아프간 전쟁을 포함한다. 1839년과 1878년 19세기 동안 두 번의 영국-인도의 아프가니스탄 침공에 이어진, 1919년 세 번째 영국-아프간 전쟁은 아프가니스탄의 독립으로 인도했다.

1919년 이전, 아프가니스탄의 국제문제는 인도에 있는 영국 식민 관리들과 협상으로 수행되었는데, 영국이 국경을 정한 지역으로만 아프가니스탄의 주권을 제한했다. 1919년 세 번째 영국-아프간 전쟁 종식에 이어진 교섭 동안, 아마르 아마눌라 칸—그의 증조할아버지인 선대왕 압두르 라흐만 칸Abdur Rahman Khan, 1840-1901처럼—은 아프가니스탄의 대외관계는 1919년 이전 식민정부보다는 오히려 영국 외무성과 함께

---

13) MECA, GB165-0326, 8, British Legation diary, 43.
14) MECA, GB165-0326, 8, British Legation diary, 45.
15) NAI, External Affairs, 1944, 528-F, no. 69 from G. F. Squire, 5 August 1944.

수행해야만 한다고 고집했다.[16] 이러한 요구는 부분적으로만 충족되었다. 외교단이 카블 주재 '영국' 영사관 명칭이 되자, 외교단은 식민지 관료, 1922년 초 카블에 도착했던 인도 출신 행정가와 재정담당 등으로 직원을 꾸렸다. 이러한 유형은 다음과 같이 남게 된다. 1922년과 1947년 사이에, 대부분의 영사관 외교는 인도에 있는 식민지 관료들로 충원되었는데, 최우선적으로 인도 정부 부서 출신이었다. 이것은 계속해서 인도군과 인도 공무원 출신들로 구성했다.[17] '인도 정부의 외교단으로서, 인도 정부 부서가 인도 왕자와 식민지 인도뿐만 아니라 남아시아와 걸프 등에 있는 인접 정치체 등과의 관계를 관리했다.[18] 19세기 내내, 인도 안에 있는 식민주들은 물질적으로, 재정적으로 그리고 인식론적으로, 아프간 정체polity형성에 기여했는데, 카블 엘피스톤 왕국Elphinstone kingdom of Kabul, 아프가니스탄 사람과 이 국가의 땅으로 다양하게 인식되었다.[19] 1919년 이후 카블 주재 영국 영사관의 국제적으로 신뢰할 만한 외교관들로 인도 출신 식민 인력의 독립된 아프가니스탄으로의 전환은 독립의 과도기적인 한계점을 넘어서서 아프가니스탄에 관한 지속적인 식민지 지식의 순환을 위한 기반을 깔아 놓았다.

카블 주재 영국 외교관들은 식민지 지식을 구체화했는데, 아프간의

16) A. Saikal, *Modern Afghanistan: A History of Struggle and Survival* (London: I. B. Tauris, 2012), 39.

17) 인도 정무국은 1937년 이후에서야만 그렇게 불렸다. 이것은 인도정부의 외교정치부로부터 나왔다.

18) Edward Blunt, *The I.C.S.: The Indian Civil Service* (London: Faber & Faber, 1937), 165.

19) 19세기 이래로 아프카니스탄의 프레임을 가능케 하기 위하여 창출되고 통용된 다양한 인식론적 등록을 위해선 다른 것들 중에서도 M.J. Bayly, *Taming the Imperial Imagination: Colonial Knowledge, International Relations, and the Anglo-Afghan Encounter, 1808-1878* (Cambridge: Cambridge University Press, 2016); B. D. Hopkins, *The Making of Modern Afghanistan* (Basingstoke: Palgrave Macmillan, 2008); see also S. M. Hanifi, *Connecting Histories in Afghanistan: Market Relations and State Formation on a Colonial Frontier* (Stanford, CA:Stanford University Press, 2011)을 보라.

독립기념식과 스포츠 경기 등에 참여하고 관찰하면서 이것을 구현했다. 일련의 경기는 아프가니스탄, 인도와 영국 사이에 있는 정치 관계 이야기를 지원—아프간 사람의 시각으로 보면—도전—영국과 인도 시각으로 보면—하려고 시도했다. 이러한 면에서, 독립기념식 동안 스포츠에서 영국-아프간 조우는 아프간 독립을 위한 경쟁을 벌였다. 이어진 아프간 통치자들도 선수들의 몸에 국가를 각인시키도록 모색했다. 카블 주재 영국 외교관들은 아프가니스탄의 독립에 도전하도록 모색했다. 예를 들면, 독립주간 시작에 선수들 퍼레이드는 영국에 의하여 '[매]우 유치 하지만 아프간 사람들의 과시욕에 호소하고 스포츠 정신을 강화하는 것'으로 인식시켰다.[20] 영국 외교관들은 독립 경기의 공공외교 차원을 인지했고 *그리고* 이것을 강조하려고 모색했는데, 아프가니스탄의 내셔널리스트적인 스포츠 열기를 동요시키면서 말이다. 다른 사람들인, 1941년부터 1943년까지 카블 주재 영국 임무단의 수장인 프란시스 버너 와일리Francis Verner Wylie는 동시에 다음과 같이 기념식을 무시해 버렸다. 모든 것은 지나치게 우스꽝스럽게 잘난 체 하고 있고 자원들은 애처로울 정도로 빈약한데다 웃어야 할지 울어야 할지 판단이 잘 안 설 정도로 태연하게 사기를 친다는 것이다.'[21] 아프간 독립기념식 동안 스포츠에서 영국-아프간의 만남은 아프가니스탄에 관한 식민지 지식의 등록에 관한 지속적인 존재를 드러냈다. 1919년 국가독립 순간 직후에, 아프가니스탄의 역사는 1947년 영국의 인도 통치Raj종식으로 그리고 넘어서서 확대된 식민지 황혼에 계속해서 존재했다.

아프간 독립 축제와 스포츠에서 영국-아프간 조우 등은 본 장에서 논의를 위한 특별한 의미를 가지는 두 가지의 트렌드를 정확히 담아낸다. 첫째, 제국주의 통치는 남아시아에서 제국의 종말을 가져오는 동안

20) MECA, GB165-0326, 1/1/9, letter from W. K. Fraser-Tytler, 27 May 1938.

21) NAI, External Affairs, 1942, 14-F, D.O. no. 134/41 from F. V. Wylie, 29 August 1942.

외교 채널로 지속적으로 직접 향했다. 1922년 카블 주재 영국 영사관 개설에서 아프가니스탄 주재 영국-인도 외교단의 설립은 이러한 발전에 대한 증거이다. 제국주의 세력의 전환 동안, 식민주의 관행과 지식 등은 인도로부터 아프가니스탄을 포함하는 인도 제국의 넓은 소관 안으로 수출되었다. 결과적으로, 스포츠와 동시 발생적인 도덕과 윤리법에 관한 식민지 개념은 독립국에 관한 보도와 외교 기록 등에 관한 정보제공을 했다. 이에 따라서, 1922년과 1947년 사이에 카블에서의 영국 외교는 기원, 관행과 표현 등에서 특징적으로 식민적이라는 것이다. 복장으로 말하자면, 예를 들면, '이러한 경우에 공식적인 복장은 모닝코트morning coat, 남자들의 예복 상의이고, 앞쪽은 짧고 뒤쪽은 아주 긴 검정 또는 회색의 재킷이고 *하얀색 헬멧 모자*white topee이었다' (그림 5.1를 보라).[22]

5.1 사진은 복장 규정을 보여준다. 3명의 영사관 외교관들은 줄 앞에 *토피*topi모자로 식별될 수 있다.

[22] D. Day and L. Mallam, *Frogs in the Well* (Moray: Librario, 2010), 136.

둘째로, 식민지 사고의 전파 결과로, 스포츠는 아프가니스탄에서 영국 외교 문화에 대한 상당한 영향력을 발휘하게 되었다. 이에 따라서, 본장에서는 공공외교의 사례로서 아프간의 독립기념식을 개념화 한다. 이것은 외교와 스포츠의 복잡성을 수렴했고, 이것들을 식민지 차원에다 추가한다. 즉, 카블에서 외교 실무를 한 영사관의 식민지의 물리적인 체제도 외교관의 자화상을 다음과 같이 구분한다. '이러한 우정 어린 라이벌 [스포츠에서 영국-아프간의 조우 동안]은, 올바른 방향으로, 우리 영사관의 독점이자 매우 중요한 가치라고 무관인 도드P. C. R. Dodd는 적고 있다.[23] 식민지 관리들은 레저로서 뿐만 아니라 공개적으로 식민지 국가 대표로서 스포츠에 관계했다. 아프가니스탄에서 영국 외교 문화는 스포츠에 집중했다.[24] 문자 그대로 공공부문에서 공개적인 과시와 경기 등에 관한 다양한 사례와 함께 아프가니스탄의 독립기념식은 아프간에 개입할 수 있도록 영국외교관들을 위한 무대를 제공했다. 독립 축제는 상징적으로 유료 행사였다. 이것은 아프가니스탄에게 스포츠의 식민지적 개념을 투사하도록 재촉했다.[25]

## 아프가니스탄에서 외교관-선수로서 인도 식민 관리

영사관 직원은 식민지 사고 전파를 인도로부터 독립 아프가니스탄으로 전파할 수 있도록 했다. 이들은 영국 외무성으로부터 추천장과 영국 군주로부터의 신임장 등을 가지고 왔지만, 카블에 부임한 이후 식민주의

23) BL, IOR/L/PS/10/1207, 무관 일기 복사본, British Legation, Kabul, for the week ending 27 August 1927.

24) 또한 E. S. Rosenberg and S. Fitzpatrick (eds), *Body and Nation: The Global Realm of U.S. Body Politics in the Twentieth Century* (Durham, NC: Duke University Press, 2014)를 보라.

25) 또한 R. Holland, S. Williams and T. Barringer (eds), *The Iconography of Independence: 'Freedoms at Midnight'* (London: Routledge 2010)도 보라.

—외교적은 아닌—근무로 복귀했다. 카블 주재 영국 영사관의 엘리트 직원들은 각각의 교육과 배경을 반영하면서 체육 교육과 훈련 등에 관한 여러 시스템에서 사회 교류를 했다. 체육 교육은 개인들이 노출해 왔던, 특히 19세기 중반 이래로, 영국 공립학교 교과목의 핵심적인 특징이었다.[26] 스포츠는 시간 보내기 이상이었다. 특히 게임은 제국주의에 관한 핵심 개념을 제공했고 요약했다. 스포츠는 '제국주의적 도덕적인 설득의 하나의 도구'이었다.[27] '경기 윤리'에 관한 망간James Mangan의 개념은 다음과 같다.

> 공립학교 학생은 아마 그 중에서도 제국주의 지휘의 기본적 도구를 다음과 같이 배웠다. 용기, 인내, 통제와 자기통제 등이다. 그렇지만, 이후의 '남자다움'에 관한 개념에 대한 심층적이고 중요한 차원이 다음과 같이 존재했다. 지배와 존경 등과의 이것의 관련성이다. 물론 이것의 가르침은 단순하게 이니셔티브와 자립뿐만 아니라 충성과 헌신 등을 진작시킨다고 폭넓게 믿었다. 이에 따라서, 이것은 식민지 목적을 위한 유용한 도구이었다. 동시에 추종 강요와 주도할 수 있는 자신감을 창출하는데 도움을 주었다.[28]

공교육은 스포츠의 제국주의 문화 전달과 제국 전체적으로 제국의 이상의 확산을 보장하도록 모색했다.[29] 대학은 자신들만의 체육문화를

---

26) J. A. Mangan, *Athleticism in the Victorian and Edwardian Public School: The Emergence and Consolidation of an Educational Ideology* (London: Frank Cass, 3rd edn, 2000).

27) J. A. Mangan and K. Bandyopadhyay, 'Imperial and post-imperial congruence: a challenge to ideological simplification', *International Journal of the History of Sport*, 21:3-4 (2004), 405.

28) J. A. Mangan, *The Games Ethic and Imperialism: Aspects of the Diffusion of an Ideal* (Harmondsworth: Viking, 1986), 18.

29) 식민주의적 맥락에서 스포츠 모델의 확산론자 모델에 대한 매우 뉘앙스가 있는 접근방법을 위해선, R. Cashman, 'Cricket and colonialism: colonial hegemony and indigenous subversion?'. in J. A. Mangan (ed.), *Pleasure, Profit, Proselytism: British Culture and Sport at Home and Abroad, 1700-1914* (London: Frank Cass, 1988), 258-72; B. Majumdar, 'Tom Brown goes global: the "Brown" ethic in

자랑스럽게 여기고 식민 입학시험과 잠재적으로 식민 봉사 등으로 개인들을 이끌었다. 마지막으로, 각 개인의 식민지 근무는 필요조건을 가지고 있다. 영국의 인도 통치의 팀 단결심은 군인부터 주지사-장군과 총독까지 모든 행정직원들을 포함했다.[30] 그런 다음, 필수적으로, 스포츠는 식민지 문화에 관한 핵심 요소이다. 이것은 식민지 국가의 인력에 관한 신체적 운동을 연장하고 제국주의 힘과 연관한 핵심 개념을 보여주기를 모색했다.[31] 이와 같이, 스포츠는 '지역과 통치 등에 관한 식민주의 기술' 사이에 자리 잡았다.[32] 부가적으로, 기관들은 강력하고 도덕적인 이미지를 다음과 같이 보였다. '19세기 말 인류학자는 도덕적인 영혼의 신체적인 외부 지도로서 기관을 다음과 같이 인식했다.'

> 목욕과 저녁식사 전에 폴로, 스쿼시 또는 테니스 등에 같은 저녁 경기에 빠진다는 것은, 민간 운동선수들은 적절한 신체에 관한 그의 집착을 보여주는 반면에 동시에 지배민족에 관한 필수 자질에 관한 그의 소유를 다음과 같이 보여준다. 규칙, 충성과 팀 구성원들에 대한 동료애 등을 관찰하는 능력, 다른 측면에 대한 공정한 플레이이다—즉, 정직, 강직함, 용기와 인내 등이다.[33]

한 후보가 인도 정치인에 가입할 때까지, 그—이것은 배타적인 남성지배였다—는 이미 다양한 스포츠와 경기에서 훈련받고 무장되어 있다. 인도 정부 부서로 지원하려면 후보자의 필드 스포츠 경력과 승마

colonial and post-colonial India', *International Journal of the History of Sport*, 23:5 (2006)보라.

30) A. Kirk-Greene. 'Badge of office: sport and His Excellency in the British Empire', in J. A. Mangan (ed.), *The Cultural Bond: Sport, Empire, Society* (London: Frank Cass, 1992), 178-200.

31) J. A. Mangan, 'Britain's chief spiritual export: imperial sport as a moral metaphor, political symbol and cultural bond', in Mangan (ed.), *The Cultural Bond*, 1-10.

32) Majumdar, 'Imperial tool "for" nationalist resistance', 384에서 인용.

33) E. M. Collingham, *Imperial Bodies: The Physical Experience of the Raj*, c. 1800-1947 (Cambridge: Polity, 2001), 121, 124,

능력 자질 등을 물어보았는데, 운동으로 하여금 잠재적인 식민지 관료 선발과정의 일환으로 활용하기 위해서이다. 운동 능력이 있는 후보자에 초점을 둔 것은 '지적으로 평범하기'로 유명한 인도 정무부서에 기여했다.[34] 각 지원자가 '필드 스포츠에 활동적인 습관과 탁월하다면' 심판도 부탁했다.[35] 이에 대응해서, 1922년부터 1929년까지 카블 주재 영국 영사인 프란시스 헨리 험프리스Francis Henry Humphrys는 '훌륭한 만능선수'이자 '[매]우 뛰어난 승마선수'[36] 라고 설명되어 있다. 그는 영국 슈르즈버리Shrewsbury 학교의 크리킷 팀의 주장을 했었다.[37] 인명사전을 보면 식민지 관리 생활에서 신체적 레크레이션의 중심에 있었음을 입증해 준다. 험프리스에 대한 명사인명록에는 크리켓, 사격과 낚시뿐만 아니라 비행 등도 게재되어 있다.[38] 1930년에서 1935년까지 카블 주재 영국 영사인 리차드 로이 마코나치Richard Roy Maconachie가 처음으로 인도 공무원지원을 하 기로 한 결정은 부분적으로 '인도에서의 생활이 야외와 필드 스포츠 등을 사랑했던 모든 사람에게는 런던에서의 삶보다도 더 좋다'라는 사실 때문이기도 했다.[39] 윌리엄 커 프레이저-타이틀William Kerr Fraser-Tytler의 취미—그는 마코나치 후임으로 1935년부터 1941년까지 카블 주재 영국영사—는 낚시, 가드닝과 뜨개질 등으로 설명된다.[40]

---

34) I. Copland, 'The other guardians: ideology and performance in the Indian Political Service', in R. Jeffrey (ed.), *People, Princes and Paramount Power: Society and Politics in the Indian Princely States* (Oxford: Oxford University Press, 1978), 286-7.

35) BL, IOR/R/1/4/1334, application of F. H. Humphrys, 22 September 1903.

36) BL, IOR/R/1/4/1334, application of F. H. Humphrys, 22 September 1903.

37) P. Sluglett, 'Humphrys, Sir Francis Henry (1879-1971): colonial administrator and diplomatist', *Oxford Dictionary of National Biography* (Oxford: Oxford University Press: 2004).

38) 'Humphrys, Francis Henry', *1971-1980, Who's Who & Who Was Who 7* (London: A&C Black, 1981.

39) William Kerr Fraser-Tytler, 'In memoriam', *Journal of The Royal Central Asian Society*, 49:2 (1962), 118.

40) 'Fraser-Tytler, Lt-Col Sir William Kerr', *Who Was Who* (London A & C Black,

마지막으로, 1943년부터 1948년까지 카블 주재 영국 영사이자 1943년부터 1948년까지 카블 주재 영국 대사를 역임했던 자일스 프레데릭 스콰이어Giles Frederick Squire는 '옥스퍼드에 재학할 때 띄엄띄엄 하키 운동을 했고 다른 볼 경기 특히 정구lawn tennis에 재능이 있었다.'[41] 영사관 의사인 헨리 호스 엘리엇Henry Hawes Elliot은 '테니스와 하키를 좋아' 했다. 그에게 승마에 대한 호불호와 무관심 했느냐를 물어본다면, 심판은 '[좋]아했다'고 응답했다.[42] 또 다른 영사관 의사인 에드먼드 스탠리 세어즈 루카스Edmond Stanley Sayers Lucas는 '승마, 사격, 수영과 스쿼시 운동을 하고 있었다.'[43] 영사관의 다른 직원들도 국제적인 지명도가 있는 스포츠를 즐겼다. 예를 들면, 1920년대 포 영사관 비서였던 아서 윌리엄 페이건Arthur William Fagan은 1912년 스톡홀름 올림픽 경기 펜싱 영국 대표선수였다.[44] 1925년부터 1926년까지 비서이자 1937년부터 1946년까지 그리고 1947년부터 1948년까지 북서전선지역 (현재의 파키스탄) 총독이었던 조지 커닝햄George Cunningham은 그의 식민지 공무원 이전에 스코틀랜드에서 국제 럭비 운동 선수였다.[45]

이에 따라서 영국의 초대 외교대표부를 설치하기 위하여 1922년 이후 카블로 왔던 외교관들의 다양한 운동 문화는 엄청나게 뚜렷했던 식민주의 시스템으로부터 나왔고 수십여 년 동안에 걸친 식민지 관료의 체력을 관리하는 것이었다. 인도에서 식민지 관료들과의 문화적이고

2007).

41) 'Sir G. Squire: ambassador and churchman', *The Times*, 17 April 1959. See also 'Squire, Giles Frederick', *Who's Who 2011 & Who Was Who* (London A & C Black, 2011).

42) NAI, Foreign and Political, 1926, 4(12)-E application of H. H. Elliot, 8 November 1926.

43) NAI, Foreign and Political, 1931, 49(5)-Est, application of E. S. S. Lucas, 13 April 1931.

44) BL, IOR/R/1/4/1331, application of A. W. Fagan, 11 April 1919.

45) Ian Talbot, 'Cunningham, Sir George (1888-1963): administrator in India', *Oxford Dictionary of National Biography.*

정치적인 근접성 때문에, 이들은 테니스, 스쿼시, 크리켓과 하키 등을 포함하는 다양한 형태의 게임에서 많은 것을 소화해냈다.[46] 프레이저 타이틀은 승마, 사격과 낚시 등을 포함하는 아프가니스탄에서 그가 보낸 시간 내내 이용가능한 모든 형태의 스포츠에 관련되었다.[47] 이러한 활동들 중 몇몇은 영국 영사관의 확대된 제도적인 생활로 통합되었다. 영사관에는 1960년대까지 낚시 기록과 사냥 일기 등을 유지했다.[48]

## 영국-아프간 스포츠 대결의 경쟁사

스포츠는 영사관·외교관·아프간 사회의 엘리트 간의 사교활동을 위한 기회를 창출했다. 이것은 '스포츠에 관심을 가진 유일한 외국인'으로서 영국-인도 외교단에 의하여 독점되었다.[49] 아프간 독립기념식 동안 경쟁은 물리적인 근접성을 가능케 했고 외교의 장을 만들어냈다. 안젤라 울라코트Angella Woollacott가 보여준 바와 같이, '[남]자들에게, 스포츠를 위한 진화하고 구석구석 스며든 열정은 식민주의 정치가 공공연하게 작동하는 장소였다. 식민지 또는 식민지 주민 등은 제국주의 세력들을

46) 인도 크리켓의 역사를 위해서는 다른 것들 중에서도 다음을 보라. R. Guha, *A Corner of a Foreign Field: The Indian History of a British Sport* (London: Picador 2002); Majumdar, 'Imperial tool "for" nationalist resistance'; B. Stoddart and K. A. P. Sandiford, *The Imperial Game: Cricket, Culture and Society* (Manchester: Manchester University Press, 1998); B. Majumdar, 'The golden years of Indian hockey: "we climb the victory stand"', *International Journal of the History of Sport*, 25:12 (2008); see also S. Pal, '"Legacies, halcyon days and thereafter": a brief history of Indian tennis', *International Journal of the History of Sport*, 21:3-4.

47) MECA, GB165-0326, 10, note by W. K. Fraser-Tytler on the situation in Afghanistan, 20 August 1941.

48) BL, IOR/R/12/LIB/10, British Legation Kabul game book; BL, IOR/R/12/LIB/11, British Legation Kabul fishing record.

49) BL, IOR/L/PS/10/1207, copy of the diary of the military attaché, British Legation, Kabul, for the week ending 27 August 1927; I. B. Neumann, *Diplomatic Sites: A Critical Enquiry* (London: C. Hurst & Co., 2013).

최소한 상징적으로라도 패배시키기 위하여 희망을 가질 수 있었다.'[50] 스포츠는 정치적 의미를 부여받을 수 있었다. 이것이 반식민주의 또는 반제국주의의 저항의 행동으로 틀이 짜여 있더라도 말이다. 반대의 경우가 아프간 독립이 경기에서의 대결의 프레임워크에서 예전 제국주의 지배자에 의하여 도전받을 수 있는 카블에 적용되었다.

아프간의 독립은 신흥 개념이었고 1922년 이후 카블에서 영국 외교관이 되었던 식민주의 관리들을 위한 자격은 공개적이었다. 예를 들면, 피터 슬러틀릿Peter Sluglett은 '험프리[카블 주재 초대 영사]는 아프가니스탄은 더 이상 영국령 인도의 부속지역이 아니라는 사실에 적응하기가 약간은 난감함을 가지고 있었던 것처럼 보인다'고 제시한다.[51] 경기는 아프가니스탄, 영국과 인도 간의 정치 관계를 그대로 나타냈다. 강력한 유산은 카블 주재 몇몇 공관원들에 의하여 제공되었다. 1919년 3차 영국-아프간 전쟁동안 인도군 장교로 참전했던 프레이저 타이틀과 같은 인물이었다. 게임과 스포츠 등에서 여러 번에 걸친 대결은 군사적인 용어로 다음과 같이 설정되었다. 예를 들면 1923년 아마눌라 칸과 마코나치 영사 간의 당구 게임에 대한 프레이저 타이틀의 묘사는 다음과 같다. 왕은. . . 마코나치에데 도전해서 7점 차이로 이겼다. 왕이 34점을 얻었을 때 그는 '평화'를 선언했다.[52] 스포츠와 게임 등은 3차 영-아프간 전쟁 참가자들을 위한 행사로 열렸는데, 인도 군 장교와 아마눌라 칸 등이 공유하는 역사적 경험을 재조명하기 위해서였다. 1928년, 영사관은 크리켓에서 아프간 팀으로 활약했지만, 재미있는 경기를 펼쳤지만 패하고 말았다.[53] 게임에 관한 보도에는 선수들의 경기 실력과 '아프간의 입장에서 완전히 스포츠 정신' 등을 명확하게 적시했다.[54]

---

50) A. Woollacott, *Gender and Empire* (Basingstoke: Palgrave Macmillan, 2006), 81.

51) Sluglett, 'Humphrys, Sir Francis Henry (1879–1971)'.

52) MECA, GB165-0326, 8, British Legation diary, 133.

53) BL, IOR/L/PS/10/1207, copy of the diary of the military attaché, British Legation, Kabul, for the week ending 25 August 1928.

그렇지만, 레온 푸라다Leon Poullada는 패배는 험프리스의 '아마눌라 칸에 대한 개인적인 비호감을 그대로 드러나게' 하는데 기여했다.[55] 보도를 그대로 옮기자면, 영사관은 '거대하고 멋있는 갤러리들을 불러들인 테니스에서 다음 날 복수를 해 주었다.'[56]

영국 외교관은 운동장에서 아프간 상대 선수들의 식민지 규칙 준수를 관찰했다. 스포츠와 게임 등은 적절한 도덕적 행동에 관한 강력한 메시지를 전달한다. 예를 들면, 소라야 여왕은 영국 영사관에서 영사 부인인 거트루드 험프리스와 테니스 게임을 즐겼을 때, 후자는 후기를 다음과 같이 지적하고 있다.

> 여왕은, 그녀는 정말 멋있게 운동하려고 노력했지만, 게임 규칙이 평민들에게 허용하는 것보다 상당히 많은 서비스를 했다고 생각한다. 우리는 네 번의 게임을 했다. 모든 게임에서 여왕이 압승했다. 관람객들이 신이 나서 지적한 바와 같이 말이다. 그렇지만, 여왕은 나는 잘 쳤고 이탈리아 사람들보다도 매우 낫다고 말하기 충분할 정도로 잘했다. 여왕은 지구력이 있지는 않았지만 훈훈한 사람이었고 경기에 혼신을 다했다.[57]

한 게임에 졌다면, 결과에 대한 초점은 결과를 넘어서는 다른 분야로 이동되었다. 이러한 경우에 거트루드 험프리스 부인은 소라야 여왕이 규칙을 따르지 않았다면 좋은 모습도 아니었고 코드에서 열심히 운동했다고 밝혔을 것이다. 궁극적으로 그녀는 영국-인도 엘리트 간의 일반적인 '신사적인' 스포츠 윤리를 따르지 않았다 (그림 5.2). 특히, 테니스

---

54) BL, IOR/L/PS/10/1207, copy of the diary of the military attaché, British Legation, Kabul, for the week ending 25 August 1928

55) L. B. Poullada, *Reform and Rebellion in Afghanistan*, 1919-1929: *King Amanullah's Failure to Modernize a Tribal Society* (Ithaca, NY: Cornell University Press, 1973), 252.

56) BL, IOR/L/PS/10/1207, copy of the diary of the military attaché, British Legation, Kabul, for the week ending 25 August 1928.

57) MECA, GB165-0326, 8, British Legation diary, 86.

는 영국-인도의 조화라는 용어로 설정되는데, 영사관 팀에 유리한 '성급한 결론'이 된 경기이다. 1944년 아프간이 패배했던 유일한 이벤트는 영국 영사관과의 테니스 경기이었다. 이것이 아프간 군인 클럽의 비교적 비밀스런 곳에서 일어나기 때문에 심각한 되돌리기가 일어나지 않았다.[58]

5.2 리차트 매코나치 경과 무관 파웰 씨가 테니스를 치고 있다.

독립기념식은 아프가니스탄의 발전을 측정함으로써 하나의 조치로서 인식되거나 프레이저 타이틀이 지적한 바와 같이, '매년 우리는 약간의 차이를 보는데. . . 항상 어느 정도의 진전은 있었다. 이것은 초기부터 특히 아프가니스탄의 발전을 바라보는 것은 정말 흥미롭다.'[59] 국가 독립은 역사의 초기와 동일시했다. 아프가니스탄은 게임과 스포츠

58) NAI, External Affairs, 1944, 528-F, no. 69 from G. F. Squire, 5 August 1944.
59) MECA, GB165-0326, 1/1/10, letter from W. K. Fraser-Tytler, 2 June 1939.

등에서 경기장 대결에 관하여 적절한 수준을 제공할 능력으로 평가되었다. 예를 들면, '다른 쪽'과의 영사관 영사와 무관 간 당구 게임에서, '사람들로 가득 찬 텐트' 안에서 '단절 중인' 환경뿐만 아니라 '하키 스틱'처럼 테이블과 큐 등에 관한 '상당한 편견' 등이 뚜렷했다.[60] 일반적으로, 독립 주간도 '문명국가의 예의'에 대한 아프가니스탄의 집착에 관한 시사적인 상징으로서 상당한 정밀조사를 가져왔다.[61]

아프가니스탄의 연례 독립기념일 동안 영국-아프간 스포츠 대결은 정치적이며 선수의 야심에 의해 상징적으로 나타났다. 그 이유는 영국과 인도 등이 아프간과 공개적으로 아프간 대표 등에 관한 독립 이야기에서 현저한 역할을 했기 때문이다. 레바논에서 그의 신임까지 그의 여정에 대한 보도에서, 험프리스는 당시 영국 외교장관이자 인도 전임 총독인 조지 너대니얼 커즌George Nathaniel Curzon에게 '탈의 승리'에 '세워진 기념물을 설명했다. 사슬에 묶인 사자들로 둘러싸인. . . 이것은 최근 역사에 대한 공식 아프간의 태도를 적절하게 보여주는 예시이다.'[62] 1919년, 나디르 칸Nadir Khan은, 나중에 나디리 샤Shah가 지휘하는 아프간 군은 인도에 있는 쿠람Kurram 계곡에서 영국 요새를 포위해 왔다. 이에 따라서 1919년 전쟁의 결과를 가져오는데 실질적인 공헌을 했다. 결과적으로 아프간의 독립을 가져오게 했다. 1942년, 카블 주재 영국 영사 와일리는 '그들은 탈에서 나디르 칸이 사용했고 . . . 거기에 있는 영국 계급들 사이에서 경악을 확산시키는 것으로 알려진 꽃들로 전체가 장식된 오래된 송풍관을 휘감은 총'에 대하여 독립 주간의 보고서에서 적시했다.[63] 외교단이 과정을 칭찬했을 때, 와일리는 행랑에 다음과 같

60) MECA, GB165-0326, 1/1/5, letter from W. K. Fraser-Tytler, 18 August 1932.

61) TNA, FO 371/8077, N 8493/59/97, letter from F. H. Humphrys, 3 August 1922; TNA, FO 402/3, no. 78, no. 50 from F. H. Humphrys, 8 April 1924.

62) TNA, FO 371/8077, N 3667/59/97, no. 3 from F. H. Humphrys, 25 March 1922.

63) 63 NAI, External Affairs, 1942, 14-F, D.O. no. 134/41 from F. V. Wylie, 29

은 논평을 했다.

> 아프가니스탄 주재 영국 국왕의 특사 겸 특명전권공사보다 더 크게 박수치는 사람은 아무도 없었다! 구식총 다음 항목은 영국 정부가 그의 옛 친구이자 믿을 만한TNA, FO 371/8077, N 3667/59/97, no. 3 from F. H. 친구이자 아프간 사람들에게 방금 제공해 준 경기병대가 끄는 포병대이었다. 나는 100야드의 좁은 공간이 있어서 이러한 신이 당연시 여기는 왕국에서 영국 정책과 성과 등에 관하여 그림을 이용한 표현이 어지간히 있을 수 있다고 생각할 수밖에 없었다. Gawrr.[64]

아프간 독립에 관해 영국 외교관들은 자기 모순적이었다. 어떤 면에서, 아프가니스탄의 독립은 상대적이었다. 아프가니스탄이 독립되면서부터 식민국가 대표임을 참조하는 것으로 이해되었다. 동일한 것이 스포츠에 대한 아프간 사람들의 인식에도 적용되었다.

독립기념식 동안, 영사관 외교관들이 스스로가 '기념식의 일원'이 되었다.[65] 카블 주재 영국 영사관은 아프가니스탄의 국제 독립을 위해서 뿐만 아니라 선수 능력에 의해 평가 기준으로 나타났다. '아마추어' 영사관 외교관들과의 경기는 아프간의 국가 선수의 잠재력을 가늠해보는 것으로 설정되었다. 프레이저 타이틀은 1932년 게임에 대해서 '훌륭한 경기 후에 그들은 우리를 테니스에서 물리쳤다고 적고 있다. 우리는 그들이 이것을 할 수 있다고 기대하지 않았지만, 그들은 우리를 공정하고 지속적으로 패배시켰다. 사실상 아프가니스탄은 경기로 오고 있는 중이다. 그리고 이러한 훌륭한 분위기에서 왜 정말 훌륭한 선수를 만들지 못하는 지에는 아무런 이유가 존재하지 않는다.'[66] 이러한 대결들에

August 1942.

64) NAI, External Affairs, 1942, 14-F, D.O. no. 134/41 from F. V. Wylie, 29 August 1942.

65) BL, IOR/L/PS/10/1207, 무관 일기 복사본, British Legation, Kabul, for the week ending 27 August 1927.

관한 교과서적인 활약은 아프가니스탄의 스포츠 발전에 대한 영국의 후견자임을 주장하도록 모색했다. 테니스장에서 영국-아프가니스탄의 대결은. 이러한 경우에, 전문적인 아프간 스포츠의 광범위한 역사에서 개념화될 수 있는 것이다.

외교 담론은 기관 중심에 관한 의미 있는 정도로 특징되어 진다.[67] 독립기념식은 더 광범위해진 아프간 국민들에게 운동 외교기구를 보여주는 *그* 경우이었다. 이러한 경우를 위하여 영국 외교관들은 훈련했고, 종종 부상을 당하기도 했다.[68] 일기의 프라이버시를 보완하면서, 그들은 아프가니스탄의 독립에 도전을 했고, 카블 주재 영국 영사관은 공공 외교의 형식으로 스포츠를 활용했다. 외교 기구들은 아프간 법원과 영사관 등의 친밀성을 초월했다. 두 가지는 국가 외교 관행을 엄격했던 신체적 경계를 대표했다. 대조적으로, 운동장에 대해서, 영국-아프간의 대결은 고령 때문에 신체 게임의 폭력적인 영향으로 특징되어 진다. 다양한 크기와 이중적인 혼합 등에 관한 아프간 관객들 앞에서 아프간 팀들과 경쟁하기 위하여 운동선수의 능력을 활용하려는 노력은 궁극적으로 의미 있는 실패 정도로 특징되었다. 프레이저 타이틀이 어머니에게 보낸 편지에서 적은 (하키) 경기 보고는 이것을 다음과 같이 잘 보여준다.

> 우리는 가능한 한 많이 우리 자신들을 지우려고 노력하는데 주로 연관되어 왔다. . . 선수의 시각으로 보면 우리는 별로 눈에 띄지 않아 왔는데. . . 우리는. . .우리가 카블에 있는 다양한 학교와 기관 등과 그리고 왕, 법원, 외교단과 10만 여명의 군중들 앞에서 충원된 11명의 진짜 하키 선수들을 뛰게 해야만 하는 운동장에 도착을 매우 두려워했다. 한 편을 먹은 타이니 파르웰 Tiny Farwell [무관]은 좋았고, [아서 어니스트]Arthur Ernest Henry 마칸 Maccan [비서], 의사 [헨리 호스 엘리엇], 우리의 사무실 감독관 [스핑크스]

---

66) MECA, GB165-0326, 1/1/5, letter from W. K. Fraser-Tytler, 18 August 1932.

67) Maximilian Drephal, 'Corps diplomatique: the body, British diplomacy, and independent Afghanistan, 1922-47', *Modern Asian Studies*, 6 July 2017.

68) MECA, GB165-0326, 1/1/8, letter from W. K. Fraser-Tytler, 27 May 1937.

> 와 [윌리엄 커 프레이저 타이틀] 등은 예전에 하키를 해 보았지만, 우리들 중 아무도 수년 동안 내 경우엔 17년 동안이나 우리들은 우리 상대방 모두 보다도 나이도 많았다. 그렇지만, 우리는 용감하게 경기했고 상당히 운 좋게 그들과 그럭저럭 비겼다! 그러나 이것은 뒤통수를 치는 악마의 게임이었고 나는 아직도 여기에서 회복되지 않았다. 40세 이후 이것은 적절한 훈련 없이는 이와 같은 어려운 경기를 하는 것이 안전하지 않았다. 아프간 팀은 패배에 대단히 분노했지만, 모두가 우리가 무승부를 만든 것에 내가 만족한다고 생각했다. 왕 [나디르 샤]는 그가 항상 했던 대로 각별히 축하하면서 매우 온화하고 경기 후에 내가 이미 완전히 반 눈이 먼 스핑크스로부터 지독한 매질을 당한 나의 손에 부드럽게 물어 보았다. 나와 동시에 볼을 잡아서 내가 이것을 중지하는 것처럼 말이다. [엘리아 프레이저 타이틀, 윌리엄 커의 부인]은 아나에게 게임 동안 왕은 우리가 했을 때처럼 자신의 편이 공을 넣어도 한 번도 박수를 치지 않았다.[69]

이러한 메시지에는 일정 정도의 과장법이 존재하는데, 이것이 취해진 것으로부터 개인적인 상응조치 때문에 그리고 이것의 익살스러운 차원은 영국 선수 보여주기의 실패를 보호해준다. 잘 훈련된 전문선수들과는 대조되는 아마추어 선수인 영사관 외교관들로 구성되었다. 결과적으로 스포츠의 '신사다운' 개념 추종자들로서 이들의 상대방으로부터 거리를 두었다.[70] 운동장의 외곽에서, 영국 영사관 사이에 지속된 부상에 대한 나디르 샤의 조사는 영국-아프간 관계에서 신체적 친밀성의 정도를 시사하고 전쟁 부상자들을 간호하는 이미지를 떠오르게 한다. 영국 팀에 대한 왕의 박수는 '용맹한' 싸움을 위한 박수 또는 수준 결과의 시각으로 진정한 믿음의 표현 등으로 이해될 수 있다. 프레이저 타이틀이 주장한 바와 같이 말이다. '전체적인 행동은 게임으로부터 렌즈

69) MECA, GB165-0326, 1/1/4, letter from William Kerr Fraser-Tytler, 20 August 1931.

70) 아마추어와 프로 선수 차이에 대한 심층적인 문헌을 위해선, H. Perkin, 'Teaching the nations how to play: sport and society in the British Empire and Commonwealth', *International Journal of the History of Sport*, 6:2 (1989)을 보라.

를 치워버리고 아프간 왕으로 향하게 하는 지극히 왕 다운 행동'이었다고 프레이저 타이틀은 논평한다.[71] 나디르 샤의 군주다운 행동은 아마추어 하키 운동선수와 인도출신 식민지 관리 등에 의하여 적절한 것으로 판단된다. 이처럼 보도에 대한 교과서적인 독해는 아프간-영국 관계 운동에서 정체성의 깊이를 보여주는데 작동된다.

부상 위험, 어설픈 기술과 매우 적절한 상대방 등에도 불구하고, 영국 영사관의 영국-인도 식민지 관료들은 아프간 독립기념식에서 경기를 지속했다. 1939년 프레이저 타이틀은 그의 모친에게 다음과 같이 적고 있다.

> [통]상적으로 영국이 중요한 역할을 합니다. 우리가 아프가니스탄과의 모든 경기에서 늘 이기고 있습니다. 하키와 테니스 등에서 나는 관중들로부터 박수갈채를 받았습니다. 말하자면 시범경기로 코트 전체에 있는 외교단 앞에서 정말 멋있는 [*원문 그대로임*] 아프가니스탄 조와 나와 [패트릭 존] 패디킨 [비서]와 경기를 하는 것 말입니다. 우리가 겨우 이겼고 3세트 중요한 경기에서 우리 둘의 안 좋은 플레이에 관한 매우 불필요한 행동을 하고 말았습니다. 그들이 이겼습니다만, 실질적으로 차이는 딱 두 점 차로 3세트에서 14 대 12 말입니다. 나는 테니스 엘보우 라는 고질병이 있고 나의 팔에 붕대를 감고 두 장소에 가야만 합니다. 그러나 아주 나이 많은 사람이 두 살짜리처럼 코트를 깡충깡충 뛰는 모습을 보는 즐거움은 모두에게 덤입니다. 이것을 할 수 있는 외교단원들 중에 아무도 없습니다. 그러나 물론 테니스는 특히 고위층에서 요구할 수 있는 것은 아닙니다.[72]

결과는 전혀 중요하지 않았다. 영사관의 운동성과는 테니스, 하키, 크리켓과 배구 등을 포함하는 여러 스포츠 분야에서 측정되었다. 예를 들면, 1940년 영사관은 '접전을 편 결과 하키에서 패했고, 우리 조는 테

---

71) MECA, GB165-0326, 1/1/4, letter from William Kerr Fraser-Tytler, 20 August 1931.

72) MECA, GB165-0326, 1/1/10, letter from W. K. Fraser-Tytler, 2 June 1939.

니스에서 승리하여 접전을 편 결과 크리켓에서 패했다. 그래서 명예로 만족했다.'[73]

다양한 출처에서 제공된 이야기에서 강조되는 것은 운동 출전에 첨부된 의미이다. 1928년 크리켓 게임이 시작되면서, 아프간이 승리했고, 영국-인도 팀은 승패를 떠난다는 특별한 목적을 가지고 운동장에 나타났다. 영사관 크리켓 팀의 패배에 대한 험프리스의 실망은 운동을 했었던 자신의 경험뿐만 아니라 '부드러운' 아프간 왕인 아마눌라 칸을 '제국주의 경기' 수단으로 그의 입지를 보여주려는 기대때문에 기원한다.

다른 이야기는 페어플레이에 대한 생각에 맞추어졌다. 경기 패배는 이것이 기존의 스포츠 경기 규범 안에서 행해졌다면서 수용되었다. 예를 들면, 프레이저 타이틀은 모친에게 '[그]들은 우리를 자신들은 어떤 부처의 [전쟁실]과 경기 중이고 실질적으로 모든 아프간 사람이 하나로 경기 중임을 말하면서 불공정한 관행으로 하키에서 우리를 이겼다.'[74] 아프간 운동 팀에 영사관 팀의 패배는 정말 예상치 않았지만, 이것은 실망을 자아냈다. 이것은 잘 짜인 스테레오 타입을 공급했다.[75]

1930년대 동안, 아프간 독립기념식은 지속적으로 국제적인 플랫폼과 '영사관 대 세계'[76]로 고정시킨 게임 등으로 인식되었다. 한편으로는, 남아시아 차원에서, 인도와 아프가니스탄 출신 팀은 지속적으로 순회했다.[77] 예를 들면, 한 아프간 하키 팀이 1934년 초 인도 북부 순회 경기로 봄베이를 방문했고 뉴델리에서 첫 번째 서부아시아 게임에서

---

73) MECA, GB165-0326, 1/1/11, letter from W. K. Fraser-Tytler, 29 August 1940.

74) MECA, GB165-0326, 1/1/5, letter from W. K. Fraser-Tytler, 18 August 1932.

75) 예를 들면 '배반'에 대한 이러한 몇몇 개념들은 인도 군에 너무 견고하게 정립되었다. 이것은 인도 정부국의 일부분을 제공했다. 그들이 군사 분야에서 정규적인 표현을 발견하는 20세기 초까지 이다. 예를 들면, TNA, WO 287/22, military report on Afghanistan, 1925, xvii 이다.

76) B. J. Gould, *The Jewel in the Lotus: Recollections of an Indian Political* (London: Chatto and Windus, 1957), 98.

77) Mangan and Bandyopadhyay, 'Imperial and post-imperial congruence'를 보라.

경기했다.[78] 두 번째 라운드 이벤트는 1938년 카블에서 거행될 예정이었지만 실현되지 않았다. 다른 한편으로 올림픽 경기의 전 지구적인 맥락에서는 영국-아프간 관계의 한계를 넘어서서 영사관 팀의 운동 대결과 관련된 다양한 의미를 확대했다. 프레이저 타이틀의 인식에서, 1936년 베를린 올림픽 경기는 신체적으로 강력한 독일을 보여주는데 일조했다. 그 당시 영국 외교관들은 강력한 독일인과 전문적인 아프간 운동선수들에 대한 그들만의 선수 착취라고 추측해야만 했었다.[79] 한 아프간 하키 팀이 베를린 게임에 참여했다. 올림픽 경기 이후 왕 자히르 샤의 '체력 단련, 수영과 스키' 개인 교사로 아프가니스탄에 왔던 '잘 훈련된 젊은 독일 운동선수에 의하여 수행된 독일 선전의 상호작용을 통하여 프레이저 타이틀은 인상적인 아프가니스탄인의 마음에 깊은 영향을 주었다.'[80] 이에 따라서, 영국 영사관은 '독립기념식 동안 영사관 팀을 하키, 크리켓과 테니스에서 아프간과의 경기를 진행함으로써 지속적인 활력의 조짐을 보여주었[다].'[81] 아프가니스탄에 있는 영국외교관들의 신체가 노쇠해지고 '제국의 경기'가 1930년대 유럽 위기의 맥락에서 틀이 다음과 같이 짜이게 되었다.

---

78) B. Majumdar and N. Mehta, *India and the Olympics* (Abingdon: Routledge, 2009), 23-4. For an earlier reference to Theodore Leighton Pennell and Afghan tour football, J. A. Mangan, 'Soccer as moral training: missionary intentions and imperial legacies', *International Journal of the History of Sport*, 27:1-2 (2010); T. L. Pennell, *Among the Wild Tribes of the Afghan Frontier: A Record of Sixteen Year's Close Intercourse with the Natives of the Indian Marches* (London: Seeley and Co., 1909), 153-67; in 1946, an Afghan football team toured in India: TNA, FO 371/52275, E 2578/66/97, no. 12 from G. F. Squire, 28 February 1946 등을 보라.

79) 또한 A. Mangan, 'Global Fascism and the male body: ambitions, similarities and dissimilarities', *International Journal of the History of Sport*, 16:4 (1999)을 보라.

80) BL, IOR/L/PS/12/1765, unofficial quarterly letter no. 2 from W. K. Fraser-Tytler, 6 October 1939.

81) BL, IOR/L/PS/12/1765, unofficial quarterly letter no. 6 from W. K. Fraser-Tytler, 1 October 1940.

> 나의 정신 나간 위켓 키퍼 실력으로 나는 세 사람을 잡았고 네 명을 출루시킨 아프가니스탄과의 크리켓 게임이 목요일에 열렸다—내가 왜 갑자기 53세 나이에 크리켓을 하는지, 내가 상상도 하지 않은 나의 모든 인생에서 이것을 피한 이후이었지만, 이것은 정말로 훌륭한 경기이다. 종종 통증이 있지만 말이다. 오락이외에, 이것은 정말 훌륭한 선전이라고 생각한다. 우리 주식이 떨어지기 잠깐 전에 여기에서의 느낌은 '이것은 불리한 영국인데. 그들은 게임 이외에 할 것이 없다. 반면에 그들의 조국은 파괴되고 있었다'—물론 독일 선전이지만—그러나 우리는 경기를 계속했다. 그 당시 사람들은 스스로에게 영국이 결국 정말 파괴될 것인지, 그리고 좋은 날 뿐만 아니라 나쁜 날에도 계속 진행하는 이와 같이 호기심 많은 영국인의 정신세계가 존재하지 않는 것인지 등을 물어보기 시작했다. 우리는 외국인에게 매우 이해할 수 없는 존재들이다.[82)]

## 참여에서 관찰까지: 탈 식민국가와 식민주의 렌즈

전체 역사를 통하여, 영사관 하키 크리켓 팀은 영국과 인도선수들로 혼성되었지만, 서류 기록에는 인도인들의 기여에 대해서는 일반적으로 침묵하고 있다. 예를 들면, 프레이저 타이틀에 관한 부분의 연구에서, '영국' 외교단은 유럽 팀으로 나타난다. 팀의 실질적인 구성원들이 숫자가 인도인들이었지만 말이다. 외교기관 역시 주로 인도 출신 관리, 노동자, 재정 담당 등에 크게 의존했다. 인도인, 선수, 외교관 등에 관한 착취는 체계적으로 도외시 되고 무시되었다. 예를 들면, 영사관 하키 팀은 식민주의자와 피식민주의자로 혼성이었고, 식민지 관리들은 1930년대까지 이러한 팀들에 있는 나이가 들고 왜소한 파견인들을 나타낸다 (그림 5.3). 연령과 인종 이외, 계급과 내셔널리즘 등은 팀 구성을 위하여 강력한 결정요인을 제공했다. 계급으로 보면, 식민지 외교관-선수는 좀처럼 '교양 없는' 축구 경기에 참여하지 않았다.[83)] 다양한 종류의 스포츠

---

82) MECA, GB165-0326, 1/1/11, letter from W. K. Fraser-Tytler, 23 August 1940.
83) J. Mills and P. Dime Perkin, 'Teaching the nations how to play'. See also P.

가 자신들의 운동과 정치적 야망 등을 투사할 뿐만 아니라 운동 경기를 통하여 영국 식민지 관리들의 권위를 뒤엎으려는 잘 조직되고 인기 있는 인도 팀들에게 기회를 제공했다.84)

5.3 사진은 외교관과 선수 면에서 뿐만 아니라 유럽인과 남아시아인의 구성요인으로 보는 카블 주재 영국 영사관의 다양성을 보여준다. 영사관 하키 팀에는 선수 복장을 한 관리(특별히 두 번째 줄)들 뿐만 아니라 방문 인도 선수(뒤쪽 2열) 등이 포함 되었다.

영사관 팀에 관한 '인도화indianising 트렌드를 보완해주는 것은 아프간 독립기념식 행사를 위한 인도인 팀 방문이었다. 인도는 1928년, 1932년, 1936년 3회에 걸친 연속 올림픽 하키 경기에서 우승했다. 영사관은 영

Dimeo, 'Colonial bodies, colonial sport: "martial" Punjabis, "effeminate" Bengalis and the development of Indian football', *International Journal of the History of Sport*, 19:1 (2002). o, 'Introduction: empire, nation diaspora', *Soccer and Society*, 2:2 (2001), 14

84) Majumdar, 'Imperial tool "for" nationalist resistance', 398; Perkin, 'Teaching the nations how to play', 148.

사관 운동장에서 인도팀 방문을 초청했는데, '영국' 영사관 선수의 업적을 위하여 이들의 존재를 활용하는 반면에 인도 내셔널리즘의 타당성을 다음과 같이 표출했다.

> 카블에 있는 영사관은 매우 훌륭한 건물이자 정원이다. 여기에 온 젊은 인도인들이 이것을 보고서 장소에 대한 확실한 자부심을 가지는 것은 당연하다. 이것은 그들에게 기회를 제공했다. 간략하게 말하면 영국과의 연계에서 약간의 가치가 존재하는 외국에 어떤 경우에라도 실현시키기 위해서 이다.[85]

카블에 있는 인도 선수들은 영사관에게 수많은 관중 중에 한 사람을 제공했다. 이들의 카블 방문 동안, 아이러니하게도 인도 재정지원에 바탕을 둔 영사관의 제국주의적인 야심의 수동적인 수혜자로 다음과 같이 버려졌다.

> 우리는 오늘 아침 제국을 함께 유지하는 이와 같이 엄청난 조촐한 기념식들 중에 하나를 가지고 있었다. 쿠에타(Quetta) 사람들 팀이 축구경기를 위하여 카블에 나타났고 이들의 매니저가 그들이 존중을 받을 것인지 물어보았다. 그들이 오전 11시에 도착했고 14명의 입이 젊은 동료들과 한 명의 멋진 책임자와 연결되었다. 우리는 그들에게 최고인 집과 정원을 보여주고 차와 케이크 그리고 과일 등을 제공했고 그들은 눈이 커지면서 먹었고 유리 금속으로 된 사각형 판 식당, 그들이 예전에 전혀 보지 않았던 물건과 은 등을 놀 란 표정으로 바라보았다. 그들은 12시에 떠났고 우리는 안도의 한숨을 쉬었고 일상적인 일로 되돌아 왔다.[86]

식민지 외교관-선수들이 특별관람석에서 은퇴하기 때문에, 경기에 대한 이들의 초점이 참가에서 관람으로 이동했다. 남아시아 선수—인도와 아프간—뿐만 아니라 아프간 정치인 모두가 아프간 독립 경기에 대한

---

85) MECA, GB165-0326, 1/1/8, letter from W. K. Fraser-Tytler, 3 June 1937.

86) MECA, GB165-0326, 1/1/11, letter from W. K. Fraser-Tytler, 23 August 1940.

헌신적 연례 파견에 대해서 지속적으로 식민지적인 시선이 따르게 되었다.[87] 한 정치인은 아프간 전쟁 장관인 샤 마흐무드였다. 와일리가 그를 '인도 하키와 축구 팀 방문으로 자신들의 경기에서 승리한 후에 나무 딸랑이를 잃어버렸던 애기'라고 묘사했지만, 그는 '유쾌하게 다시 한 번 행복하게 바라보던'—간호사가 꼭 나무 딸랑이를 되돌려 받은 그런 아기처럼, 와일리를 포함하는 영사관 테니스가 다음 날 더블 스코어 차이로 패배했을 때였다.[88] 스콰이어는 전임자의 평가를 그대로 따라 했지만, 아프간 대표에게로 일반적으로 다음과 같이 확대했다.

> 이것은 그 [샤 마흐무드]는 이와 같인 비참한 패자인 것은 정말 비참하고 이들 팀이 항상 승리해야만 하는 전쟁 부처 아래로부터 모든 아프간 인들의 입장에서 유치한 바람 덕분에 경기 가치를 평가하는 것은 어렵다. 방문 팀의 실력에 패배 결과는 승자에게는 매우 불유쾌한 것처럼 보이고 페샤와르 출신 아프간축구클럽이라는 원 팀(one time)한 [1943년] 경기들 중 하나에 충분히 승리하리라는 것은 경솔하다.[89]

스콰이어의 글은 식민지 레토릭rhetoric에 관한 가부장적인 레퍼토리 안으로 깊숙이 파고든다. 아프간의 스포츠맨십sportmanship과 스테이트맨십statemanship 둘 다는 동시발생적으로 의문이 제기되었다. '상당한 스포츠 정신' 부족은 도덕적인 엔터프라이즈로 스포츠뿐만 아니라 어린이에서 청년까지 독립 아프가니스탄으로의 전환을 설정했던 식민지의 행동규범을 마지못해서 아프가니스탄의 수용을 제안했다. 인도에서, 영국 식

87) NAI, External Affairs, 1945, 651-F, D.O. no. 322/41 from G. C. L Crichton, 4 August 1945; NAI, External Affairs, 1946, 540-NWA, no.57 from G. F. Squire, 3 August 1946; TNA, F0 371/63247, F 12439/9774/97, no. 79 from G. F. Squire, 30 August 1947.

88) NAI, External Affairs, 1942, 14-F, D.O. no. 134/41 from F, V. Wylie, 29 August 1942.

89) NAI, External Affairs, 1943, 637-F, D.O. no. 322/41 from G. F. Squire, 4 September 1943.

민관리들은 스스로를 게임의 '확산자'이거나 '전향자'로 여겼다.[90] 대조적으로, 아프가니스탄은 식민지 스포츠의 도덕적 엔터프라이즈가 아프간인들 운동 대결에서 인도인들을 채용함으로써 전시할 수 있는 장소로써 나타났다. 그렇지만, 스포츠의 도덕적 엔터프라이즈의 실패를 위한 책임은 인도출신의 식민지 주인master들이 아니라 아프간 스포츠 선수와 국가 대표 등에게 책임을 맡겼다.[91] 또한 영사관 팀의 패배의 현실로부터 다른 곳으로 돌렸다. 성문과 불문으로 된 게임 규칙에 대한 지지 실패는 무법 개념에 반향을 일으켰다. 와일리가 '연례행사'로 독립기념식을 언급하기 때문이었다.[92] 1945년 게임은, 크라이튼G. C. I. Crichton의 언급에서, '승리하기 위한 아프간 팀(과 그들의 심판)에 관한 평소보다 예민함'으로 특징되어진다.[93] 식민지 관리를 관찰하면서 준거는 아프간 심판의 편파 판정을 부정한다. 운동장을 통제하기 위한 아프간 무능력에 관한 암시된 내용은 또한 아프간 독립에 대한 와일리의 의문과 상응했다. 국가 인용부호로 언급했다. 험프리가 1920년대 초 했던 것처럼 말이다. 더욱이, 스포츠에서 아프간의 행동은 스콰이어를 인도에서 식민 지배 혜택을 위한 사례를 만들도록 이끌었다. 그는 모범적인 신사적인 스포츠맨십으로 국가건설에서 탁월성의 식민지 신화를 만들었는데, 두 가지는 식민지와 이 경우에 '준-식민지' 사회를 위한 긍정적인 역할 모델

---

90) A. Guttmann, 'The diffusion of sports and the problem of cultural imperialism', in E. Dunning and D. Malcolm (eds), *The Development of Sport*, vol. 2, *Sport: Critical Concepts in Sociology* (London: Routledge, 2003), 343–56; Mangan (ed.), *Pleasure, Profit, Proselytism*; Mangan, *The Games Ethic and Imperialism*를 보라.

91) 또한 K. Moore, '"The warmth of comradeship": the first British Empire Games and imperial solidarity', *International Journal of the History of Sport*, 6:2 (1989), 246, 248; Majumdar, 'Imperial tool "for" nationalist resistance', 396–7를 보라.

92) NAI, External Affairs, 1942, 14–F, D.O. no. 134/41 from F. V. Wylie, 29 August 1942.

93) NAI, External Affairs, 1945, 651–F, D.O. no. 322/41 from G, C. L. Crichton, 4 August 1945.

제공을 다음과 같이 모색한다.

> 특히 북서지역주 (현재 파키스탄) 출신 인도인들은 아프간 인들과 밀접 접촉을 하면서 독립기념일 동안 카블에 이 사람들은 아무도 없었다는 것은 모국을 위한 독립에 예민해 질 가능성이 높다. 이것은 그들을 위한 아프간 환경처럼 모든 것을 의미한다면 말이다.[94]

## 결론

1919년 이래로 아프가니스탄에서 스포츠를 바라보았던 영국-인도 관리들을 통한 식민주의 렌즈는 1947년 8월 변화를 하지 못했다. 잘 짜인 식민주의 특성은 '전투적이고, 성질이 더럽고 흥분을 잘하는 파탄인 Pathan, 파기스탄 서북부에 사는 종족의 성질로 보는 아프간 사회를 설정했다.[95] 예전 영국의 인도통치 종식을 목도하고 아프가니스탄 주재 영국 초대 대사로서 그의 재임기간 마지막이 가까이 되면서, 스콰이어는 예전 식민국가들 사이에서 국제관계의 채널로서 스포츠의 유용성에 의문을 다음과 같이 제기했다.

> 모든 국제경기에서처럼 이러한 게임들이 정말로 관계를 개선하는데 도움이 되는지 상호 시기와 악감정 등을 오히려 이해하지 않으려는 경향이 있는지는 의심이 된다. 승리하려는 아프간의 바람은 과거에 수상 이래로부터 오는 관리입장에서 약간은 유치한 성질과 심지어 아프간 상대방을 패배시기 위한 만용을 가지고 있었던 모든 팀의 희생양 등으로 이끌어 왔다.[96]

---

94) NAI, External Affairs, 1943, 637-F, D.O. no. 322/41 from G. F. Squire, 4 September 1943.

95) J. A. Mangan, 'Christ and the imperial playing fields: Thomas Hughes's ideological heirs in empire', *International Journal of the History of Sport*, 23:5 (2006), 783.

96) BL, IOR/L/PS/12/1669, no. 104 from G. F. Squire, 1 September 1949.

인도 방문 팀인 '우리는 1944년 잘 대접받았고 진정한 아프간인의 환대를 받았던' 반면에, 1948년과 1949년 게임은, 스콰이에 따르면, '국제적인 환영을 거의 증진시키지' 않았다. 파키스탄과 인도 팀 등이 심각하게 불리했기 때문이었다.[97] 영사관 팀의 참가가 절대로 의심을 받지 않은 반면에, 신흥 탈 식민국가 선수 대결은 운동장에서 예전 식민주의 주인의 지도 사례 부재 속에서 부작용으로 나타났다. 스코이어의 평가는 인도 식민 제국와 카블 주재 영국 영사관 역사 등에 관한 우울한 회고에 의하여 왜곡되었다. 이것은 1948년 영국 대사관으로서 재정립되면서 다음과 같이 결론 내려졌다.

> 그 당시 나는 이러한 문제들 중에 여섯 개를 목도했지만 모든 눈에 띄는 진전은 이 시기 만들어졌다고 생각하지 않았다. 물론, 매우 현저하게 만드는데 익숙했던 영국영사관은 그 당시 우리의 그림으로부터 완전히 사라지게 되었다. 이것은 행사를 위하여 과거 분리되지 않은 인도로부터 나오는데 익숙해진 몇 가지 조치로 하키와 축구팀을 책임졌던 우리들이다. 주요 스포츠 이벤트들 중에 두 가지는 아프가니스탄 대 영국 영사관의 테니스와 축구 경기이었다. 테니스 선수와 다른 외교공관의 숫자와 규모의 증가 등을 발견하기 위한 아프가니스탄의 무능력은 3년 전인 예전에 개조한 가든파티로 이끌었다. 영사관 하키 팀은 불가피하게 1947년 인도 독립 이후에 종식되었다.[98]

스콰이어의 언명에서 임무적인 요인은 틀림없다. 영사관에 기독교 숭배의 촉진자로서 스콰이어의 신임장을 부여한 것은 놀랄만한 일이 아니었지만 말이다.[99] 스콰이어는 신에 대한 관심과 '강력한 기독교도'와 함께 게임 등을 공유했다. 영국-인도 식민지 관리들은 인도와 아프가니스탄 간의 촉진된 운동 접촉은 아프가니스탄 독립기념식에서 영국 외교관들의 연관되면서 재정립을 시사하는 것이다. 이것은 이들의 적극적

---

97) NAI, External Affairs, 1944, 528-F, no. 69 from G. F. Squire, 5 August 1944.
98) BL, IOR/L/PS/12/1669, no. 104 from G. F. Squire, 1 September 1949.
99) 'Sir G. Squire: ambassador and churchman'.

인 참여로 시작되어 왔다. 이러한 발전의 종식은, 예전 식민지 국가들의 행동이 정치적 정통성에 의하여 설정되었다.

주, 사회와 국가 등으로서 아프가니스탄의 환경은 아프간 팀, 선수와 운동선수 등의 행동에 반하는 것으로 측정되었다. 영사관에서 작성된 아프간 독립기념식에 대한 보도는 영국-인도 임무단은 스포츠와 도덕적이고 윤리적인 양식을 독립된 아프가니스탄 안으로 확산 시켰음을 의미했다. 운동장에서 아프간의 '스포츠 정신' 퇴조는 식민국가의 종식과 동시에 일어난다. 게임의 규칙을 강화하는 능력은 스스로를 통제하기 위한 예전 식민국가의 역량에 관하여 식민주의자들의 의심과 동일시되었다. 아프가니스탄 스포츠에 관하여 카블 주재 영국 영사관에 의하여 설정되고 간파된 식민지 프레임워크는 1947년 본장의 다른 독립에 관한 임시의 문턱을 넘어서서 살아남게 되었다. 1973년 아프가니스탄에 관한 널리 출판된 모노그래프에서 루이스 뒤프리Louis Dupree는 친숙한 식민지 용어로 스포츠에서 아프간 인의 행동을 다음과 같이 언급했다. '양 스포츠에서, 엄혹하고 내부 지향적이고 집단지향 사회의 산물인 그들은 외부로부터 유입된 전통적 또는 현대 스포츠 이던 간에, 아프간 인은 이기려고 플레이한다.'[100] 2014년, 1959년부터 카블 주재 '오리엔탈 비서'인 니콜라스 배링턴Nicholas Barrington은 연례 테니스 토너먼트를 코트의 부족 때문에 '아프가니스탄 챔피언십'으로 간주했는데, '영국-인도 식민지 관리들이 게임'을 1947년 이전 아프간 독립기념식 동안 영사관의 활동과 균형을 맞추는데 활용되어 온 패권적 용어에 반향을 이루는 데 '기막힌 나의 영역' 선택에 관한 그의 주장이다.[101]

---

100) L. Dupree, *Afghanistan* (Karachi: Oxford University Press, 1997), 224.
101) N. Barrington, *Envoy: A Diplomatic Journey* (London: I. B. Tauris, 2014), 22.

제6장

# 우호는 연대이다:
## 1962년 중국 탁구팀이 아프리카를 방문하다*

아만다 슈만 *Amanda Shuman*

> 이들[가나]에서 아프리카 선수들에게는 커다란 약속이 있습니다. 어느 날, 머지않아, 그들은 탁구로 세계를 놀라게 하고 박수를 받을 것입니다.
>
> 롱 구오탄Long Guotan, 중국 최초 세계탁구 챔피언,
> 1962년 팀의 아프리카 방문[1]

오늘날 수많은 사람은 1970년대 초 미중 관계를 해빙시키는데 도움을 준 소위 '핑퐁외교'에 대해서 알고 있다.[2] 중국 지도부가 이미 20년 전부터 핑퐁을 포함하여 외교에 스포츠를 활용하는 경험을 가지고 있었음을 아는 사람은 거의 없다. 1949년 중화인민공화국PRC수립 전에 수십여 년 동안 세계무대에서 자국 선수들의 성과를 통하여 중국을 대표

* 나는 본장에 대한 통찰력 있는 논평을 해준 매기 그린Maggie Greene, 척 크라우스Chuck Kraus, 헤더 디커터Heather Dichter와 시몬 로페Simon Rofe 등에게 고맙다는 말을 전한다. 초고에 대한 중요한 피드백을 주신 매트 존슨Matt Johnson에게 특별한 감사를 표한다. 나는 또한 가나 신문 기사들을 현지 복사해준 클레어 니콜라스Claire Nicolas의 도움에 고마움을 전한다.

1) Rong Guotuan, 'African tour', *China's Sports*, 4 (1962), 8.

2) 이러한 유명한 시기에 관한 최근의 설명으로는, Nicholas Griffin, *Ping-Pong Diplomacy: The Secret History Behind the Game That Changed the World* (New York: Scribner, 2014), especially 'Part three: East meets West', 165-234를 보라.

하는 것이 중국에선 공식적인 바람이어 왔다.3) 그렇지만, 중국의 리더십은 지국의 광범위해진 국내외정책 목표를 위하여 국제스포츠를 처음으로 활용하였다. 1950년대 중국은 대만과 스포츠와 여러 분야에서 승인을 위하여 투쟁을 벌이면서, 스포츠는 새로운 사회주의 국가에게 정통성을 부여하고 소련이 주도하는 세계에서 자신의 자리를 공고화하려는 데 주목받는 분야가 되었다. 중국 지도자와 미디어 등은 '형제 국가들'xiongdi guojia간에 점증하는 우호와 연대의 증거로서 사회주의 블록과 '소련 등으로부터 배우자'에 초점 두는 교류를 홍보했다.4)

그렇지만 1950년대 말까지, 정치적 파고는 뒤집어지기 시작했다. 롱 구오탄이 1959년 세계탁구선수권대회에서 남자 단식 우승을 차지했다—세계 모든 세계챔피언십에서 우승한 중국 최초의 선수—그는 엄혹한 시기에 국내외 유명 인사가 되었다.5) 중국은 15년 안에 영국의 생산

3) 앤드류 모리스Andrew Morris와 쉬궈치Xu Guoqi 등은 20세기 초반에 국제스포츠에서 중국의 이익이 어떻게 세계에서 국가이미지를 제고하기 위한 희망으로부터 나오는 지를 보아 왔다. Andrew Morris, *Marrow of the National* (Berkeley, CA: University of California Press, 2004); Xu Guoqi, *Olympic Dreams: China and Sport, 1895-2008* (Cambridge, MA: Harvard University Press, 2008).

4) '소련으로부터 배우자'라는 공식정책의 일환으로서, 중국 스포츠계는 빈번하게 스포츠 교류를 통하여 소련과 소련이 주도하는 사회주의 블록 등과 상호교류를 했다. Amanda Shuman, 'The Politics of Socialist Athletics', PhD dissertation, University of California Santa Cruz, 2014, 91-112.

5) 롱이 '조국에 영광'을 보냈던 공식 중국 미디어에서 일상적인 주장에 더해서, 런던에 있는 데일리 미러는 Griffin, *Ping-Pong Diplomacy*, 86에서 '사실상 하룻밤 사이에' 국가가 이룩한 이러한 스포츠 '기적들 중'에 하나로서 롱의 업적을 인정했다. 그렇지만, 롱은 평범한 운동선수가 아니었다. 광동 근처에 있는 홍콩시 출신 가정에서 태어났고, 중국 지도부는 그를 새로운 사회주의 국가를 위하여 핑퐁선수를 하기 위하여 1950년대만 유일하게 본토로 불러들였다. 1950년대, 롱과 같은 선수들에게 부과된 임무—그 중에 다른 사람들도 존재했음—는 중국인으로 돌아오는 것이었다. 중국을 위해서 선수생활을 하겠다는 롱의 결정은 아마도 일련의 우연 사고에 의해서 다음과 같이 영향 받았을 것이다. 지도층에 있는 허룽He Long과 진의Chen Yi 등은 그에게 한 가지 제안하기 위하여 사적인 모임을 가졌다. 홍콩 출신의 또 다른 유명한 선수이자 동료인 장융닝Jiang Yongning이 이미 광조우에 있었고 두 사람은 문제를 논의하기 위하여 만났다. 마지막으로 롱이 최고 선수임에도 불구하고, 홍콩 팀은 그를 다가오는 아시아 선수권대회에 선발하지 않았다. Griffin, *Ping-Pong Diplomacy*, 77-82.

력을 뛰어넘겠다고 선언한 모택동에 의하여 1958년 시작된 강력한 정치 경제 사회운동이었던 대약진 운동이 한참이었다.[6] 중국에서 정부가 후원하는 스포츠는 1950년대 중반 확산되어 왔는데, 1959년 10월 북경에서 열린 초대 중국전국경기대회에서 정점을 이루었다. 국경일 축하행사와 동시에 이루어진 이 경기는 공산당 통치 하에서 10여년 간의 발전을 보여줄 작정이었다. 중국 스포츠 지도자들은 롱 구오탄의 우승은 신생국가 시스템의 주요 성과를 대표한다고 주장했다. 즉, 그는 중국 국경선을 넘어서 확대되는 사회주의 성공에 대한 긍정적인 이미지였다.

2년도 안되어서 재정적 재앙과 만연한 기근에 직면해서, 중국 지도부는 대약진 캠페인을 철회했다. 모택동은 류사오치Liu Shoqi(모의 2인자), 저우언라이Zhou Enlai와 덩샤오핑Deng Xiaoping 등이 국내 성장에 대한 매우 실용적인 접근방법을 이어받으면서 후퇴했다.[7] 전국적으로 시행된 긴축 조치들은 스포츠 프로그램 재정 지원이 고갈되었음을 의미했다—롱 구오탄과 같은 최고 선수들에게는 예외이었다. 중국 외교정책에서 주요 변화가 일어났는데, 중소관계의 악화, 신생 탈 식민 국가들과의 외교관계 수립 그리고 다양한 아프리카-아시아 연대 운동에의 참여 부상 등을 포함한 것이다. 중소경쟁이 3세계에서 시작되었는데, 양국은 전 세계적으로 인민해방투쟁에서 우선권에 영향 주고 획득하기 위하여 결정을 할 작정이었다.[8] 중국은 무일푼이었지만, 중국 지도자들은 신생 동맹국들과의 관계구축을 결정한 반면에 이데올로기적으로 우월한 사회주의 모델로서 중국을 자리매김하고 스포츠가 이것을 달성하는데 도움을 줄 것이라고 생각했다.

---

6) R. Macfarquhar, *Origins of the Cultural Revolution Volume 2: The Great Leap Forward, 1958-1960* (New York : Columbia University Press, 1983), 16-17.

7) Lorenz Lüthi, *The Sino-Soviet Split: Cold War in the Communist World* (Princeton, NJ: Princeton University Press, 2008), 194

8) Jeremy Friedman, *Shadow Cold War: The Sino-Soviet Competition for the Third World* (Chapel Hill, NC: University of North Carolina Press, 2015).

이에 따라서 중국 지도자들은 중국의 이미지를 개선하고 오늘날 '소프트 파워'라고 불릴 수 있는 것을 행사할 목적으로 1960년대 명백하게 스포츠 외교의 형식에 관여했다.[9] 중국은 운동선수와 스포츠 지도자 등에게 '문화적 매력, 이데올로기와 국제기구' 등을 통하여 중국의 긍정적인 이미지를 전달하고 '타자의 시선으로' 사회주의 발전의 대안 모델을 정당화하려고 작정했다.[10] 중국 스포츠 외교는 또한 중국의 소프트 파워 확산을 목적으로 하는 공공외교의 형식이었다. 리더십은 스포츠 팀에 관한 외국 미디어의 보도뿐만 아니라 경쟁과 시범경기 등을 위한 많은 관중을 모이게 하는 것은 '외국 사회에서 폭넓은 의견에 영향을 주었다'고 믿었다.[11] 선전 노력의 정점은 신흥국경기대회GANEFO 운동과 함께 시작되었는데, 3세계 지도국으로서 중국의 지정학적인 위상을 공고히 하려는 시도로 스포츠에서 국제올림픽위원회 주도에 대한 중국-인도네시아가 후원하는 도전이었다.[12]

그렇지만, 이와 같은 메가 이벤트보다도 매우 일반적인 것은 국가가 지원하는 스포츠 대표단 방문이다. 스포츠 지도자와 룽과 같은 최고 선수 등이 진짜 외교관으로 활약했다. 이것은 1950년대와 1960년대 국

---

9) 1990년 조셉 나이Joseph Nye가 만들어 냈고 이어진 논문과 교재 등에서 정교화 된 '소프트 파워' 개념은 시민사회를 가지고 있는 자유주의 국가들이 어떻게 '강압 또는 보답 등 보다는 오히려 설득과 매력' 등을 통하여 타국에 영향을 미치는 것으로 설명하는데 사용되어 왔다. 그렇지만, 이 용어는 중국에서도 최근 유행되어 졌다. 나이 자신은 북경올림픽과 중국 소프트 파워의 형식으로서 공자학원과 같은 프로그램 등을 설명한다. 반면에 그는 이러한 소프트 파워도 시민사회 없이는 성공할 수 없다고 확신을 지속적으로 하기 까지 한다. Joseph S. Nye, Jr, 'China's soft power deficit', *Wall Street Journal*, 8 May 2012, www.wsj.com/articles/SB10001424052702304451104577389923098678842에서 이용할 수 있습니다 (2016년 4월 13일 접속).

10) Joseph S. Nye, Jr, 'Soft power', *Foreign Policy*, 80 (1990), 153-71, 167.

11) Jan Melissen, 'Beyond the new public diplomacy', Netherlands Institute of International Relations, Clingendael Papers 3 (October 2011), 9.

12) Amanda Shuman, 'Elite competitive sport in the People's Republic of China 1958-1966: the Games of the New Emerging Forces (GANEFO)', *Journal of Sport History*, 40:2 (2013).

제 스포츠에서 중국의 연관에 특히 딱 맞아 떨어졌다. 이것은 적은 규모의 스포츠 경기와 사절단 방문은 거의 배타적으로 진화되었다.[13] 중국 시민의 해외여행이 엄격하게 통제받을 시기에서, 국가스포츠위원회와 중국 외무성 등은 중국 스포츠 사절을 해외에 보내고 중국으로 외국 사절을 받아들이는 것을 함께 했다. 공식 스포츠 방문 동안 만들어진 많은 공식 문서는 중국에 대한 중국의 더 커진 외교의 중요성에 대해서 언급한다.[14] 리더십에 관해, 이들은 중국의 영향력을 확대하는 외교적 목표를 위하여 리더들을 모을 때 큰 성공을 거두거나 혹은 성공하는 것처럼 보일 수도 있는 것이다.

중국과 1960년대 탈 식민 국가들 간에 스포츠 사절 방문은 효과적인 관계를 강조했던 외교형식으로부터 수행되었다. 방문의 목적은 '우호'를 맺으려는 것이다—'국민 외교'의 우산 아래에서 더 나은 전략적 정치 관계를 양성하기 위한 암호 용어. 이것은 직접적인 국민 접촉을 통하여 가능한 많은 우군을 만드는 것도 포용한다. 반면에 또한 적대를 노출하고 중국을 진흥하는 것이다.[15] 이러한 방문들은 관련 국가들 사이에서 정서적인 연대를 강화함으로써 정치 연대 강화를 모색했다. 반

13) 중국과 소련 그리고 사회주의 블록 간의 스포츠 방문은 1950년대 내내 빈번했다. 중국의 경우에, 리더십은 새로운 국내 스포츠 정책과 중국 본토 인민들을 위하여 사회주의 연대의 이미지 등을 진작시키기 위하여 이러한 많은 방문들을 홍보했다. 이러한 것들은 기술적인 전문지식과 지식 등의 교류가 있다는 매우 상식적인 이해에 더해져서 말이다. Amanda Shuman, 'Friendship and fraternal ties: learning from the Soviet Union and building the People's Republic of China through sport in the early 1950s', *The Whole World Was Watching: Sport in the Cold War* (Stanford: Stanford University Press, 근간).

14) 몇몇 문서들—내가 본장에서 활용하고 있는 것—은 북경에 있는 중국 외교부에 있다. 10년 정도 몇몇 파이들을 공개했다가 2014년 즈음 대중에 공개를 재차 금지했다. 이것은 중국 사절단의 외국으로의 여행에 관한 조사를 어렵게 만든다. 그렇지만, 중국을 방문한 외국 사절단에 관한 문서는 사절단이 여행했던 지역에 있는 다양한 광역 기초정부 문서고에서 찾아볼 수 있다.

15) Anne-Marie Brady, *Making the Foreign Serve China: Managing Foreigners in the People's Republic* (Lanham, MD: Rowman & Littlefield, 2003), 1, 23.

면에 지도자들이 바랐던 중국 사회주의 브랜드 과시는 이와 같은 새로운 '친구'들에게 호소하려는 것이었다. 그중에서도, 이 브랜드는 자본주의에 대항하는 투쟁을 넘어선 제국주의와 자본주의에 대한 억압받은 민중의 혁명투쟁으로 갖다 놓는 것을 천명하는 것이다.16) 중국 지도자들은 저개발국인 아프리카와 아시아 국가들은 개발에 관한 중국의 대안적인 (비 소련) 사회주의 궤적으로부터 교훈을 얻을 수 있다고 굳건하게 믿었다. 즉, 그들은 3세계에서 소련에 대한 주도를 행사하려는 노력으로 개인적인 영향력을 구축하려는 중이었다.

중국에서, 1960년대 스포츠 사절 방문도 항상 동시 발생적으로 국내외 정책을 강화하는 것이었다.17) 국내 미디어에서 방문에 관한 공식적인 프레이밍—통상적으로 중요한 정치 지도자와의 만남과 리셉션 등을 보도하고 언제나 '따뜻한' 우호 관계를 칭송하는—은 명백하게 일반적인 독자에게로 향하도록 했다. 중소분쟁 시, 이러한 방문은 새로운 '친구' 간에 세상에서 중국 위상에 관하여 중국 인민들에게 가르치고 중국만의 사회주의 길에 관한 초기의 성공을 과시하려는데 사용되었다.

스포츠와 중국 공산당의 세계에 관한 이해 간에 관계의 간략한 배경에 이어진, 본장의 나머지는 1962년 봄 중국 핑퐁 팀의 여러 아프리카 국가(가나, 기니, 말리, 수단, 그리고 이집트 아랍공화국) 순회에 관한 사례연구를 제공한다.18) 중국 외무성으로부터 비밀해제 된 전보와 보고서, 뿐만 아니라 공식 미디어 등은 중국 지도부가 어떻게 정치적 유대를 강화하고 중국의 긍정적인 이미지를 지탱하도록 서 아프리카로 파견되는 이와 같이 어떻게 최초의 스포츠 사절을 활용했는지를 보여

---

16) Friedman, *Shadow Cold War*, 1.

17) Jeanne L. Wilson, 'Soft power: a comparison of discourse and practice in Russia and China', *Europe-Asia Studies*, 67:8 (2015), 1171-202, 1193. 윌슨이 적시한 바와 같이, 나이는 '소프트 파워'를 이것 또한 국내정책으로 이해하는 중국보다는 오히려 외교정책의 도구로서 이해한다.

18) Between 1958 and 1971, 이집트는 아랍 에미리트 공화국으로 알려져 있었다.

준다. 몇몇 학자들은 공공외교는 선전과는 구분되는 것이라고 주장해 왔다. '선전은 관계 구축에. . . 아무런 의미가 없는 형식에 무관심하기 때문이다.'[19] 아직도, 이 사례연구가 보여주는 바와 같이, 중국은 '그들의 초청국과와 공통분모를 찾으려는' 방식을 통하여 의미 있는 관계를 조성하는데 관련한다.[20] 공식 중국 미디어뿐만 아니라 방문에 관한 외무성의 요약 보고서 등은 중국 지도부가 스포츠를 통하여 외교적인 노력을 측정하고 이해하는 방식을 보여 주었다—종종 매우 구체적인 방식이지만, 효과적인 관계 구축의 이름으로 매우 자주 말이다. 더욱이, 중국 지도부는 공공외교와 선전의 구분을 하지 않았다. 외국에서 핑퐁팀의 인기와 성과 등은 공식적으로 우월성과 아프리카에서 개화하는 중국 사회주의 영향력의 증거로 그려졌다. 반면에 스포츠 기술에 관한 팀의 교류와 비스포츠 활동 참가는 진정한 정치적 연대감을 나타내는 점증하는 '우호'의 증거로 선전했다. 요약하면, 중국 지도자들은 방문을 굉장한 외교선전의 성공으로 간주했다.

## 스포츠를 통한 중국의 세계무대 위상 정립

모택동 시기1949-76 스포츠 발전은 세계에서 중국 위상의 이해에 관한 공식적인 변화와 밀접하게 연계되었다. 중국 공산당 지도자들은 자국을 유사한 역사적 배경을 지닌 타국과 외국인들로 구성된 글로벌 공동체에 속하는 것으로 이해했다. 식민주의와 제국주의에 대항하는 투쟁에 관련된 모든 사람—'3세계'로서 2차 문헌에 자주 설명된 하나의 공동체로 말이다.[21] 1955년 반둥Bandung회의 이후 특히 사실이지만, 이러한 생

19) Melissen, 'Beyond the new public diplomacy', 8.

20) Brady, *Making the Foreign Serve China*, 14.

21) Alexander Cook, 'Third World Maoism', in T. Cheek (ed.), *A Critical Introduction to Mao* (New York: Cambridge University Press, 2010), especially 288-9; Arif Dirlik, 'Spectres of the Third World: global modernity and the end of the

각의 기원은 중화인민공화국의 설립보다 먼저 형성된다.[22]

1940년 초, 모택동은 예전 식민지와 준-식민지 국가들의 이행 과정을 사회주의로 안내할 수 있는 '3세계 발전' 모색을 주창했다.[23] 이러한 이행기의 '신민주주의' 국가는 부르주아 또는 자본주의 독재자 단계를 건너뛰고 모든 혁명 계급의 프롤레타리아트가 주도하는 합동 독재자가 주조하는 사회 안으로 직접 움직임으로써, 소련에서 발견되는 것과는 다른 것이었다. 그렇지만, 모택동은 또한 중국 공산당은 성공하기 위하여 소련의 원조를 필요로 한다고 주장했다. 이에 따라서, 중국이 성립된 처음 몇 년 동안, 중국 공산당은 동시에 '한 쪽으로 치우친다는' '공식 정책 하에서 소련으로부터 학습'을 진흥했던 '신민주주의' 프로그램을 수행했다.[24] 1950년대 중반 중국 스포츠 프로그램의 발전과 스포츠 교류 등은 신민주주의의 목표 충족을 모색했다. 반면에 또한 중국에서 소련이 불어 넣은 스포츠 프로그램을 채택했다.[25] 1950년대 말, 모택동이 스탈린 격하에 관한 흐루시쵸프의 정책에 지속적으로 환멸을 느끼면서, 중국은 소련으로부터 이탈하여 스포츠 세계에서 중국 사회주의 모델을 창조하는 방향으로 나갔다.[26] 대약진운동이 1958년에 시작

Three Worlds', *Third World Quarterly*, 25:1 (2004).

22) Cook, 'Third World Maoism', 289.

23) Mao Zedong, 'On new democracy', January 1940, www.marxists.org/reference/archive/mao/selected-works/volume-2/mswv2_26.htm 에서 이용할 수 있습니다 (2014년 9월 1일 접속).

24) 이러한 정책은 소련을 국제사회주의 운동의 지도자로 받아들였고 외교문제에서 중소 동맹을 제공했다. 이것은 또한 예술, 문화, 교육과 과학 등과 관련된 수많은 중국의 국내정책에 소련의 원조를 포함했다. T. P. Bernstein and H. Y. Li (eds), *China Learns from the Soviet Union, 1949-Present* (Lanham, MD: Lexington Books, 2011); Lüthi, *The Sino-Soviet Split*, 31-3; Shen Zhihua and Li Danhui, *After Leaning to One Side: China and Its Allies in the Cold War* (Washington, DC and Stanford, CA: Woodrow Wilson Center Press; Stanford University Press, 2011), 118.

25) Shuman, 'The politics of socialist athletics', 46-51.

26) Lüthi, *The Sino-Soviet Split*, 46-7

될 때까지, 소련이 제시했던 모델이 잔존했지만, 중국 지도자들은 스포츠에서 자신들만의 길을 갈 것을 결정했다.[27]

이러한 발전과 병행해서, 1955년 반둥회의는 최근 탈식민지국가들과 3세계 국가들의 신흥 글로벌 공동체에 목소리를 내었다. 이러한 회의에 대한 최근의 연구는 크리스토퍼 리Christopher Lee가 '공동체 의식'이라고 불러 왔던 것을 창출하면서 자신들만의 정서로 구축하면서 참가국들 사이에서 연대감 강화에 도움을 주는데 최상의 의미를 특히 강조해 왔다.[28] 제국주의와 식민주에 대항하는 역사적 경험의 공유 의식을 통하여 근본적으로 (그리고 종종 유일하게) 통합된다면, 참가국의 지도자들은 스스로를 위한 새로운 기구 창설을 모색했는데, 비동맹운동과 아프리카-아시아 인민연대 기구AAPSO 등이다.[29] 중국 리더십은 이러한 것들의 발전에 일찍부터 관심을 가졌다고 고백했다. 저우언라이 수상은 반둥 회의 폐막 연설에서 협력은 가능하고 성과는 '우리 아시아와 아프리카 인민들은 동일한 운명과 동일한 바람을 공유하기 때문'에 단순하게 만들 수 있다고 주장했다.[30] 1950년대 말에, 중소관계가 긴장이 높아졌고 대약진 운동이 시작되면서, 중국정부는 신생독립 아프리카 국가

27) Shuman, 'The politics of socialist athletics', 200-34.

28) Christopher J. Lee, 'Introduction: between a moment and an era: the origins and afterlives of Bandung', in C. J. Lee (ed.), *Making a World After Empire: The Bandung Movement and its Political Afterlives* (Athens, OH: Ohio University Press, 2010), 25.

29) Lee, 'Introduction', 25-6; Odd Arne Westad, *The Global Cold War: Third World Interventions and the Making of Our Times* (Cambridge: Cambridge University Press new edn, 2011), 106. 30 'Speech by Premier Zhou Enlai at the Closing Session of the Asian-African Conference', 24 April 1955, History and Public Policy Programme Digital Archive, Translation from China and the Asian-African Conference (Documents) (Peking: Foreign Languages Press, 1955), 29-31, http://digitalarchive.wilsoncenter.org/ document/121624에서 이용할 수 있습니다 (2016년 7월 26일 접속).

30) Alaba Ogunsanwo, *China's Policy in Africa 1958-1971* (Cambridge: Cambridge University Press, 1974), 15-60.

들과의 관계 구축과 다양한 민족해방전선에 지원 등에 상당한 투자를 했다.[31] 이것은 아프리카 국가(특히 알제리 아랍공화국)에 공식사절 파견과 '국민외교'에 참여하기 위하여 중국으로 오는 아프리카 사절단에 대한 자금 지급 등을 포함했다. 이러한 방문들을 통하여, 정부는 우호적인 인상과 아프리카의 독립을 위한 중국의 지지가 진심임을 아프리카 사람들에게 확신시키면서 중국이 더 많은 승인을 얻는데 도움을 주는 새로운 접촉 등을 만들기 위한 작업을 했다.[32]

이러는 와중에 중소관계는 1960년 이후 더욱 악화되었고 분쟁이 정점에 이르렀다. 중국 지도자들은 사회혁명을 이미 경험한 세계 최대 저개발국으로서 중국은 나머지 세계의 혁명운동을 주도해야만 한다고 믿게 되었다.[33] 이들의 분석에서, 소련은 국제사회주의 운동을 포기했고 전 세계에 억압받는 사람들을 망각했다. 대신에 중국이 사례를 설정해야만 했다. 이 기간 동안에 중국과 소련 공산당의 근본적인 이데올로기 차이는 세계 혁명에 관한 이들 사이에 다양한 이해가 있었다. 소련 지도자들은, 수십여 년 동안 해왔던 바대로, 반자본주의 혁명에 최우선을 두었다. 반면에 중국 지도자들은 반제국주의 혁명에 중점을 두었다.[34]

양국이 3세계에서 영향력을 위하여 경쟁하면서, 스포츠는 아프리카와 아시아 연대운동을 꽃피우는데 상당한 관심을 가지기 위한 중국의 노력에 지속적인 역할을 수행했다. 사실, 1960년대 중국에서 국가가

31) Alaba Ogunsanwo, *China's Policy in Africa 1958-1971* (Cambridge: Cambridge University Press, 1974), 15-60.

32) Ogunsanwo, *China's Policy in Africa*, 31-5. 오군산워에 따르면, 이러한 것들은 정치적으로는 일반적으로 성공했다. 중국이 경제원조를 제공할 능력을 갖고 있지 않더라도 말이다(미국 또는 소련 등과 비교해서).

33) Mao Zedong, 'Speech at the Tenth Plenum of the Eighth Central Committee', September 24, 1962, www.marxists.org/reference/archive/mao/selected-works/volume-8/mswv8_63.htm에서 이용할 수 있습니다 (2014년 11월 24일 접속); Franz Schurmann, *Ideology and Organization in Communist China* (Berkeley, CA: University of California Press, 1968), 29, 37-43.

34) Friedman, *Shadow Cold War*, 2.

후원하는 엘리트가 경쟁하는 스포츠 발전은 글로벌 공동체 안에서 공산당의 대안적인 사회주의 길을 확장하기 이한 목적으로만 존재했다—특히 아프리카와 아시아에서 최근 탈식민 국가들에서 말이다.

## 아프리카-아시아 연대와 1960년 중국 스포츠 외교

1961년과 1963년 사이에, 가네포에서 중국 지도자 대 소련과 인도지도자 등의 영향력이 정점에 도달했을 때, 스포츠도 아프리카에서 중국의 영향력을 확대하는데 중요한 역할을 수행했다.[35] 1960년 중반 중국이 아프리카에 있는 다섯 개 국가 (통일아랍공화국, 모로코, 알제리, 수단과 기니) 하고만 외교 관계를 가졌지만, 1965년 7월까지 중국은 20개 국가와 관계를 수립해 왔다.[36] 이들 국가와의 공식 스포츠 방문과 다른 문화 교류 등은, 종종 문화협력 협정 서명 이후에 종종 발생했던, 유엔과 같은 현저한 국제기구가 중국을 승인하지 않았던 시기에 외교관계를 강화하는데 도움을 주었다.[37] 중국 지도자들은 문화사절 파견은 중국과 중국 사회주의 등에 관한 호감을 증진시키고 시켜주는 것이라고 명백하게 믿었다. 더욱이, 놀랍게도 이러한 몇몇 국가들에 대해서 알려진 것이 거의 없기 때문에, 사절 방문은 새로운 동맹국에 대한 기본 지식 획득을 위한 출구가 되었다.[38] 방문 동안 수집된 정보는 이 기간 동

35) Omar Ali Amer, 'China and the Afro-Asian Peoples' Solidarity Organization', PhD dissertation, Université de Genève Institut Universitaire de Hautes Études Internationales, 1972, 10.

36) Bruce Larkin, *China and Africa 1949-1970: The Foreign Policy of the People's Republic of China* (Berkeley, CA: University of California Press, 1971), 66-7. 그렇지만 1965년 초까지 브룬디와의 관계는 이미 단절되어 왔다.

37) Ogunsanwo, *China's Policy in Africa*, 84.

38) Friedman, *Shadow Cold War*, 51. 프리드만은 1961년 아프리카에 대한 중국의 식견은 너무나 형편없어서 이것은 외교적 노력에 영향을 미쳤다. 1961년 4월 모택동은 중국은 아프리카의 역사, 지리와 아프리카의 현 상황 등에 '명백한 이해를 가지지 않고 있음'을 아프리카와 아시아 방문사절단에게 인정하기까지 했다. Li

안 중국의 대외 선전을 위한 중요한 문제를 제공한다. 이것은 사절단원들 스스로가 종종 퍼뜨리는 데 도움을 주면서 까지도 확대되었다.39)

사절 방문에 관한 중국의 공식보고서와 미디어의 생산물은 또한 중요하지만 자주 목적을 다음과 같이 간과했다. 아프리카와 아시아에서 억압받는 인민들 사이에서 지도적인 역할에 중국과의 연대에 관한 표현으로서 사절을 설명하기 위한 공식보고서와 미디어 등을 사용하면서, 중국의 리더십은 중소분쟁이 터지면서 중국을 위한 세상에서 새로운 위상을 자국민에게 전달했다.40) 줄리아 스트라우스Julia Strauss가 주장해왔던 바와 같이, 중국 출판물에서 활용되는 레토릭은 단순히 '공허한 말'이 아니고, 오히려 '안에서 지지를 모으고 설득하고 동원화하거나 통합하기 위한 시도와 국가 정책에 정당화를 하는 방법이라는 것이다.'41) 사실, 1950년대 소련과 사회주의 블록 등과의 스포츠 상호작용은 이미 중국 공식 미디어에서 전례를 만들어 놓았다. 잘 알려진 소련과 사회주의 블록 운동선수 뿐만 아니라 수많은 사절 방문 등에 대한 보도는 일반 국민의 중국의 지정학적 위상 대 소련과 이의 동맹국 등에게 확산시키는데 도움을 주어 왔었다.42) 이에 따라서 스포츠는 이미 일반 시민들

Anshan, 'African Studies in China in the twentieth century: a historiographical survey', *African Studies Review*, 48:1 (2005), 59-87, 62에서 인용함. The Institute of African-Asian Studies (under the Central Party External Ministry and Chinese Academy for Social Sciences) was only founded in July 1961 (Li, 'African Studies' 63).

39) Çağdaş Üngör, 'Reaching the Distant Comrade: Chinese Communist Propaganda Abroad (1949-1976)', PhD dissertation, Binghamton University (SUNY), 2009, 196, 236. 웅고르는 대약진운동에서 문화혁명까지를 라디도 북경과 외문출판사('Distant Comrade', 315, 317-18). 등처럼 중국의 대외선전의 '황금기'로 부른다.

40) 재커리 스칼렛Zachary Scarlett은 공식 미디어가 어떻게 나머지 세계를 '재분류하고 재배치하며 재정리하는' 새로운 종류의 모택동 식 분류를 창출하면서 이룩했는지를 보여준다. Zachary Scarlett, 'China After the Sino-Soviet Split: Maoist Politics, Global Narratives, and the Imagination of the World', PhD dissertation, Northeastern University, 2012. 48.

41) Julia Strauss, 'The past in the present: historical and rhetorical lineages in China's relations with Africa', *China Quarterly*, 199 (2009), 777-95, 779.

에게 세계에서 자국의 역할에 관하여 가르칠 수 있는 대중적이고 친숙한 매개체이었지만 1960년대 메시지는 달랐다. 소련과 사회주의 블록 등으로부터의 '우정 어린' 학습 대신에, '우호'가 식민주의와 제국주의 등에 대항하는 전 세계적인 투쟁에 관련된 사람들에게로 남겨 두었다. 중국 사회주의가 추종하는 전 세계의 억압받는 민중들을 위한 모델이었다. 스포츠 교류와 경쟁 등은 중국 지도자들이 이러한 원칙에 입각해서 효과적인 관계 강화를 모색하는 장소가 되었다.

1960년대 초까지, 아프리카-아시아 국가들과 관계 구축과 아프리카-아시아 연대를 교섭하기 위하여 국제스포츠를 활용하려는 집중적인 시도는 스포츠에서 일찍부터 두각을 나타낸 핑퐁과 함께 시작했다. 뿐만 아니라 국제탁구연맹ITTF은 중국을 지속적으로 인정했던 몇 안 되는 국제스포츠기구들 중에 하나였다는 사실도 중국이 대약진운동 이후 스포츠에 상당히 재정지원을 지속하였음을 의미했다.[43] 사실상, 국제탁구연맹은 중국에게 주요 국제스포츠이벤트를 개최할 수 있는 첫 번째 기회를 부여했다. 1961년 4월 북경은 세계챔피언십의 개최 장소였다. 30개국 이상의 선수가 이 이벤트에 참가했다—그들은 중국 선수들이 대부분의 상을 집으로 가져가는 것을 보았다.[44]

핑퐁 팀의 성공은 전 세계적으로 주목을 받았다. 1962년 이것은 특색 있는 기회를 나타내는 요청을 받았다. 1월에, 가나 중앙스포츠위원회가 중국 외무성과 계약을 했는데, 북경 주재 자국 대사관을 통해서 말이다. 그해 5월이나 6월 가나에 핑퐁 사절을 파견해 줄 수 있느냐를

42) Shuman, 'The politics of socialist athletics', 93.

43) 그 당시 국제탁구연맹 회장 이보르 몬타구는 열렬한 공산주의자(러시아 영국스파이)이었다. 그는 중국을 지지하고 중화민국의 참가를 허용하지 않은 인물이었다. 몬타구에 대한 더 많은 정보를 위해선, Griffin, *Ping-Pong Diplomacy*를 보라.

44) 이러한 이벤트에 관한 설명을 위해선 Griffin, *Ping-Pong Diplomacy*, 120-5을 보라. 거의 동시 발생적으로, 북경은 이러한 이벤트를 열었고 핵심 지도부와 스포츠 관계자 등은 대약진 운동의 재앙의 여파로 전반적으로 재정삭감과 재조정 등을 논의하기 시작했다.

문의하기 위해서였다.[45] 가나는 1961년 세계탁구연맹에 가입했다. 공식 결과에 따르면 가나 선수들이 모든 경기에서 패했던 북경 세계 선수권 대회에 팀을 파견했던 단 두 개의 아프리카 국가들 중 한 나라였다.[46] 1962년에 만들어진 요청은 다섯 명의 선수(3명의 남자와 2명의 여자)와 경기 후에 1년 동안 가나에 남을 수 있는 1명의 코치를 부탁했다. 9월에 열릴 1회 카이로 범 아프리카 선수권대회에 대비해서 국가 대표팀 훈련을 조력할 수 있는 모든 비용을 제공하는 조건이었다.[47] 사절 방문으로 상징되듯이, 중국은 여행비용을 부담했고 중국에서 가나까지 숙박, 식품과 교통비 등을 부담했다. 중국 측에서는 부분적으로 이 요구에 동의했는데, 1명의 또 다른 여성 선수, 그룹 리더와 선수단의 프랑스 통역사 등을 추가하면서 말이다.[48] 이러는 와중에, *데일리 그래픽*Daily Graphic은 방문은 의심할 것도 없이 '가나 경기는 새로운 활력소를 제공할 것'이라고 보도했다.[49] 가나 탁구연맹은 열정적으로 심도 있는 훈련을 위한 선수 선발을 위하여 지역 간 챔피언십을 개최하면서 방문 준비를 했다. 중국 측에서는 가나에서 1년 거주를 3개월로 줄이면서 요구를 수정했다. 가나 측에서 향후 올 새로운 코치는 1년 반을 훈련할 수 있도록

45) Chinese Foreign Ministry Archives (CFMA) 108-00816-01: telegram sent by the Ghanaian Embassy to the State Sports Committee and International Cultural Affairs Committee, 3 January 1962.

46) 'The entire results booklet of the 1961 World Championship can be found online in the ITTF archives available at www.ittf.com/museum/archives/index.html (2016년 4월 18일 접속). From the main page, select '196l-Peking' from the dropdown and then '37. Programs: Results' to navigate through. 1961년 아프리카의 유일한 참가국은 나이지리아뿐이었다.

47) CFMA 108-00816-01: telegram sent from the Ghanaian Embassy to the State Sports Commission and International Cultural Affairs Committee. 3 January 1962; 'Meet the Chinese stars', *Daily Graphic*, 24 April 1962, 11

48) CFMA 108-0816-01: Tiwaizi 2010 hao: Guanyu wo pingpangqiudui fangwen Jiana ji Feizhou guojia de qingzhi [Instructions concerning our ping-pong team's visit to Ghana and several other African countries] (undated, January or February 1962).

49) 'China team to tour Ghana', *Daily Graphic*, 18 February 1962.

희망했지만 말이다.[50] 가장 중요한 것으로, 중국 리더십은 추가될 여러 아프리카 국가들을 방문하려는 사절들을 위한 이상적인 기회로 결정했다. 중국 지도자들이 서 아프리카에 거의 경험이 없을 시기에. 사절은 최소한으로 이들 국가들 중 일부에 좋은 인상을 심어 주었고 정보를 수집할 수 있었다.

그래서 1962년 4월, 북경에서 개최된 세계선수권대회가 끝난 1년과 저우언라이의 세간의 주목을 받았던 아프리카 순회방문 1년 반 전에, 중국정부는 아프리카 대륙에 최고 핑퐁선수들을 보냈다.[51] 2개월 동안, 중국 선수들은 통일아랍공화국, 가나, 기니, 말리와 수단 등을 방문했다. 핑퐁 사절을 대표해서 후앙 종Huang Zhong은 국가스포츠위원회 부의장이었고 중국 최고 리더십에 의하여 신뢰받는 핵심그룹에 속한 인물이었다. 방문을 위한 위원회의 계획은 중국 스포츠 팀이 서아프리카로 가는 최초의 일이기 때문에, 팀의 사명은 외교적 활동을 지원하고, '우호 활동'*youhao huodong*을 뒷받침하고 이해와 우호를 강화하고 우리 국가의 정치적 영향력을 확대하는 스포츠 교류를 수행하려는 것이었다.[52] 명확하게 언급하지는 않았더라도, 리더십은 세간의 이목을 끄는 선수들은 스포츠가 이미 인기 있는 특히 가나와 통일아랍공화국처럼 많은 관중에게 호소할 수 있는 방식으로 긍정적인 중국의 이미지를 확산시키는 잠재력을 갖고 있다고 믿었다.

중국 언론은 방문 동안의 사절단의 활동에 대해서 보도했는데, 사절단이 어디에 있고 어떤 경기를 하는 지에 대하여 자주 제때이지만 짧은 설명을 전달했다. (국내 독자를 위하여) *인민일보*People's Daily와 (국제

50) CFMA 108-0816-01: telegram sent from the Ghanaian Embassy in Beijing to the State Sports Comission and the International Cultural Affairs Committee, 28 March 1962.

51) Strauss, 'The past in the present', 779.

52) CFMA 108-00816-01: Tiwaizi 2030 hao: Zhongguo pingpangqiudui fang Fei huodong jihua [Plan of activities for the Chinese ping-pong team's visit to Africa] (undated, April or May 1962).

독자를 위하여) *신화사통신*New China News Agency 등의 기사는 경기 또는 선수 등에 대한 심층적인 아무 것도 좀처럼 언급하지 않았지만, 선수들이 가는 곳마다 야단스러운 환영을 받고 있고 선수들이 만났던 모든 중요한 정치지도자의 이름을 빈번하게 게재했다. 방문 동안 *신화사통신*은 팀의 리셉션을 '따뜻하고' '화기애애' 했다고 보도—도착하자마자 '뜨겁게 환영받았다'거나 '경기 동안 열렬히 박수를 받았다는' 등과 같은—가 무려 25번이나 나온 반면에, '우호'와 '우정 어린' 등의 용어가 최소한 19번이나 나타났다.53) 25번이나 아프리카 스포츠 지도자, 재정 장관, 대통령과 다른 고위 인사 등의 이름이 나와 있었다. 실질적인 활동과 만남 등에 관한 기사는 사라졌지만, 중국이 전달하고자 하는 메시지는 아프리카 국가들과의 커져가는 우호적인 관계이었다.

이후에 중국에서 발간된 기사와 외무성에 보낸 황의 방문 후기 요약보고서 등은 방문 목적에 관한 세세한 내용을 제공해 준다. 황의 보고서에는 왕찬야요Wang Chuanyao코치가 가나에 남아서 일을 하게 되었는지를 포함하는 기본 사실을 요약하면서 시작한다.54) 팀은 34번의 경기와 시범을 펼쳤고, 기니에서 13번, 가나에서 12번 경기를 치렀다. 중국이 압도적인 승리를 거두었다. 후앙은 팀 경기에 참관했던 관중은 약 15,000여명으로 추정했다. 그런 다음 보고서는 핑퐁 팀의 '따뜻한' 리셉션과 각국에 있는 모든 부문에서 지도자들의 환심 사기 등을 포함하는 외교적인 노력의 개요를 설명하는 것으로 곧장 들어간다. 여기에서 눈에 띄는 것으로는 대통령 궁에서 기니 초대 대통령 세쿠 투레Sékou Touré와 만남이었는데, 롱 구오탄 스스로가 표면적으로 작성했다고 하는

53) 이것은 1962년 4월 말에서 6월초까지 10개 이상의 *New China News Agency*의 보도자료에 대한 나의 평가에 기반하는 것이다. 나는 많은 정보가 보도자료에서 제공되지 않는 이유는 중국 관리들의 공식 방문동안 아직도 개최기구 또는 방문 등으로부터 기대할 수 있는 것을 아직도 확실하게 파악하지 못했기 때문이다고 판단한다.

54) CFMA 108-00816-01: Zhongguo pingpangqiu dui fangwen Feizhou baogao [Report on the Chinese ping-pong team's visit to Africa], 1 August 1962.

영어 판 차이나 스포츠 (공식 대변인)에 보도된 기사뿐만 아니라 후앙의 보고서에서도 언급되었다.[55]

롱의 기사와 후앙의 보고서 둘 다는 사절단이 초청국과의 *끈끈한* 관계를 구축함으로써 *중국-아프리카* 연대를 구축하기 위하여 함께 한다는 방식을 게재하기 위하여 엄청난 노력을 했다. 이것은 종종 스포츠와는 거의 관계가 없었고 모두 우리가 중국에서 발견하게 되는 관계 또는 *인맥*guanxi 등을 강화하려는 것이었다. 함께 시간을 보내고 작은 선물을 교환하는 것이다. *감정*ganqing과 연관되는, *인맥*의 촉진은 오늘날까지도 자주 그리고 종종 고조된 '우호'와 연결되는 것이다.[56] 이에 따라서 롱은 말리에서 '친구'는 팀에게 바마코에 있는 악어 농장 관광을 다녀온 후에 악어가죽으로 만든 핸드백과 지갑 등을 선물했을 때를 언급하면서, 그는 이러한 것들은 '말리 사람들이 중국인들에게 가지고 있는 우호의 증표'라고 불렀다.[57] 수단에서 선물교환은 너무나 감동적이어서 모든 사람이 *'눈물 흘리게 만들었다'*gangdong de liulei.[58] 롱의 기사와 후앙의 보도는 독자들에게 양측의 관계가 심오해지고 진실적이고 지속될 것임을 확신시키도록 작업했다. 예를 들면, 가나 국가남녀대표 싱글 챔피언인 1961년 북경 세계챔피언십에 참석했던 콰위E. A. Quaye와 잭스Ethel Jacks 등이 '가나 친구들'에게 듣고 싶어 가슴이 뭉클한 중국 민속노래를 들으면서 공항에 팀을 환영하기 위하여 나왔다.[59] 통일아랍공화국에서, 국제탁구연맹 부회장은 선수들을 자기 집으로 초대했다. 집에는 중국 그림, 장식품 그리고 작은 조각상 등으로 치장했는데, 조국을 위한. . . 그의 애정과 존중'을 보여주었다.[60] 중국에서 유학했던 학생들

---

55) Rong Guotuan, 'African tour', 6.
56) Brady, *Making the Foreign Serve China*, 15.
57) Rong, 'African tour', 7.
58) CFMA 108-00816-01: Zhongguo pingpangqiu duifangwen Feizhou baogao.
59) Rong, 'African tour', 7.
60) Rong, 'African tour', 8.

이 통일아랍 공화국과의 경기 이후 팀을 환영하기 위하여 왔다. 팀과 저녁을 보낸 한 젊은 중국어를 구사할 줄 아는 커플은 선수들에게 가족 사진을 보여주고 중국 재방문을 원했다고 언급했다. 중국 민속음악, 중국 스타일로 장식된 집과 중국을 꿈꾸는 한 중국어를 말하는 커플. 이러한 논평들을 기억해 낸 기사는 사람들이 어떻게 중국과 깊은 개인관계를 가지고 있을 뿐만 아니라 중국에 대한 강력한 존경이 어떻게 아프리카에서 중국이 커져가는 영향력을 반영하는 것인지에 대한 증거만은 절대 아니다.

방문 동안, 팀의 비 스포츠 활동은 식민주의와 제국주의에 대항하는 역사적 투쟁 공유의 이야기에 기반 하는 연대를 강화해주는데 도움을 주었다. 투레 대통령과의 만남에서, 롱의 기사는 기니 대통령은 중국인과 기니인의 '우호'는 '우리의 공동 목표와 공동의 반제국주의와 반식민주의 감정'에 바탕을 둔다고 반복했다.[61] 공통성 강조는 아프리카인들과 더 좋은 관계를 창조하는데 필수적인 것으로 간주했다.[62] 후앙은 보도에서 팀은 모든 기회를 활용했다고 강조했다—지도자와의 14번의 공식 회의에서 다른 수많은 스포츠와 비 스포츠 활동까지—중국인과 아프리카 인의 '*깊은 동지의식*'shenhou qingyi을 표현하기 위해서이다(그림 6.1). 여기에는 제국주의와 식민주의에 대항하는 아프리카 인들의 '영웅적인 투쟁'을 학습하기 위하여 중요한 역사적이고 문화적인 장소 방문도 포함되었다.[63] 예를 들면, 가나에서 사절단은 식민지 시대에 감옥으로 노예무역 요새로 사용되어 오던 케이프 코스트 성Cape Coast Castle을 방문했다. 이와 같이 특별한 위치로부터 노예들은 '족쇄를 채우고' '수갑이 채워진 채'로 북미로 보내졌음을 적시한 보도이다.[64] 통일

---

61) Rong, 'African tour', 6.

62) 앤-마리 브래디Anne-Marie Brady는 중국 리더십은 항상 비중국인들과의 관시를 발전시킬 때 '공통점'을 발견하려고 노력한다고 주장한다. Brady, *Making the Foreign Serve China*, 14.

63) CFMA 108-00816-01: Zhongguo pingpangqiu dui fangwen Feizhou baogao.

아랍공화국을 방문할 때, 팀은 포트 사이드Port Said에서 멈추었고, 그들은 1956년 수에즈 위기Suez Crisis의 흔적을 목도했다—또는 보고서의 글주에서, 이집트가 '영국과 프랑스 제국주의의 공격'에 저항했다고 말이다[65]—무명용사 묘지 같은 것 (그림 6.2).[66] 사절은 특히 공감이 되는 역사적인 흔적을 발견했는데, 그들이 1860년 태평천국의 난 진압할 때 도움을 청하고자 청 왕조에 의하여 영국 장군 찰스 고든에게 선사했던 노란색 예복과 만다린 재킷mandarine jacket을 본 수단에 있는 하르툼 마흐디Khartoum Mahdi 기념관을 방문했을 때이었다. 모택동을 포함하는 중국 혁명 지도자들은 청 왕조를 전복하려는 시도에서 초기 영웅으로서 태평천국의 난을 존경했다. 그들은 청왕조 편에 서서 개입하려는 영국 식민주의자로 장군을 바라본다. 고든은 후에 하르툼 마흐디스트를 억압하기 위한 시도를 하는 동안 살해되었다. 보도에 따르면, 전신된 그의 옷은 수단에서 '응분의 대가를 받았다'고 했다.[67] 후앙은 팀이 애국주의와 국제주의 등에서의 심층 교육을 받았던 이들의 모든 경험으로부터 결론 내렸다.[68] 그러나 이러한 의식적인 방문을 수행하면서 제국주의와 식민주의에 대항하는 역사적 투쟁의 공유의 말에서 나오는 것은 모택동의 '과거를 이용해 현재를 섬기고, 외국인들이 중국을 위해 봉사하게 만든다'는 1956년 모택동의 선언과 궤를 같이했다.[69] 즉, 이와 같은 비 스포츠 관광 방문은 광범위한 면에서 '우호'를 진흥시키고자 중국 손님과 현지 초청인 간의 애정 어린 연대 발전을 명확하게 의미 했다—그리고 중국의 정치 아젠다를 완성하는 것이다.

64) CFMA 108-00816-01: Zhongguo pingpangqiu dui fangwen Feizhou baogao
65) CFMA 108-00816-01: Zhongguo pingpangqiu dui fangwen Feizhou baogao.
66) Rong, 'African tour', 8. The tour also included the pyramids, sphinx and the Suez Canal.
67) CFMA 108-00816-01: Zhongguo pingpangqiu dui fangwen Feizhou baogao.
68) CFMA 108-00816-01: Zhongguo pingpangqiu dui fangwen Feizhou baogao.
69) Quoted in Brady, *Making the Foreign Serve China*, 1.

6.1 '그들은 따뜻하고 깊은 우정을 발견 했다'. 중국 국가대표 핑퐁선수 쑨메이잉Sun Meiying (왼쪽)과 후커밍Hu Keming (오른 쪽) 등과 기니의 카디자타 디알로Khadidjata Diallo

6.2 팀 주장인 황중Huang Zhong이 포트 사이드 소재 무명용사의 묘에 헌화하고 있다.

아프리카-아시아 연대로 표현되는, 1962년 스포츠 사절은 또한 중국의 국가 이미지와 스포츠 렌즈를 통하여 중국 사회주의 등을 진작시키기 위하여 활동함으로써 애정을 넘어서면서 나갔다. 통일아랍 공화국에서, 후앙의 보도에서는 방문은 영화극장에서 중국 핑퐁에 대한 다큐멘터리 상영 일주일 먼저 이루어졌고 중국 팀의 첫 번째 경기는 텔레비전으로 중계되었다고 적고 있다.[70] 후앙이 누가 필림 상영을 결정할지, 어디에서 상영할지 또는 누가 관람할지 등을 특정하지 않더라도, 보도 전체적인 함의는 이들 국가에서 중국 팀의 명성은 이미 잘 구축되었고 매우 인기가 있었다는 것이다. 현지 미디어도 팀의 이미지를 제고하는데 도움을 주었다. 가나 *데일리 그래픽*Daily Graphic은 팀에 관한 일련의 기사를 게재했는데, 선수들의 짧은 이력과 도착 하루 전에 '테니스 스타'들의 전면 그룹사진[71] 뿐만 아니라 '팬들을 흥분 시키'는 시범경기에 대한 이어진 보도 등을 포함했다.[72] (후자에는 후앙이 가나 국방장관이자 탁구연맹회장인 코피 바코와의 '특별 시범경기'에선 패한 것도 포함). 후앙은 팀은 통일아랍 공화국에서 열린 매 경기 이후 팬들의 사인과 사진 요구에 어찌할 바를 몰랐고 각국의 젊은이들이 팀 경기 관람 이후에 '지나치게 흥분'했었다고 보도했다.[73] 이러는 와중에 *가나이안 타임스*Ghanaian Times는 그 당시 16명의 세계 최고 선수가 중국에서 왔다고 보도했던 북경에서 1961년 세계 챔피언십을 '중요한 사건'이라고 부르는 기사를 게재했다. 중국의 보도는 이 기사는 중국의 성과를 사회주의 아래에서 중국인들의 물질적·문화적 삶을 개선한 탓이라고 적시했다. 후앙에 따르면, 각국에서 베풀어 준 성대한 리셉션도 일반적으로 중국 존중을 보여주는 것이다. 방문 내내 중국 사회주의 건설, 반제국주의

70) CFMA 108-00816-01: Zhongguo pingpangqiu dui fangwen Feizhou baogao.

71) 'Chinese due on Saturday', 9 May 1962, 11; 'Tennis stars from China', *Daily Graphic*, 11 May 1962, 1.

72) 'Chinese thrill the fans', *Daily Graphic*, 16 May 1962, 10.

73) CFMA 108-00816-01: Zhongguo pingpangqiu dui fangwen Feizhou baogao.

입장과 '독립을 위한 모든 압제받는 민중들의 투쟁지지' 등을 찬양하는 논평들이기 때문이었다.[74] 중국 핑퐁 팀에 관한 인기에 따른 보도는 중국과 중국사회주의 등에 대한 아프리카 인들의 더 광범위한 존중을 암시하고 나타낸다.

더욱이, '우호' 구축과 공유 투쟁 등에 관한 공개 선언에도 불구하고, 외무성에 대한 후앙의 내부 보고서에 명백하게 제시한 것은 중국 리더십이 아프리카 국가들을 절대 동등하게 여기지 않았다는 것이다. 보고서는 지속적으로 중국과 중국 사회주의 등을 받침대로 자리매김을 시도했고, 중국 우월성이 스포츠를 넘어서서 확대되고 있다고 제시한다. 후앙은 방문은 아프리카 인들에게 중국의 사회 전반적으로 '열정적인 발전'을 보여주었다고 주장했다. 예를 들면, 그는 공식적인 슬로건이 '남녀평등'인 중국 출신 여성 핑퐁 선수들은 특히 '여성이 완전히 해방되지 않은' 기니, 말리와 수단 등에서 관심을 끌었다.[75] 여기에서의 함의는 도덕적으로 우월한 사회—중국은 이미 달성했지만 이러한 국가들이 아직 이루지 못한—는 여성해방을 포함했다. 후앙은 기니 대통령 투레를 중국의 리더십과 제국주의 기반을 제거하기 위한 진정한 바람에 기반하여 전 세계적인 민족해방전선을 지원하기 위한 사회주의 시스템을 칭송한 것으로 인용했다. 한편으로 가나 국방장관은 가나는 사회주의 건설에 관한 중국의 경험을 많이 배울 수 있다고 언명했다. 이것은 전년도 중국 지도자들이 이미 핑퐁과 관련된 몇몇 요구를 만족시켜 준 것이 아마도 도움이 되었다. 예를 들면, 그들에게 요구되지 않은 많은 라켓과 영문 잡지인 *차이나스 스포츠*China's Sports 특집 등을 제공해주는 것 등이었다.[76] 이러한 것들의 선물은, 중국 지도부의 시각으로는, 비

74) CFMA 108-00816-01: Zhongguo pingpangqiu dui fangwen Feizhou baogao.

75) CFMA 108-00816-01: Zhongguo pingpangqiu dui fangwen Feizhou baogao.

76) CFMA 108-00251-07: Guanyu Jiana zuqiudui he pingpangqiudui fanghua shi [가나 축구팀과 핑퐁 팀 중국방문에 관하여], 1-24 March 1961. 모든 요청이 수행되지 않았습니다. 1959년 개최된 전국체전을 위하여 건설된 북경노동자 스타디

싸지 않은 스포츠 용품 부탁은 어떻게 재정적으로 압박을 가하는지 보여 준다—즉, 그렇다하더라도, 이것은 전략적인 외교정책 목표에 적합했고 특히 중국 이미지와 특정 국가에 영향력을 제고할 수 있는 선전을 포함한다면 말이다.

이러한 방문의 주요 임무가 핑퐁 팀의 노출을 통하여 중국의 이미지를 강화하거나 제고하는 것인 반면에, 보고서는 또한 이들 국가들에서 스포츠 프로그램에 대한 약간은 일반적인 관찰을 만들었다. 예를 들면, 후앙은 특히 기니, 말리와 수단 등과 같은 아프리카 국가들에서 스포츠 활동은 약간 '후진적이고' 이들의 스포츠 프로그램은 '불완전하다'고 논평했는데, 대중 참여와 적절한 스포츠 시설과 장비 그리고 (특히) 전문화된 스포츠 재능 등이 모자라다는 것이었다. 이에 유일하게 예외적인 것은 사절단은 국가대표팀이 유럽 선수권자인 포르투갈을 패배시키는 것을 본 통일아랍공화국에서 스포츠가 만들어낸 '매우 훌륭한' 몇 가지 진전이었다.[77] 그렇지만, 통일아랍공화국의 스포츠는 불행하게도 '부자들 손 안'에서 위장되어 있음을 추가했는데—나세르 대통령과 소련에 기울어진 통일아랍공화국 리더십 등을 비난했던 반면에 통일아랍공화국은 신뢰할 수 없다고 넌지시 말하는 논평이다. 그럼에도 불구하고, 보고서에는 이러한 아프리카 모두를 위한 미래는 밝다고 적시했다. 그 이유는 독립에 이어서 그들 정부들은 수많은 중요 경기를 치룰 것이라고 적고 있다. 예를 들면, 가나에서, 축구, 핑퐁, 필드하키, 크리켓과 복싱 등이 확산될 뿐만 아니라 정부도 이들에게서 아프리카 선도를 야심차게 모색하는 중이다. 기니는 25,000석의 스타디움을 건설 중이고 핑퐁뿐만 아니라 체조 등에서 새로운 프로그램도 개발 중이다. 더욱이,

---

움을 위한 청사진을 보기위한 요구는 거부당했다. 외교부는 이것들은 '기밀로 분류되었다'고 적시했다(*jimi*).

77) 이것으로부터, 황은 중국 국가대표 팀은 가나, 기니, 나이지리아 팀만큼 훌륭했다. 즉, 통일아랍공화국 축구는 중국보다도 더 나았다.

몇 년 전에 일찍 만들어진 범아프리카스포츠연맹은 개별 스포츠 원칙에서 지부를 가지고 있다. 이들 중 몇몇은 이미 챔피언십을 개최해 왔다.[78] 이러한 종류의 정보는 중국 지도부에게 그 당시 특정 국가에서 자신만의 영향력을 확대하거나 국제스포츠계에서 태동중인 다른 경기를 위한 잠재적인 지지자들을 강화하는데 사용될 수 있는 스포츠의 상황에 대한 몇몇 아이디어를 제공했다.[79]

사실, 중국 핑퐁 사절단은 이미 이들 국가에서 스포츠 발전에 구체적으로 관계하면서 자신의 영향력을 확대하기 시작했다. 기니, 말리와 같이 기술 수준이 '낮다'고 간주되는 국가들에서, 중국 사절단은 핑퐁협회를 조직하는데 도움주고, 학교를 방문했고 모든 차원의 단체와 활동하고, 그리고 대중을 위한 다양한 시범경기를 개최했다. 이러한 방문이 있기 몇 개월 전에, 중국정부는 이미 기니에 소량의 탁구대와 같은 적절한 양의 스포츠 용품을 보내기로 결정 내렸다.[80] 이러한 노력들은 또한 말리에서 소기의 성과를 확실하게 거두었다. 결과적으로 이것은 전국탁구연맹을 설립했고 1963년 국제탁구연맹의 회원이 되었다.[81] 가나

78) CFMA 108-00816-01: Zhongguo pingpangqiu dui fangwen Feizhou baogao

79) 이러한 방문 후 보고서는 1962년 제4회 자카르타 아시안 게임 몇 주 전에 만들어졌다. 이것은 분열로 이어진 결과로 졌고 결국 신흥국경기대회GANEFO경기 창설을 가져 왔다. Stefan Hübner, 'The Fourth Asian Games (Jakarta 1962) in a transnational perspective: Japanese and Indian reactions to Indonesia's political instrumentalisation of the Games', *International Journal of the History of Sport*, 29:9 (2012), 1295-1310; Shuman, 'Elite competitive sport in the People's Republic of China 1958-1966', 265-6.

80) CFMA 108-00723-07: Guanyu zengsong Jineiya yaoqiu yuanzhu tiyu yongpin qicai shi [스포츠 재화와 설비 등을 위한 기니 요구에 선물 약속에 관하여]. 1961년 11월 20일 국제문화문제에 과한 국가스포츠위원회로부터 보내졌다. 중국은 약 21,000 인민폐에 달하는 스포츠 용품을 보냈다. 기니 정부의 원래 요구는 180,000 이상의 인민폐에 달하는 용품을 요구했지만, 스포츠 위원회는 매우 적은 양을 보내는 것을 제안했다. 다른 국가들도 유사한 요구들 들어주는 것을 우려해서이었다.

81) 'Mali and Olympism', *Olympic Review*, 134 (December 1978), 695-9, 698; 'Minutes of the Biennial General Meeting, Prague, April 9th and 14th 1963', 2, ITTF Archive, available at www.ittf.com/museum/archives/에서 이용할 수 있습니다

와 이집트 등에서, 기술 수준이 괜찮은 나라—가나 선수 쿼위는 서아프리카 남자 싱글 우승권자였고 1961년 북경 세계탁구연맹월드챔피언십에서 활약했던—예를 들면, 초점은 현지 학교에서 개최된 시범경이를 통하여 스포츠를 진흥시키고 확대시키고자 하는 것이다.[82] 여러 관행적인 경기도 자신들의 기술을 개선시키는데 도움을 주기 위한 가나 국가대표팀과 개최되었다.

그럼에도 불구하고, 방문 후 스포츠가 시사하는 바와 같이, 중국 리더십은 현지 스포츠 노력으로 비추어서 보면 1962년 방문 성공보다 덜 했고 이것이 아프리카 인들과 애정 어린 관계를 구축하고 이들 국가에서 중국의 이미지를 제고하기 위하여 그렇게 한 것에 비추어서 보면 더 성공적이었다고 가늠했다. 중국 공식 미디어는 국내 관중들에게 좋은 뉴스를 전달할 시간이 없었다. 국가스포츠위원회는 국가 명예를 드높여준 그들의 노고를 치하하기 위하여 6월 27일 리셉션을 개최했는데, 사절단이 북경으로 귀국한 지 일주일 후의 일이다. 관련 국가들로부터 온 초대받은 사절과 외교관들로 만석인 방에서 연설한, 외교장관 첸이 Chen Yi는 중국 핑퐁 팀을 따뜻하게 환대해준 관련 국가들에게 감사함을 표시했다. 그전에 중국과 이들 국가는 제국주의와 식민주의의 압제로부터 저항했다는 비슷한 상황을 공유했다고 부언하면서 말이다.[83] *인민일보*도 중국 주재 가나 대사를 방문은 중국과 아프리카 간의 '우호관계'를 진작시켰고 '깊은 인상'을 남겼다는 언급을 인용했다.[84] 국가스포

(2016년 3월 31일 접속).

82) 'Chinese are here', *Daily Graphic*, 14 May 1962, 10; '39. Results: Swaythling A' in '1961 - Peking', ITTF Archive, www.ittf.com/museum/archives/index.html에서 이용할 수 있습니다 (2016년 4월 19일 접속).

83) Daxie dui wo guo pingpangqiudui de reqing jiedai, guojia tiwei zhaodai Feizhou guojia shijie, Chen Yi fu zongli chuxi zhaodaihui bing zai hui shang jiangle hua' [중국 핑퐁 팀의 따뜻한 환경에 감사하다. 국가스포츠위원회는 아프리카 사절단을 환영한다. 부주석 첸이가 리셥센에 참여했고 모임에서 연설했다.], *People's Daily*, 28 June 1962.

츠위원회, 외무성과 중국-아프리카인민우호협회 등의 또 다른 지도자들도 참석했다. 그리고, 물론, 리셉션에 이어서 이러한 손님들을 위한 시범경기를 했던 핑퐁선수들도 있었다.

## 결론

1965년과 1966년 사이에, 중국 정치는 지속적으로 급진적이고 전투적이 되었다. 모택동의 개인 숭배는 1966년 7월 그의 전설적인 수영에 이어서 새로운 견인력을 얻었다—양츠 강 주변에서 모택동의 인사하는 컬러 비디오를 포함했고 노쇠해 가는 리더의 양호한 건강 과시로 중국에서 받아들여지는 이벤트—그리고 이어진 홍위병의 등장이다.[85] 1966년 여름과 가을에 중국을 방문한 아프리카 대표 팀은 모택동의 사상을 강조했던 중국 사회주의 비중 있는 분위기를 수용했을 때 이와 같은 직접적인 몇 가지 경험을 가지게 되었다.[86] 1966년 말, 스포츠 리더와 최고 선수 등은 엄혹한 비판에 직면했다 스포츠 활동—사절 방문을 포함한—1960년대 말까지 대체로 중단되었다. 1968년 수개월 동안, 롱 구오탄을 포함한 3명의 유명 핑퐁 선수가 자살했다.[87]

---

84) 'Daxie dui wo guo pingpangqiudui de reqing jiedai, guojia tiwei zhaodai Feizhou guojia shijie, Chen Yi fu zongli chuxi zhaodaihui bing zai hui shang jiangle hua'.

85) 홍위병은 1966년 시스템에 저항하는 요구에 주의를 기울여 달라는 모택동 지지자들로 구성된 젊은이 단체이다. 처음에, 이들은 근본적으로 북경에서 이었지만, 다양한 배경과 연령층의 저항 세력을 포함하면서 성장했다. 'Living Revolution: Red Guards' on Long Bow Group, Inc., *Morning Sun: A Film and Website About Cultural Revolution,* www. morningsun.org/living/redguards/redguards.htm에서 이용 할 수 있습니다 (2016년 5월 16일 접속). 홍위병의 등장을 포함하는 문화혁명에 관한 가장 자세한 설명으로는 R. MacFarquhar and M. Schoenhals, *Mao's Last Revolution* (Cambridge, MA: Harvard University Press, 2006)에서 볼 수 있다.

86) Shuman, 'The politics of socialist athletics', 386-8.

87) Wang Youqin, 'Chinese Holocaust memorial: China's national ping pong team', hum.uchicago.edu/faculty/ywang/history/bj_pp_qd.htm에서 이용할 수 있습니다

1970년대 초, 리더십은 핑퐁을 다시 활성화시켰고 중국에서 '우호가 첫째 경쟁은 둘째'로 알려진 공식 스포츠정책 채택으로 인도되었다.[88] 정책과 수반되는 슬로건 등은 선수들과 관계 지도자들에게 무엇보다도 국제스포츠 경쟁과 사절 방문 동안 '우호'를 우선하도록 교육했다. 특히 아프리카와 아시아 국가들에게 특히 적용되었다. 한 가지 유명한 사례로는 1971년 11월 북경에서 열린 아프리카-아시아 탁구 우호 초청 토너먼트였다. 중국 언론은 이벤트의 목적은 아프리카와 아시아 국민들과의 '우호를 제고하고' '탁구 발전을 진흥시키고자' 하는 것이라고 반복해서 강조했다.[89] 국제언론에서도 이러한 접근방법을 중국의 우호적인 대외관계의 범위를 확대하기 위하여 중국의 당-국가의 입장에서 보면 새로운 시도로서 자주 설명했다. 오늘날까지도 지속적으로 잘 알려진, '핑퐁외교'는 중국-미국 관계를 해빙하는 데 도움 주었다—그리고 중국이 1971년 10월 유엔에 가입했다. 아직도, 내가 보아 온 바와 같이, 아프리카와 아시아 국가들과의 '우정 어린' 대외관계를 창출하기 위한 이러한 공식적인 소프트 파워 스포츠 정책은 이전 십여 년 간에도 존재했었다.

중국 리더십의 경우에, 1962년 중국 핑퐁팀의 아프리카 방문은 성공적인 스포츠 외교의 활용으로 명백하게 여기고 있었다. 2011년 저서에서, 조셉 나이Joseph Nye는 중국의 소프트 파워 노력을 '효과적이지 못하다'고 평가한 다국적인 조사의 책을 인용한다.[90] 그는 소프트 파워에서 설득이 조작될 수 있지만, 매력은 궁극적으로 비 엘리트 (즉, 비공식적인 3자)에 의하여 만들어진 '감정적인 호소와 이야기' 등에 의존한다

(2016년 5월 13일 접속).

88) Wei Jingyu, 'Youyi di yi, bisai di er' [Friendship first, competition second], *People's Daily*, 2 April 1971.

89) 'Afro-Asian Table Tennis Friendship Invitation Tournament: gala opening in Peking', *Peking Review*, 45 (5 November 1971), 10-12.

90) Joseph S. Nye, Jr, *Future of Power: Its Changing Nature and Use in the Twenty-first Century* (New York: Public Affairs, 2011), 89.

고 주장한다.[91] 감정은 사실상 바로 1960년대 중국 스포츠 외교의 중심에 있었다. 그러나 이것은 중국 리더십에 있는 것이었지 대중들에게는 아니었다. 이것은 이러한 방문을 비효과적으로 만들었다. 대조적으로, 중국 지도자들은 방문을 숫자 면에서나 지도자들과의 면담 등으로 유형적으로 성공했을 뿐만 아니라 중국 사절단이 방문 동안 접촉했던 아프리카 초정국과 기타 다른 아프리카 인들과의 사절단 간의 무형적으로 애정 어린 관계 ('우호') 구축 등으로 평가했다. 브래디Anne Marie Brady가 예전에 언급했던 바와 같이, 중국의 '우호 외교'는 문화 외교는 절대 아니다—이것은 외부 세계를 다루기 위한 눈에 띄게 효과적인 방식이다.[92] 이것은 모택동 하에서 확실한 스포츠 경우이다.

1960년대 스포츠 사절 방문에 관한 장기적인 정치 성공은 평가하기가 곤란할 수 있지만, 리더십은 이러한 방문으로부터 어휘, 이야기와 프레임워크 등을 활용했다—다른 것들과 마찬가지로, 이런 국가들에서 대사관의 리더십과 조화를 이루면서—중국-아프리카 관계를 축척하는데 결과적으로 도움을 받기 위해서였다. 예를 들면, 가나의 케이프 코스트 성과 수단의 고든의 '저주' 등의 역사 두 가지는 저우언라이가 세간의 이목을 끄는 아프리카 순회방문의 일환으로 1964년 1월 이들 국가를 방문했을 때 그에 의하여 행해진 연설에 녹아들어 갔다.[93] 사실상, 식민지 과거에 기반 하는 수많은 아프리카 국가와 중국을 연결하는 이야기들은 여전히 다음과 같이 활용되고 있다. 고든의 치욕적인 '노란 재킷'을 보기 위하여 칼리파Khalifa박물관 방문은 중국 사절단을 위한 관

91) Nye, *Future of Power*, 93.

92) Brady, *Making the Foreign Serve China*, 23.

93) 'Premier Chou En-la's Speech at the State Banquet given by President Kwame Nkrumah (January 13, 1964)' and 'Premier Chou En-lai's Speech at the State Banquet Given by President Ibrahim Abboud (January 27, 1964)', in *Afro-Asian Solidarity Against Imperialism: A Collection of Documents, Speeches, and Press Interviews from the Visits of Chinese Leaders to Thirteen African and Asian Countries* (Beijing: Foreign Language Press, 1964), 137, 227-8.

광 경유지가 되고 있다.[94] 더욱이, 여러 아프리카 국가들에서 핑퐁 팀의 인맥들은 1971년 아프리카-아시아 토너멘트처럼 이후 이벤트에서 이들 국가의 참여를 고무하는데 명백한 도움이 되었다.[95] 그리고, 유명한 미국 핑퐁 팀의 중국방문은 중국 지도부가 스포츠 외교를 자국의 구미에 맞게 어떻게 활용하는지를 알고 있음을 시사했다.

대체로, 중국 지도자들은 중국의 국내외적 정치 아젠다와 직접적으로 연관된 목표를 달성하기 위하여 1960년대 엘리트 스포츠를 활용 했다. 대약진운동과 중소분쟁 등의 후유증으로, 엘리트 스포츠는 새로운 과도기 네트워크를 열고 세계에 중국의 위상을 재정립하는 대외관계를 설정하는 데 도움을 주었다. 중심 차원의 스포츠 정책은 중국 선수들이 세계 수준에 도달하고 경쟁하고, 세계신기록을 깨고 국제무대에서 중국의 영광을 얻을 수 있도록 하는 희망을 가지고 선수 슈퍼스타들에 대한 제한적인 국가 자원을 빼돌렸다. 그들은 이것은 진정으로 국가 이미지를 진정으로 고양시킨다고 믿었다. 신흥국경기대회와 같은 메가 이벤트에서 중국 선수들에 대한 중국 공식 미디어의 보도뿐만 아니라 축소된 스포츠 사절단 방문 등은 최근 탈식민화된 3세계와 국내 관심층에 대한 긍정적인 국가 이미지를 확대시킬 작정이었다. 현지 중국인들을 설득시키는 것—지도자, 선수 또는 일반 시민이던지—은 항상 외국인들에게 도달하는 것처럼 중국 정부에게는 항상 중요한 것이었다. 중국이 대약진운동과 중소관계 등으로부터 회복하는 시기에, 이러한 스포츠 외교 방식은 정권 정책을 정당화하고 국제뿐만 아니라 국내 관객들에게 세계에서 중국의 위상에 관한 새로운 이해를 전달하는 데 도움을 주었다.

94) Strauss, 'The past in the present', 784

95) 한 가지 사례로는 말리이다. 말리는 1970년대와 1980년대 스포츠 전성기 이전에 중국 코치들을 수용했다. 'Revival of table tennis in West Africa, Kaka Lawson visits Mali', 10 December 2014, (www.ittf.com/_front_page/ittf_full_story1.asp?ID=38020&Category에서 이용할 수 있습니다 (2016년 4월 19일 접속).

제7장

# 활기 넘치는 프랑스 사람

## 파리대학클럽의 미국 순회경기의 영향과 스포츠 외교에서 개인

린제이 사라 크라스노프 *Lindsay Sarah Krasnoff*

1950년대 중반 프랑스 엘리트 농구팀인 파리대학클럽PUC의 젊은이들은 험악한 대서양 바다를 왔다 갔다 했다. 5일 간의 르 아브르Le Havre에서 뉴욕까지는 즐거운 여정임이 틀림없었다. 대신에, 대부분의 선수들은 침대에 있었는데, *아메리카* 선박의 뱃멀미가 심해서 침상에 있을 수가 없었다. 아무도 식당에서 식사를 하지 못했다. 대신에 샌드위치가 객실 복도에 놓여 있어서 프랑스 사람들은 옆으로 굴러가서, 먹은 다음 일어설 필요 없이 침상으로 재차 굴러서 원위치로 왔다.

1945년 이후 프랑스 농구 팀의 첫 번째 여정은 이렇게 시작되었다. 일련의 시범경기에서, 그들은 미국 중서부와 동부 연안을 관통하는 순회경기를 했다. 불길한 시작에도 불구하고, 파리대학클럽의 1955년 12월에서 1956년 1월간의 순회경기는 여러 면에서 성공이었다. 운동경기 면에서, 팀에게 미국 스타일의 경기를 도입시켰다. 농구장—그리고 일반적으로 스포츠—은 미국 문화가 차지하게 되었다. 경험은 또한 미국이 진짜로 좋아하는 것에 대해 프랑스 인의 눈을 뜨게 했다. 파리대학클럽의 미국인 선수이자 여행 기획자인 마틴 파인버그Martin Feinberg를 예외로 하고, 선수들 중 그 누구도 미국 땅을 밟아본 사람은 없었다. 팀은 1962년 1월 귀국했는데, 농구의 힘을 보여주었고, 미국 문화의 잔재이고 미국 민권운동 이전에 인종적인 태도와 짐 크로Jim Crow, 흑인 차별정책의 흑백분리 등에 대한 진실 등을 보는 것은 또 다른 의미 있는 경험이었다.

두 번의 여행은 아마추어 클럽에게는 시작이었다. 미국 정부의 아무런 후원이 없었다. 미국 국무부가 운동선수와 코치 등을 위한 친선 여행을 기획하기 시작하면서 이러한 일들이 시작되었지만 말이다. 그들은 외국에서 선수들의 기량을 과시하거나 경기를 개선시키기 위한 프랑스 정부의 어떤 계획의 일환이 아니라는 것이었다—승리를 통한 소프트 파워를 배양하기 위한 이와 같은 스포츠 활용은 1960년 올림픽 경기 이후에 다음과 같이 시작되었다. 국가 스포츠 위기에 관한 '제로의 시간'zero hour인데, 1970년대 중반까지 지속되던 수많은 포상 또는 타이틀 등에서 우승 실패였다. 대신에 이런 짧은 여행들은 오하이오 주 클리블랜드 출신의 키가 큰 젊은이의 발명품이었다. 그는 팀 동료들에게 모국을 보여주고 문화, 사회와 농구 등을 배우기를 원했다.

파리대학클럽의 미국 경험은 매일 미국 시민들과의 상호 접촉과 여행 기회를 통하여 미국에 관한 프랑스 사람들의 시각과 이해 등에 영향을 미쳤다. 효과적으로, 영향은 오늘날 미국 정부의 스포츠 외교라고 인정하는 주요한 아이디어들 중에 한 가지를 다음과 같이 예고해 주었다. 스포츠의 보편적인 영향을 통하여, 다양한 국가 출신의 시민들이 정책 연설 또는 언론 취재 등이 전달할 수 없는 방식으로 미국과 미국인 등에 대하여 많은 것을 배울 수 있다는 것이다. 사적 개인들과의 상호 작용은 강력한 도구가 될 수 있는데, 사회를 들여다보는 창이자 공식적으로 분산된 정보를 차단할 수 있는 친밀한 아이디어의 교류이다.

이처럼 파리대학클럽의 외교 요인으로서 스포츠 교류의 장점에 관한 훌륭한 사례였다. 이러한 것들이 정부가 후원하거나 공-사 파트너십은 더욱 아니지만 말이다. 오히려 파이버그의 기획은 개인의 힘을 증명해

주었는데, 자일스 스코트-스미스Giles Scott-Smith가 '신 외교'new diplomacy로 부르는데, 일반 시민들이 비공식적으로 외교적 역할을 수행한다는 것이다.[1] 오늘날 우리는 이것을 국민외교라고 언급한다. 그렇지만 그 당시에 개념은 아직 형성되지 않았다. 이것은 단순하게 한 개인에 의하여 부여되는 호의의 제스처였다. 파리대학클럽 소속원들은, 파리대학클럽 선수와 졸업생 등을 부르는, 후에 외교 도구로서 스포츠의 중요성을 증명하기 위하여 스포츠 위기 동안 프랑스 농구를 수술하는데 도움을 주도록 미국 경험을 가져왔는데, 심지어 비공식적인 풀뿌리 차원의 다양하기까지 했지만 말이다.

## 스포츠의 새로운 힘

프랑스는 1945년 냉전 이후 세계 현실을 재검토해야만 했었다. 프랑스의 강대국 지위가 미국과 소련 등과 같은 새로운 초강대국으로 대체되었다. 프랑스는 자국의 행태와 관련해서 자주 불러져서, *육각체제*hexagone로 정립되었다. 하지만 쉽지는 않았다. 미국과 러시아 사이에서 위치한 프랑스는 해외 자산을 통합 처분할 수 있는 영향력을 통하여 스스로의 지위를 확고히 하려고 모색했다. 불행하게도 엘리제 궁의 경우에, 요크York제국의 속박에서 벗어나려는 알제리 투쟁을 시작으로 이어진 인도차이나 독립 전쟁1946-54은 제4공화국을 무너뜨렸고 드골 장군을 1958년 제5공화국 대통령으로 권좌에 복귀하게끔 해 주었다. 단 기간에, 아프리카에 있는 프랑스의 자산들은 공화국으로부터 완전한 주권을 선언했다1960. 반면에 마르트니크Martinique, 서인도 제도의 남동부의 프랑스 령 섬과 과달루프Quadelioupe, 서인도 제도의 남동부의 프랑스 령 등과 같은 다른 소유지들은 직할 행정부처가 되었다1964.

1) Gilles Scott-Smith, 'Introduction: private diplomacy, making the citizen visible', *New Global Studies*, April 2014, 2-3.

이것은 프랑스가 이 기간 요동쳤던 프랑스에 관한 지리학적인 구성만은 아니었다. 본토에 관한 인구 구성학적인 구성이 변화했다. 북부와 서하라 이남 아프리카에 있는 제국주의 영토뿐만 아니라 앤틸레스 제도Antilles, 네덜란드령 등 출신 노동자 등이 30년간의 전후 경제 복구의 '영광스런 나날'에 불을 붙이기 위하여 도착했다. 그들은 공장에 취직했고, 도시 근로자들이 원하지 않는 천한 일을 담당하면서 터를 잡았다. 그들이 그렇게 하자, 누가 프랑스인지에 관한 인식이 변하기 시작했다.

프랑스 시민권자에 관한 개념은 한 가지 견고하게 굳어진 저스 솔라이jus soli에 있다—출생지 주의—19세기 말 프랑스 혁명으로 거슬러 올라가는 것이다. 모든 사람은 그들이 프랑스 영토에서 태어났거나 언어 구사, 공적 영역 (1965년 이래로)의 세속화 신봉, 프랑스 인권 선언에 규정된 공화국의 이념 존중, 국가 봉사, 프랑스 스타일의 의복 착용 등등을 통하여 국가 구조 안으로 조사와 동화를 한다면 프랑스 국민이 될 수 있음을 의미한다. 대서양의 다른 쪽에 있는 미국처럼, 이에 따라서 프랑스는 수세기 동안 다른 나라에서 오는 이민자의 종착지였다. 우리 스스로 공공 생활로 완벽하게 들어간다면 이론적으로 장점과 능력 등에 기반하여 윤택해질 수 있는 장소로 말이다. 전후 기간까지, 프랑스는 유대인과 특히 폴란드, 스페인, 이탈리아 등의 동부와 중부유럽 출신과 1950년대와 1960년대까지는 포르투갈의 사람들의 물결을 프랑스 시민으로 수용해 왔다. 아프리카에서 프랑스 제국에 관한 몇몇 주제들도 제2차 세계대전 이전에 시민권을 취득 한 반면에, 대다수만이 1946년 4공화국 헌법이 통과되면서 그렇게 되었다.

스포츠는 이민 세대, 시민과 프랑스 생활로 동화되고 '프랑스' 정체성을 공고화 하려는 배경을 지닌 모든 사람의 주제 등을 위한 가장 손쉬운 방법들 중에 하나였다. 유색 인종 선수들은 1930년대 축구에서 세네갈 태생인 라울 디아뉴Raoul Diagne, 모로코 태생인 라브리 벤 바레크 Labri Ben Barek 등은 국제경기에서 프랑스를 대표했다. 1950년대 레이몽

코파Raymond Klopa처럼 폴란드, 스페인과 이탈리아 출신 후손들도 그렇게 했다. 이에 따라서 스포츠는 국가 정체성을 강화시키는데 도움을 주었다. 피부 색깔 또는 종교 배경에도 불구하고 말이다. 이러한 경향은 전후 기간에도 지속되었다. 이민자의 아들과 딸, 손자와 손녀 등이 최고 수준의 운동경기에서 프랑스를 대표했다.

'누가 프랑스인가'의 구성에서 이와 같은 급격한 변화는 처음에 '무엇이 프랑스인가'에 대한 커다란 분노와 비교해서 1950년대와 1960년대 나타났다. 이러한 조짐은 1940년대와 1950년대 출생한 거대한 어린이들의 숫자로 촉발되었다. 전례 없는 인구팽창에 따른 주택문제이었다. 그들은 성년이 되면서 부모 권위에 도전하기 시작했다. 베이비 부머로 알려진 이러한 세대는 자녀들에게 무리하게 공부를 시켰고 오랫동안 간직해 온 사회개혁에 도전했다.[2] 베이비부머 세대들은 많은 연장자와 여론 지도층이 우려에도 미국 문화 수입을 포용했다. 코카콜라 식음과 엘비스에서 '스파게티spaghetty 서부영화' 텔레비전 쇼 보기까지, 1950년대의 프랑스 젊은이들은 미국을 멋진 문화 수도로 받아들였다.[3]

프랑스 젊은이들의 모든 미국 수용은 주기적인 반미주의 시기 개시와 반영되었다. 이러한 성향은 18세기 말로 거슬러 올라가는 프랑스 담론에 후추를 뿌렸다. 필리페 로저Phillipe Roger가 주장하는 바와 같이,

2) 베이비 부머, 1950년대 말에 시작된 프랑스와 '젊은이 위기' 등에 재활을 설명할 때 이들의 중요성 등에 대한 많은 문헌을 위해선, Lindsay Sarah Krasnoff, *The Making of Les Bleus: Sport in France, 1958-2010* (Lanham, MD: Lexington Books, 2012), 25-33; Kristin Ross, *Fast Cars, Clean Bodies: Decolonization and the Reordering of French Culture* (Cambridge, MA: MIT Press, 1995); Richard Ivan Jobs, *Riding the New Wave: Youth and the Rejuvenation of France After the Second World War* (Stanford, CA: Stanford University Press, 2007)를 보라.

3) Krasnoff, *The Making of Les Bleus*; see also Richard Kuisel, *Seducing the French: The Dilemma of Americanization* (Berkeley, CA: University of California Press, 1993) and Victoria de Grazia, *Irresistible Empire: America's Advance Through Twentieth Century Europe* (Cambridge, MA: Harvard University Press, 2006) for more on American cultural trends and impacts in mid-century France 등을 보라.

미국 문화 거부의 변화는 프랑스의 자매 공화국의 정치와 정책 등과 함께 불만족 전달자에서 시작된다.[4] 20세기까지, 육각 체제의 반미주의는 프랑스의 소프트 파워 영향력에 관한 패권 또는 분노 등이 사그라지는 기간과 일치했다.[5] 부모와 조부모 등은 과도하게 걱정할 필요가 없었다. 베이비 부머가 1960년대 성숙해지면서, 반미주의 젊은이들은 미국의 베트남 개입에 대한 시위를 시작하며 영국으로부터 문화적 신호가 압도적으로 되었다.[6]

이에 따라서 드골은 권좌로 복위했을 때 다량의 쟁점에 직면했다. 탄산음료와 엉덩이를 흔드는 로큰롤 가수 등에 의해 침략당한 프랑스의 패배적인 글로벌 이미지에 대응하는 것은 대통령 재임 기간에 매우 중요해졌다. 리바이벌은 엘리제가 세상에 전하고자 하는 메시지인데, 새로 발견된 젊은이와 열정, 제국 해방, 미국과 소련의 냉전 영향에 대하여 대안적 길을 모색하는 이들 국가의 지도자 등으로 기분 좋은 활기를 찾은 프랑스를 말이다. 프랑스의 힘이 예술, 문학, 미식과 영화 등에서 세계적으로 유명한 리더십을 전달하는 것과 마찬가지로, 스포츠는 공화국에게 이익을 주도록 전달할 수 있는 또 다른 영역이었다. 새로운 커뮤니케이션 시대 때문에, 즉 텔레비전의 성장과 처음으로 방영된 위성 방송이 개별 사람들의 집으로 확산되며 메달을 받는 선수들의 이미지 등이 뉴스와 같은 위력을 가졌다. 이에 따라서, 수많은 방식으로, 미

---

4) Philippe Roger, *The American Enemy: A Story of French Anti-Americanism* (Chicago: University of Chicago Press, 2005)을 보라.

5) 프랑스의 반민주의 역사의 살피고 연대순으로 기록하는 다른 업적으로는 Richard F. Kuisel, *The French Way: How France Embraced and Rejected American Values and Power* (Princeton, NJ: Princeton University Press, 2012) and *Seducing the French; Seth D. Armus, French Anti-Americanism (1930-1948): Critical Moments in a Complex History* (Lanham, MD: Lexington Books, 2007); and David Strauss, *Menace in the West: The Rise of French Anti-Americanism in Modern Times* (Westport, CT: Greenwood Press, 1978) 등을 포함한다.

6) Krasnoff, *The Making of Les Blues*를 보라

디어의 힘은 스포츠의 위력을 증폭시키고 선수들이 국가를 구체화하기 위한 새로운 방식을 제공했다.

프랑스 정부가 소프트 파워 도구로서 스포츠에 의지하는 것은 별다른 일이 아니었다. 주요 국제 경쟁은 20세기 초에 신속하게 정치화되었는데, 평화와 조화를 제고시키기 위한 원래 의도를 무력화했던 행동이다. 결과적으로, 국가들이 1936년 나치 독일처럼 우위성을 확보하기 위하여 제공된 이와 같은 세간의 이목을 끄는 무대를 이용했다. 1952년 올림픽 가입은 냉전 전에 갑자기 일어나 스포츠를 외교의 도구 상자로 통합시키려고 한 북미에서 천벌을 받았다. 느렸지만 말이다.

미국 정부는 1950년대 초에 제한적인 문화 교류 프로그램을 시작했다.[7] 로이 클럼프너Roy Clumpner에 따르면, 소련 스포츠의 '공세'로 인한 경쟁으로 미국 국무부는 10년 중간 이전에 스포츠의 중요성에 푹 빠져 있었다.[8] 이것은 외국에 소련의 여러 팀 파견으로 인식되었는데, 미국 국무부를 동요시킨 강력한 움직임이고 아이젠하워 대통령의 미국 팀의 외국 파견에 재정 지원 승인의 결과를 가져다주었다.[9] 국제 운동 노력을 후원하기 위한 필요성에 관한 미국 하원을 설득하는 것은 까다로운 임무로 남았다. 레이첼 본Rachel Vaughan이 본서에서 지적한 바와 같이, 1960년 스쿼밸리Squaw Valley 동계올림픽까지 이어진 기간은 스포츠 외교를 위하여 돈줄을 쥐고 있는 입법기관을 설득하는 것이 중심이 되었다.[10]

---

7) 풀브라이트 법 규정과 스미스-먼트법 등을 통하여 미국 국무부는, 문화외교와 정보 프로그램 등을 제공했던, 외국에 몇몇 코치와 선수 등을 파견하기 시작했다.

8) Roy A. Clumpner, 'American Federal Government Involvement in Sport, 1888-1973', PhD Thesis, University of Edmonton, Alberta, Spring 1976, 316.

9) 1954년 아이젠하워 대통령의 긴급국제문제기금은 문화외교 프로그램을 위한 막대한 재정 지원을 제공했지만 스포츠 교류는 10여년 지나서야 실질적으로 진행되었다. 미국 정부의 스포츠 교류와 외교 이니셔티브 등의 발전에 대한 더 자세한 내용을 위해선, Clumpner, 'American Federal Government Involvement in Sport', Chapter XIII, 'Federal Involvement to Promote American Interests or Foreign Policy Objectives, 1950-1973'를 보라.

10) Rachel Vaughan, 'Two Chinas diplomacy and the 1960 Squaw Valley Winter

스포츠는 동서냉전의 역동성에 균형을 잡아 줄 뿐만 아니라 소프트 파워를 배양하기 위하여 다른 국가들에 의하여 활용되었다. 본서의 아만 셔먼Arman Sherman의 장에서는 1950년대와 1960년대 동구뿐만 아니라 새롭게 탈식민화된 아프리카 등의 국가들과 우호 관계를 구축하기 위하여 중국이 어떻게 스포츠교류 방문을 활용할 지 검토한다. 그녀는 이러한 임무는 국제 공동체의 시각에서 중국의 정통성을 강화하는데 작용했다고 주장한다. 이것이 국제적으로 승인된 중국 정부로 여겨지도록 대만과 경쟁하던 시기였다.

이에 따라서 글로벌 여론을 통하여 자신들의 힘을 과시하기 위한 스포츠 교류, 방문 그리고 경기 등을 통합하기 위한 수많은 정부들에 의한 의식적인 움직임이 존재했다. '국가 브랜드화' 또는 외국 대중들에게 국가이미지를 위한 기획을 총합하여 정체성 창조 등에 대한 일반적인 개념은 새로운 것은 아니었다. 이것은 프랑스에게만 특별한 경우가 아니었다. 얀 멜리센Jan Mellisen은 루이 16세 치하에 있던 *앙시엥 레짐*ancien régime처럼 일찍부터 그렇게 해 왔다고 주장했다.[11] 그러나 전후 국제질서는 전 세계에 있는 사회에 영향을 미치는 그들의 궤적으로 새로운 전술을 펼치기 위하여 국가들에게 자극을 부여했다. 이 시기까지, 멜리센은 이러한 이미지 배양은 정부와 공식적으로 제휴되지 않은 그룹에게로 확대되어서 비 국가행위자들에게 더 많은 힘을 부여했다.

전후 스포츠의 잠재력을 인식했던 몇몇 핵심 국제기구들에는 국제체육연맹이 포함되었다. 전후 기간에는 수많은 세계 최대이자 가장 인기 있는 스포츠들이 재조직되었던 것이었다. 지정학적 무대에서 새로운 미소라는 특별한 세력의 외곽에서 그렇게 해왔던 것은 이들에게 국제

Olympics', paper presentation at SOAS, University of London, 'Message, Mode and Metaphor' Sport and Diplomacy conference, July 2015, 15.

11) Jan Melissen, 'The new public diplomacy: between theory and practice', in Jan Melissen (ed.), *The New Public Diplomacy: Soft Power in International Relations* (Basingstoke: Palgrave Macmillan, 2005), 3-6.

무대를 형성했던 더 커진 외교적 변환으로부터 자율성을 부여했다. 그레고리 퀸Grégory Quin, 니콜라 스베티Nicola Sbetti와 필리페 보나드Phillipe Vonnard 등은 피파 사례를 언급한다. 그들은 이것은 외교를 위한 새로운 환경이 되었다고 주장했다.12) 이에 따라서, 누가 외교의 결정권자인지에 관한 정의는 공공외교의 새로운 시기가 선수들을 매우 잠재력 있는 외교 대사로 봉사할 수 있도록 이동하기 시작했다.

문화 영향력을 위한 스포츠를 파악하는 것은 프랑스를 위한 상상력을 펴는 것이 절대 아니었다. 프랑스 시민들 중에 한 사람인 쿠베르탕 남작은 1896년 현대 올림픽을 탄생시켰다. 20세기 중반을 통하여, 프랑스 사람이 국제체육연맹의 발전을 이끌었다. 육각 체제는 1906년 피파의 창설 멤버였고 시민들 중에 두 사람이 세계 최대이자 가장 강력한 스포츠 실체를 만드는데 커다란 역할을 수행했다.13) 프랑스는 1928년 국제의료스포츠연맹 설립회원이자, 1932년에 설립된 지 1년이 되었으며 20세기 중반 두 번째로 큰 연맹인 국제아마추어농구연맹FIBA에 가입했다.

프랑스 스포츠 리더십은 또한 현장에서 빛났다. 국가 올림픽은 모든 미디어 카운트에서 7번이나 톱 5에 들어갈 수 있도록 처음 10개 올림픽에서 충분한 메달을 따냈다. 남자 농구 팀인 *레 트리코로레*Les Tricolore,

12) Grégory Quin, Nicola Sbetti and Philippe Vonnard, 'FIFA's reconstruction after the Second World War: a matter of diplomacy?', draft paper, SOAS, University of London, 'Message, Mode and Metaphor' Sport and Diplomacy conference, July 2015, 3.

13) 프랑스 귀족 피에르 드 쿠베르탕은Pierre de Coubertin은 1896년 아테네에서 초대 근대올림픽을 추진했다. 행사는 국제평화, 아바추어 정신 등의 이상을 보여주었고 프랑스인 줄 리메Jules Rimet는 피파 내에서 특출한 역할을 수행했는데, 1921년부터 1954년까지 오랜 재직 동안 1930년 초대 월드컵 개최를 시작했다. 리메와 동료 프랑스인은 앙리 들로네Henri Delaunay 등은 또한 유럽축구선수권대회 창설을 주도한 세력이었는데, 1960년 시작 이전 수십여 년 동안 두 사람이 주도했던 목표이었다. UEFA, 'UEFA European Football Championship origins', www.uefa.com/uefaeuro/history/background/index.html에서 이용할 수 있습니다 (2017년 4월 26일 접속)을 보라.

현재에는 *레 블르*Les Bleus로 알려진, 1937년 유럽선수권대회에서 동메달을 차지한 반면에, 여자 팀은 1938년 토너먼트에서 4위였다.[14] 전쟁 후, 프랑스는 선두를 이어 나갔다. 1948년 런던 올림픽에서, 프랑스는 자금 부족을 겪지만 상대적으로 규모가 큰 대표단으로 전체 메달 수에서 3위가 되었는데, *레 트리코로레*에 의하여 촉진된 것은 *기정사실*fait accompli이다.

미국에 뿌리를 두고 있지만, 농구는 프랑스를 위한 자존심이었고 트레비저Trévise 14번 가에 있는 파리 체육관에 1893년 유럽 첫 출전 경기로 거슬러 올라가는 긴 역사를 향유했다.[15] 프랑스에 조기 소개에도 불구하고, 이곳 강사들이 스포츠를 가르치는 프로테스탄트와 연결된 와이엠씨에이YMCA와 함께 농구협회는 공화국의 공공 생활에서 세속적인 특정에 대한 격렬한 논쟁 시간에는 농구의 초기 인기에 지장을 받았다. 농구는 제1차 세계대전 동안 와이엠씨에이 로비와 미군 보병 등의 존재로 견인력을 얻고 프랑스군과 가톨릭교회를 통해 확산되었다. 이들은 농구를 분쟁으로 심신이 피폐된 젊은이를 재활시키는 도구로서 여겼다.[16]

---

14) 프랑스에서 특정 스포츠는 남녀에게 매우 적합 한 것으로 바라보았다. 예를 들면, 축구는 여성들에게는 너무 격렬하고 힘이 들어서 20세기 말과 21세기 초까지 경기할 수 없는 것으로 여겨졌다. 다른 한편, 야구는 1890년대 초까지만 해도 여성 신체에 매우 적합한 것으로 인식했다. 따라서, 여자 야구는 오랜 역사를 지니게 되었고 국가대표팀은 국제경기에서 두각을 나타냈다. 심층적인 배경을 위해선, Mary Lynn Stewart, *For Health and Beauty: Physical culture for Frenchwomen, 1880s–1930s* (Cambridge, MA: Harvard University Press, 2000), 그리고 19세기 말과 20세기 초에 광범위해진 유럽의 환경에 대해선, Davia Majauskieine, Vilma Cingiene and Mindaugas Bobikas, 'Traits caractéristiques de l'évolution du basket-ball féminin en Lituanie (1920-1940)', in Fabien Archambauilt, Loic Artiaga and Gérard Bosc, *Le Continent basket: L'Europe et le basket-ball au XXe siècle* (Brussels: PIE Peter Lang, 2015) 등을 보라.

15) 트레비제 체육관은 현재 세계에서 가장 오래된 정통 농구장인데, 1893년 북미에서 수입한 목재로 건축되었다. French Basketball Federation, 'Visitez la plus ancienne salle de basket', www.ffbb.com/visitez-la-plus-ancienne-salle-de-basket (에서 이용할 수 있습니다 (2016년 4월 26일 접속).

16) 프랑스에서 대중화를 포함하는 스포츠 초기 단계에 대한 많은 것을 위해선, Gérard

여전히 이 기간 동안 미국과의 경기 관계가 단절되었다. *육각체제*가 자신만의 코치, 스타와 경기스타일 등을 개발했기 때문이었다. 국가대표팀은 1930년대 갈채를 받았고 농구의 유럽화를 주도하는데 도움을 주었다.17) 그렇지만, 프랑스 농구 링의 첫 번째 '황금기'로 안내했던 것은 1945년 이후인데, 많은 사람이, 군대, 교회와 학교 등과 여전히 관계를 맺고 있는 스포츠가 되었다.18)

1948년 올림픽에서 *레 트리코로레*의 은메달을 마지막으로, 미국과 다비드 대 골리앗의 경기는 교훈적이었다.19) 프랑스가 전쟁 마지막 해에 미군 병사와의 경기—해방된 프랑스 땅에서 열린 첫 번째 농구경기를 벌였고 미국식 몇 가지 경기 형태를 선별한 반면에, 런던올림픽에서는 프랑스 스타일로 변신하기 시작했다. 전국 일간 스포츠 지인 레깁L'Équipe은 프랑스가 미국 팀에 비교해서 정확도가 부족하다는 경기 보도를 했다. 프랑스 팀이 미국의 전술인 가장 중요한 핵심을 배웠지만 말이다.20)

이러한 면에서, 전후 농구 기술의 확산은 축구 분야에서 일어났던 것과 유사했다. 19세기 말과 20세기 초 동안 영국의 축구 코치들이 이 분야 지도자로 여겨지던 시절이었는데, 경기의 창시자로서 자신들의 역할 뿐만 아니라 매튜 테일러Matthew Taylor가 지적한 바와 같이 글로벌 리

---

Bosc in Fabien Archambault, Loic Artaga and Gérard Bosc, *Double Jeu, Histoire du basket-ball entre France et Amérique* (Paris: Vuibert, 2007)를 보라.

17) 사빈 샤비니에렐라Sabine Chavinier-Réla가 주장한 바와 같이, 프랑스 규칙은 양대전 사이 동안에서 1930년대 말까지 유럽의 많은 지역에서 채택되었다. 많은 미국 규칙들이 자리 잡게 되었을 때이었다. Sabine Chavinier-Réla, 'Les règies du basket français dans l'entre-deux-guerres, entre dimension nationale et continentale' in Archambault *et al* (eds), *Le Continent basket*, 30.

18) *레블레가* 1947년 유럽농구선수권대회에서 은메달을 차지했다.

19) 1948년 런던올림픽에서는 농구가 채택된 두 번째 대회이었다. 첫 번째 포함은 1936년 베를린 올림픽이었다.

20) 'L' Attaque des Tricolores enervée a manqué de raisonnement', *L'Équipe*, 14 August 1948, 4.

더로서 영국의 역할을 반영하는 것 등으로 연계되었다. 영국은 자국의 활동가와 코치 등을 통하여 전 유럽으로 축구를 확산시키면서, 유럽인들은 1953년 11월에 웸블리 경기장에서 헝가리의 *'매지컬 마자르'*Magical Magyars가 영국을 패배시킨 것과 같은 영국 전술에 동화되고 개선시켜 나갔다. 이것은 테일러가 지식의 국경을 넘나드는 이전으로 부른 현상이다. 국가 경기를 종종 원래 전파자의 측면으로 공격하면서 재 작업하는 것이다.[21] 유사한 거래가 1945년 이후 미국 스타일의 농구와 함께 발생했는데, 국제무대에서 전례 없는 미국의 군사적 외교적 그리고 문화적 힘이 발휘되던 시기였다.

이에 따라서 프랑스 농구는 미국 기술 이전으로부터 혜택을 받았다. *레 트리코로레*는 유럽선수권 대회 (1949, 1953, 1959)에서 동메달을 획득했고, 1954년 세계농구선수권대회에서 4위와 1956년 올림픽 경기에도 4위를 차지했다. *레 트리코로레*의 많은 선수가 아마추어 팀인 파리대학클럽을 위하여 활약했다. 파리 최남단 지점에 있는 *13*구역의 집에 있는 자애Charlety 운동장이 있는 클럽은 두 번이나 프랑스선수권에서 우승했고, 자주 리그 결승전에 진출해서 네 번이나 프랑스 컵 트로피 (1954, 1955, 1962, 1963)를 거머쥐었다. 파리대학클럽 회원들은 1955년에 시작된 1962년 파이버그 팀에 충원된 아프리카계 미국인 그 당시 '젠틀맨'인 헨리 필드스Henry Fields를 마틴 파인버그에 의하여 처음으로 파리대학클럽은 10년 후에 미셸 래트Michel Rat가 돌아오면서 종료되면서, 파인버그는 미국 스타일 전술을 전수해서 클럽이 발전하는데 도움을 준 선생으로서 중요한 역할을 수행했다.[22] 필드스는 경기의 현대화 전술가들 중에 한 사람인 미국 농구의 레전드인 빌 러셀Bill Russell의 기술과 수비 스타일 등을 프랑스에게 소개하는데 중요한 역할을 수행했는데,

---

21) Matthew Taylor, 'Football's engineers? British football coaches, migration and intercultural transfer, c. 1910–c. 1950s', *Sport in History*, 30:1 (2010), 156.

22) Michel Rat, interview with the author, 29 June 2015.

파리대학클럽이 1963년 타이틀에서 우승하기 위하여 최대 라이벌인 바놀레Bagnolet을 이기는 데 도움 받았던 요인이 되었다.

1950년대 중반까지, 자신들의 농구 역량에서 프랑스는 자신감으로 충만할 만했다. 1956년 올림픽 경기에 이어진 국가스포츠연구소INS가 발행한 보고서에서, 관리들은 가능한 모든 자원이 스포츠에 부과되어져야만 한다고 주장했다. 축구 또는 럭비만큼 대중적이지 않더라도 말이다. 연구는 '우리 농구 선수들은 세계에서 최고이다'라고 지적했다.[23] 논리적인 결론은 농구에의 투자는 많은 메달을 딸 수 있는 적절한 투자이어서 디에 비엔 푸Dien Bien Phu(1954), 수에즈운하 위기(1956)와 알제리아 전쟁 발발 (1956) 등의 패배로 고통 받는 장애를 극복하는데 선수들의 활기찬 승리로 국가 이미지를 제고시킬 수 있었다.

호기심을 자극하여, 국가스포츠연구소 보고서는 프랑스 농구의 기량에 이면에 있는 심층적인 이유도 담고 있었다. '우리에게 호의적인 [올림픽] 스포츠는 펜싱과 농구'라고 언급했는데, 가장 머리가 좋은 사람과 팀 스포츠가 있어야 한다는 이유여서 국가 심리에 잘 적응해야 한다.[24] 과거와 현재 선수들은 스포츠의 최고 수준을 계승하는 것은 상당한 사고와 정신적 추산 등을 필요로 하고 사실상 경축하는 스포츠들 중에 하나임을 전달한다.[25] 여전히 그 당시에 선언은 또한 농구를 '프랑스'의 성과로 말하도록 모색했다. 주기적인 반미주의 감정에도 불구하

---

23) 'Notes soumises à Monsieur le Dirécteur Général de la Jeunesse et des Sports àpropos de la preparation aux JO I960', Institut National du Sport, undated, Centre of Contemporary Archives (CAC) 19780586, Article 100 JO Rome.

24) 'Notes soumises à Monsieur le Dirécteur Général de la Jeunesse et des Sports àpropos de la preparation aux JO I960'.

25) Michel Rat and Jean-Marie Jouaret, interviews with the author, 29 June 2015; Jacques Cachemire, interview with the author, 8 July 2015; Nicolas Batum, interview with the author, 4 February 2015; Kevin Séraphin, interviews with the author, 23 February 2015 and 11 March 2015; Evan Fournier, interview with the author, 10 May 2016.

고, 프랑스는 예전부터 재즈와 같은 미국 문화의 산물들을 수용하고 자신만의 방식으로 확실하게 재 작업했다. 동일한 것이 20세기 초반에 농구에게도 적용되었다.

그렇지만, 1950년대와 1960년대는 미국 선수들이 프랑스 리그로 진입하고 경기장에 미국 스타일의 기술들을 도입하면서 달라졌다. 대서양을 넘어선 농구 기술의 채택은 플레이북playbook 안으로 혼합시키기 시작했다. 음악 분야에서 발생했던 유사한 문화 전파와 함께 일어났다. 요나시네 브릿지Jonathyne Briggs가 주장한 바와 같이, 1950년대와 1960년대에 프랑스는 미국의 로큰롤을 받아들였고 자신들만의 장르로 전환시켰다. 조니 할리데이Johnny Hallyday와 예-예스Yé-Yés 등에 의하여 매우 명백하게 보여줄 준비가 되어 있었다.[26] *육각체제*에서 대부분의 경우, 농구는 '프랑스'로 이미 인식했다. 아직도 농구에 대한 제고된 '미국화는 브릿지가 음악이 제공했고 주장했던 다층적인 문화 공간의 몇몇 창조를 위하여 허용되었다. 이것은 사회 상호작용의 새로운 가능성을 허용했다.'[27]

사회 상호작용을 위한 새로운 공간은 사실상 농구 분야에서 발견되었다. 파리대학클럽 코치이자 예전 *트리코로레*인 에밀 프레조Emile Frézot는 1955년 가을 동안 파인버그 충원에 열을 올렸다.[28] 파인버그는 참신했다. 또 다른 미국인이 일찍부터 파리 클럽 대학 시즌에 활용했을 지라도 말이다. 이것은 파인버그를 전설로 만든 그의 경기 스타일만은 절대 아니라 그가 미국 기술을 끝낸 새로운 기술을 가르친 방식뿐만 아니라 동지의식이다. 파인버그는 신속하게 귀중한 자산이 되었다.

---

26) Jonathyne Briggs, *Sounds French: Globalization, Cultural Communication & Pop Music, 1958-1980* (New York: Oxford University Press, 2015), 5

27) Briggs, *Sounds French*, 4.

28) Martin Feinberg, interview with the author, 7 December 2014.

## 파리대학클럽의 첫 번째 미국 순회 경기

파인버그는 프랑스와 미국 사이 초기 전후 스포츠 교류들 중에 한 가지를 조직했다. 비공식적이지만 말이다. 그는 농구를 하면서 경기 공황 시기를 보냈고 코트에선 미시간 대학 울버린Wolverine 대표 선수이었다. 1944년 해군 항공단에서 훈련 하면서 말이다. 파인버그는 1954년 한국전쟁 복무 후 1954년 1월 유럽으로 가서, 지역을 돌아본 다음, 제대군인원호법GI Bill, 등록금과 매월 75 달러의 생활비의 혜택을 받고서 국제관계를 공부하기 위하여 파리 대학에 등록했다. '나는 농구하기 위하여 프랑스로 가지 않았다', 파인버그는 10여년 지난 후에 언급했다.[29] 그러나 2명의 쌍둥이 누이들은 그 해 파리대학클럽에 지원해보라고 그를 설득했다. 프랑스 선수들은 일반적으로 키가 크지 않다—심지어 파인버그만큼도 크지 않았다. '남자 코치는 6피트 3인치 미국인을 보유해서 신이 났었다고' 그는 회고했다. 26세 오하이오 출신은 팀의 다른 대부분의 선수들보다도 확실히 나이가 많았다. 그는 상당한 코트 경험을 가지고 있었다.

미국은 프랑스가 농구를 다르게 취급한다는 것을 알았다. 미국에서처럼 '나는 농구가 스포츠의 주요 분야가 된 것에 대한 진정한 관심을 보지 않았다고 그는 회고했다. 이것은 영국 스포츠를 선호했던 국가에서 틈새 노력으로 남았다. 파인버그의 팀 동료이자 오랫동안 레 트리코로레의 주장이던 로저 안토니Roger Antonie조차도 최우선적으로 축구를 좋아했다.[30] 더욱이, 농구는 광역지역과 중간 규모의 도시 지역, 부르주아 계층의 스포츠였다. 이것은 노동자 계층 (축구) 또는 상위 계층 (럭비) 운동의 거칢과는 매우 구별되었고 프랑스의 *대학*과 *고등학교* 등

---

29) All Feinberg quotes: Martin Feinberg, interview with the author, 7 December 2014, 13 December 2014 and via email to the author, 2 December 2014.

30) Pierre Tessier, 'Roger Antoine successeur désigné de André Buffière au capitnnat de l'équipe de France', *L'Équipe*, 20 September 1955, 5.

에서 체육 교육 프로그램으로 통합된 몇 안 되는 과목들 중에 하나였다.[31] 이에 따라서 농구는 중산층 또는 학교 등과 연결되었을 뿐만 아니라 몇몇 엘리트에 의하여 수용되었다. 미래 수상 리오넬 조스팽Lionel Jospin은 대학과 군 복무시절 선수로 활약했고 육십 줄에 들어서도 지역 리그에서 현역으로 계속 뛰었다.[32]

스포츠 사회기반시설은 종종 나중에 생각해 볼 문제임을 분명했다. '체육관은 끔찍했다' 고 파인버그는 말했다. 대부분의 체육관은 전쟁 전에 지어졌다. '확실하게, 우리는 미끄러운 바닥에서 경기했다.' 울버린에서 선수했을 때의 그의 경험과 그가 프랑스에서 마주한 것 사이에는 '확실하게 비교'가 되지 않았다. '이것이 내가 왜 파리대학클럽을 이와 같은 멋진 체육관 [*원문 그대로임*]에서 농구할 수 있게끔 하려는 것을 보여주려고 데려오려는 이유들 중에 하나'이라고 그는 팀의 첫 번째 여행에서 설명했다. 또 다른 배려는 팀 동료들에게 미국을 알려줄 참이었다. 그래서 그들 스스로가 미국이란 나라를 실질적으로 파악하고—미디어와 정부를 통해 프랑스 국민에게 전달되는 버전과는 어떻게 다른가도 말이다.

그 당시 미국 아마추어 농구 조직을 책임졌던 미국선수연합AAU 사무총장인 댄 피어리스Dan Fearis와 함께 일하면서, 파인버그는 미국 중서부를 가로지르는 짧은 여행을 종합했다.[33] 프랑스 정부와 파리 대학 등

31) 프랑스 학교 시스템은 미국과 영국 학교들이 수행하는 방식으로 학교 선수들을 통합하지 않았던 정기 체육교육 시기이었다.

32) 현재, 조스팽은 농구장 논의에서 탈선하지 않았다. 2016년 조스팽의 농구 경력에 관한 정보는 파인버그와 래트 그리고 'Basket: Lionel Jospin sur Beln Sports Pour Comenter sur le basket', *Le Dauphine*, 27 February 2016, www.ledauphine.com/france-monde/2016/02/27/basket-lionel-jospin-sur-bein-sports-pour-commenter-la-nba에서 이용할 수 있습니다 (2016년 4월 26일 접속) 등과의 인터뷰에서 찾아볼 수 있다.

33) Pierre Tessier, 'Le PUC s'embarquera le 21 décembre pour les États- Unis...', *L'Équipe*, 6 December 1955, 8.

은 여행 부담에 동의하는 자금을 대겠다고 맹세했고, 티켓 판매 자금의 부분은 비용으로 돌려주었다. 선수들은 또한 참가에 각각 70달러를 기부했다.[34] 그러나 기획은 농구하는 것밖에 없었다. 젊은 프랑스 남자들도 미국에 관하여 할 수 있는 모든 것을 배우기를 원했다. *레키프* 지가 미국 연안에서 팀의 순회 경기에 관한 특별 보도에서 언급한 바와 같이, 문화 계획이 풍성하기를 바라는, '파리 대학 사람들은 대형 미국 병원 방문 약속을 요구했다.'[35]

뉴욕발 *아메리카* 항공을 타고 출발하는 팀의 사진이 실린 *레키프* 지 12월 21일 판의 1면에 실렸다.[36] 이것은 두 명의 팀 동료인 안토니오와 자크 오웬Jacques Owen 등이 여행을 하게 된 작은 기적에 기인하는데, 이들의 비자가 막판이 되어서야 발급되었다.[37] 이에 따라서 쌀쌀한 12월 아침에, 파인버그는 7명의 팀 동료와 프레조 등과 뉴욕으로 가는 배에 올라탔다. *레키프* 지의 기사를 수집하면서, 파인버그는 특히 지나치게 고무되었다! '조국 귀환에 관한 전망이 우리가 알고 있었던 키 크고 무기력한 소년으로 소리나 치던 친구로 인식될 수 없을 정도로 변신한 것에 대해서 미국인들을 신나게 만들었다!'[38] 흥분이 하늘을 찔렀다. 페레조는 농구의 메카 미국으로 순례 여행은 체육적인 의미뿐만 아니라 문화적 중요성의 하나라고 적시했다. '이니셔티브가 조금 전에 이루어져야만 했다고' 그래서 프랑스 농구의 미래를 책임질 코치들이 참관하고 '미국 농구가 되기까지의 진실을 되돌려 놓을 수 있게 하는 것'

34) 'Events and discoveries: French fried', *Sports Illustrated*, 16 January 1956, www.si.com/vault/1956/01/16/604289/events—discoveries에서 이용할 수 있습니다 (2017년 8월 1일 접속).

35) Tessier, 'Le PUC s'embarquera le 21 décembre', 8.

36) 'Les basketteurs du PUC embarquent les 'Kiwis' Débarquent', *L'Équipe*, 21 December 1955, 1.

37) 'Les basketteurs du PUC embarquent les 'Kiwis' Débarquent', 1.

38) Gérard Edelstein, 'Le PUC est parti pour les États-Unis', *L'Équipe*, 21 December 1955, 5.

이다![39] 그렇지만, 일단 승선하면, 열정은 매우 거친 대서양의 물결로 뱃멀미를 선사했다. 뉴욕에 도착한 팀은, 그런 다음 12월 28일 시카코행 비행기에 몸을 실었다. 몇몇은 여전히 *뱃멀미*에 고통을 받으면서까지도 말이다.[40]

프랑스 농구 팀이 1945년 이후 미국 땅에서 경기를 했던 첫 번째 일이었다—*레 블르*는 1965년에 뉴욕에서 폴란드와의 친선게임 때까지 그렇게 하지 않았다. 더욱이, 파인버그와는 별도로, 파리대학클럽 모두가 미국 방문을 한 것도 처음이었다. 그들은 6달러의 빠듯한 일일 경비로 견뎌 냈고 와이엠씨에이가 돈을 절약하기 위하여 텐트 생활을 하도록 해 주었다.[41] 이러한 절약도 단체의 흥분을 꺾진 못했다. 그들은 미국 팀에 승리하기를 기원했고 어떻게 잘하는지를 보여주고 싶어 했다. 여전히, 파인버그가 기자에게 설명한 바와 같이, '주로 나는 그들이 미국을 좋아하도록 하는 데 상당히 많은 관심이 있었다. 나에게 그것이 이상이었다.'[42]

모든 이가 '미국'의 신화를 학습하고 빨아들이려고 했다. 파인버그는 전용 펌프실pump room, 과거 온천에서 광천수 마시는 방에서 시카코 친구와 여러 팀 동료들과 보낸 그 날 밤을 회고했다. 프랑스 사람들은 우아한 저녁 시간을 보냈다. 그룹의 코믹했던 의대생이던 팀 동료인 재킷 위그에Jacques Huguet는 즉석 모놀로그를 하면서 전체 방안을 즐겁게 해주었다.[43] 카사블랑카 출신으로 프랑스계 유대인인 또 다른 친구인 로저 자구리Roger Zagury는 모든 것들에 충격 받았다. 조명, 건물, 신상품 등이다. '미국은 아직도 끝나지 않았다는 인상을 받았다고 그는 기자에게 말했

39) Edelstein, 'Le PUC est parti pour les États-Unis', 5.
40) Robert Chromie, 'Paris athletes say oui oui on Chicago visit', *Chicago Tribune*, 29 December 1959, 25.
41) 'Events and discoveries: French fried'
42) Chromie, 'Paris athletes say oui', 25.
43) Feinberg, interview with the author, 7 December 2014.

다. 유럽과는 다르다.'[44]

파리대학클럽의 도로 기록은 혼재되었다. 팀의 첫 번째로 가는 곳은 일리노이주 휘튼이었다. 첫 번째 경기(12월 29일 43 대 68)에서 패했던 곳이었다. 그런 다음 두 번의 경기에서 승리했다. 하나는 레이크 포레스트Lake Forrest (1월 2일 69 대 64) 대학이고 다른 하나는 북 센트럴 오브 아이오아North Central of Iowa (1월 3일 67 대 58) 이었다. 미국 기자들은 이들의 경기 스타일을 비판했다. *스포츠 일러스트레이티드* 지는 '프랑스인은 정말 구식으로 보이는 게임을 했고 볼 컨트롤, 이따금 씩 잘 짜인 빠른 작전 타임, 이중적인 공격 설정 등에 대하여 집중했다.'[45] 43 대 74로 마르케트 대학에게 패한 이후에, *밀워키 센티널* 지는 '파리 사람들이 철두철미함과 수완 등이 모자란 것을 *단체정신*으로 메우려고 노력했다.'[46] 시카고에서 드폴 대학과의 패배(1월 5일 45 대 71) 이후 볼티모어에서 볼티모어 대학과의 패배 (1월 9일 68 대 76) 등은 식은 죽 먹기로 비판을 하는데 일조했다. *선* 지 기자인 월터 허만Walter Herman 은 '다른 미국 대학 팀들처럼 볼티모어는 숏 앤 런 공격과 존 디펜스 등을 활용했다. 반면에 프랑스 팀은 압박과 효과적인 대인방어 그리고 신장 차이에도 불구하고 리바운드 점유율이 높았다고'고 보도했다.[47]

순회 경기가 끝날 즈음, 팀은 기력이 소진했고 거의 초죽음이었다. 파인버그는 아킬레스건이 파열되어 클리블랜드 병원에 남았다. 이에 따라서 프랑스 선수들은 통역자 없이 남게 되었다.[48] 그들은 1월 9일 비를 맞고 흠뻑 젖은 채로 감기에 걸렸고 그날 가벼운 아침 식사만을 해

44) Chromie, 'Paris athletes say oui', 8.

45) 'Events and discoveries: French fried'.

46) Rel Bochat, 'Marquette routs Paris 'Five', 74-43', *Milwaukee Sentinel*, 5 January 1956, 11.

47) Walter F. Herman, 'Baltimore U. holds off late rally to top Paris, 76-68', *Baltimore Sun*, 10 January 1956, 19.

48) Feinberg, interview with the author, 7 December 2014.

서 허기진 상태로 볼티모어 경기에 나서게 되었다.[49] 그렇게 궁핍한 재정 상태로 일정을 소화했다는 증표이었다.

국무부가 이러한 점에서 스포츠 교류를 기획하기 시작하면서, 미국 정부는 1956년 또는 1962년 순회경기를 공식적으로 후원하지 않았다.[50] 그렇지만 국무부는 1956년 1월에 볼티모어 경기를 프랑스로 중계하기 위하여 미국의 소리VOA 직원을 파견했고 이러한 움직임에 관심이 있다고 보도했다.[51] 파인버그와 팀 동료 등은 귀국했다. 그들이 보았던 것에 대한 좋은 기억과 인상 등을 함께 가지고 말이다.

## 귀국

1960년대 초 그가 공부를 마친 이후에 파리대학클럽에서 파인버그의 역할은 선수에서 코치로 변했다. 그는 코트에서 멘토로 계속해서 남기로 했고 1959년 파리대학클럽에 참여 했던 파리 근처 지역 토박이인 래트Rat와 같은 새로운 팀 동료를 친구로 사귀었다. 1962년, 파인버그는 프랑스 중북부의 오를레앙 미군 공군기지 출신인 6피트 5인치인 '젠틀맨 필드스'Gentleman Fields를 충원했다.[52] 그해 그가 제대하자마자, 필드스는 파리대학클럽 농구부에 가입했다.[53] 래트와 필드스 등은 팀을 위하여 파인버그가 기획한 1962년 순회 경기의 일원이었다.

그해 겨울 목표는, 예전 경기와 마찬가지로, 파리대학클럽이 경기

49) Feinberg, interview with the author, 7 December 2014.

50) Feinberg, interview with the author, 7 December 2014.

51) Patrick Skene Catling,'"Foul" situation fails to slow French team of "only seven"', *Baltimore Sun*, 10 January 1956, 36.

52) 'Henry Fields, le basket de New York à Auterive', *La Croix*, 18 September 2009, www.la-croix.com/Actualite/Sport/Henry-Fields-le-basket-de-New-York-a-Auterive-_NG_-2009-09-18-539439에서 이용할 수 있습니다 (2017년 5월 26일 접속).

53) Henry Fields, interview with the author, 30 June 2015.

를 하는 것일 필요는 없었다. 대신에 이것은 모든 면에 대한 것이었다—마음으로, 모든 스포츠 교류의 궁극적인 목표이다. '나는 미국을 사랑했다', '그리고 그들에게서 농구와 미국인 등에 관하여 배우기를 원했다. 그들이 했던 것은, 팀이 미국 사회에 형성했던 복잡한 인종 문제에 노출되었다.

파리대학클럽은 12월 미국으로 가는 비행기에 몸을 실었다. 그들은 볼티모어-워싱턴 경계선에 있는 갈루뎃 대학교와 첫 번째 게임 (12월 18일 42 대 39)에서 이겼다. 그런 다음 오글스로프(12월 20일 37 대 87)와 브라운스톤의 AAA 팀(12월 22일 즈음 66 대 68) 등과의 경기에서 연속 패배했다. 기록은 이상적이지 않았지만 파리대학클럽 회원들은 확실하게 미국에 대하여 많은 것을 배웠다.

그 과정에서, 활기 넘치는 프랑스 사람들은 미국 스타일 농구화에 관한 행복으로 세례를 받았다. 그 시기에 프랑스는 모든 유형의 스니커즈를 '테니스 슈즈'로 불렀다. 파인버그에 따르면, 프랑스에서 이용 가능한 것은 무겁고 농구에 적합하지 않았다. 파인버그가 신었던 미국이 생산한 컨버스 농구 스니커즈와 유사한 것은 시장에는 존재하지 않았다. 파리대학클럽은 재차 눈꼽만한 예산이었지만, 파인버그는 다음과 같은 하나의 전술을 고안했다. 그는 팀을 위한 라디오 인터뷰를 마련했다. 각 선수가 컨버스화 한 짝씩을 받은 이후에 말이다.[54] '미국인들은 매우 관대했다. 미국인들은 우리가 어느 지역에서나 테니스 슈즈 [농구 스니커즈]에 대해서 물어 볼 때마다 그들에게서 얻을 수 있었다'고 파인버그는 말했다. 래트는 이와 같이 의미 있는 제스처가 프랑스 사람들에게 얼마나 중요한가를 연관 지었다. '우리는 부스넬과 같은 프랑스 스니커즈를 가지고 있는데, 그는 황금 전성기 동안 *레 트리코로레*의 코치인 로버트 부스넬Robert Busnel 이름을 딴 모델에 대해서 이야기 했다.'[55]

---

54) Feinberg, interview with the author, 7 December 2014.

55) 로버트 부스넬Robert Busnel도 1948-1960년 동안 국가대표여성 팀 코치로 재임했다.

아직도, '모든 사람은 컨버스에 열광했다. 그 이유는 미국 생산품이었기 때문'이라고 래트는 열변을 토했다.[56)]

프랑스 사람들도 흑인들은 백인과는 확실하게 '분리되었지만 평등한' 공공장소를 가져야만 한다는 인종차별 분리정책을 도입했다. 음수대, 식당, 학교 또는 버스에서 앉을 때에도 말이다. 중서부 전역을 관통하는 1956년 순회 경기와는 다르게, 1962년 팀은 남부에서 팀을 이루었다. 갈루뎃 경기에 이어서, 팀은 애틀랜타로 향하는 버스에 올라탔다. 도중에, 필드스에 따르면, 이들의 유니폼들이 분실되어서 팀은 여행 중에 입었던 옷을 그대로 입고 경기장에서 뛰었다.[57)] 애틀랜타 지역에 있는 동안, 버스는 급유하기 위하여 멈췄고, 파리대학클럽은 길가에 있는 식당에서 음료수를 들고서 휴식하는 즐거움을 가졌다. 팀은 들어갔지만 그 자리에서 멈추었다. 필드스에 의하면 '여성'(주인 혹은 점원)은 점잖게 '나는 당신들에게 [백인 선수 참조 표시]를 제공해줄 수는 있지만, 그를 위한 것은 제공해 줄 수는 없으니 미안하다고 말했다. 그가 나였다. 그래서, 우리는 떠났고 어디론가로 갔다. 유일하게 불편함이 있던 때였다.'[58)] 파인버그는 팀 동료들에게 거기에 식사를 원하지 않아서 나가버렸다고 말했다. '나는 당황했고', '이것은 나를 정말 당황스럽게 만들었다.

래트는 대부분의 프랑스 선수들이 인종차별 분리정책에 직면했던 최초의 사건이라고 회고했다. '우리는 정말 충격 받았다'고 그는 말했다. 프랑스에서도 비 백인에 대한 차별이 전혀 존재하지 않는다고 하는

---

그는 1966년 FFBB 회장으로 불렸다. 그는 FIBA 회장으로 1984년 선거까지 직책을 유지했다. 1990년 그는 NBA 등장으로 추동되는 국제성장의 실질적인 기간을 통하여 스포츠 운영 이후 회장직에서 물러났다.

56) All Rat quotes: Michel Rat, interviews with the author, 22 October 2014, 29 June 2015 and 20 October 2015.

57) Henry Fields, interview with the author, 30 June 2015.

58) All Fields quotes: Henry Fields, interview with the author, 30 June 2015.

것은 아니었다—존재 했다. 파인버그는 흑인에 대한 프랑스인의 태도는 그 당시에도 '내재되어 있었을 뿐이지, 미국보다 더 심층적이었다고 적시했다. 파인버그는 파리대학클럽과 프랑스 전역을 여행할 때, 그는 백인 프랑스 어머니와 흑인 아프리카 아버지의 아들이던 안토니오와 한 방을 썼다고 기억했다. '나는 호텔에서 거절당해 본 기억이 없다'고 그는 말했다.

필드스는 이 시기의 맥락을 설명하는데 도움을 주었다. 그 당시, 파리 정부는 '미국인들만의 인종차별주의자이지 프랑스 사람들 당신은 인종차별주의자가 아니고, 당신은 유색인종에 대하여 아무런 문제도 갖고 있지 않다'고 믿게 만들었다. 이때가 냉전이라고 적시했다. 과거의 양극적인 환경설정이 악화시켰던 여전히 낡은 과거의 비통함이 존재했다. '나는 이것으로부터 고통 받았다'고 그는 말했다. 그 이유는 프랑스는 인종차별주의가 아니라고 생각했기 때문이었다.

부분적으로 최소한, 이러한 태도는 시민권의 프랑스 개념으로 귀속될 수 있다. 공화주의 모델 하에서, 모든 이가 프랑스어를 구사하고, 관습과 드레스 스타일을 착용하고, 사회 관습들(이러한 '기준'들이 프랑스 제도에 의하여 설정되지만)에 따를 수 있다면 프랑스인이 될 수 있다. 프랑스에 정착한 폴란드, 이탈리아 그리고 포르투갈 이민자 등과 같은 '아웃사이더' 그룹도 이들의 자손들이 사회로 동화될 때까지 여러 세대 동안 차별을 경험했다는 약간의 안도가 존재했다. 여전히 프랑스 흑인과 마그레브Maghreb, 북아프리카의 모로코, 알제리, 튀니지에 걸친 지역출신 흑인 등은 자신들의 역량을 보여주기 위하여 백인 경쟁자들보다도 더 열심히 일을 해야만 했다. 농구장이든 학교든 삶이든지 간에 말이다.[59]

이러한 사건에도 불구하고, 필드스는 여행은 환상적이었고 모든 미국인들이 인종차별주의자가 아니라는 것도 확인하는데 도움을 주었다

59) Lindsay Sarah Krasnoff, 'Can football save France in a post-Charlie-Hebdo world?', *CNN International Sport*, 13 March 2015.

고 생각했다. '그들은 사람들이 "당신은 함께 할 수 없다"'라는 말을 기대했었다고 그는 프랑스 팀 동료에게 말했다. '그들은 흑인은 길 한쪽에서 백인은 다른 쪽에 있는 것을 기대했다. 이것이 당신 읽었던 것이다. 그러나, 문제는 조지아에서 본 것이 유일한 때였다.' 필드스는 '그가 어떻게 다루어 왔는지에서 어떤 차이가 존재한다는 유일한 시간이었다.' 그의 젊은 프랑스 팀 동료들이 집에 돌아가서 텔레비전을 보았던 것이 기초해서, '그들은 늘 일어나기를 기대했었다.'

이에 따라서 여행은 국민 간의 상호작용에 기초해서 다양한 사회에 관하여 더욱 많은 것을 학습하기 위한 수단으로서 스포츠 교류의 힘에 관한 강력한 예시였다. 미국을 여행했던 젊은 파리대학클럽 선수들은 이들 세대의 대표일 필요는 없었다. 그들은 농구를 문화의 주류의 일환이 아닌 스포츠로 농구를 선호했고, 미국에 대한 상당한 동경을 가지고 있었다. 수많은 파리대학클럽 회원은 모든 문제에서 프랑스의 자매 공화국에 대한 호의적이 인상을 갖고 떠났고, 인종관계의 그것을 간직한 채로 말이다. 10여년 후에, 그들은 이러한 경험들을 회고했고 프랑스 농구의 재앙을 뒤엎기 위한 노력에서 미국 게임(훈련, 전술, 장비)에 관한 요인들을 통합했다.

## 스포츠 위기에서 농구

팀이 두 번째 미국과의 낙승에서 돌아올 때까지, 프랑스에서 스포츠 상황은 극적으로 변화했다. 1960년 로마 올림픽 경기는 프랑스는 운동 기량을 통하여 이끌 수 있는 개념에 대해서 베일을 벗겼다. 그 해 여름, 프랑스 올림픽 선수들이 메달 수에서 25위를 차지했는데, 두 개의 은메달과 세 개의 동메달을 땄다. 잘 할 것이라고 기대했던 농구 팀은 신속하게 토너먼트로부터 탈락되었는데, 자신들이 세계 최고라는 믿음을 깨버렸다. 경기는 충격이었고 스포츠는 프랑스 정부가 예상했던 것보다도 소프트 파워 도구로써 배치하는데 더욱 정교해졌다.

드골의 자극으로, 정부는 조사를 개시했고 취약점을 조사한 뒤 여러 원인을 다음과 같이 발표했다. 스포츠를 실천하기 위한 다른 레저시간 활동을 선호했던 젊은이, 모든 심각한 방식으로 젊은 선수들을 방해했던 오랜 학창 시절, 낡고 구식이고/이거나 접근하기 어려운 스포츠 시설 등이다. 정규 직업을 갖고 있고 일주일 또는 야간에 훈련하는 국가 엘리트 선수와 관련하여, 준비할 충분한 시간의 부족이 언급되었다. 가장 중요한 것으로, 정부와 언론보도는 동시에 다음과 같이 커다란 주제를 보도했다. 프랑스는 선수 성과를 강화하기 위한 국가 스포츠 문화가 부족하다고.[60] 신속하게 만들어 낸 신조어인 '스포츠 위기'는 *레 트리코로레*를 인질로 삼았고, 팀은 1984년까지 다른 올림픽 경기에 출전하지 못했다. 1963년 이후 프랑스는 1986년까지 세계선수권대회에 불참했다. 축구를 포함하는 다른 주요 스포츠 경기 포상 부족과 함께, 프랑스의 흔들리는 이미지가 확산되고 1968년 5월 *사회적 정치적 대사건*으로 악화되었다.

변화는 1960년대 4년간 일련의 상황 개혁이 실패한 이후 1970년대 시작되었다. 1975년 최초로 마조드Mazeaud법은 국가 문화 안에서 스포츠를 발전시킬 수 있는 재정지원에 헌신하고, 다음 세대 엘리트 선수들을 발굴하고 훈련시키는 프로그램을 수립하는 스포츠를 위한 장을 입법화 했다. 농구가 혜택을 받게 되었다. 프랑스농구연맹FFBB은 미국에서 20년 먼저 스포츠를 관찰했던 공무원들이 정보 제공했던 스포츠의 퇴조를 반박하는 노력을 했는데, 비공식적이고 풀뿌리 차원의 다양성에서 스포츠 교류의 중요성에 대한 중요한 증거임을 말이다.

하드코트에서 경쟁했던 신체를 개선시키려는 시도가 만들어졌다. 프랑스농구연맹의 헤드 닥터인 재킷 위그에Jacques Huguet—시카코 펌프

---

60) Krasnoff, *The Making of Les Bleus*를 보라.

실에서 파리대학클럽 선수들을 웃겼던—는 농구선수들을 위한 개선된 다이어트와 영양을 추진했는데, 특히 기량이 뛰어난 선수들에게 말이다. 영양가가 높은 음식은 건강한 선수—그리고 결국—냉전 시기 유럽에서 경기승리에 핵심 도구인 키 큰 선수를 만들어 낼 수 있기 때문이었다.[61] 그는 또한 부상으로부터 선수들을 보호하는데 도움주고 강화시키기 위하여 개선된 신체 환경을 도입했다. 2012년 위그에는 스포츠가 변화하는데 도움 준 레전드로서 프랑스농구아카데미에 가입되었다.

개선된 코칭과 국제선수 게임 수준을 열 정도로 결과를 개선하기 위한 노력도 만들어졌다. '젠틀맨 헨리 필드스는 모나코와 앙티브Antibes, 프랑스 동남부 니스 서남쪽의 항구도시 등에서 세미 프로 선수로 오랜 경력을 마친 이후 젊은 세대들을 코치했다. 훈련을 통하여, 젊은 *농구선수*들은 빌 러셋Bill Russet의 흠잡을 데 없는 수비전술을 연습했고 기술적으로 탁월한 선수들의 새로운 물결을 만들어냈다. 필드스는 *육각 체제*에서 명성을 남기기 위하여 유일한 미국선수-코치들과는 완전히 달랐다. 그렇지만, 그는 초창기 가장 존경받았던 사람들 중에 한 사람이었다.[62] 그는 2014년 경기에 이바지한 공로 프랑스농구아카데미에 들어가게 되었다.

프랑스 전국에 있는 매우 가능성 있는 어린 선수를 훈련시키기 위한 새로운 조직도 만들어졌다. 마조드 법은 국가스포츠기술성과연구소 INSEP를 파리 동쪽의 뱅센느 숲에 만들었다. 그 곳에서 엘리트 선수들이 전문화된 코치들 밑에서 훈련받을 수 있었고 보조를 받으면서 전업 일자리에 대한 부담을 할 필요가 없었다.[63] 1984년, 프랑스농구연맹은

---

61) Jean-Yves Guincestre, interview with the author, 16 July 2008.

62) 1968년 FFBB에 의한 한 가지 규정 변화는 모든 팀에 2명의 외국인 선수를 둘 수 있다고 했다. 그 당시 FFBB 회장 부스넬이 프랑스 경기에 새로운 유형의 플레이를 통합해서 개선되도록 강제한 움직임이었다. 1960년대와 1970년대 이어진 '미국의 식민화'와 종종 이것을 다루었던 부정적인 언론 담론 등에도 불구하고, 필드스는 아이콘으로 남았다.

63) INSEP는 원래 Institute National de Sport et d'Éducation Physique이었다. 오래 동안 이 명칭은 변화 중인 환경과 초점 대 스포츠 등에 관한 인식에서 다양한 변환을

국가스포츠기술성과연구소 안에 농구연맹센터CFBB를 만들었다. 이러한 실체는 성립되고 스포츠 전문가들의 감독 하에 선수와 이론적인 훈련을 국가 최고 선수들과 함께 끝내기 위하여 모이면서 젊은 엘리트 선수들을 교육시켰다. 권위자 중에 한 사람은 미셸 래트인데, 대우에 아연실색했던 파리대학클럽 선수는 조지아 주에서 필드스와 의기투합했다. 래트의 감독 하에, 프랑스에서 곧바로 미국 엔비에이NBA로 트래프트 된 프랑스 선수들 중의 첫 번째 세대가 형성되었다. 그들은 토니 파커Tony Parker, 보리스 디아우Boris Diaw와 로니 투리아프Ronny Turiaf (곤자가에서 뛰기 전에 국가스포츠기술성과연구소에 참여하다가 트래프트 된) 등이었다. 2014년 래트는 그의 일생 동안 헌신으로 프랑스농구아카데미에 들어갔다. 2015년 그는 농구연맹센터 총재로 이름을 올렸다.

파리대학클럽 졸업생들이 중요한 역할을 했던 이러한 모든 조치들은 프랑스 농구를 위한 부침에 도움 주었다. 래트인 경우, 프랑스에서 미국 선수들의 영향은, 특히 파리대학클럽의 파인버그와 필드스 등은 경기를 향상시키는 데 도움 주었다. '그들은 우리를 전술로 데려다 주었다'고 래트는 말했다.

## 결론

파리대학클럽의 활기 넘치는 순회경기는 영향력이 있었다. 스포츠를 통하여, 프랑스인들은 미국을 보았고, 미국의 정치, 경제 사회 시스템에 대해서 배웠고, 매일 미국인들을 만났고, 프랑스에 대한 주로 호의적인 인상을 가지고 귀국했는데, 주기적인 프랑스 반미주의가 부여된다는 중요한 고려이다. 두 번의 여행은 마틴 파인버그의 혜안과 추진 등이 없었으면 일어나지 않았을 것이다.

---

통하여 나갔다.

클리블랜드 출신 농구선수는 프랑스 스포츠에서 변화를 평가하는 앞 줄 좌석에 앉았다. 현재, '나는 많은 기술적인 훈련을 본다고 그는 말했는데, 많은 디펜스와 특히 공격과 슈팅을 말이다. 기본기에 상당히 신경을 쓰고 있었다.' 사실상. 이것이야 말로 프랑스 선수들이 오늘날 유명해진 게임의 기본이자 기술이었다. 파리대학클럽 시기로부터 나온 운명의 전환이다.

여행의 비공식적인 본질은 선수들은 미국을 모든 공식적인 정보 프로그램에 의하여 있는 그대로의 미국을 보게 된 것은 확실했다. 미국 전역에 있는 친구들을 보여주면서, 파인버그는 미국을 만들어 준 많은 속성—그리고 약간 부정적인 면도—들을 번갈아 보여주었다. 이러한 초기 프랑스-영국 농구 교류들은 전통외교에서 외교관들이 좀처럼 할 수 없었던 방식으로 젊은 선수들에게 여운을 남겼다. 전후 프랑스의 고충과 재건이라는 거대한 맥락에 단호히 반대하면서, 국제 영향력과 양국에서 인종 관계 등에 대한 긴장 투성인 프랑스-미국의 냉전외교에서, 이러한 순회경기들은 가치가 있다. 파리대학클럽 졸업생들의 미국 순회경기는 농구 코치와 관료주의 등에 대한 단계로 진입했다. 중요하게, 파리대학클럽 집단은 프랑스의 20세기 말 농구 르네상스를 은밀히 조직했는데, 독자적인 '프랑스적이지만 주로 미국 경험으로 정보제공된 것'이다. 파리대학클럽의 유쾌한 미국 순회경기는 경기장—연단—에서 아직도 벌이고 있는 장기적인 것뿐만 아니라 많은 단기적인 배당금을 가지고 있었다. 현재 레 블르는 메달과 국제적인 기사를 축적했고, 세계 엘리트 리그인 엔비에이NBA에 주도적인 농구선수 공급국인데, 21세기 판 버전인 원래 파리 대학클럽의 쾌남아들이었다.

제8장

# 축구, 외교 그리고 아시아 세기에서 호주

데이비드 로 *David Rowe*

## 호주를 받아주고 쫓아내기?

2015년 개최국 호주와 한국간의 아시아축구연맹AFC의 결승 전날, 개최도시 호주 주요 신문인 *시드니 모닝 헤럴드* 지는 서아시아의 몇몇 국가(특별히 걸프)들이 호주를 아시아축구연맹으로부터 축출시키기 위한 일종의 움직임이 있다는 기사를 실었다.[1] 대회 안전을 확보하고 아시아 축구와 일반적인 아시아 등에서 호주의 위상을 공고히 해야 한다고 믿는 개최국 내 국민에게, 이것은 충격적이었다. 아시아축구연맹 회장 쉐이크 살만 빈 이브라임 알 칼리파Sheikh Salman Bin Ibrahim Al-Khalifa, 걸프국가 바레인 출신는 두바이에 본부를 둔 *알 이티하드* 지에 보도 논평을 통해 '조작되었고' 이와 같이 '기사를 읽는다는 것은 정말 슬프다. 이것에는 진실이 없기 때문'이라고 주장했다. 2006년 1월 1일 연맹 가입에 선행되고 추진되어 온 호주에 대한 반대의 기류가 확실하게 있었다.[2]

1) Sebastian Hassett, 'Angry Gulf nations leading charge to kick Australia out of Asian Football Confederation', *Sydney Morning Herald,* 29 January 2015, www.smh.com.au/sport/soccer/afc-asian-cup/angry-gulf-nations-leading-charge-to-kick-australia-out-of-asian-football-confederation-20150129-131e5g.html에서 이용할 수 있습니다 (2015년 5월 11일 접속).

호주는 피파의 가장 적은 지역회원국인 오세아니아축구연맹OFC이탈을 감행했던 수년 이후에 2006년 아시아축구연맹에만 가입했다.[3] 이것은 축구 세계에서 단순히 관료적인 호주에 관한 재편성 이상이었으며, 상징적이고 실리적인 국가로 호주의 미래가 달려 있는 역동성 있는 지역 안으로 통합을 시도했다.[4] 축구는 아시아와 호주 국민들의 보다 긴밀한 접촉을 위한 장치와 정부와 비즈니스 엘리트 간의 정기적이고 상대적으로 비공식적인 접촉 등으로 운용되었다. 아직도 아시아축구연맹으로의 호주의 진입은 확실히 보편적으로 환영받지는 않았다. 호주의 전 텔레비전네트워크SBS, Special Broadcasting Service, 호주에서 축구 중계방송 관련 전문 다문화 공영방송국의 방송책임자이자 피파 윤리위원회 전 위원이던 레 머레이Les Murray는 호주의 아시아축구연맹 가입에 대한 저항에 대한 이유를 설명해 왔다.[5] 그는 벤 와인버그Ben Weinberg[6]처럼 카다르의 모하메드 빈 함만아시아축구연맹 회장하면서 '이해 충돌'을 위하여 2012년 피파로부터 평상 금지 당한의 선출 이전을 다음과 같이 지목한다.

> 호주에 대한 아시아 축구계의 주도적인 태도는 좋게 말하면 의심의 눈이고 나쁘게 말하면 노골적인 경멸이었다. 이유는 삐딱한 것이지만, 어느 정도는 이해할 만하다. 아시아인들은 호주를 지역에서 우승할 역량을 갖춘 축구 강

---

2) Quoted in 'AFC chief slams Australia expulsion claims', *SBS,* 30 January 2015, http://theworldgame.sbs.com.au/article/2015/01/30/afc-chief-slams-australia-expulsion-claims에서 이용할 수 있습니다 (2015년 5월 11일 접속).

3) Chris Hallinan and Tom Heenan, 'Australia, Asia and the new football opportunity', in Younghan Cho (ed.), *Football in Asia: History, Culture and Business* (London: Routledge, 2015), 173-90.

4) Anthony Bubalo, *Football Diplomacy (Policy Brief)* (Sydney: Lowy Institute for International Policy, 2005), www.lowyinstitute.org/files/pubfiles/Bubalo,_Football_diplomacy_stripe.pdf에서 이용할 수 있습니다 (2015년 5월 11일 접속).

5) Les Murray, *By the Balls: Memoir of a Football Tragic* (Sydney: Random House, 2006).

6) Ben Weinberg, *Asia and the Future of Football: The Role of the Asian Football Confederation* (London: Routledge, 2015)

> 국으로 보고 있었다. 그리고 그들은 아시아를 지배했던—식민지 시대를 회고하면서—피부가 하얗고 파란 눈의 국가라는 사고를 두려워했다.7)

이러한 저항은 빈 함만이 아시아축구연맹의 호주 가입을 감독할 때 동료 사업가이자 호주축구연맹FFA 회장인 프랑크 로위Frank Lowy와 힘을 모았을 때 극복되었다. 머레이는 2005년 마라케시 총회에서 호주의 아시아축구연명 가입을 회고할 때 하나의 축구 외교의 사례로서 다음과 같이 자신들의 관계를 보여주었다. '로위와 빈 함만—한 사람은 유대인이고 한 사람은 아랍인—등은 포옹하면서, 나는 긴장 완화에 촉매작용을 하고 분열작용의 쐐기를 거세하는 축구의 굉장한 능력에 대해서 생각해 보았다. 나는 축구인이 된 것에 절대 자부심을 잃지 않았다.'8)

계속해서, 호주 축출에 대한 다양한 이유들이 속속 밝혀졌다. 호주는 협약으로부터 혜택을 받았지만 아시아축구연맹에 기여할 능력은 거의 없었다. 2010년과 2014년 피파 월드컵 진출 획득 성공(호주는 이미 오세아니아 축구 연맹을 통해 2006년 자격을 획득했음)이 2006년 이전 아시아축구연맹이 회원국에게만 배당되는 4개자리 중 하나에 들어가지 못한 것도 그 예시였다. 2013년 선출된 빈 함만은 호주 가입 시 현직에 있지 않았고, 그가, 있었더라도, '결정'에 관한 검토과정은 권한 위임이 되었을 것을 암시하는 *알 이티하드*Al-Ittihad기사를 인용했다—호주는 아시아 기구의 합법적인 회원이 되기에는 아직 몇몇 아시아축구연맹 회원국들의 공감을 받지 못하고 있다고. 2013년 호주는 아세안ASEAN축구연맹AFF의 정식회원국도 되었다. 동남아시아에 위치한 아시아축구연맹 지역회원국인데,9) 11개국 회원국의 만장일치로 들어갔다. 동티모르 틸

7) Murray, *By the Balls*, 279.

8) Murray, *By the Balls*, 280.

9) AFC (Asian Football Confederation), 'Australia admitted as AFF member', 26 August 2013, www.the-afc.com/australia/australia-admitted-as-aff-member 에서 이용할 수 있습니다 (2015년 5월 11일 접속).

리에서 이례적인 아세아축구연맹AFF총회에 관한 아시아축구연맹의 공식 미디어 보도에서 밝혀진 바와 같이, 결정은 다음과 같이 이루어졌다.

> 호주축구연맹 감독관, 아시아축구연맹 부회장이자 피파집행위원회 위원인 모야 도드가 미래를 내다보면서, 다음과 같이 말했다. '이것은 호주의 아시아축구연맹으로의 통합에서 마지막 단계로 볼 수 있는 반면에, 동남아시아 축구 발전을 위한 상호 간 약속의 시작이라고 말하는 것이 매우 적절하다.'
>
> 아세안축구연맹 사무총장인 다토 아즈딘 아흐마드 중장이 결정을 받아들였다. '오늘날 호주축구연맹이 동등하게 아세안축구연맹의 다른 11개국에 가입하고, 우리는 미래 호주와 긴밀하게 활동할 것을 기대한다'고 아후마드는 말했다.10)

아시아축구연맹 가입 9년, 그리고 아세안축구연맹 가입 5개월 만에 호주를 축출하겠다는 동요가 퍼지는 아이러니가 일어났다. 이는 신회원국은 축구 개선뿐만 아니라 정부, 사업과 스포츠계에서 '축구 외교'로 언급되었던 것에 대한 강력한 자극을 제공하는 움직임을 옹호하는 것이다.11) 이것이 밝혀진 바와 같이, 아시아축구연맹으로부터 호주를 배제하려는 움직임에 관한 기사는 뉴스미디어로부터 신속하게 사라졌다 모든 경우에 호주의 방출은 절차적인 명분에서 타당하지 않은 것처럼 보였다.12) 그렇지만, 사건은 스포츠 외교를 대신해서 만들어진 레토릭

---

10) AFC, 'Australia admitted as AFF member'.

11) Anthony Bubalo, *Football Diplomacy Redux: The 2015 Asian Cup and Australia's Engagement with Asia (Policy Brief)* (Sydney: Lowy Institute for International Policy, 2013), www.lowyinstitute.org/files/bubalo_football_diplomacy_redux_web.pdf에서 이용할 수 있습니다 (2015년 5월 11일 접속; Bubalo, *Football Diplomacy (Policy Brief)*.

12) 여기에서 '사커'와 '풋볼' 등을 상호 교환적으로 사용한다. 호주에서 전자는 다른 주요 풋볼(호주 규칙, 럭비 리그와 럭비연합) 규정으로부터 나온 축구협회와 차이를 둘 때 사용되는 경향이 있어 왔다. 그렇지만, 국가조직 지구로부터 '사커'라는 명칭을 일관되게 빼버리려는 2005년에 새롭게 신설된 호주축구연맹은 전 세계적으로 통용되는 '풋볼을 사용해야만 한다고 명기했다. 본장에서는 '풋볼'이라는 용어를 사용하는데, '사커'가 특별하게 다른 사람들에 의하여 사용될 때를 제외하곤 말

적인 주장과는 극명히 대비되는 것으로 던져졌고, 주로 제고된 스포츠 관계는 정치적, 경제적, 사회적 그리고 문화적 관계를 유기적으로 연계하는 것이다. 그런 다음 스포츠/축구 외교에 관해서 더욱 방대해지고 분석적으로 변한 분야에 대해 정보적이고 유용하게 적용되는 호주 사례로부터 교훈을 얻는 것이 필요하다. 반면에 호주의 특별하고 지정학적인 맥락과 스포츠와 호주의 역사적 관계 등을 승인하는 것이다. 여기서 호주에서 축구에 관한 역사적인 양면성은 아시아에서의 호주 위상에 관한 양면성에 의해 투영된다는 것을 알 수 있다. 결과적으로, 축구외교는 현대 호주-아시아 관계에 대한 설명을 위한 결실을 낳는 명분이다. 호주의 아시아 최대이자 가장 명망 있는 축구 토너먼트의 유치를 둘러싼 논쟁이 되는 담론을 분석할 때에도 일반적으로 그렇게 했다.

## 호주의 위치 (재) 선정

남반구의 식민지 정착 국가로서, 호주의 지정학적 위치는 지속적으로 의문을 갖게 한다. 호주 건국은 18세기 말 일련의 형벌지였으며 영국의 식민지였지만 1901년 독립 국가로서 호주 연방을 형성했다. 그러므로 자유 정착 식민지로서 영국과의 관계를 알아볼 수 있다. 이러한 식민지와 국가형성 등에 필수적인 것은 원주민의 복속과 *무주지 선점론*doctrine of terra nullius 보장이었다.[13] '호주 원주민 토지 소유권리' 도입 이후 생

이다. 아시아축구연맹 헌장 하에서, 회원연맹은 연례총회에서 75퍼센트의 다수결로 적어도 네 가지 근거들 중에 하나일 경우에만 제명될 수 있다. 이러한 근거들은 다음과 같다. 1. 아시아축구연맹에 대한 재정의무를 충실히 이행하지 않고, 2. 자체 지명도, 윤리, 규칙, 규정과 복무규정 또는 아시아축구연맹 또는 피파 등의 그것들을 심각하게 위반할 때, 3. 자국 안에서 합법적인 추구협회 회원을 중단할 때, 4. 피파회원 자격(참조를 위하여 위에 있는 2를 볼 것)을 중단할 때 등이다. 명백하게 이러한 근거들 중에 아무 것도 호주에 적용되지 않는다.

13) 이와 같은 '무주지' 독트린은 소위 1992년 '마보 판결'Mabo Judgement에 의하여 뒤집어졌다. 호주 대법원은 관습법상의 칭호로 '네이티브'native를 인정했다. Peter Butt, Robert Eagleson and Patricia Lane, *Mabo, Wik and Native Title* (Sydney:

산해온 것에 관한 법률적 청산인데, 완전 화해, 공식 조약과 호주 헌법에 원주민 인정 등을 위한 요구를 지속하는 것이었다. 본 장의 주제는 원주민 문제가 아니지만, 호주의 스포츠 외교와 무관한 문제는 아니다. 예를 들면, 2000년 시드니 올림픽을 준비할 때 몇몇 원주민 단체들의 시위와 아프리카 국가들에 의한 '동정' 보이콧 시사 등이 존재했다. 그러나 전자의 경우 점점 약화되었고 후자는 아예 구체화 되지도 않았다. 문화올림피아드와 기념식, 개·폐막식에서 원주민 문화에 관한 강력한 표현은 경기와 원주민 계 호주인 간에 부정적인 관계를 완화시키는데 도움 주었다.[14] 아시아와 호주의 관계에서, 호주를 건국할 때 주도적인 '영국다움'에 상당한 관심이 모였다. 이러한 영국적인 국가 정체성은 20세기 내내 서구와의 매우 일반화된 연계로 확대되었다. 호주는 중요한 제휴들을 발전시켰는데, 특히 군사 동맹과 경제 교류 등을 통한 미국과의 관계에 집중했다. 제2차 세계대전 이후의 비영국인 인력, 즉 주로 남부와 북부 유럽 출신의 이민자들과 함께했다.

미국과 호주의 긴밀한 관계는 글로벌 통신 감시 목적을 위한 북부 지역의 파인 갭Pine Gap과 다른 호주 지역 활용들을 포함한다. 2012년 이후 있었던 다윈의 미국 해병대 순환 근무, 앤저스ANZUS방위협력동맹 연합(뉴질랜드/아오테이어러우어Aotearoa 포함) 회원 가입, 아프가니스탄과 이라크(그리고 앞서서 베트남) 등지에서 미국이 주도한 군사행동 가입 등이 있다. 이것들은 호주가 서구 동맹임을 확실하게 규정지어 왔다. 물론 서구 국가 자체를 옮겨 놓은 것은 아니다. 특히 기억할 만한 이미

---

Federation Press, 4th edn, 2001)를 보라.

14) David Rowe, 'The bid, the lead-up, the event and the legacy: the global cultural politics of awarding and hosting the Olympics' (Special Issue: 'Olympic and World Sport: Making Transnational Society'), *British Journal of Sociology*, 63:2 (2012); Peter Christian Wejbora, *The Sydney 2000 Olympics Bid and its Impact on the Process of Redefining Australian National Identity* (Sydney: University of Technology, Sydney, 1996), available at https://opus.lib.uts.edu.au/bitstream/2100/1111/2/02whole.pdf (2016년 9월 28일 접속).

지는, 미국 대통령 아들 조지 부시가 호주를 아시아 태평양 지역에서 미국의 '부보안관'이라고 언급한 것이다.[15] 2002년 발리 폭탄 공격(88명 호주인 사망) 이후 지역에서 선제공격의 가능성을 논의한 호주 수상인 존 하워드John Howard의 언급은 그 당시 비판을 촉발시켰는데, 말레이시아 수상 마티하르 모하메드와 같은 인물은 다음과 같이 언명했다. '호주는 아시아 국가인지 유럽 국가인지 선택해야만 한다'고 2002년 11월 *오스테일리안* 지에 말했다. '미국의 부보안관 지위를 가지려면, 당신들은 이 지역 국가들로부터 환영받을 수 없다'라고도 언급했다.[16]

호주에 대한 분노는 인도네시아도 가지고 있었다. 1999년 다국적 평화유지 테스크 포스인 유엔동티모르국제군INTERFET을 조직하고 주도할 때 호주의 군사적 역할로 인한 것이었다. 이로 인해 인도네시아는 오랜 게릴라전과 현지인들의 지속되는 저항을 겪고 동티모르에서 철수해야 했기 때문이다.[17] 이러한 아시아 태평양 지역의 특수한 지정학적 긴장과는 별개로, 백호주의의 역사적인 유산 수단과는 구별되는 매우 광범위한 비통함이 존재했다. 1901년 호주의 국가를 이어 받자마자 (호주의 비백인 인종 진입에 대한 식민지적 제한을 대체하는) 이민규제법이 아시아인(특히 중국인), 그리고 남태평양 도서 국가(폴리네시아, 멜라네시아와 미크로네시아, *마오리족*—뉴질랜드 출신의 영국-켈트족은 제외됨) 출신 등에게 배타적이고 명백하게 급진적인 조항으로 통과되었다. 예를 들어, 백호주의 지지 세력이 아시아와 남태평양 주민의 값싼 노동력 유입을 우려하는 호주 노동당과 이들과 함께하는 주요 정당들

15) Robert Manne, *Making Trouble: Essays Against the New Australian Complacency* (Melbourne: Black Inc. Agenda, 2011), 21.

16) Quoted in David Fickling, Australia seen as "America's deputy sheriff"', *The Guardian*, 10 September 2004, www.theguardian.com/world/2004/sep/10/indonesia.australia에서 이용할 수 있습니다(2015년 5월 11일 접속).

17) James Cotton, *East Timor, Australia and the Regional Order: Intervention and its Aftermath in SouthEast Asia* (London and New York: Routledge Curzon, 2004).

을 포괄했다. 이러한 정책은 제2차 세계대전(호주의 가장 직접적인 군사 분쟁은 일본이었음)까지 유지되었고 강화되었다. 이주민의 이주와 일련의 자유주의화 개혁(1975년 인종차별법에서 정점)은 인종에 기반하고 아시아에 중점을 둔 국가 이민 정책의 종식을 보았다.[18] 9만 명의 월남 피난민(그들 중 약 2000명은 소위 '보트 피플'로 불림) 도착은 베트남전(언급한 바와 같이, 호주는 적국)이 발발하면서 1980년대 중반까지 백호주의 역사로 들어간다는 뚜렷한 암시였다.

물론, 법률적인 변화는 아시아 맥락에서 호주의 위상을 둘러싼 이데올로기적인 흐름과 공개 토론 등의 종식을 의미하지 않았다. 특별하게 자주 '황화'로 설명되어 오던 것에 대한 장기적인 우려를 부여하는 것이다. 1886년부터 정치적인 영향력이 있고 대중적인 불리튼 지(1860년 창간하고 2008년 폐간) 1면에 '백인을 위한 호주'의 깃발이 실렸다. 1961년 말 당시 편집국장이던 도날드 호른Donald Horne에 의해 삭제될 때까지 말이다. 1980년대 초, 저명한 역사학자 제프리 블레이니Geoffrey Blainey가 아시아 이민자의 수준과 자유-내셔널리즘 연합야당(미래 수상 존 하워드를 포함)의 다양한 의원들이 공유하는 견해인 '아시아 호주'의 기획 등에 관한 견해를 표명한 이후 상당한 논쟁을 촉발했다.[19] 반아시아계의 이민 반대에 대한 인상적인 활동이 잠시 동안 있었다. 향후 10년 동안 (반 이슬람을 빙자해서 2016년 재탄생한) 폴린 핸슨Paulin Hanson하의 일국당은 오랜 기간 양당 국가정책에 놓인 다문화주의의 부담을 의미했다.[20] 이 기간 동안, 공식정책에서 다문화주의로부터 거리를 두

18) Laksiri Jayasuriya, *Transforming a 'White Australia': Issues of Racism and Immigration* (New Delhi: SSS, 2012).

19) Andrew Markus and M.C. Ricklefs (eds), *Surrender Australia? Essays in the Study and Uses of History: Geoffrey Blainey and Asian Immigration* (Sydney: Allen and Unwin, 1985).

20) Michael Leach, Geoff Stokes and Ian Ward, *The Rise and Fall of One Nation* (St Lucia: Queensland University Press, 2000).

기 위한 수상 재임기간(1996-2007)[21] 하워드는 수상으로서 '그의 초기 재임기간 동안에 "엠"m자를 간신히 말할 수 있었다.'[22] 나중에 그는 그가 다른 문화들을 "혼합"시켜야만 하는 호주에서 "핵심 문화"로서의 앵글로-색슨 문화에 끼치는 치명적인 영향을 공개적으로 비판했다.[23] 아래에서 살펴보겠지만 이와 같은 이데올로기적인 위상은 공식적이고 제도적인 형태와는 대조적이다. 특히 2015년 아시아축구연맹 아시안컵을 둘러싼 '대중적인' 공공외교를 설명한다면 더욱 중요한 사실이다. 이라크, 아프가니스탄과 스리랑카 전쟁으로 인한 호주로서의 망명 모색이 늘어나고 있었다. 인도네시아와 스리랑카 등에서 출발하는 지옥 같은 항로를 경험했던 사람들을 포함했다. 2001년 '탬파 사건'Tampa Affair은, 동명의 노르웨이 선박이 공해상에서 주로 438명의 아프간 망명객을 구조 한 후 호주 바다로 진입을 거부했던, '국경 보호' 문제가 뚜렷해지는 것을 보았다. 주로 그해 (그 때까지 9/11이후) 연방 선거 환경에서 말이다. 호주 이주 지대로부터 수많은 도서 주민을 거부하는 '태평양 해결'에 관한 점진적인 개선이 이어졌다. 인접한 나우루와 파푸아뉴기니 등에서 배로 도착한 '허가받지 않은' 사람들을 억류했고 허가 없는 배의 도착에 대한 해결을 거부했다. 난민 지위를 부여받았어도 말이다.[24] 최근 10년간 자유국민연합에 의한 선거 운동에서 공격적인 '배 정지'와 '돌려보냄'(요격과 강제 귀환)이 있었다. 그리고 이에 대한 노동당의 궁극적인 수용 등은 호주 정치의 아시아 태평양 지역에 관한 배타적인 곤경이 지속될 것임을 강조한다.

---

21) John William Tate, 'John Howard's "Nation": multiculturalism, citizenship and identity', *Australian Journal of Politics and History* 55:1 (2009).

22) Wayne Errington and Peter van Onselen, *John Winston Howard* (Carlton: Melbourne University Press, 2007), 222; Tate, 'John Howard's "Nation"', 112.

23) Tate, 'John Howard's "Nation"', 109.

24) Jon Stratton, *Uncertain Lives: Culture, Race and Neoliberalism in Australia* (Newcastle: Cambridge Scholars, 2011).

이러한 것들과 다른 발전 등은 호주의 인도주의적이고 국제 조약 의무에 대한 열렬한 논의를 촉발했다. 이렇게 호주에서 주도적으로 반-이민과 반-아시아에 대한 정치적 입장을 표명하는 것은 잘못된 일이다. 그렇지만, 본장의 목적을 위하여 호주의 인구구성과 정체성 등에 대한 이와 같은 두서없는 분쟁은 아시아 속에서 또는 함께 호주의 위상—또는 매우 명백하게, '호주의 아시아화'[25]에 대한 진단—은 국가 외교의 수단으로서 스포츠 역할을 이해하는 데 필수적이다. 그들은 톱 텐 쌍방 무역 상대국인 한국, 싱가포르, 태국과 말레이시아 등과[26] 인도와 인도네시아 등이 주요 미래 수출파트너로서 커가고 있는 것과 함께 호주의 주요 교역파트너들인 세상에서 '아시아로의 회귀'에 대한 대조로서 보아야만 한다. 더욱이, 2013-14년 호주로의 상주 이민을 공급하는 Top 10 국가들은 인도와 중국이 선두인데, 필리핀, 파키스탄, 베트남, 네팔과 말레이시아 등도 이 그룹에 속한다.[27] 호주 노동당정부(1997-2013)는 *오스트레일리아인더아시안센추리화이트페이퍼*[28]Australian in the Asian Century White Paper에서 다음과 같이 조망했다.

아시아 세기는 호주에겐 기회이다. 중력의 글로벌 중심이 우리 지역으로 움

---

25) Tim Soutphommasane, *The Asianisation of Australia?* (Sydney: Australian Human Rights Commission, 2014), www.humanrights.gov.au/news/speeches/asianisation-australia에서 이용할 수 있습니다(2015년 5월 11일 접속).

26) Australian Government Department of Foreign Affairs and Trade, *Australia's Top 10 Two-Way Trading Partners* (Canberra: Australian Government, 2014), http://dfat.gov.au/trade/resources/trade-at-a-glance/Pages/default.aspx에서 이용할 수 있습니다(2015년 5월 13일 접속).

27) Australian Government Department of Immigration and Border Protection, 'Countryprofiles'(2015), www.immi.gov.au/pub-res/Pages/statistics/country_profiles/country-profiles.aspx에서 이용할 수 있습니다(2015년 5월 13일 접속).

28) Australian Government, *Australia in the Asian Century White Paper* (Canberra: Department of the Prime Minister and Cabinet, 2012), www.murdoch.edu.au/ALTC-Fellowship/_document/Resources/australia-in-the-asian-century-white-paper.pdf에서 이용할 수 있습니다 (2015년 5월 13일 접속).

> 직이면서, 거리의 횡포는 근접성의 전망으로 대체되는 중이다. 호주는 적절한 시기에 적절한 장소에 위치해 있다—아시아 세기에 아시아 지역에 말이다. . .[29]

화이트페이퍼는 '정치적이고 경제적인 것만큼 사회적이고 문화적으로' 연계와 관련된 '모든 차원에서 전 지역에 걸쳐서 깊고 광범위한 관계를 강화'할 필요성에 관해 이러한 주제를 지속적으로 강화한다. 이에 따라서, 강력해진 관계 형성은 '많은 호주인에게 아시아에서 일어나는 일들에 대하여 보다 심층적인 이해를 가져다주게 될 것'이다. 반면에 '우리 지역의 많은 이웃 국가도 우리에 대해서 현재 우리가 하는 일보다 더 적절하게 알게 될 것'이다.[30] *오스트레일리아인더아시안센추리화이트페이퍼*의 스포츠 섹션에서는 2015년 아시아축구연맹 아시안 컵의 호주 개최의 의미를 지적한다. 여기에서는 '우리의 스포츠 연결이 어떻게 문화를 개방하고 지역 사람들과의 연계를 창출할 수 있을지'[31], 그리고 '축구 외교'와 호주의 아시아축구연맹 회원 가입 등에 대해 간략하게 조망한다. 이것은 '처음으로 호주가, 외교와 다른 연계 등을 보완하는, 거대한 아시아와 중동 국가들과 의미 있게 진행될 스포츠 관계를 갖게 될 것'[32]임을 의미했다고도 했다.

호주의 영국과의 깊은 연결은 역사적으로 서구 지향적인 국민문화에 대하여 스포츠의 중요성을 설명하는데 도움을 주고 영향력 있는 지역 적응과 창의 등을 자극했었다. 국제스포츠(1896년 부활 이후 하계올림픽에 지속적인 참여와 1956년과 2000년 하계올림픽의 유치 등과 같은)에 호주의 광범위한 연결은 외교적으로 아시아 국가들과 연관을 갖는 기회를 제공한다.[33] 그렇지만, 대부분의 경우에 호주 스포츠는 아시

---

29) Australian Government, *Australia in the Asian Century White Paper*, 1.
30) Australian Government, *Australia in the Asian Century White Paper*, 3.
31) Australian Government, *Australia in the Asian Century White Paper*, 268.
32) Australian Government, *Australia in the Asian Century White Paper*, 268.

아와는 정치상 다음과 같이 분리되어 왔었다. 이에 따라 위에서 언급한 2006년 아시아 축구 연맹 가입의 의미가 있다. 축구 외교를 위한 기회는 호주의 일반적인 대륙적 특성이나 지역적 거버넌스 구조가 호주가 아시아 축구 국가로 인정되었다. 그래서 2015년 아시아축구연맹 아시안 컵과 같은 중요한 국제이벤트에 참여하게 되었다. 여기에서, 모든 스포츠 이벤트에서처럼, 국가들은 공공연한 경쟁에 관여하지만, 스포츠 목적을 위한 호주의 이와 같은 위치 재설정은 상징적인 대륙 조건으로 통합되는 중이고, 아시아 세기에 아시아에서 호주를 자리매김하는 새로운 모드의 통합과 집단적 정체성 등을 의미할 수 있는 것이다. 아시아로의 회귀는 경제적 정치적 통합에 대한 매우 수단적이고 기술적인 초점을 보여주는 경향이 있어 왔다. 쌍무교역협정과 정치 협정 분야는 비교국가/문화 연계의 네트워크를 강화하는 면에 제한적이다. 이러한 이유 때문에, 시각공연예술과 같은 다른 문화 형식 중에서 스포츠는 화이트페이퍼에서 그리고 미래의 외교 분야(광범위하게 공식·비공식적 환경에서 정치적, 경제적, 사회적 문화적 교류를 포함하는 것으로 정의)로서 전 세계에서 단연 챔피언 감이어 왔다.[34] 다양한 종류의 호주 외교에서 스포츠의 위상은 현재 더 자세한 연구를 필요로 한다.

## 호주에서 스포츠와 외교

규정하기 힘든 개념을 찾으려고 노력할 때 여기에서 가볍게만 다룰 수 있는 공공외교 문헌에 관한 의미 있고 커져가는 기구가 존재한다. 예를 들면, 니콜라스 J. 컬Nicholas J. Cull은, *아날스오브더아메리칸아카데미오*

33) Jared van Duinen, 'Playing to the "imaginary grandstand": sport, the "British world", and an Australian colonial identity', *Journal of Global History*, 8:2 (2013).

34) len Ang, Yudhishthir R. Isar and Phillip Mar, 'Cultural diplomacy: beyond the national interest?', *International Journal of Cultural Policy*, 21:4 (2015).

*브폴리티멀앤소셜사이언스*Annals of the American Academy of Political and Social Science 특집호에서, 'basic taxonomy' of types: 'Listening', 'Advocacy', 'Cultural diplomacy', 'Exchange diplomacy' and 'International broadcasting' 등을 제안했다. 얀 멜레센은, 비슷한 맥락에서, '외국 사람들을 목적으로 하는'35) '신 공공외교'를 품는다. 다른 쪽의 대표인 국민들과 접촉에서 직접적 관계의 역할에 대한 폴 샤프Paul Sharp의 강조가 메아리쳤다.36) 이에 따라서 공공외교는 비정부 행위자의 연관으로 특징되어지고 국가로부터 상대적으로 자율적인 시민-사회적 관계를 강조한다—또는 그렇게 나타나도록 구상된다.37) 공공외교가 국가이익과 국가에 기반한 통합에 관한 전통적인 추구 방법으로부터 분리 가능한 정도는 현재 논쟁 중이다. 대중문화의 형식으로서 스포츠는 국가가 일반적으로 전경에 있지 않은 분야인데, 스포츠 외교는 표면적으로 중립지역에 있는 다양한 국가 시민들과 연계하는 임무에 제대로 적용된다는 의미를 지닌다. 피그만과 로페 등이 스포츠와 외교를 고찰한 *Sport in Society* 특집 서문에서 논의한 바와 같이,38) 스포츠의 국제적 가시성은 국제관계에서 소프트 파워 전략 부상과 강력하게 연계된다. 스포츠들 중에서, 예를 들면, 축구의 전 세계에 걸치는 영향권은 국제고립으로부터 탈피하기 위하여 일본, 한국, 그리고 중국 등 모든 국가가 축구 외교 활용에 타의 추종을 불허하고 주도하는 중이다.39) 그리고 축구외교는 계속해서 공

35) Nicholas J. Cull, 'Public diplomacy: taxonomies and histories', *ANNALS of the American Academy of Political and Social Science*, 616:1 (2008), 35.

36) Jan Melissen, 'The new public diplomacy: between theory and practice', in Jan Melissen (ed.), *The New Public Diplomacy: Soft Power in International Relations* (Basingstoke: Palgrave Macmillan, 2005), 13.

37) Paul Sharp, 'Revolutionary states, outlaw regimes and the techniques of public diplomacy', in Melissen (ed.), *The New Public Diplomacy*, 106-23.

38) Geoffrey A. Pigman and J. Simon Rofe, 'Sport and diplomacy: an introduction', *Sport in Society* (Special Issue on Sport and Diplomacy), 17:9 (2014).

39) Wolfram Manzenreiter, 'Football diplomacy, post-colonialism and Japan's quest for normal state status', *Sport in Society* (Special Issue on Sport and Foreign

공외교와 지속적으로 조화로운 관계를 가지는 스포츠 외교의 중요한 부분집합이 되었다.

호주의 맥락에서 스포츠는 태평양스포츠파트너십PSP를 포함하는 '개발을 위한 스포츠' (Sport for Development)와 호주스포츠봉사프로그램ASOP 후원 하에 호주외교통상부DFAT에서 '공공외교'가 주로 다루어진다. 이것은 호주외교통상부에 의하여 재정 지원되고 호주스포츠위원회ASC의 법에 의해 규정된 권한으로 관리된다. 스포츠 공공외교의 적절성은 '스포츠를 통한 개발' 전략에서 다음과 같이 명백해진다.

> 호주국제개발처AusAID[40]와 호주스포츠위원회 등은 스포츠는 [또한] 공공외교를 위한 '딱 알맞은 것'이고 공공외교의 혜택은 스포츠 활동을 통한 개발이 효율적으로 긍정적인 사회변동에 기여할 때 제고될 것임을 인정한다.
>
> 스포츠 국가로서의 명성을 가지고, 그리고 호주 공동체에서 중요한 역할을 하는 스포츠로, 호주는 정부의 공공외교 목적에 기여하도록 스포츠를 잘 활용했다.[41]

전략은 광범위한 기능을 스포츠에 위임했는데, '국제적으로 호주의 긍정적인 이미지를 형성하고' 호주의 '아시아에 대한 헌신과 연계' 등을 보여주는 것 등을 포함했다.[42] 스포츠 공공외교의 역할은 호주외교통상부의 *Australia in Brief* 49판에서 매우 의욕적으로 확인해 주었다. 여기에서는 '호주는 공공외교와 개발원조에서 스포츠를 혼용하여 긍정적

---

Policy in a Globalizing World), 11:4 (2008).

40) 2013년 말 호주국제개발처가 예전부터 프로그램에 재정 지원을 받아 왔던 호주외교통상부 안으로 통합되었다.

41) Australian Sports Commission (ASC) and the Australian Agency for International Development (AusAID), *Development-through-Sport* (Canberra: ASC/AusAID, 2013), 3-4, https://secure.ausport.gov.au/_data/assets/pdf-file/0007/636883/Development_through_Sport_Strategy_2013-2017.pdf에서 이용할 수 있습니다 (2015년 5월 13일 접속).

42) ASC and AusAID, *Development-through-Sport*, 3-4.

인 사회 결과를 달성하기 위하여 개도국을 지원하는 세계지도국가로서 간주되는 것'을 주장한다.[43] 그렇지만, 이어진 *Australia in Brief* 50판에서는 스포츠와 개발원조, 그리고 여기에서 호주의 '세계지도국가' 역할 등에 관한 어떤 언급도 삭제했다.[44] 이러한 삭제는 자유-내셔널정부에 의하여 모든 대외원조 예산에 대한 상당한 삭감 때문일 수 있었는데,[45] 스포츠 외교 레토릭이 공공 물적 자원 지원과 연결되지 않게 된다. 스포츠도 호주외교통상부의 *Public Diplomacy Strategy 2014-16*에 의해 광범위하게 다루어지는데, '호주의 외교적, 개발과 경제 이익을 진작시키기 위한' 효율적인 방식의 문화외교와 과학외교 등으로 명명되었다.[46]

재정적 전략적 문제와 관련해서, 머레이는 스포츠를 호주외교통상부의 공공외교 소관으로만 한정시킨 것을 비판해 왔는데, 호주의 지역 인접국들은 '스포츠에 열광'하고 '호주의 탁월한 스포츠 성공'[47] 등을 불평했다. 머레이가 언급한 대부분의 '지역 인접국'은, 인도네시아는 별

43) Australian Government Department of Foreign Affairs and Trade, *Australia in Brief* (49th edition) (Canberra: DFAT, 2012), 47.

44) Australian Government Department of Foreign Affairs and Trade, *Australia in Brief* (50th edition) (Canberra: DFAT, 2014), http://dfat.gov.au/about-us/publications/Documents/australia-in-brief.pdf에서 이용할 수 있습니다 (2015년 5월 13일 접속).

45) Karen Barlow, 'Budget 2014: axe falls on foreign aid spending, nearly AU$8 [US$61.04, €8.54] billion in cuts over next five years', *Australian Broadcasting Corporation*, 13 May 2014, www.abc.net.au/news/2014-05-13/budget-2014-axe-falls-on-foreign-aid-spending/5450844에서 이용할 수 있습니다 (2015년 5월 13일 접속).

46) Australian Government Department of Foreign Affairs and Trade, *Public Diplomacy Strategy 2014-16* (Barton: Department of Foreign Affairs and Trade, 2016), http://dfat.gov.au/people-to-people/public-diplomacy/Documents/public-diplomacy-strategy 2014-16.pdf에서 이용할 수 있습니다 (2016년 9월 26일 접속).

47) Stuart Murray, 'Sports diplomacy in the Australian context: a case study of the Department of Foreign Affairs and Trade', *Sports Law eJournal* (ISSN 1836-1129, 2013), 15, http://epublications.bond.edu.au/cgi/viewcontent.cgi?article=1017&context=slej에서 이용할 수 있습니다 (2015년 5월 13일 접속).

개로, 아시아에 있지 않다는 것은 주목할 만하다. 그러나, 어떤 경우에라도, 2015년 아시아축구연맹 아시안 컵과 같은 메가스포츠이벤트 개최—여기에서 초점이 되는 축구외교 사례연구—는 개발원조에서 매우 다양한 모드의 스포츠 외교이다. 앙, 탐비아와 마르 등은 '아시아와의 스마트한 관계'에 관한 자신들에 보고서에서 다음과 같이 적고 있다.

> 사회적, 보건과 경제문제 등의 완화를 모색하는 개발 지향적인 프로젝트와 이러한 경우의 위신에서 구축된 주요 스포츠 이벤트에 대한 비즈니스 네트워킹 노력 간의 주요한 차이점이 존재한다. 이러한 다양한 요인들은 지속적인 외교 프레임워크에서 통합하는데 어려움이 될 수도 있다.[48]

개발원조는 단순히 이타적이지 않고 의도적인 면에서 인도주의적이지도 않지만, 그럼에도 불구하고 '공여국'에서 '수원국'으로의 자원 의전을 포함한다. 주요 스포츠 토너먼트의 경우에, 개최는 위신, 프로파일과 외교적 기회 등에 관한 무형의 혜택과 함께 고용과 관광 등에서 유형적인 물질적 혜택이 있을 것이라는 기대에서 공간과 서비스 등을 부여하는 것이다. 자선, 외교, 소프트 파워와 경제 이익 간의 긴장은 호주외교통상부의 *Australian Sports Diplomacy Strategy 2015-18*에서 명백하다. 여기에는 서론에 다음과 같이 언급된다.

> 메이저 스포츠 이벤트 기획과 실행 등은 글로벌 성장부문이고 성공적이고 최우선적인 스포츠 이벤트를 창출하고 개최할 때 호주의 부러워할 만큼의 실적은 호주는 이를 활용했음을 의미한다. 현실적인 기회는 주요 스포츠 이벤트 생애주기의 모든 단계에서 호주의 전문식견과 능력 등을 위하여 다음

48) Ien Ang, Yasmin Tambiah and Phillip Mar, *Smart Engagement with Asia: Leveraging Language, Research and Culture*, Report for the Australian Council of Learned Academies (ACOLA) (Melbourne: ACOLA, 2015), 130, www.acola.org.au/PDF/SAF03/SAF03%20SMART%20ENGAGEMENT%20WITH%20ASIA%20-%20FINAL%20lo%20res.pdf에서 이용할 수 있습니다 (2015년 5월 13일 접속).

과 같이 존재한다. 응모, 기획, 이벤트 무대 공사, 운영관리, 문화 공연 그리고 장소 디자인과 건설 등을 포함한다.49)

여기에서 '인접국과의 연결로 스포츠 신뢰에 관한 전체 세트에서 심층적으로 자본화하려는 호주의 잠재성'에 대한 강조는 인도-태평양을 벗어난 지역에서 공공외교 결과를 달성하는데 명백하게 적시한다. 이러한 것들은 스포츠 산업 서비스의 '수출'과 관련되기 때문이다.50) 일반적으로 2015년 아시아축구연맹 아시안 컵을 조사하는 것—그리고 스포츠이벤트 개최, 관리와 일반적으로 상업적으로 연관된 개최 건설 활동—은, 그런 다음, 축구 외교 영역에서 보완적이고, 지속적이지 않거나 심지어 모순적이기까지 한 다층적인 아젠다와의 공존을 드러낸다.

## 아시아 축구 개최국으로서 호주

2015년 아시아축구연맹 아시안 컵 이벤트 아젠다에 관한 실질적인 요인은 직간접적으로 경제적인 것이었다—호주를 다양한 잠재력 있는 관광객들에게 노출시키고 호주의 국제적 위상을 제고하기 위한 보도 활용과 스포츠 관광객의 매력이었다. 이벤트가 제공했던 비즈니스와 정치 네트워킹 등과는 별도로, 축구외교에 관한 매우 다양한 형태—'대중'이라고 이미 설명한 바 있는—는 다른 문화에 대한 호주의 포용력의 상징적인 표현으로서 경기활용을 모색했다. 특별하게 다문화주의에 헌신적인 이민국가로서, 많은 (원래) 방문 교민과 멀리서 바라보는 스포츠 팬

49) Australian Government Department of Foreign Affairs and Trade, *Australian Sports Diplomacy Strategy 2015-18*, 2015, http://dfat.gov.au/about-us/publications/Documents/aus-sports-diplomacy-strategy-2015-18.pdf에서 이용할 수 있습니다 (2015년 8월 4일 접속).

50) Australian Government Department of Foreign Affairs and Trade, *Australian Sports Diplomacy Strategy* 2015-18.

등은 시민권, 영주권, 확대된 친족, 친교와 전문 직종 네트워킹 관계 등을 통하여 호주와는 이미 깊은 연계가 되었기 때문이다. 방문 팀을 따르기 위해 호주에 정착한 민족-인종 그룹의 명백한 격려와 한 가지를 고르려는 다른 이들은 단지 영악한 이벤트 마케팅 이상으로 간주될 수 있다.[51] 이것은 또한 스포츠 외교 관행으로서 공통적으로 특히 중시하는 엘리트 네트워킹과는 완전히 다른, 인기 있는 공공외교의 팬 대 팬 모드에 관한 하나의 격려이다. 따라서 이것은 스포츠팬들의 상호작용에 지나친 조작이나 강요 없이 상업을 촉진시키고 다양한 국가 차원을 연결시키는 어려운 균형적 행동이다. 스티븐 잭슨Steven Jackson은 다음과 같이 주장해 왔다.

> 주장하건대, 우리는 스포츠에 대한 외교적 잠재력을 과대하거나 과소해서도 절대 안 되고, 오히려 외교와 관련해서 스포츠 활용의 본질과 영향력 등을 이해해야만 한다. 이러한 것은 우리에게 스포츠 *안*에서 외교, 스포츠를 *위한* 외교와 스포츠를 *통한* 외교 등을 생각하게끔 하는데 이의를 제기한다. 더욱이, 이러한 외교 '유형들'은 뚜렷하고 상호배타적인 방식에선 활동되지 않고 오히려 협력하면서 활동하는 경향이 있는데, 맥락에 의존하는 광범위한 환경설정을 채택하는 것이다.[52]

스포츠와 외교에 관한 *Diplomacy and Statecraft* 특집호가 상세하게 보여준 바와 같이, 수많은 형태의 스포츠 외교에 관한 학술연구는 연구 목적에 따라 확대되어 왔다.[53] 스포츠 외교에 관한 이러한 모든 반복은 2015년 아시아축구연맹 아시안 컵과 관련해서 뚜렷해졌다. 매

---

51) AFC Asian Cup, 'Adopt a team', 2015, http://adoptateam.com.au/에서 이용할 수 있습니다 (2015년 9월 29일 접속).

52) Steven Jackson, 'The contested terrain of sport diplomacy in a globalizing world', International Area Studies Review, 16:3 (2013), 276.

53) J. Simon Rofe (ed.), 'Sport and Diplomacy', *Diplomacy and Statecraft* special issue 27:2 2016.

우 조정된 형식의 커뮤니케이션에 의존하는 것처럼 말이다.[54] 개최국(유일한 응모국으로 만장일치로 지지받은)으로 아시아축구연맹 아시안컵(2011)을 확보하는 것은 호주의 연맹 가입 직후에 호주 축구외교 역량에 관한 의미 있는 진전, 연방정부와 개최 주정부인 뉴사우스웨일스, 빅토리아, 퀸즐랜드 등으로부터의 많은 공적 자금 등을 알리는 것이었다. 호주수도특별지역은 이벤트 개최에 돈을 들였다. 스미스에 따르면, 이벤트의 재정 적자에 참여 주정부들의 추정 금액은 4천 6백55만 달러(미화)였다.[55] 이와 같이 매우 거대한 공공 투자로 2018년과 2022년 피파 월드컵을 유치하기 위한 호주의 재앙적인 시도가 이어졌다. 이것은 호주를 처음엔 기권하도록 이끌었고 2차에선 1표를 얻었는데, 호주에게 3천 2백만 5천 달러라는 추정 비용으로 말이다.[56] 이러한 실패는 예전에 약간은 애매한 역사의 설명, 어느 정도 호주의 공공외교 신뢰도뿐만 아니라 응모과정 자체를 둘러싼 스캔들 등에 의문을 제기하는 호주에서 축구 위상 등의 맥락에서 바라보아야만 한다는 것이다.[57] 축구가 '호주에서 가장 인기 있는 팀 스포츠이지만, 다른 통합 축구 규약 숫자를 넘어서는 약 200만 명의 참여자를 갖고 있어서, 축구는 역사적 용어로 제도적으로 경제적으로 이러한 규약들 중에 최약체이다.[58] 이러

54) Geoffrey A. Pigman, 'International sport and diplomacy's public dimension: governments, sporting federations and the global audience', *Diplomacy & Statecraft* 25:1 (2015).

55) Commonwealth of Australia, *Building Australia's Football Community: A Review into the Sustainability of Football* (authored by W. Smith) (Canberra: Commonwealth of Australia, 2011), 38, www.ausport.gov.au/_data/assets/pdf_file/0020/624161/FFA_sustainability_report.pdf에서 이용할 수 있습니다 (2015년 5월 16일 접속).

56) 'Own goal', Australian Broadcasting Corporation, 13 September 2011, www.abc.net.au/4corners/stories/2011/09/08/3313323에서 이용할 수 있습니다 (2015년 5월 13일 접속).

57) 57 Heidi Blake and Jonathan Calvert, *The Ugly Game: The Qatari Plot to Buy the World Cup* (London: Simon and Schuster, 2016).

58) Football Federation Australia, *We Are Football: This is Our Vision: Whole of*

한 단점들은 전에 언급된 제2차 세계대전 이후의 남부 유럽 이민자들이 호주로의 대거 이주와 앵글로-켈트 족 호주 인구들 중에서 인종중심적인 반응뿐만 아니라 인종 간 분쟁 정도와 비협조 등과의 경기의 1차원적인 연합에 속하는 것으로 생각해 보았다.[59] 호주의 타자성—인종적, 양성평등적이고 성적인—은 호주에서 고인이 된 유명한 선수이자, 코치, 행정가, 방송인이고 작자인 자니 워렌Johnny Warren의 *Sheilas, Wogs & Proofters: An Incomplete Biography of Jonny Warren and Soccer in Australia*이라는 책의 타이틀로 아주 생생하게 설명했다.[60] 사실상, 네일센이 지적한 바와 같이, 워렌은 베트남 전쟁 동안 축구 외교의 관심에 사용하고자 호주 국가대표팀의 별칭인 서커루스Socceroos로 등록조차도 호주의 낮은 경기 수준을 암시하는 것으로 본서에서 주장했다.[61] 호주의 어떤 스포츠도 전쟁 지역에서 해악적으로 다뤄지고 대중에게 알려지지 않은 전쟁을 지지하는 선전에서 과도하게 냉소적으로 악용된 것은 없다.

그런 다음, 호주에서 축구가 아시아에서 공공외교를 위한 이상적인 장치로서 버텨내야만 한다는 아이러니 같은 것이 존재했다. 이것은 오랫동안 저항을 받아 왔었고 인종적인 '타자성' 때문에 호주에서 조롱거리까지 되어왔다. 이후 연방정부의 부추김을 받아 행정도 2004년 설립된 에이 리그A-League로부터의 인종적이고 조직적인 구조와 의미를 금지

*Football Plan* (Sydney: Football Federation Australia, 2015), 28, www.wholeoffootballplan.com.au/pdfs/Whole_of_Football_Plan.pdf에서 이용할 수 있습니다 (2015년 5월 11일 접속).

59) Chris Hallinan and John Hughson (eds), *The Containment of Soccer in Australia: Fencing Off the World Game* (London: Routledge, 2010).

60) Johnny Warren with Andy Harper and John Whittington, Sheilas, Wogs & Poofters: *An Incomplete Biography of Johnny Warren and Soccer in Australia* (Sydney: Random House, 2002).

61) E. Nielsen, 'Sheilas, wogs and poofters in a warzone: the "Socceroos" and the 1967 Friendly Nations Tournament in Vietnam', in Heather L. Dichter (ed.), *Soccer and Diplomacy* (Ithaca, NY: Cornell University Press, 2017, forthcoming).

해 온 체계적인 '탈-인종화'정책을 실행해 왔을 때였다.[62] 심각한 아이러니는 일본과 한국 등과 같은 아시아 나라에서 경기 수준이 더 나아지게 되었다는 것이다. 양국은 (쉽지 않았지만) 2002년 피파 월드컵을 공동으로 개최했던 적이 있었다. 그러나, 아시아에서 '세계적인 경기'의 대중성에 관한 실질적인 요인은 주요 유럽 리그들에서 나오는 것인데, 특별하게 영국 프리미어 리그의 문화제국주의를 통해서였다.[63] 그럼에도 불구하고, 아시아축구연맹에 따르면 이벤트는 추정에 의하면 '놀랄만한 성공'이었다. 이러한 것들에는 이것을 아시아축구연맹의 아시아컵을 전례 없이 많이 보게 된 것이 포함되었다. 2015년 토너먼트는 '색깔, 열정, 포용성과 모범이 되는 군중 매너 등을 위한 새로운 벤치마크를 설정하는' '호주와 아시아 스포츠 역사에서 이정표가 되는 이벤트'로 명명되었다. 이러한 총 참여국은 '대략 65만 명'이고 '전 세계적인 텔레비전 시청자는 10억 명을 초과했는데, 중국 인구의 6분의 1이었다. 이벤트의 #AC2015 트위터 해시태그는 준결승전까지 26억 9천만 명에 달했다.' 이벤트 스포츠 이외의 유산은 '이미 5만 개 이상의 초등학교 학생들이 축구를 주제로 한 팀 연구를 통하여 아시아에 대하여 더 많은 것을 배우는데 이미 도움을 받아 진행 중인 교육프로그램'이었다.[64]

친숙한 혜택의 총계로는, 국가건설, 관광, 경제활동 증가 그리고 비즈니스 계약 등을 포함한다고 나타났지만, 공공외교는 '공동체 대사' 활

---

62) various contributions to Hallinan and Hughson (eds), *The Containment of Soccer in Australia*를 보라

63) David Rowe and Callum Gilmour, 'Sport, media and consumption in Asia: a merchandized milieu', *American Behavioral Scientist*, 53:10 (2010); Ben Weinberg, '"The future is Asia?" The role of the Asian Football Confederation in the governance and development of football in Asia', *International Journal of the History of Sport*, 29:4 (2012).

64) Alison Hill, 'Asian Cup a stunning success', 2 February 2015, www.afcasiancup.com/news/en/asian-cup-a-stunningsuccess/13ctjghssat6j16duu2o7sy0le에서 이용할 수 있습니다(2015년 9월 29일 접속).

용과 지원자들과 함께 방문 팀을 두 번째로 채택하도록 '격려 받는' '호주의 다양한 다문화적인 공동체'들과의 연관을 통하여 각별한 두드러짐을 부여한다. 지역조직위원회LOC 씨이오CEO인 마이클 브라운Michael Brown은 아시아축구연맹 아시안컵은 '의미 있게 아시아 전역을 거쳐서 호주에 관한 긍정적인 인식을 강화해 주었고, 수만 여명의 관광객을 모여들게 했고 호주 국내총생산GDP에 1천7백만 달러를 가져왔다.'[65] 비즈니스 매칭 프로그램이 '아시아 전체를 통한 호주 기업들을 위한 수많은 문호 개방'을 하면서, 브라운은 '이와 같이 전 아시아가 대국인 호주의 환영을 위한 1,300명의 환상적인 자원봉사자 팀과 유명 대사 팀을 자랑스러워' 했었다. 이것이 *원래*in situ의 축구 외교인데, '이벤트를 수용했던' 호주의 다양한 다문화 공동체를 참여시키기 위한 커다란 노력을 만드는 지역조직위원회는 '호주에서 국민 지지가 선수들이 편안하게 하는 것과 같이 느낌이 들도록 했다는 평가를 [하도록] 팀 숫자를 관리했다.'[66]

200명의 아시아계 호주인이 주도하는 공동체 대사ambassador 계획은 호주에서 다문화주의 축제로서 이벤트를 활용하는 '국외 거주자 공동체의 일부로서 호주를 고향으로 부르는 200만 명의 아시아인의 전통에 근접'하고 전 대륙에 걸친 지원자의 문화 전시 등에 대한 자본을 투자하는 것으로 구상되었다.'[67] 이러한 핵심적인 축구 유산과는 별개로, '국가유산'은 '아시아 전역에 걸친 외교 관계를 강화', '비즈니스와 교역 연결 등을 심화하고', '축구를 통한 관광을 진흥하고', '아시아 공동체들과의 관계를 넓게 하고', 그리고 '공동체의 사회책임 활동을 통하여 사회 결과를 개선하는 것'과 같은 중점 분야들 중에서 고려되었다.[68] 이처럼 혼재된 유산 요인들에는 축구 외교가 헌신적인 국가이익을 대표

65) Hill, 'Asian Cup a stunning success'.
66) Hill, 'Asian Cup a stunning success'.
67) 'Legacy', AFC Asian Cup, 2015, www.afcasiancup.com/about/en/1ef1k4z3frqfrlj5l306k3izi0에서 이용할 수 있습니다 (2015년 9월 29일 접속).
68) 'Legacy', AFC Asian Cup.

하는 방식을 고정시키는 반면, 동시에 이것들을 다국적 혹은 초국가적인 담론에서 모호하게 만든다.

친 토너먼트적인 레토릭들 사이에서 나타난 것은 아시아와의 호주의 관계에 대한 국내외의 역동성이 뚜렷이 존재한다는 것이다. 호주가 아시아의 일원으로서 아시아 동료국가를 초청할지 아니면 아시아와 떨어져서 '타자'로 환영하는지에 관한 약간의 불안감을 자아내면서 말이다. 비슷한 유사성이 거주민—근본적인 혈연이 어디에나 있는 '거주 외국인'인지 설명이 필요한 아시아계 호주인—다른 나라이거나 다양한 지역/대륙—에게 적용되는데, 호주에서 출생했더라도 적용되었다. 초국가적인 환경에서 발견되는 복잡한 사회적 주체성은, 특히 스포츠와 관련해서, 이와 같은 아시아의 타자에 대한 해석에서 모호해지는 경향이 있다.[69] 서구 자유민주주의 국가들의 다문화 프로젝트 실패에 관한 광범위한 정치적 선언과 호주 축구의 구조적인 탈인종화 등에 비추어서 보면 호주 다문화주의의 지속적인 환기를 매우 직접적으로 불러낸다.[70] 전자는 후자보다도 아시아에 대한 호주의 관계에 더욱 관심이 있다는 것이다. 백호주의가 주로 아시아에 대한 것인 반면에, 축구의 탈 인종화는 그리스, 마케도니아, 이탈리아, 크로아티아와 세르비아 등을 포함하는 남부 유럽 이민자들을 주로 염두에 두는 것이다.[71] 호주는 주요 대

69) Matthew Klugman and Brent McDonald, 'Australians taking sides in the Asian Cup, but for which team?', *The Conversation*, 16 January 2015, https://theconversation.com/australians-taking-sides-in-the-asian-cup-but-for-which-team-36221에서 이용할 수 있습니다 (2015년 5월 18일 접속); David Rowe, 'The mediated nation and the transnational football fan', *Soccer and Society*, 16 (2014). doi: 10.1080/14660970.2014.963315.

70) Stephanie A. Baker and David Rowe, 'Mediating mega events and manufacturing multiculturalism: the cultural politics of the world game in Australia', *Journal of Sociology*, 50:3 (2014).

71) Loring M. Danforth, 'Is the "World Game" an "Ethnic Game" or an "Aussie Game"? Narrating the nation in Australian soccer', *American Ethnologist*, 28:2 (2001); Phillip Mosely, *Ethnic Involvement in Australian Soccer: A History 1950-1990* (Belconnen: Australian Sports Commission, 1995).

중공공외교적 상징과 '백인 국가'로서가 아닌 그 안의 사람들에 의한 지속적인 정체성 대체는 2015년 아시아축구연맹 아시안 컵을 통해 탈서구화와 비 백인주의 등에 헌신했다.[72)]

## 결론: 외교 게임

아시아는 아시아축구연맹 아시안 컵 이후 몇 개월이 지나지 않아서 발표된 피파의 *We Are Football: This is Our Vision: Whole of Football Plan* 특집에서 강력하게 호소했다. '도전' 하에, '호주는 세계에서 최대 다문화 국가들 중에 하나'라고 언급하면서, '축구는 단지 스포츠 이상이 될 것'이라고 제안한다. '이것은 사회 통합, 공동체 통합, 신체 건강과 복지, 그리고 국제관계와 경제 발전 등에서 중요한 역할을 지속적으로 할 것이다. 특별히 아시아에서 말이다.'[73)] 여기에서 준-외교적 담론은 '아시아의 부상은 우리가 교역하고 자본의 근원이 되고 있는 호주에서 거주하는 사람들에 대한 변화'를 의미할 것이라는 '아시아 세기'에 관한 거의 *엄밀한*di rigueur 언급을 통하여 강화된다는 것'이다.[74)] 호주에서 일상생활을 변화시키는 하나의 진화로 말이다. '목적'을 염두에 두고서, 야심 찬 의도는 '아시아 포용이라는 것이다. 축구는 아시아 전역의 이웃 국가들과 호주 스포츠와 사회 연결 등을 주도할 것이다. 축구는 아시아 이웃 국가들과 의미 있는 관계 형성을 위하여 교역파트너와 정부 등을 위한 플랫폼을 제공할 것이다.'[75)] 이러한 사례에서 전제조건은 축구는 지역적인 인기 때문에 아시아와 호주 관계를 진전시키는 선구자적인 역할을 수행할 역량을 가지고 있다. 그리고 2015년 아시아축구연

72) Ghassan Hage, *White Nation: Fantasies of White Supremacy in a Multicultural Society* (Annandale, NSW: Pluto, 1998).

73) Football Federation Australia, *We Are Football* 21.

74) Football Federation Australia, *We Are Football* 21.

75) Football Federation Australia, *We Are Football* 23.

맹 아시안 컵의 성공적인 개최와 아시아축구연맹 회원가입 등은 호주 정부 노력의 본보기를 보여준다. 몇몇 다른 아시아축구연맹 회원국들이 호주의 존재에 대해 전에 언급한 바와 같이 불편함을 표출했다는 것에 비추어서 보면 이러한 주장은 대담한 것이다. 사실상, 아시아축구연맹에서 호주 고립은 피파 의장 프랑크 로위Frank Lowy가 2015년 5월 29일 피파 회장 선거에 요르단 왕자 알리 빈 후세인Ali bin Hussein 지지를 이사회에서 선언했을 때 더욱 고조되었다—아시아축구연맹이 오랫동안 근무했고 매우 논란이 많은 스위스 출신 회장인 조셉 S. 블라터Joseph S. Blatter를 재신임한다고 재확인한 지 하루도 안 되어서 말이다.[76] 취리히에서 65차 피파 총회가 열리기 직전에 여러 명의 피파 관리가 체포되었다. 블라터의 연속 재선 승리와 4일 후 그의 연임에 대한 광범위한 반대 와중에 사임 의사 표명은, 확실하게 알려진 대로, 피파에서 호주의 입지를 넘어서는 아시아축구연맹 안에서 심층적인 분열을 노정 시켰다.

블라터의 이어지는 스위스 검찰 조사와 피파 윤리위원회의 전임자가 후임자에 대한 '불충분한 지급'에 대하여 잠재적인 후계자인 유럽축구연맹 회장인 미셸 플라티니Michel Platini가 조사받으면서, 2016년 2월 피파 축구 회장 선거에 대한 아시아축구연맹의 입장과 이에 대한 호주의 관계 등은 심층적인 긴장의 원천이 될 잠재성을 가지게 되었다.[77] 아시아축구연맹은 '특별 후보 자격 지지를 바라는 모든 협회—또는 그들만의 후보자를 발표—는 그렇게 하는 데 자유롭다' 고 규정되어 있더라도, 동일한 선언에 '아시아축구연맹 회장은 아시아축구연맹 규정에

76) Scott McIntyre, 'Australia's move against Sepp Blatter in FIFA vote is honourable – but risky', *The Guardian*, 29 May 2015, www.theguardian.com/football/2015/may/29/australias-move-against-sepp-blatter-in-fifa-vote-is-honourable-but-risky에서 이용할 수 있습니다 (2015년 8월 4일 접속).

77) BBC, 'FIFA: Sepp Blatter & Michel Platini investigated by Ethics Committee', 26 September 2015, www.bbc.com/sport/0/football/34371697에서 이용할 수 있습니다 (2015년 9월 28일 접속).

따라서 피파와 다른 연합과의 관계에 책임이 있다고 적혀 있었다. 그리고 미셸 플라티니의 후보 자격에 대한 개인적 선호도를 이미 표명한 바 있었고, 6월 30일 선언에서 인용된 바와 같이 점점 늘어나는 아시아축구연맹의 회원들 대다수가 세계축구를 이끌기 위한 그의 신임에 기초해 플라티니 씨의 후보 자격을 위한 지지를 표명해 왔다. 반면에 다른 회원국들은 다른 후보에게 관심을 표명했고 전혀 관심 표명을 하지 않았거나 결심하기 전 기다리는 중이라고 적시되었다.'[78] 공개적으로 발표된 투표 블록(기술적으로 비밀투표)과 관련하여 호주의 입지는 지역적인 동화 또는 통합을 위한 광범위해진 의미를 지녔다. 최후 결과는 플라티니의 출마가 허용되지 않았고, 아시아축구연맹 살만의 후보 자격을 위한 자격을 선언했음에도 불구하고 말이다.[79] 호주는 1라운드에서 살만을 지지했고, 피파 사무총장인 지아니 인판티노Gianni Infantino이 2라운드에선 살만을 누르고 당선되었다.[80] 현 아시아축구연맹 회장이 피파 회장직을 받지 않으면서, 피파에서는 피파 개혁의 약속에 비해 연맹 내부의 축구 외교를 다시 한 번 경시하게 되었다.

축구가 아시아에서 가장 인기 있는 스포츠더라도, 스포츠 외교 분야를 절대 독차지 할 순 없다. 미리 언급한 바와 같이, 올림픽은 국제관계에 도움 주고 위험할 수도 있는 스포츠 외교의 중요한 분야이다. 크

78) 'AFC statement on FIFA presidential election', AFC, 3 September 2015, www.the.afc.com/media-releases/afc-statement-on-fifa-presidential-election에서 이용할 수 있습니다 (2015년 0월 28일 접속).

79) 'AFC Member Associations reiterate support for Shaikh Salman', AFC, 18 February 2016, www.the-afc.com/afc-president/afc-member-associations-reiterate-support-for-shaikh-salman에서 이용할 수 있습니다 (2015년 9월 27일 접속).

80) Tom Smithies, 'FIFA presidential elections: FFA Chairman Steven Lowy expects no backlash despite backing third Man', *Daily Telegraph*, 27 February 2016, www.dailytelegraph.com.au/sport/football/fifa-presidential-elections-ffa-chairman-steven-lowy-expects-no-backlash-despite-backing-third-man/news-story/50b26b055a848d07f7658c6e351af0f4에서 이용할 수 있습니다 (2016년 9월 27일 접속).

리켓 '외교'는 호주-인도 관계에서 정기적으로 나타난다.[81] 인도 크리켓 선수인 하르바잔 싱Harbhjan Singh이 인종차별로 호주 선수 앤드류 시몬스Andrew Symonds 기소와 관련된 2008년 '몽키게이트 문제'Monkeygate affair가 양국 간에 정치 긴장을 야기 시켰다.[82] 그러나 스포츠는 외교는 고르게 지속적으로 운용되지 않았고, 국가 대 국가, 지역적, 대륙 내/간 그리고 글로벌 차원에서 다양하게 발생하지도 않았다. 결과적으로, 매우 인위적인 건설이 스포츠 거버넌스 목적을 위한 것으로 분명히 표현된다. 예를 들면 '아시아' 개념이 광대하고 인구 많고 다양한 대륙이라는 호주와 아시아축구연맹 등은 다양한 당사에 의한 필수불가결한 레토릭으로 동원화가 가능한 융통성 있는 정부 건설물이다. 사실상 이러한 사례에서 아시아 사상에 관한 상징적인 동원화는 에드워드 사이드Edward Said의 '오리엔탈리즘'과 서양/동양 양분법과 계층 등에 관한 비판을 자주 생각나게 한다.[83]

축구와 특별 토너먼트 등에 관하여 호주의 맥락을 살펴 볼 때—2015년 아시아축구연맹 아시안 컵—이것은 다른 국가의 스포츠/축구 외교 전략을 상세히 또는 다른 스포츠와 관련하여 논의하는 것이 불가능해 왔다. 그렇지만, 이러한 사례로부터 추출할 수 있는 약간의 일반적인 교훈이 존재한다. 첫째, 그리고 가장 확실하게, 축구 외교의 성공과 실패는 역사적 유산과 국제관계의 현상 유지 등으로 반드시 조건을 달아야 한다. 특히 제국주의와 식민주의 등에 관해서이다. 거기에는 다양한 축구외교의 모드가 존재하는데, 상당히 대중적이고 외교적인 다양한

81) Brian Stoddart, 'The centrality of cricket in Indo-Australian relations: India, Australia and the "cricket imaginary", *International Journal of the History of Sport*, 25:12 (2008).

82) David Rowe, 'Spinning out of control: Harbhajan Singh, postcolonial cricket celebrity and the "revenge narrative"', in Lawrence A. Wenner (ed.), *Fallen Sports Heroes, Media, and Celebrity Culture* (New York: Peter Lang, 2013) , 251—63.

83) Edward W. Said, *Orientalism* (London: Penguin, 2003).

국가의 사람 간 쉽지 않게 연출된 관계 형성에 반대하는 엘리트의 정치적 비즈니스 네트워킹이다. 다양하고 빈번하게 가변적인 공간에서 그리고 다양한 범위의 사회적 주체와 함께 위치해 있다. 축구에 관한 문화적 특수성은 때로는 인정사정없는 경쟁과 외국인 혐오 등의 인종주의 목적을 위한 악용에 취약한데, 따라서 이에 의존한다는 것은 공공외교에 대해 의미심장하다. 분쟁은 경쟁 팀의 관중들 사이에서 또는 국제 정치적 파문과 관련된 현장에서의 논쟁을 통하여 그리고 적대적인 미디어 논평 등 폭력의 형태로 부각된다. 스포츠의 경쟁하는 논리는 망명을 모색하거나 비자를 연장(전쟁과 경제적으로 침체된 국가로부터)하려는 운동선수와 관중 등의 이동을 포함하는 국경 문제에 관련된 긴장에 상징적으로 다음과 같이 집중된다. 국가 대표성(남북한, 팔레스타인/이스라엘, 중국/대만 동티모르/인도네시아, 아일랜드/영국 등과 같은), 또는 인권문제 (예를 들면, 다르푸르와 2008년 북경올림픽에 앞선 티베트 문제 그리고 2014년 소치 동계올림픽과 2018년 러시아와 2022년 카타르 피파 월드컵 등에서 게이gay 권리 등에 대한 시위인데, 카타르에서는 이주 노동자의 환경에 관한 문제 제기와 함께) 캠페인 등이 있다. 주요 스포츠 이벤트 유치를 위한 국가들 사이 공격적인 경쟁은 '비겁한 짓'에 대한 분쟁을 이끌 수 있다. 반면에 스포츠 조직의 성취(다양한 투표 블록과 국제 크리켓위원회, 국제올림픽위원회, 아시아축구연맹, 그리고 피파 등과 같은)에서 국가들 간 연합과 경쟁 등이 악화될 수 있다—또는 최소한 확고해진다—국가들 간에 긴장을 완화시키기 보다는 오히려 말이다.

이러한 분쟁과 어려움은 놀랄 일이 아니지만, 이러한 것들은 축구의 공공외교와 문제가 없는 관계에 대한 매우 온건한 몇몇 주장에 직면하여 보편적인 축구에 기반하는 치밀성에 관한 과장되고 부정확한 가정으로 설립되는 것으로 간주된다는 것이 중요하다. 2015년 아시아축구연맹 아시안 컵과 같은 이벤트는 거의 통제하지 못하지만 광범위한 중요성이 있는 이벤트를 따라잡을 수 있다. 2015년 아시안 컵은 마약 밀매로 2명의 호주 시민(앤드류 찬과 뮤란 슈쿠마란)의 기소에 인도네시아를 설득하지 않은 호주의 시도에 관해서는 호주 외교활동의 엄혹한 시기 동안 발생했다. 구속은 결승전 이후 3개월도 지나지 않아서 진행되었는데, 호주는 정무협의 차 인도네시아 주재 호주대사의 송환으로 귀결되었다.[84] 인도네시아는 예선 탈락했지만, 성공했더라면 인도네시아 팀은 토너먼트에서 호주를 만났을 것이었다. 정부 대 정부에 기반하는 축구 외교를 위한 기회뿐만 아니라 제도 스포츠와 미디어 채널 등을 통하여 압력 적용 등을 제공하면서 말이다. 이것은 또한—예를 들면, 2008년 북경올림픽경기에 이르러 성화릴레이 동안 중국의 티베트에 대한 시위에서 발생되었던 바와 같이[85]—인도네시아 국가대표팀 관련 뿐만 아니라 대중공공외교 대표를 위한 많은 기회를 제공하는 호주 경기를 둘러싸고 축구 경기장에서 다층적이고 국제 미디어적인 시위를 촉진했다. 이런 시위는 주로 운동장이나 팀 숙소 같은 영향을 끼칠 수 있는 물리적인 곳에서 발생한다. 메가 이벤트를 둘러싼 축구외교의 다층적인 모드에 부여된 가능성과 함께 나타나는 대규모 군중, 저널리스트와 멀티-미디어 플랫폼 코호트 등을 통하여 이들의 그럴싸한 지원 등은 게임 자체들에 대한 '참관자'가 되지만, 이는 불확실한 결과가 따른다.

---

84) Julian Bajkowski, 'Australia recalls Ambassador over Indonesian executions', *Government News*, 29 April 2015, www.governmentnews.com.au/2015/04/australia-recalls-ambassador-over-indonesian-executions, *Government News*, 29 April 2015, www.governmentnews.com.au/2015/04/australia-recalls-ambassador-over-indonesian-executions/에서 이용할 수 있습니다 (2015년 5월 13일 접속).

85) David Rowe and Jim McKay, 'Torchlight temptations: hosting the Olympics and the global gaze', in John Sugden and Alan Tomlinson (eds), *Watching the Games: Politics, Power and Representation in the London Olympiad* (London: Routledge, 2012), 122-37.

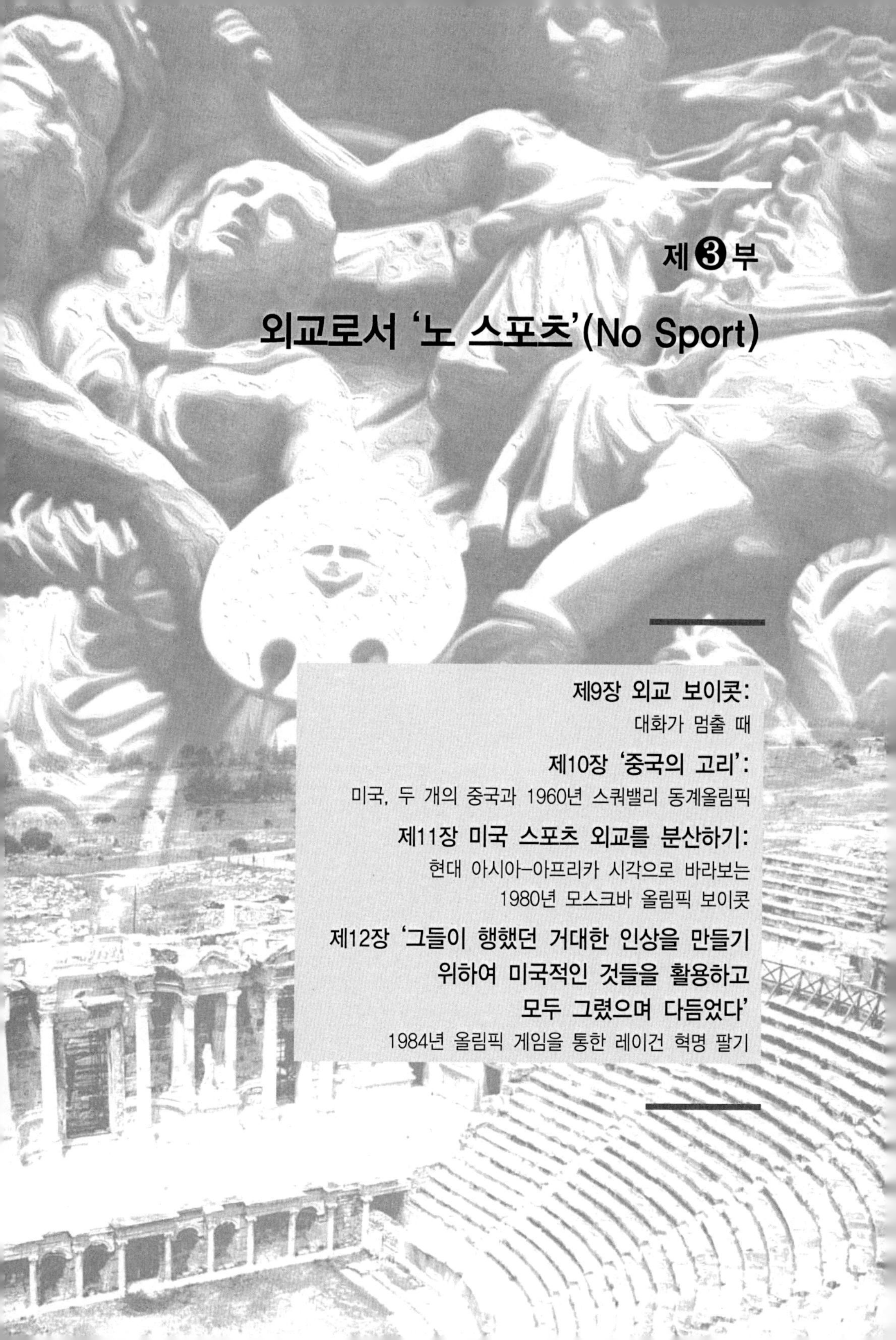

제❸부

# 외교로서 '노 스포츠'(No Sport)

제9장

# 외교 보이콧:
## 대화가 멈출 때*

케롤 고메즈 *Carole Gomez*

'이 모든 것이 정치이고 우리는 정치와 관련이 없다', 이것은 국제올림픽위원회 위원장인 에이버리 브런디지Avery Brundage가 1972년 뮌헨 하계 올림픽에서 로디지아 참여에 대한 질문에 응답하면서 나온 말이었다.[1) 뮌헨 학살 이후 며칠이 지나서, 브런디지는 '경기는 진행되어야만 하며, 우리는 올림픽을 깨끗하고, 순수하며 정직하게 유지하고 다른 지역으로 스포츠정신을 확대하기 위해 지속적으로 노력해야만 한다'고 언명했다.[2) 수십여 년 후에, 2016년 리오 올림픽경기 개막식 전 러시아의 도핑doping 스캔들로 인한 러시아 선수들의 추방 가능성으로 인한 정치적 위기가 한창이던 중, 국제올림픽위원장 토마스 바흐Thomas Bach는 '이러한 결정은 정의에 관한 것이다. 정의는 정치와는 독립되어야 한다. 법의 위반

* 나는 나의 논문에 귀중한 논평을 해 준 J. 시몬 로페J. Simon Rofe와 헤더 딕터Heather Dichter와 2015년 7월 'Sports and Diplomacy: Mode and Metaphor' 콜로퀴움을 조직해 준 사이몬 등에게 감사의 말을 전한다.

1) 'Le mouvement de protestation des pays africains contre la participation de la Rhodésie s'amplifie', *Le Monde*, 17 August 1972.

2) David Binder, 'The Munich massacre', *New York Times*, 5 September 1972, www.nytimes.com/packages/html/sports/year_in_sports/09.05.html에서 이용할 수 있습니다 (2016년 9월 23일 접속).

행위에 이의를 제기하는 누구든지 간에 정의를 파괴하는 것이다.'[3]

무슨 일이 무엇이든지 간에, 스포츠—그리고 특별하게 올림픽운동—는 스포츠의 비정치적 성질을 확인하려고 노력해 왔다.[4] 이러한 전제는 올림픽 헌장에 포함되고 의혹을 표명하는 모든 사람 또는 제도 앞에서 현저하게 휘둘러졌다. 스포츠는 정치와는 독립적이어야만 한다는 것을 확실히 하려는 올림픽과 스포츠연맹 등에 의한 반복적이고 지속적인 노력에도 불구하고, 스포츠의 비정치적 본질은 키메라chimera, 불가능한 생각일 수도 있다는 것이 명백하다. 고위정치에서 스포츠는 정치에 영향을 미치지 않는다고 믿는 최후의 사람은 아마도 미국 대통령 허버트 후버Herbert Hoover일 것이다. 그는 1932년 로스앤젤레스 하계올림픽에 참석하지 않았다. 그는 올림픽을 건너뛰는 대신에 그의 재선에 신경을 썼는데, '3주 동안 워싱턴에서 멀리 떨어진 곳에 있는 국가 재앙이라고 믿으면서 말이다.'[5] 아마도 결과적으로, 그는 대통령 선거에서 캘리포니아 주에서 프랭클린 루스벨트Franklin Roosebelt에게 패했다. 다른 한편으로 1958-1966년 프랑스청소년스포츠장관 모리스 헤르조그Maurice Herzog는 스포츠와 정치 간의 관계를 파악하면서도, 정치와는 떨어져야 한다고 선언했다. 이것은 대담하게 정치적 요인을 부여하는 것이었다. 경제적인 영향과 외교 도구로서 스포츠의 발전 등 덕분에,[6] 이것은 1970년대 말 이래로 국제관계의 필수적인 요인이었다.[7] 약 7360억 달러 가치가 있는

3) Michael Powell, 'IOC chief Thomas Bach supports a peculiar form of justice on doping', *New York Times*, 4 August 2016, www.nytimes.com/2016/08/05/sports/olympics/ioc-thomas-bach-russian-doping-rio-games.html에서 이용할 수 있습니다 (2016년 9월 23일 접속).

4) 예를 들면, the Olympic Charter statement, Fifth fundamental principle of Olympism, www.olympic.org/Documents/olympic_charter_en.pdf에서 이용할 수 있습니다 (2016년 9월 23일 접속)를 보라.

5) John Sayle Watterson, *The Games Presidents Play: Sports and the Presidency* (Baltimore, MD: The Johns Hopkins University Press, 2006).

6) Maurice Herzog interview, *Abidjan Matin*, 9 May 1960.

7) Special Forum on 'Sports diplomacy' in *Diplomatic History*, 40:5 (November.

현대 스포츠 시장 가치와 100억 달러에 달하는 메가스포츠 조직 등을 가지고, 스포츠는 외교와 국제정치의 현대적 고려와 상당한 관련을 지닌다.[8] 스포츠는 국가에 의하여 활용되는 오랜 기간의 유산을 다음과 같이 가지고 있다. 고대 그리스의 도시국가 대표들은 올림픽 경기의 설립 참가자들이었다. 가장 최근에, 소련과 미국이 주도하는 '서구' 간의 냉전 동안, 양측은 각각의 아젠다를 진전시키기 위하여 국제스포츠 이벤트를 활용했는데, 특히 올림픽경기도 그 예이다.[9] 스포츠는 국내외적으로 여론에 영향을 미치는 하나의 방식이다. 이러한 방식으로 본서에 있는 모든 장에서 논의된 '소프트 파워' 개념과 다음과 같이 자주 연계되어 왔었다. 이것의 매력으로 하나의 국가이익을 달성하는 것이 가능하다.[10] 칼 본 클라우제비치Carl von Clausewitz의 유명한 경구를 빌리자면, 스포츠는 다른 수단에 의한 정치의 연장이라고 간주될 수 있다고.[11] 스포츠는 다음과 같은 논의의 일부이다. 예를 들면 메달 개수에 대한 경쟁과 관심 등은 경기장 트랙을 벗어나는 스포츠의 중요성을 제시한다. 스포츠 경기가 정치적으로 악용되는 주요 분야라고 하는 것은 놀랄 일이 아니다. 보이콧 제재는 매우 자랑스러운 도구가 된다. 그럼에도 불구하고, 보이콧에 관한 개념적인 지지는 항상 잘 이해되는 것은 아니었다. 본 장에서는 보이콧, 보이콧의 한도, 냉전과 탈냉전으로부터 나온 사례

2016)를 보라.

8) Janis Osenieks and Girts Jansons, 'The impact of sports on the economy', *Lase Journal of Sport Science*, 2012, www.lspa.eu/files/research/Journal_of_Sport_Science/2012_3_1/2012_3_1_9.pdf에서 이용할 수 있습니다 (2016년 9월 20일 접속).

9) The Woodrow Wilson Center's Cold War International History Project provides the most comprehensive resource on sport in the Cold War: 'Global history of sport in the Cold War', http://digitalarchive.wilsoncenter.org/theme/sport-in-the-cold-war에서 이용할 수 있습니다 (2017년 8월 16일 접속).

10) Joseph S. Nye, Jr, 'Public diplomacy and soft power', *Annals of the American Academy of Political and Social Science*, 'Public diplomacy in a changing world', 616:94 (2008).

11) 예를 들면, BC 431-404년 펠로폰네소스 전쟁 동안 Carl von Clausewitz, O*n War* (Oxford: Oxford University Press, 2008).

등에 대한 담론을 조망한다. 반면에 스포츠 보이콧의 효율성에 관한 대단히 중요한 문제를 불러 일으킨다. 보이콧은 해결이 어려운 특성을 지니기 때문에 명확한 양자 분열에 일치하지 않는 맥락의 결과가 나온다.

여기에서 분석은 스포츠 제재에 관한 두 가지 유형을 제출하면서 다음과 같이 시작한다. 스포츠와 관련된 국제 제재와 스포츠 보이콧 등이다. 용어의 적절성에도 불구하고, 유엔과 스포츠 보이콧 등에 의하여 취해지는 국제 제재는 두 번만 부과되었다. 1960년 이후 남아프리카 공화국의 인종차별정책과 1992년 유고슬라비아(세르비아와 몬테네그로) 등에 대한 것이었다. 그렇지만, 냉전 기간 동안 스포츠 보이콧은 매우 일반적으로 사용되었다. 본 장에서 초점을 두는 것도 이러한 차원이다. 몬트리올(1976), 모스크바(1980)와 로스앤젤레스(1984) 올림픽경기 보이콧—마지막 두 가지는 조셉 이튼과 움베로 툴리 등에 의하여 본서에서 살핌—은 중요하고 상징적인 이벤트였다. 이러한 관행이 다양한 시기에 속하는 것처럼 보이는 반면에, 2008년 북경, 2014년 소치와 2018년 러시아와 2022년 카타르 피파월드컵 등에 대한 보이콧 위협은 이러한 관행에 관한 지속적인 적절성의 특징을 이룬다.

## 명확한 시작점

보이콧은 오래된 유산을 가지고 있는데, 고대부터 존재해 왔다.[12] 출처가 불분명하더라도, 작품명과 동일한 이름의 19세기 말 아일랜드를 강제로 떠나도록 한 찰스 커닝햄 보이콧Charles Cunningham Boycott의 이야기는 '보이콧'이라는 용어가 현대 세계에 반향을 가져왔다고 말한다. 마찬가지로, 국제사법재판소 재판관으로 재직하는 동안 1956년 기사 작위를 받은 허쉬 라우터파흐트Hersch Lauterpacht가 1933년 *British Year Book of*

12) Evans Clark (ed.), *Boycotts and Peace: A Report by the Committee on Economic Sanctions* (New York: Harper & Bros., 1932).

*International Law*에 보이콧은 '국제적인 삶에서 새로운 현상이 아니고', '지난 30년 동안 수많은 사례에 적용되어' 왔었다고 적고 있다.[13] 이에 따라서 보이콧에 관련되는 것은 정체polity를 알리는 것인데, 이것을 인식하거나 연관되는 것을 거부함으로써, 이러한 행동은 수용하지 않는 것으로 간주 되는 것이다. 간단하게 말하자면, 국제 제재의 형식으로 보이콧은 목표의 행동을 변화시키기 위하여 구상된 조직화 된 장치이다.[14] 프란세스코 지우멜리Francesco Giumelli는 국제 제재 연구에 다음과 같은 세 가지 차원을 제시한다. '외국 또는 국내 청중 등을 목표로 하는 특정 정책에 대한 불만의 신호, 타깃 국가 또는 지도자 등에게 미래에 특정 행동의 중단을 강요하거나 정부에게 현재 정책을 변화시키거나 뒤엎도록 강제하는 것이다.'[15] 이러한 분석은 배리 버시울Barry Burciul의 업적으로 지원된다. 그는 '상징적인 의미와 심리적인 영향'[16]을 가지면서 실체의 행동을 변화하려는 노력으로 간주한다. 이에 따라서, 세계 문제에서 행위자를 보이콧하는 결정으로, 국가 또는 비국가 행위자는 이것을 다루고, 이것을 지지하거나 보이콧의 목적이 수용할 수 없는 행동을 변화할 때까지 정책에 권한 부여를 거부한다. 이에 대한 중요한 차원은 보이콧의 주체이자 객체이다. 하나의 정체가 다른 정체에 하는 것에 대한 질적인 것이다. 따라서 특별하게 보이콧과 스포츠 보이콧 등은 다른 특별한 분

13) Hersch Lauterpacht, 'Boycott in international relations', *British Yearbook of International Law*, 125 (1933), 126.

14) Carole Gomez and Bastien Nivet, 'Sanctionner et punir. Coercition, normalisation et exercice de la puissance dans une société internationale hétérogène', *Revue internationale et stratégique*, 97:1 (2015).

15) Francesco Giumelli, 'How EU sanctions work: a new narrative', *EUISS Chaillot Paper*, no. 129, 13 May 2013, www.iss.europa.eu/uploads/media/Chaillot-129.pdf에서 이용할 수 있습니다 (2016년 9월 22일 접속).

16) Barry Burciul, *Report on the Seminar on United Nations Security Council Sanctions*, Canadian Centre for Foreign Policy Development, Ottawa, 17 July 1998, http://publications.gc.ca/collections/Collection/E2-338-1998E.pdf에서 이용할 수 있습니다 (2016년 9월 23일 접속).

쟁에 정의감을 가져온 제로섬 등식 또는 보복(tit for tat) 등에 관한 도구로 나타난 것일 수 있다.17) 이러한 논쟁에 역시 중요한 것은 관중의 역할을 고려하는 공공외교(본서의 모든 장에서 논의된)에 대한 최근 문헌 안으로 움직이는 방식이라는 것이다. 이와 같이 모든 보이콧을 그리던 사람들은 이를 고려할 필요가 있다. 의심할 것도 없이 다층적인 관중과 공중 등이 존재하는 반면에, 두 부분으로 이뤄진 분석은 이를 대신하여 보이콧이 활동 중인 국내 청중과 보이콧의 영향을 느낄 수 있는 '타깃' 관중 등으로 보는 것이다. 직설적인 것처럼 보이는 반면, 또한 활동하고 있는 이중성이 존재한다. 보이콧은 두 얼굴을 지닌 문제이다. 이것은 '국내' 청중, 즉, 제재에 의하여 영향 받는 것, 자신들과 그들 정부 간에 비연속성을 부여하는 이들의 시행을 환영하게 되었다.18) 남아프리카에서 정부에 대한 국제 제재를 지지하는 남아프리카 흑인 인구의 사례는 적절하다.19) 마지막으로, 스포츠 보이콧을 논의할 때 관찰할 수 있는 역설적인 것이 존재한다. 보이콧은 배제에 기반하는 것이다. 반면에 스포츠의 주요 특징 중 하나는 보편적인 호소에 기반한 포용이 강요된다. 외견상 양립할 수 없는 스포츠와 보이콧의 특징은 복잡성을 시사한다.

## 스포츠 보이콧의 유형

얀-프랑스와 레벨Jan-François Revel은 보이콧을 보이콧의 위협 등 여러 실체를

17) Gomez and Nivet, 'Sanctionner et punir.'.

18) 예를 들면e, Jennifer Parks, 'Welcoming the "Third World": Soviet sport diplomacy, developing nations, and the Olympic Games', in Heather L. Dichter and Andrew L. Johns (eds), *Diplomatic Games: Sport, Statecraft, and International Relations since 1945* (Lexington, KY: University of Kentucky Press, 2014) 보라.

19) 남아프리카에 대한 스포츠 보이콧에 대한 문헌은 많이 있다. 예를 들면, David R. Black, '"Not cricket": the effects and effectiveness of the sport boycott', in Neta C. Crawford and Audie Klotz (eds), *How Sanctions Work: Lessons from South Africa* (Basingstoke: Palgrave Macmillan, 1999), 219; Rob Nixon, 'Apartheid on the run: the South African sports boycott', *Transition*, 58 (1992)를 보라.

포용하는 것으로 간주하는데, 특정 경제 목적과 정책 등에 반응하는 것이다.[20] 이것에 기반 해서, 에릭과 캐서린 모닝Érick and Catherine Monnin[21]

보이콧 1:

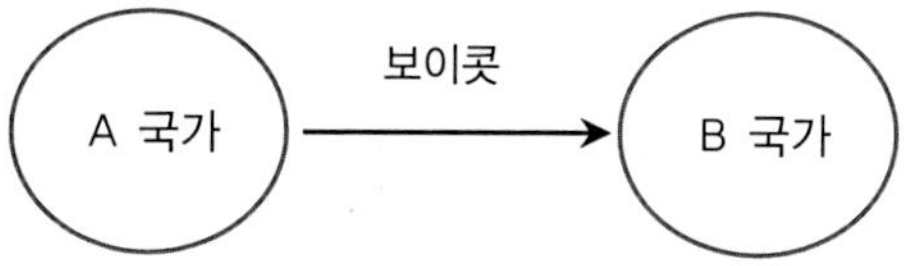


보이콧 2: (맞대응 보이콧)

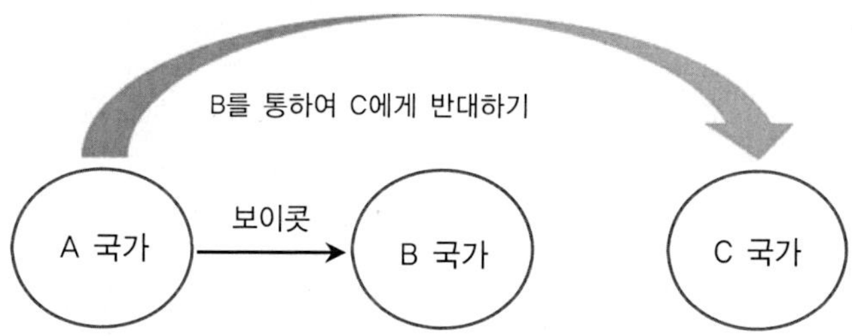


보이콧 3: (도미노 전략)

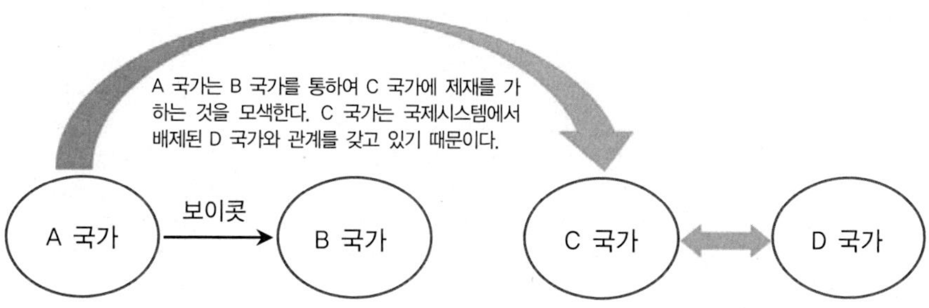


캐롤 고메즈 이미지, 2016.

## 9.1 보이콧 유형

---

20) Fernand Landry, 'Olympisme, politique et éducation', in *Académie olympique internationale*, Athens, Twentieth Session, June 1980, Hellenic Olympic Committee, 1980, 155에서 인용.

21) Éric Monnin and Catherine Monnin, 'Le boycott politique des Jeux olympiques de Montréal', *Relations internationales*, 2/2008 (No. 134).

그리고 에릭 모닝Érick Monnin과 클로스토프 마이라드Christophe Maillard 등은 스포츠 보이콧에 관한 세 가지 유형을 만들어 냈다(그림 9.1).[22]

첫 번째는 다음과 같이 두 부분으로 이뤄진다. 또 다른 분야에서 하나의 이벤트에 참여하는데 실패한 한 당사자와 함께이다. 이러한 보이콧은 거의(보통) 잘 알려지는데, 모스크바와 로스앤젤레스 올림픽의 사례가 눈에 띈다. 이러한 보이콧들은 미국과 소련이 어떻게 냉전 경쟁에서 우위를 모색했는지와 어떻게 국내외 관중에게 보여줬는지를 나타낸다. 1979년 소련의 아프가니스탄 침공에 이어진, 지미 카터 대통령은 다음과 같이 강조했다. '세계가 소련의 아프가니스탄 침공이 얼마나 심각한 위협인지를 인식하는 것은 매우 의미 있는 것이다.'[23] 국내 정치 혼돈에 의하여 몹시 괴로웠던 카터는 소련에 대한 최후통첩을 발표했는데, 소련에게 아프가니스탄 철수를 권고하고, 그는 모스크바에서 멀리 떨어진 곳으로 1980년 올림픽 이전 또는 취소 등을 모색하는 것으로 위협했다. 취소 또는 개최지 변경 등의 위협은 1980년 루즈니키Luzhnik 스타디움에서 이벤트 개최로 궁극적으로 실패했지만, 미국은 모스크바 경기로부터 51개 국가대표단의 보이콧을 이끌어냈다.[24] 로스앤

22) Éric Monnin and Christophe Maillard, 'Pour une typologie du boycottage aux Jeux olympiques', *Relations internationales*, 2/2015 (No. 162).

23) Terence Smith, 'The President said nyet', *New York Times*, 20 January 1980, www.nytimes.com/packages/html/sports/year-in-sports/01.20.html에서 이용할 수 있습니다 (2016년 9월 20일 접속). 카터 대통령 재임 기간 올림픽 보이콧에 대한 한 가지 설명에 대해선, Nicholas Evan Sarantakes, *Dropping the Torch: Jimmy Carter, the Olympic Boycott, and the Cold War* (Cambridge: Cambridge University Press, 2011)를 보라.

24) 51개 국가에 더해서 보호령 등은 다음과 같다. 알바니아, 앤티가 바부다, 아르헨티나, 바하마, 바레인, 방글라데시, 바베이도스, 벨르즈, 버뮤다, 볼리비아, 캐나다, 케이먼 군도, 중앙아프리카 공화국, 차드, 칠레, 중국, 이집트, 엘살바도르, 피지, 가봉, 가나, 아이티, 온두라스, 홍콩, 인도네시아, 이란, 이스라엘, 아이보리 코스트, 일본, 케냐, 리베리아, 리히텐시타인, 말라위, 말레이시아, 모리타니아, 모리셔스, 모나코, 모로코, 네덜란드령 안틸 제도, 니제르, 노르웨이, 파키스탄, 파나마, 파푸아 뉴기니, 파라과이, 필리핀, 카타르, 사우디아라비아, 싱가포르, 소말리아, 대한민국, 수단, 수리남, 스와질란드, 대만, 태국, 감비아, 토고, 튀니지, 터키, 아랍 에미리

젤레스 올림픽경기 보이콧은 일반적으로 1980년 보이콧에 대한 소련 진영의 보복으로 여겨진다.25) 국가들은 소련 블록에게 주로 올림픽의 안전 부족과 헌장 비준수, 그리고 안전 부족을 인용하려고 노력했는데, 본서에 있는 툴리의 장에서 살펴본 '사적인 모든' 것을 포함한다. 로스앤젤레스 보이콧을 위한 명분으로도 말이다. 전자의 비판에 대해서 소련 국제 뉴스 기관인 *노보스티*Novosti는 '최소한 100명의 테러리스트 단체가 소련인들을 살해하거나 납치할 계획을 가지고 있다고 언급했다.'26) 보이콧에 대한 소련의 선언은 '현재 올림픽을 위하여 준비의 날로부터, 미국행정부는 정치적 목적을 위하여 경기를 활용 하는 코스 설정을 모색했다고 언급했다. . . [국]수주의적인 감정과 반소 히스테리 등은 소련에서 격화되었다.'27) 당시 양극적인 세계의 본질은 보이콧의 함의에 관한 확실한 성공을 설명한다.

브런디지의 추론으로 회귀한다면, 스포츠는 글로벌 정치분쟁의 외곽에서 활동하기 위한 방식을 모색했다. 다양한 행위자에 의하여 고무되더라도, 1983년 세계육상선수권대회WAC 설립은 이 시기 보이콧에 대한 직접적인 대응이었다. 최고 수준의 경기를 보여주기 위한 기회를 부정하면서, 세계육상경기연맹IAAF은 보이콧을 동서 출신(핀란드 헬싱키에서 1983년 8월 7일-14일)이 경쟁하는 선수들을 보려는 글로벌선수권대회를 정당화하는데 활용했다. 더 거슬러 올라가, 1980년 미국과 1984년 소련 둘 다 보이콧 국가들을 스포츠 경쟁을 위한 대안 장소로

---

트 공화국, 미국, 파라과이, 버진 아일랜드, 서독과 자이레 등이다.

25) 보이콧 국가들에게는 아프가니스탄, 앙골라, 불가리아, 쿠바, 체코슬로바키아, 동독, 에티오피아, 헝가리, 이란, 라오스, 리비아, 몽골, 북한, 폴란드, 소련과 베트남 등이었다.

26) *Herald Journal*, 18 May 1984.

27) John F. Burns, 'Moscow will keep its team from Los Angeles Olympics', New York Times, 8 May 1984, www.nytimes.com/1984/05/09/world/moscow-wil-keep-its-team-los-angeles-olympics-tass-cites-peril-us-denies-it.html에서 이용할 수 있습니다 (2016년 9월 23일 접속).

제공하는데 민감했었다. 리버티 벨 육상 클래식이 1980년 7월 필라델피아에 유치되어 하원에서 대략 1000만 달러를 지원 받았고, 29개국 선수들이 참가했다. 카터 행정부 보이콧을 지지했던 국가들 중에서 온 선수들이었다.[28] 마찬가지로, 1984년 소련은 우정 게임을 지원했다. 소련과 동유럽이 가로지르는 장소에서 개최된 동구의 '대안올림픽'으로 여겨진 경기에서 49개국 선수들이 만났다. 문제는 사건에 대응하면서 보이콧하는 것은 실질적으로 이러한 원래 이벤트의 신성성을 강화하는지에 대해서 나타난다. 1980년 미국 올림픽 육상팀 코치인 지지미 카르네스Jimmy Carnes는 '대안' 리버티 벨 클래식에 대해서 언급했는데, '우리는 이것을 대안 게임이라고 부를 수 없다. 대안이 없다.'[29]

모닝 등이 특정한 보이콧의 두 번째 유형은 삼각형이다. 이것의 사례들은 세 번째 정체의 영역에 대해서 두 개의 정체 거부에 집중한다. 이것은 멜버른 하계올림픽에 관한 '3자로 이뤄진 보이콧'의 경우이다. 보이콧은 세 가지의 독립된 사건에 의하여 촉발되었다. 멜버른 올림픽 직전, 수에즈운하 위기는 이집트와 프랑스, 영국과 이스라엘 간 1956년 10월 발생되었다. 이러한 분쟁과 이스라엘의 위치를 시나이 반도로 진전하는 것에 대해 시위하려는 움직임이 있었다. 레바논과 이라크 등에 의하여 이어지는, 영국, 프랑스와 이스라엘 선수 등에 대항하기 위한 경쟁에 참여하기 위하여 호주에 스포츠 사절단 파견을 거부했다. 동년, 소련군은 부다페스트 봉기에서 폴란드와 헝가리 등에서 폭력적으로 시위를 억압했다. 이러한 폭력적인 진압에 직면해서, 스페인, 네덜란드, 그리고 스위스 등은 소련 선수와 함께 하는 경기에 그들의 사절단 파견을 거부했다. 중국도 대만 대표단 출전에 시위하기 위하여 게임 참여를 취

28) 또한 Nicholas Sarantakes, 'The White House Games: the Carter administration's effort to establish an alternative to the Olympics', in Dichter and Johns (eds), *Diplomatic Games*, 349-50을 보라.

29) Craig Neff, '... and meanwhile in Philadelphia', *Sports Illustrated*, 28 July 1980.

소했다. 중국은 대만을 희생하는 대가로 유엔안전보장이사회에서 자리를 차지하고 대만 팀이 중국 타이베이로 알려진 국제올림픽위원회로부터 보호받은 이후에 7년 만에 1980년 레이크플래시드 동계올림픽 경기에 복귀만 했다. 1956년 보이콧을 분석하면서, 라라 킬릭Lala Killick은 이들 국가의 정책 결정에 대한 비판으로 '변화를 위한 바람'을 인용한다.30) 멜버른의 3자로 이루어진 보이콧은 세 개의 구별되는 어떻게 스포츠 분야에서 집합적인 선언을 가진 광범위한 국가들로부터 특수한 반응을 재촉했는지를 보여준다. 에릭 모닌은 이것을 '튀어나온 총알 보이콧'이라고 부른다.31)

유형은 '사각형'으로 세 번째 유형의 보이콧을 특정한다. 목적은, 하나의 이벤트이지만, 한 실체가 경기에서 타국의 존재에 대한 불인정을 보여주는 것이다. 삼국에 대한 후자의 행위 때문이다. 1976년 몬트리올 올림픽 경기는 이러한 사례로서 인용될 수 있다. 20개 이상의 아프리카 국가들이 뉴질랜드의 개입 때문에 참가를 거부했다. 뉴질랜드는 남아프리카를 고립시키는 인종차별 정책으로 비난받아 왔었다.32) 이듬해 글렌이글스 협정Gleneagles Agreement은 남아프리카와의 스포츠 교류에 대해서 영연방국가들이 만장일치로 반대한 것을 확인했다. 반면에 수년 앞서서 원인에 대한 기준을 제공하였다. 남아프리카에 대한 보이콧이 작동 중이던 보이콧의 사례로서 정기적으로 인용되면서, 이러한 평가는

---

30) Lara Killick, *The Bloody Olympics Down Under: Sport, Politics and the Melbourne Games,* 2010, www.bl.uk/sportandsociety/exploresocsci/politics/articles/ melbourne.pdf에서 이용할 수 있습니다 (2016년 9월 23일 접속).

31) Éric Monnin and Catherine Monnin, *Le boycott politique des Jeux olympiques de Montréal,* Relations internationales, 134 (Paris: Presses Universitaires de France, 2008), 93-113.

32) 몬트리올에 대한 문헌은 Courtney W. Mason, 'The bridge to change: the 1976 Montreal Olympic Games, South African apartheid policy, and the Olympic boycott paradigm', in *Onward to the Olympics: Historical Perspectives on the Olympic Games* (Waterloo, Ontario: Wilfred Laurier, 2007)에 포함된다.

주의력 있게 취급되어져야만 한다. 인종차별정책 레짐에 대한 제재는 의심할 것도 없이 공공의 인식을 제고하고 상황에 대한 국제공동체의 이목을 불러오는 데 도움을 주었다. 그렇지만, 이러한 스포츠와 외교적 행동들이 남아프리카의 자유에 대한 오랜 여정에 기여하는 정도에 관한 상당한 논쟁이 존재한다. 주제에 관한 과분한 주제로 보인 바와 같이 말이다.[33]

## 효과성 문제

외교에서 제재의 효율성은 영원히 규명하기가 어려운 이슈이다. 국가들은 보이콧을 포함하는 수많은 제재 형식을 군사력에 의존하기 전 최후의 수단으로서 정치 압력의 중요한 형식으로 활용한다. 사담 후세인 치하의 1991년 이후 이라크에 대한 국제공동체의 대응은 경제 제재에서 '스마트'smart 또는 '타깃티드'targeted 제재로까지 진화를 보여준다.[34] 이와 같은 새로운 프레임워크 하에서, 더 낡은 전면적 유형의 제재는 변화시킬 정권에 압력을 가하기 위한 특정 제재로 대체된다. 아직도 국제 제재에 관한 최근의 연구는 국제 제재의 효과성이 5에서 40퍼센트 사이에 달한다는 사실을 발견하고 있음을 보여준다.[35] 이에 따라서 우리

33) 넬슨 만델라의 자서전은 아파르트헤이트 정권의 종말에 관한 스포츠 보이콧의 영향력에 대해선 애매하다. 이에 대한 남아프리카의 아파르트헤이트 정권과 반대 세력 등에 관하여 매우 광범위한 연구를 위해선, H. Thörn, *Anti-apartheid and the Emergence of a Global Civil Society* (Basingstoke: Palgrave, 2006); Ryan M. Irwin, *Gordian Knot: Apartheid and the Unmaking of the Liberal World Order* (New York: Oxford University Press, 2012) 등을 보라.

34) Joy Gordon, 'Smart sanctions revisited', *Ethics and International Affairs*, 25, (2011).

35) Robert A. Pape, 'Why economic sanctions do not work', *International Security*, 22:2 (1997); Gary Clide Hufbauer, Jeffrey J. Schott and Kimberly Ann Elliott, *Economic Sanctions Reconsidered: History and Current Policy* (Washington, DC: Peterson Institute for International Economics, 1990).

는 제한적이거나 주변부적인 성공이 부여되는 모든 제재 활용의 효과성에 대한 문제로 회귀한다. 특별하게 광범위해진 인구에 대한 부정적인 제재의 영향에 대한 지속적인 인식 말이다. 가장 중요한 것은 이와 같은 관련 요인들이 우선이다. 모든 네트워크, 시민사회 이해관계자들, 정부 행위자 등은 보이콧을 지지할 때 높은 정도의 행동 통일을 가져야만 한다. 보이콧은 준수에서 전반적인 적용까지 스펙트럼과 함께 일관성의 정도를 가져야 한다는 인식이 필요하다고 회자 된다. 부분적으로 이것은 보이콧의 목적인 주체를 촘촘하게 묶는 어려움뿐만 아니라 준수의 정도가 자신들의 이익에 적합하게 만들려는 주창자들을 위한 플랫폼을 제공할 수 있다는 어려움을 인식한다. 하나의 예로서, 영국 올림픽 협회 사무총장 딕 팔머Dick Palmer는 모스크바 올림픽에 혼자서 스타디움에 입장했다—즉, 영국 팀 선수들 없이 말이다. 그리고 81개 참가국들 중에 다른 15개 대표 등은 소련의 아프가니스탄 침공에 대한 침묵시위를 하기 위하여 1980년 개막식 기회를 활용한 것이었다.[36] 팔머와 그의 동료들의 행동은 올림픽 경기 개막식에서 처음이거나 마지막 시위가 아니었다. 딱 하나의 사례로서, 1906년 미국 팀은 개막식에서 에드워드 7세 왕에 대하여 경의를 보이기 위하여 기를 조금 내렸다가 다시 세우지—미국 국가—않았고, 경기 내내 미국-영국 긴장에 대한 촉매제로 행동했다.[37] 더 넓게, 올림픽 플랫폼을 활용한 사례는 보이콧의 전개를 둘러싼 필수불가결한 문제를 제기한다. 주장의 정당함을 보여주

---

36) Ron Fimrite, 'Only the Bears were bullish' *Sports Illustrated,* 28 July 1980. The British Olympic Association had come under considerable pressure from the Thatcher government to stand with the United States and avoid British participation; see Kevin Jefferys, *Sport and Politics in Modern Britain: The Road to 2012* (Basingstoke: Palgrave Macmillan, 2012), 149-71.

37) J. Simon Rofe and Alan Tomlinson, '"Strenuous competition on the field of play, diplomacy off it" - the 1908 London Olympics, Theodore Roosevelt, Arthur Balfour, and transatlantic relations', *Journal of the Gilded Age and Progressive Era,* 15:1 (2016)를 보라.

기 위해 올림픽의 기회를 활용하는 것이 가장 효과적인지이다.[38]

북경올림픽에 대한 대규모 보이콧 위협은 다양한 이유로 참담한 실패를 보았다. 북경올림픽 반대는 티베트에 대한 폭력적인 탄압과 인권 존중 부족뿐만 아니라 중국에서 허용되는 높은 수준의 오염으로 인한 선수와 관중에 대한 보건 위기 등으로부터 나왔다.[39] 이러한 이유들에 대한 우려와 주의에도 불구하고, 북경 반대론자들은 세계 여론에 명확하고 통합된 메시지를 전달하는 것이 곤란하다는 걸 발견해서, 올림픽은 어떤 평론가가 '냉소주의 승리'라고 평한 것처럼 진행되었다.[40]

요한 갈퉁Johan Galtung이 로디지아 제재에 대한 연구에서 제시한 바와 같이 제재 고려에 관해서 부정적이고, 부작용 가능성이 있는 결과가 될 수 있다고 했다.[41] 갈퉁은 사람들은 왜 제재에도 불구하고 자국 정부를 지지하는지 분석하기 위하여 '깃발 주위로 집결 한다'라는 존 뮬러John Muller의 개념에 도움 받는다.[42] 제이 고든Jay Gordon에 따르면, 깃발 주위 집결 효과는 '일반적으로 국민이 한 외국에 의한 박탈의 주체

38) Tanya Domi, 'Send athletes to the Sochi Olympics, but boycott the Games', *New York Times*, 6 February 2014, www.nytimes.com/ roomfordebate/2014/02/06/when-should-countries-boycott-the-olympics/send-athletes-to-the-sochi-olympics-but-boycott-the-games에서 이용할 수 있습니다 (2016년 9월 23일 접속).

39) *Les jeux olympiques. Un enjeu de consécration*, La documentation française, 7 August 2008, www.ladocumentationfrancaise.fr/dossiers/chine-jeux-olympiques-pekin-2008/jo-enjeu.shtml에서 이용할 수 있습니다 (2016년 9월 23일 접속).

40) Marie Bénilde, 'Le boycott des Jeux olympiques n'a pas eu lieu', *Le Monde diplomatique*, 21 August 2008, http://blog.mondediplo.net/2008-08-21-Le-boycott-des-JO-n-a-pas-eu-lieu에서 이용할 수 있습니다 (2016년 9월 23일 접속).

41) Johan Galtung, 'On the effects of international economic sanctions, with examples from the case of Rhodesia', *World Politics*, 19:3 (1967). 또한 이반 이랜드Ivan Eland,의 논의인 'Economic sanctions as tools of foreign policy', in George A. Lopez and David Cortright (eds), *Economic Sanctions: Panacea or Peacebuilding in a Post-Cold War World?* (Boulder, CO: Westview, 1995)를 보라.

42) John Mueller, 'Presidential popularity from Truman Johnson', *American Political Science Review*, 64:1 (1970).

일 때' 다음과 같이 발생한다.

> 그들은 이에 자신들의 공격 형태일 때 반응하는데, 자신들의 정치 리더십에 관한 제고된 내셔널리즘과 지원 등으로 말이다. 따라서, 제재를 부과하려는 국가의 의도는 타깃 국가 행동의 부당성에 대한 '메시지 전달'일 수 있다. 반면에 효과는 리더십을 위한 지지를 통합하는 것이고, 이것의 합법성은 약화되기보다는 오히려 강화되는 것이다.43)

깃발 주위 집결 효과는 정부가 인구에 대한 정보의 흐름을 통제할 수 있는 국가들에서 약화되어서, 주민뿐만 아니라 또는 정권 대신에 제재를 보여주는 것이다. 이는 유엔 제재에 관한 사담 후세인의 대응에 관한 1990년대 사례였다. 후세인 정권은 자국의 국내외 관중에게 이라크 국민에 대한 제재 영향을 면밀하게 보여주었다. 스포츠와 외교 분야에서, 2008년 북경올림픽 보이콧을 위한 제안은 이전에 언급한 바와 같이 수많은 추동 세력들에 의지했다. 특히 런던, 파리와 로스앤젤레스 등에서 올림픽 성화 봉송을 둘러싼 추가적인 쟁점에 들떠서, 북경올림픽 비판자들은 중국 정부가 올림픽 정신에 위배 된다는 것을 보여주고, 서구는 중국을 이해시키는 데에 실패했다는 견해를 중국에 전달했었다. 수백여 명의 시민이 중국 여러 도시에서 중국 정책지지를 보여주고 서구에 대한 분노를 표명하기 위하여 시위했다. 영국 주재 중국대사에게 경호버스에 성화를 봉송하도록 강요했던 런던에 거주하는 티베트 시위자들을 직면했을 때, 중국의 관영 신화사 통신은 '이러한 야만적인 행동을 강력하게 비난[하면서]' 대응했다.44) 파리 시위에 대응해서, 시위자들은

43) Jay Gordon, 'When economic sanctions become weapons of mass destruction', 26 March 2004, http://conconflicts.ssrc.org/archives/iraq/gordon/에서 이용할 수 있습니다 (2016년 9월 23일 접속).

44) Richard Edwards and David Thomas, 'China condems "vile" Olympic Torch protests', *Daily Telegraph*, 7 April 2008, www.telegraph.co.uk/news/uknews/1584224/China-condemns-vile-Olympic-torch-protests.html에서 이용할 수 있

프랑스 슈퍼마켓인 카르프르Carrefour와 심지어 프랑스 학교와 대사관 밖에까지 집결했는데, 와인과 치즈 등과 같은 프랑스산 제품의 보이콧을 요구하면서 말이다.[45] 결국, 소수 국가만이 개막식 보이콧을 했다. 이것은 결국 러시아, 영국, 프랑스 국가수반을 참석하게 했다.[46] 재차 성공할 기회를 갖기 위해선 보이콧에서는 집단적으로 행동할 필요성을 보여주는 것이다. 그렇지 않으면, 단순한 보이콧 노력만으로는 외부 타깃 영향을 줄 가능성이 거의 없음을 보여준다. 그렇지만, 두 얼굴을 가진 보이콧의 기능은 제재를 제안한 이들의 유일한 목적임을 의미한다고 언급해야 한다.

즉, 스포츠 보이콧의 효과성은 혼재된 기록을 가진다. 모스크바와 로스앤젤레스 올림픽 보이콧은 양극적인 냉전에 깊숙하게 내재되어 있다. 아직도, 이어질 페이지에서 이튼과 툴리 등에 의한 심층적인 연구에서 논의하겠지만, 이러한 환경에서조차도 양국을 위한 전반적인 성공이 아니었다. 세계 최고의 경기를 기대하는 한 세대의 선수 또는 관중, 관련 정부 등은 고사하고 말이다.

## 스포츠 보이콧의 상징적 가치

수량화하거나 측정할 수 있는 모든 기술과 결과 등을 넘어서서, 스포츠에서 보이콧은 또한 구별하기 곤란하고 잡히지 않는 어떤 것에 다음과 같이 기초한다. 이것의 상징적 가치 말이다. 사실상, 경제적 정치적 영향력을 벗어나서, 스포츠 보이콧은 상징적인 비중을 가진다. 보이콧을

---

습니다 (2017년 4월 26일 접속).

45) 'Carrefour faces China boycott bid', 15 April 2008, *BBC News*, available at http://news.bbc.co.uk/2/hi/asia-pacific/7347918.stm에서 이용할 수 있습니다 (2016년 9월 23일 접속).

46) 유일한 대통령들은 에스토니아, 폴란드, 오스트리아와 체코 공화국 등은 북경올림픽 의식에 출석하지 않았다.

통하여 특정 국가에 제재를 가한다는 것은 이것의 이미지 형성을 모색한다. 물론 국가는 다층적인 정체성을 지니지만 행동 변화를 모색하는 보이콧의 목표는 많은 관중의 수용국 인식에 영향을 미치는 것이다. 간단하게 말하자면, 목표는 관중들의 명예에 따르는 국제정치에서 운용되는 이들의 역량 등에 의문을 제기할 수 있다.[47] 한 국가를 보이콧하는 것은 국제경기에서 이 나라를 배제하고 제재의 상징적인 면을 두 배로 강조한다는 것을 의미한다. 유엔 안보리 결의안 757을 통하여 1992년 5월 유고슬라비아에 취해졌던 제재 시스템을 다음과 같이 생각해보자. '모든 국가는 유고슬라비아 연방공화국(세르비아 몬테니그로)을 대표하는 그룹 또는 개인 등의 영토에서 벌어지는 스포츠이벤트 참여를 막기 위한 필요한 조치를 취할 것'이고.[48] 이것은 스웨덴에서 유럽축구연맹의 유럽축구선수권대회 직전, 유고슬라비아가 자격을 박탈 당해서 토너먼트에 승리하러 간 덴마크 선수들을 공휴일에 기분 좋게 복귀했음을 의미했다. 유고슬라비아는 또한 1992년 바르셀로나 올림픽에 자국 팀의 파견도 정지되었다(유고슬라비아 선수들이 독립적인 올림픽 참가국 특별 지정으로 경기에 참여하지 않았다).[49] 로익 트레구레스Loic Trégourès가

47) 명예에 관한 생태적인 논의를 위해선, Laurie M. Johnson and Dan Demetriou, *Honour in the Modern World – Interdisciplinary Perspectives* (Lanham, MD: Lexington Books, 2016), esp. ch. 12: Richard Ned Lebow, 'The Ancient Greeks on taming honor and appetite', 239-56를 보라.

48) Security Council Resolution 757 Re Bosnia Herzogovina 30 May 1992, available at https://undocs.org/S/RES/757 (accessed 26 May 2017); Martin-Bidou Pascale, 'Les mesures d'embargo prises à l'encontre de la Yougoslavie', *Annuaire français de droit international*, 39 (1993).

49) 올림픽독립선수단Independent Olympic Participant, 올림픽 개최 전 출신 국가가 소명되어 공식적인 국가 올림픽이 없는 국가 출신선수들 지명은 경기 참여를 위하여 국제공동체에 의하여 완전하기 인정되지 않은 국가의 개별 선수들을 허용하는 것이다. 대표하지 않는 코소보 출신 선수들은 2016년 리우 올림픽에서 이러한 자격을 부여받았다. 코소보와 스포츠가 국제 승인에서 할 수 있는 역할 등에 관한 심층적인 정보를 위해선, Dario Brentin and Loïc Tregoures, 'Entering through the sport's door? Kosovo's sport diplomatic endeavours towards international recognition', Diplomacy and Statecraft, 27:2 (2016)를 보라.

살펴본 바와 같이, 유엔에 의한 결정은 불공정하고 쓸데없는 제재로서 유고슬라비아 국민의 봉대를 감싸는 것으로 인식되었다. '여론은 유고슬라비아가 자국 정부에 대한 불인정의 신호를 보내기보다는 오히려 너무 강했기 때문에 배제되었다는 것'이다.[50] 국가대표팀이 국제경기 경쟁할 기회를 박탈하는 금지는 부작용으로 나타나게 된다. 유고슬라비아의 명분은 국제공동체의 몇몇 국가로부터 약간의 동정심을 불러 일으켰다. 유엔안보리 결의안 757를 막기 위한 프랑스의 거부권 사용도 실패했지만, 유엔주재 프랑스 대사는 '스포츠 제재는 불필요하게 짜증스럽다'고 격렬하게 반응했다.[51]

## 시민사회의 부상: 성공적인 스포츠 보이콧의 핵심

탈냉전에서 보이콧 특징에 관한 초점이 이동 되어 왔다. 국민국가의 탁월함에 대한 논의가 국제관계 학자들 사이에서 풍부해졌다. 그러나 동의한 것은 국제무대에 대한 새로운 유형의 비국가행위자의 부상이다.[52] 시민사회 말이다. '부상'이라는 용어는 현대적일 수 있는 반면에, 시민사회 행위자들은 냉전 기간 이미 중요해졌다.[53] 1978년 아르헨티

50) Loïc Trégourès, 'L'embargo sportif de la Yougoslavie en 1992, ou la diplomatie du symbole', Annual Conference of the French Association of Political Science (AFSP), Strasbourg, France, 2 September 2011, www.afsp.info/congres2011/sectionsthematiques/st51/st51tregoures.pdf에서 이용할 수 있습니다 (2016년 9월 23일 접속).

51) Document S/PV.3082, 30 May 1992, www.un.org/en/ga/search/view_doc.asp?symbol=S/RES/757(1992)에서 이용할 수 있습니다 (2016년 9월 23일 접속).

52) 비국가행위자에 대한 심층적인 논의를 위해선, J. Simon Rofe, 'It is a squad game: Manchester United as a diplomatic non-state actor in international affairs', *Sport in Society*, 17:9 (2014)를 보라.

53) 인권 토론에서 시민사회 행위자들의 현대의ᅢ 중대한 사회문제와의 관련은 Sarah B. Snyder, *Human Rights Activism and the End of the Cold War: A Transnational History of the Helsinki Network* (Cambridge: Cambridge University Press, 2011)에서 논의되었다.

나 피파 월드컵은 적절한 사례로 도움이 된다. 아르헨티나는 1966년 7월 6일 영국 런던에서 열린 피파에 의하여 개최지로 선정되었다. 아르투로 움베르토 일리아Aruturo Umberto Illia가 군부 쿠데타로 권좌에서 물러난 지 며칠 후에 말이다. 아르헨티나는 10년 간의 정치 위기를 경험해서, 군사 정권과 민주 대통령으로 분열되었다. 1976년 월드컵 2년 전, 군사 정권은 *카사 로사다*Casa Rosada—부에노스아이레스에 있는 행정부 의석—를 확보했다. 월드컵 참가는 아르헨티나의 억압적인 군사 정권에 대한 암묵적인 지지를 의미하는지에 대하여 국제 논쟁이 이어졌다.54) 공개 토론을 조직하고 경기 보이콧을 고려함으로써 남아프리카의 인종차별정책과 헬싱키 협정 등에 대한 논쟁을 형성해 오던 단체들의 방식으로부터 교훈을 얻었던 잘 동원화된 시민사회단체들 덕분에, 정치와 스포츠에서 국제공동체는 문제를 규명하도록 강요했다.55)

이와 같이 1978년 월드컵은 군사 정권의 인권정책에 반대하는데 주의를 환기하기 위하여 비국가 행위자가 보이콧에 대한 잠재적인 파견과 관련되는 첫 번째 사례가 되었다. 시민사회 행동가(조르지 비델라 장군, 에밀이로 마세라 제독과 올란도 아고스티 여단장 등 트로이카)들은 군사정권을 비난하는 만평을 실었는데, 잔인한 독재자의 광범위한 억압과 초법적인 살해 등을 묘사하는 것이 포함되었다. 이러한 단체들에는 명분을 살펴보기 위하여 정치 난민을 위한 플랫폼을 제공했다. 스포츠는 운동에 기여했다. 유명한 네덜란드 선수인 요한 크라위프Johan

---

54) Jean-Gabriel Contamin and Olivier Le Noé, 'La coupe est pleine Videla! Le Mundial 1978 entre politisation et dépolitisation', *Le Mouvement Social*, 1/2010 (No. 230), www.cairn.info/revue-le-mouvement-social-2010-1-page-27.htm 에서 이용할 수 있습니다 (2016년 9월 23일 접속).

55) Luiz Carlos Ribeiro, 'Futebol e ditadura na América Latina: a experiência do C.O.B.A', Twenty-seventh National History Symposium, July 2013, www.snh2013.anpuh.org/simposio/view?ID_SIMPOSIO=997 www.snh2013.anpuh.org/resources/anais/27/1364915151_ARQUIVO_FuteboleditaduranaAmericaLatina,Ribeiro_1pdf에서 이용할 수 있습니다 (2016년 9월 23일 접속).

Cruyff와 빌럼 반 하네험Willem van Hanegem 등은, 전자는 전 세계 최고의 선수, 아르헨티나로의 여행을 거부했다. 반면에 다른 유럽 선수와 코치 등도 경기 참여에 의문을 가졌다.

실질적인 노력에도 불구하고, 마비는 모양이 갖춰지는 광범위한 보이콧을 방지했다. 비델라 정권과 아르헨티나 외교는 축구 팬이던 국무장관 헨리 키신저Henry Kissinger를 통하여 미국의 지지를 받으면서 대담해졌다. 월드컵은 주요한 사건 없이 개최되었고 아르헨티나 국가대표팀은 예상대로 우승했다. 그럼에도 불구하고 이러한 노력들은 스포츠와 외교의 관계에서 시민 사회의 부상에 핵심적인 표시임을 전파했다.

시민사회 행위자들로 인해 2014년 러시아 소치 동계올림픽을 둘러싼 보이콧 가능성이 명백해졌다. 러시아 대통령은 게임을 안전하게 하는데 명백한 관심을 가졌는데, 2007년 7월 흑해 리조트에서 경기 유치 결정했던 과테말라 국제올림픽위원회 회의에 참석했다. 올림픽 학자인 줄스 보이코프Jules Boykoff는 '푸틴과 러시아 동맹국 등을 위하여, 올림픽 승리는 순수 등급의 정치적인 돈벌이 감'이라고 적시한다.[56] *뉴요커* 편집장인 데이비드 렘니크David Remnick는 '올림픽에서 벌어진 일은 러시아의 현대 용어로 자가발전'이라고 개막식이 곧바로 진행된 날 *허핑톤 포스트*Huffington Post 지에 피력한다. 러시아 당국이 '러시아 사람과 러시아 역사가 무엇인지 그리고 러시아의 21세기 무엇인지'에 관한 약간의 개념 제안을 지속하기 이전에 말이다.[57] 트빌리시Tbilisi의 조지아 정부가 러시아와 남 오세티아와의 두 번째 전쟁 연루를 비난했을 때,[58] 첫 번

56) Jules Boykoff and Matthew Yasuoka, 'Media coverage of the 2014 Winter Olympics Sochi, Russia: Putin, politics, and Pussy Riot', *Olympika*, XXIII, (2014), 28.

57) Michael Calderone, 'How Russia is censoring reporting on Sochi Olympic controversies', 28 January 2014, *Huffington Post*, www.huffingtonpost.com/2014/01/28/media-sochi-olympics-russia_n_4670600.html?ncid=engmodushpmg00000004에서 이용할 수 있습니다 (2016년 9월 26일 접속).

58) Luke Harding, 'Georgian president urges US and EU to boycott Russia's Winter

째 물결은 보이콧 요구가 소강 상태로 이어지는 것이었다. 러시아가 미성년자에 대한 동성애 선전 확산을 금지했을 때인 2013년 6월까지이다. 움직임은 인권단체협의회 뿐만 아니라 엠네스티 연맹과 올 아웃All Out 그리고 다른 성소수자LGBT권리협회 등에 의하여 비난받았다.[59] 이러한 기반 위에 보이콧 요청은 소치의 준비 과정에서 소치 경기의 조직과 부패 혐의와 관련된 비용에 대한 보고서 발행에 힘입어 소셜 미디어를 통해 신속하게 확산되었다[60] 결과적으로, 표현의 자유 주창자, 반동성애 입법 폐지를 위한 운동가, 환경활동가 반부패활동가 등을 포함하는 다양한 시민사회 행위자들은 경제, 환경과 정치적 이유로 소치 경기에 대해 반대할 때 단결했다. 중요하게도 이들은 상당한 서구 미디어의 관심을 모을 수 있었다.[61] 사실상 언론 매체는 특별한 즐거움으로 하나의 시민사회 행위자를 따랐다. 푸시 라이어트Pussy Riot는, 파괴적인 펑크 아트 집단, 그들만으로 능숙하게 혼합된–반 푸틴–올림픽이 제공했던 플랫폼에 푸틴 정권 비판을 가진 아젠다. 보이코프는 '푸시 라이어트의. . . 공개 행동과 선언 등은 실질적인 언론의 주목을 만들어냈다.'고 언급했다. 가디언 저널리스트 숀 워커Shaun Walker는 기사를 다음과 같이 달았다. '소치에서 단기간의 억류는 푸시 라이어트에게 그들이 원하는 것에 짝을 지어 준다–미디어의 열광.'[62] 동시에 러시아 당국은 불필요한 선동으로 보이콧에 관한 서구 언론의 보도를 그저 바라보기만 했다. 사

---

Olympics', *The Guardian*, 26 August 2008, www.theguardian.com/world/2008/aug/26/georgia.russia에서 이용할 수 있습니다 (2016년 9월 23일 접속).

59) All Out Association, http://allout.org/en (2016년 9월 22일 접속).

60) Report published by Boris Nemtsov and Leonid Martynyuk 'Winter Olympics in the sub-tropics: corruption and abuse in Sochi', 2013, www.putin-itogi.ru/cp/wp-content/uploads/2013/05/Report_ENG_SOCHI-2014_preview.pdf에서 이용할 수 있습니다 (2016년 9월 22일 접속).

61) Boykoff and Yasuoka, 'Media coverage of the 2014 Winter Olympics in Sochi, Russia', 27-55.

62) Boykoff and Yasuoka, 'Media coverage of the 2014 Winter Olympics in Sochi, Russia', 63.

실상, 그들은 특히 '비우호적이고 도발적인 제스처'로 생각했다.[63] 그럼에도 불구하고, 한편으로 성공의 정도를 통해 보이콧에 관한 논의를 바라보는 것이 가능하다. 소치 동계 올림픽에 의하여 제공되는 플랫폼을 활용하는 광범위한 범위의 이해 당사자로부터의 이목에 초점을 둔다면 말이다. 그렇지만, 다른 한편으로, 이전 냉전의 프레임워크를 끄집어내면, 이는 소치에 관한 국가 후원 보이콧의 부재는 베를린 장벽 붕괴와 함께 지나갔던 보이콧의 시대를 보여준다. 보이콧과 국민 국가 간의 관계는, 시민사회와 함께 비국가 행위자들이 더 커진 영향력을 행사하는, 심층적인 연구를 해 볼만 한 가치가 있는 것으로 남는다.

## 결론: 스포츠 이벤트 보이콧의 미래는 무엇인가?

냉전에서 탈냉전까지 스포츠 보이콧의 기간을 제시하는 것처럼 보이는 과도기는 지나갔다. 그렇지만 보이콧 사용에 관한 고려는 진화되어 왔다. 보이콧을 요구하는 국민 국가의 직접적인 연관은 감소되어 왔다. 냉전의 이데올로기적인 구조는 국가 블록들은 더 커진 조화(조셉 이튼이 살펴본 바와 같이 공동 목표를 항상 갖지 않는다 해도)로 행동했음을 의미했다. 동일하게, 미국과 소련 양국은 에너지를 이데올로기 투쟁의 일환으로 보고 스포츠에 전념했다. 1980년과 1984년 올림픽 경기 등에 관한 고전적인 사례는 고충을 기꺼이 감내하려는 의지를 보여 준다–체면, 국가 자부심과 메달 가능성 희생–자국의 국가이익을 추구하기 위해서 말이다. 이러한 두 가지 사례는, 남아프리카의 인종차별정책에 대한 보이콧과 함께, 비중이 덜한 쟁점으로 보이콧 요구가 확산되어 효과

63) Boycotter ou pas les JO de Sotchi, le dilemme des Occidentaux', *Le Monde*, 16 December 2013, www.lemonde.fr/sport/article/2013/12/16/le-debat-fait-rage-sur-le-boycottage-des-jo-de-sotchi_4335268_3242.html에서 이용할 수 있습니다 (2016년 9월 23일 접속).

성이 절감하기 시작했다. 결국 보이콧을 요구하는 서구 대중들 사이에서는 식상한 것이 되었다. 이에 따라 북경올림픽까지, 많은 언론 보도와 비정부기구 등은 티베트 상황을 보도했는데, 중국의 인권 침해에 대해 지속적인 미디어 보도가 있었다. 반면에 많은 정부수반들은 경기와 개막식을 보이콧하는 것에 대한 적절성에 의문을 제기했다. 이것은 보이콧이 현재도 사용되는지를 의미하는가? 비국가 행위자와 시민사회는 소셜 미디어가 제공하는 21세기 사회기반시설의 지원을 기반으로 개념이 숨을 쉴 수 있는 기회를 제공하는 것처럼 보인다. 2012년 11월 상원의원 마가렛 호지Margaret Hodge에 의한 스타벅스와 아마존의 영국에서 법인세 회피 관행에 대한 보이콧 요구는 광범위한 지지를 얻어내고 양 회사는 태도를 바꾸었다.64) 여기에서 눈여겨볼 것은, 호지는 공공회계 위원회 위원장으로서 국가 역할을 했지만, 그녀의 요구 자체는 영국 정부의 공식 입장은 아니라는 것이다.

수년 앞서서, 2018년 러시아와 2022년 카타르에서 피파 월드컵 각각은, 브런디지가 골치 아픈 일을 발견했던 방식을 혼재하기 위하여 스포츠와 정치를 위한 또 다른 플랫폼을 제공할 것이다. 교섭, 커뮤니케이션과 대표 등에 관한 외교의 삼위일체 특질은 이러한 혼합을 촉진할 것이다. 비평가들이 2010년 11월 결정을 발표한 이래로 양 개최지에 반대하는 보이콧을 요구한 반면에, 2022년 11~12월 스케줄을 촉진하기 위해 수행 중인 연례 글로벌 축구 달력의 근본적인 변화와 함께 양 토너먼트를 위한 준비가 진행되었다.65) 동시에, 국제공동체는 특별하게

---

64) Jeff Jarvis, 'Should we boycott Google, Starbucks and Amazon?', *The Guardian*, 17 November 2012, www.theguardian.com/commentisfree/2012/nov/17/should-boycott-google-starbucks-amazon에서 이용할 수 있습니다 (2017년 4월 23일 접속).

65) Rowena Mason, 'England should boycott 2018 World Cup', *The Guardian*, 31 May 2015, www.theguardian.com/football/2015/may/31/england-boycott-2018-world-cup-andy-burnham에서 이용할 수 있습니다 (2016년 9월 23일 접속).

*가디언* 지의 노동조건—경기장 건설 중에 많은 근로자의 사망을 포함하는—에 대한 보도 이후 자국의 노동법을 개선하기 위하여 각별히 수많은 비정부기구를 통하여 카타르에 압력을 가해 왔다.[66] 이러한 목적을 위하여, 시민사회는 축구 토너먼트들이 어떻게 인식되는지에 영향력을 가져왔었고 앞으로 지속적으로 그렇게 할 것이다. 이러한 영향력 범위에서, 보이콧과 보이콧의 가능성은 국가에 바탕을 두는 사업으로부터 멀리 떨어져서 시민사회에 의해 촉진되는 다른 모습을 보여줌과 동시에 진화를 계속할 것이다. 이것은 우리에게 보이콧의 효과성에 관한 본 장의 중요한 문제를 재확인하게 해 준다. 여기에서 분석을 제공할 때, 제재 고려—보이콧은 진짜 일차원인지에 대한—는 본질적으로 이것들의 효과성과 연계된다. 스포츠 보이콧이 효과적인 제재가 되기 위해선, 진화를 계속해야만 한다는 것이 명백하다. 국가 정책에 관하여 직접적인 영향이 항상 확실하지 않은 반면에, 다양한 국가권력의 세상에서 이것들은 시민사회의 잠재력이 있는 강력한 도구를 나타낸다.

---

66) Robert Booth, 'Qatar World Cup construction "will leave 4000 migrant workers dead"', *The Guardian*, 26 September 2013, www.theguardian.com/global-development/2013/sep/26/qatar-world-cup-migrant-workers-dead에서 이용할 수 있습니다 (2017년 4월 23일 접속).

제10장

# '중국의 고리':
## 미국, 두 개의 중국과 1960년 스쿼밸리 동계올림픽

레이첼 본 *Rachel Vaughan*

학자가 국제무대에서 공공외교와 정부의 소프트 파워 전략 등에 대한 스포츠의 핵심적인 위상을 인정하기 시작한 것은 비교적 최근 일이다.[1] 어느 정도, 서구 정부들은 이러한 외교 무대에서 스포츠의 역할을 일부 마지못해서 인정하려고 했었다. 대조적으로, 냉전의 서구 적수인, 소련은, 제2차 세계대전 이후 더 광범위해진 정치적 이데올로기 전략의 양상으로서 스포츠를 연관시키기 시작했다.[2] 1949년, 미국 국무부는 미

1) 이에 대한 많은 것을 위해선, 특별하게 Heather L. Dichter, H-Diplo Essay No. 122, 'Sport history and diplomatic history', https://issforum.org/essays/PDF/E122.pdf 에서 이용할 수 있습니다 (2016년 11월 2일 접속)를 보라; Andrew L. Johns, 'Competing in the global arena: sport and foreign relations since 1945', in Heather L. Dichter and Andrew L. Johns (eds). *Diplomatic Games: Sport, Statecraft and International Relations since 1945* (Lexington KY: University of Kentucky Press, 2014), 1-15. 리차드 아른트Richard Arndt는 더욱 광범위해진 미국 공공외교의 맥락에서 스포츠 포함의 중요성을 강조했던 사람들 중에 있었다. 그 이유는 이것은 20세기 후반을 통하여 발전되기 때문이었다. Richard T. Arndt, *The First Resort of Kings: American Cultural Diplomacy in the Twentieth Century* (Washington, DC: Potomac Books, 2005), 402.

2) 예를 들면, Richard B. Walsh, 'The Soviet athlete in international competition', *Department of State Bulletin*, 24 December 1951, 107-10; Evelyn Mertin, 'Steadfast friendship and brotherly help: the distinctive Soviet-East German sport relationship within the socialist bloc', in Dichter and Johns (eds), *Diplomatic Games*, 53-84;

국의 입장을 다음과 같이 개관했다. '[미국] 정부는 [국제올림픽위원회] 또는 [미국국가올림픽위원회]에서 정책과 관리 문제에 있어 스스로를 투사하지 않았다.'[3] 미국 국무장관 딘 애치슨Dean Acheson은 다음과 같이 정교하게 만들어 냈다. '올림픽 경기는 정부 감독 하에 개최되지 않고 행사 부지 문제는 정부들 간 국제관계를 연관 짓지 않는다'고.[4] 결정적으로, 그러나, 국제스포츠 문제에서 장기적인 공식 비관여에도 불구하고, 1960년 경기 유치는 냉전 와중의 올림픽 경기로 나타난 기회와 문제 등과 미국의 외교적 이목에 초점을 두었다.

본장에서는 스쿼밸리 경기 기획과 개최에서 깊지만 (비공식적인) 국무부의 개입은 스포츠가 냉전 문화와 선전의 중요한 부분으로서 간주되었던 정도를 보여준다. 더욱이, 미국 외교관들은 올림픽 운동이 제공했던 공공외교 플랫폼으로 활용을 모색했던 방식을 보여주는데, 미국의 단순한 '국가적인 프로젝션' 이유만은 아니라는 이야기이다. 그러나 또 다른 국가의 이해관계에서, 이 경우에는 중화민국이다. 중화민국의 국제승인과 정통성을 위한 바람은 냉전 시기 미국의 이익과 상당하게 일치했다.

1896년 기간에, 그리스 아테네에서 첫 번째 '근대 올림픽'이 개최되고 냉전의 시작되었을 때인, 올림픽 운동은 더 넓어진 국제정치 무대로부터의 분리를 지속적으로 주장했다. 에이버리 브런디지Avery Brundage–1928-53년간 미국 국가올림픽위원회NOC회장이자 1952-72년 간 국

Jenifer Parks, 'Welcoming the "Third World": Soviet sport diplomacy, developing nations and the Olympic Games', in Dichter and Johns (eds), *Diplomatic Games*, 85-114; and the writings of James Riordan, particularly 'Rewriting Soviet sports history', *Journal of Sport History*, 20:3 (1993) 등을 보라.

3) National Archives College Park [hereafter NACP]: State Dept. files [hereafter RG 59], Central Decimal Files [hereafter CDF] 1945-49, file: 811.4063/3-2549, Memo from Department of State, 20 April 1949.

4) NACP: RG 59, CDF 1945-49, file: 811.4063/ 2-2649, Letter from Dean Acheson to Charles Eaton, 26 March 1949.

제올림픽위원회 위원장—는 한 가지인, 스포츠와 정치 분야의 확실한 분리에 헌신적인 주창자이었다. 궁극적으로, 이러한 입장은 다음과 같이 지지될 수 없었다. 피에르 드 쿠베르탕Pierre de Coubertin의 19세기 말 개념과는 대조적으로, 올림픽 경기는 국가대표팀에 기반을 둔 결과로 주권과 내셔널리즘의 양상과 불가분하게 연결되었는데, 국기와 애국가 등과 관련된 국가 함정을 가진다. 마찬가지로 올림픽은 국가 역량과 활력을 보여주기 위한 '안전한' 플랫폼이 되는 것이다.

1949년부터 본토 중국공산당과 쫓겨난 내셔널리스트—중화민국—의 분열은, 대만/포모사 문제로, 동서간 이데올로기 분열을 상징하게 되었다. 동시에, 중국(뿐만 아니라 독일과 한국[5]))을 포함하는 분단국과 관련된 승인 문제는 불가피하게 냉전 동맹의 광범위한 문제와 초강대국 간의 분쟁 등과 불가피하게 상호 연결되는데, 올림픽과 관련되어서

5) John J. Metzler, *Divided Dynamism: The Diplomacy of Separated Nations: Germany, Korea, China* (Lanham, MD: University Press of America, 1996); Udo Merkel, 'Sport, politics and reunification: a comparative analysis of Germany and Korea', *International Journal of the History of Sport*, 23:4 (2009). For discussion on divided Germany, 예를 들면, Carolyn Eisenberg, *Drawing the Line: The American Decision to Divide Germany, 1944-1949* (Cambridge: Cambridge University Press, 1996)를 보라; Margarete Myers Feinstein, *State Symbols: The Quest for Legitimacy in the Federal Republic of Germany and the German Democratic Republic, 1949-1959* (Boston: Brill, 2001); William Glenn Gray, *Germany's Cold War: The Global Campaign to Isolate East Germany, 1949-1969* (Chapel Hill, NC: University of North Carolina Press, 2001). 독일과 스포츠 등과 특별한 관계에 대해선, 특별하게 Heather L. Dichter, 'Sporting relations: diplomacy, small states, and Germany's postwar return to international sport', *Diplomacy & Statecraft*, 27:2 (2016); R. Gerald Hughes and Rachel J. Owen '"The continuation of politics by other means": Britain, the two Germanys and the Olympic Games, 1949-1972', *Contemporary European History*, 18:4 (2009)4; Rachel J. Owen, 'The Olympic Games and the Issue of Recognition: Anglo American Perspectives, 1944-1972', unpublished PhD thesis, University of Wales, Aberystwyth, 2006 등을 보라. 한국과 관련해선, 예를 들면, Won S. Lee, *The United States and the Division of Korea*, 1945 (Seoul: Kyung Hee University Press, 1982); William Stueck, 'The United States, the Soviet Union and the division of Korea: a comparative approach', *Journal of American-East Asian Relations* 4:1 (1995) 등을 보라.

특별하고 일반적으로 말이다. 본장에서는 중화민국 정권의 정통성과 우선성에 대한 미국 공공외교를 촉진하고 진흥시키기 위하여–그리고 계속해서 매우 광범위하게 미국 정부–의 기획과 1960년 동계올림픽 개최 등에서 미국 국무부 관리들 이면 개입에 관한 조사를 규명하고자 하는 맥락에 있다.

## 두 개의 중국

1960년 올림픽에 부여된 순수성에 미국 외교 개입은 '중국'이라는 두 개의 실체가 부상되는 것으로부터 발생한 10년 간의 복잡한 혼란을 준 정치 발전의 결과였다. 1949년 10월, 중국 내전에서 공산당의 승리로, 공산정권은 중화인민공화국의 수립을 선언했고, 대만/포모사에 남아있는 중화민국을 포함해서 본토와 부속도서 등에 대한 관할을 요구했다.[6] 북경 시각으로 보면, 대만 섬의 기지는 장개석 국민당GMT에 의하여 현재 통제받는 중국의 단순한 지방일 뿐이었다.[7] 사실상, '중국'의 한 개의 지방으로서 중화민국의 지위는 1947년 안보리에서 상임이사국 지위를 가졌을 때 대단했다.[8] 중화민국은 비대칭적으로 특혜 지위를 향유했다. 전시 연합국 (소련 포함)에 의하여 1945년 정통적인 중국으로 승인받았고 미국의 지속적인 후원국가 자격이기 때문이었다.[9] 아직도 중국 존재 부정은 계속해서 지속가능(미국 정책이 그렇게 하려고 시도하지만 닉슨 정권 때 중국을 인정할 때까지)하기가 곤란하게 되었다.

---

6) David Reynolds, *One World Divisible: A Global History since 1945* (London: Penguin, 2000).

7) Dong Jinxia, *Women, Sport and Society in Modern China: Holding up More than Half the Sky* (London: Frank Cass, 2003), 32.

8) Christopher R. Hill, *Olympic Politics Athens to Atlanta 1896–1996* (Manchester: Manchester University Press, 2nd edn, 1996), 44.

9) Statement by Truman, 15 December 1945, *Department of State Bulletin*, 16 December 1945, 945.

특히 정권이 국제올림픽위원회와 같은 기구를 목표로 분리를 감행할 때이다.

중국과 국제올림픽위원회 관계는 1915년 초부터 시작되었다. 국제올림픽위원회가 중국국가아마추어선수연맹CNAAF을 1931년까지 중국국가올림픽위원회를 구성하는 것으로 승인하지 않았더라도 말이다.[10] 공산당 정권 수립이 이어지자, 3명의 중국국제올림픽위원회 위원 중에 2명 (중국국가아마추어선수연맹과 함께)이 대만으로 탈출했다.[11] 국제올림픽위원회는 중국국가올림픽위원회로 중화민국 인정을 감행했다. 브런디지는 진짜로 중국국가올림픽위원회가 그냥 주소를 변경했을 뿐이라고 제안했다.[12] 중국은 자신만의 관리 기구를 거의 즉각적으로 구성했다. 전중체육문화연맹ACFPC이다.[13] 그러나 국제올림픽위원회는 1952년까지 아무것도 들을 수가 없었다. 중국이 헬싱키 올림픽 경기에 참여해서 올림픽에서의 인정을 모색했을 때였다. 중국과 대만 각각 정부를 보면서, 중국국가아마추어선수연맹과 전중체육문화연맹은 전 중국을 아우르는 스포츠 관할권을 주장했다.[14] 이처럼, 내전은 두 개의 국가올림픽위원회를 소유하는 '중국'을 효과적으로 탄생시켰다.

---

10) Fan Hong and Xiong Iaozheng, 'Communist China: sport, politics and diplomacy', in J. A. Mangan and Fan Hong (eds), *Sport in Asian Society: Past and Present* (London: Frank Cass, 2003), 319–20. For discussion of China in international sport before 1949, see for example, Xu Guoqi, *Olympic Dreams: China and Sports 1895–2008* (Cambridge, MA: Harvard University Press, 2008), 12-34, 40-8, 61-9; Fan Hong and Lu Zhouxiang, 'Politics first, competition second: sport and China's foreign diplomacy in the 1960s and 1970s', in Dichter and Johns (eds), *Diplomatic Games*, 385-408; Susan Brownell, *Beijing's Games: What the Olympics mean to China* (Lanham, MD: Rowman & Littlefield, 2008), 73-88.

11) Xu Guoqi, *Olympic Dreams*, 77.

12) Allen Guttmann, *The Olympics: A History of the Modern Games* (Urbana, IL: University of Illinois Press, 2nd edn, 2002), 145.

13) Fan Hong, 'The Olympic movement in China: ideals, realities and ambitions', *Sport in Society*, 1:1 (1998), 154.

14) Xu Guoqi, *Olympic Dreams*, 76-7; Brownell, *Beijing's Games*, 130.

1952년 올림픽 개막식 직전 개최된 헬싱키 총회에서, 국제올림픽위원회 위원들은 하계올림픽에 두 개의 중국 팀 참여를 부여할 것인지에 대해서 투표했다. 두 개의 라이벌 중국 국가올림픽위원회 누구도 서로 간의 인정에 관한 소문을 수용할 태도가 되어 있지 않았다. 29명 중에 22명 중의 찬성으로 양 올림픽국가위원회가 가입을 허용해야만 한다고 결정되었다.[15] 경쟁을 원했던 각 이벤트를 위하여 관련 국제연맹으로부터 회원을 가져왔던 국가올림픽위원회의 이어진 참여 환경과 함께 말이다.[16] 중국은 자국 정권의 승인이 불가피함을 시사하면서 국제올림픽위원회의 논쟁이 부적절하다고 선언했다. 두 개의 중국 대표단의 허용을 위한 국제올림픽위원회 결정에 관하여 듣자마자, 중화민국은 즉각적으로 단독 올림픽 선수를 철수시켰다. 아이러니하게도, 중국 선수들도 헬싱키에서 역시 출전하지 않았다–선수들은 이벤트가 끝난 직후 도착했었다. 1954년, 국제올림픽위원회는 '중국올림픽위원회'가 적법하다고 해서 아테네 총회에서 23 대 21로 중국 승인[17]을 결정했다. 중화민국 국가올림픽위원회는 '중국올림픽위원회'이라는 예전 타이틀을 유지하도록 허용했다.[18] 불행하게도, 상황은 녹록지 않았다. 데이비드 카닌David Kanin이 비꼬는 투로 관찰한 바와 같이, '이러한 정책은 나머지 국제정치에서 올림픽 운동에서 비현실적인 것이었다.'[19]

---

15) 불행하게도, 이것은 표결이 분열되는 지는 명확하지 않다. Xu Guoqi, *Olympic Dreams*, 83.

16) Public Record Office/National Archives, Kew, UK (hereafter PRO/NA): FO 371/ 100898 [not numbered] TASS, 'On the eve of the Olympics', Extract from *Pravda*, 18 July 1952 (translation); PRO/NA: FO 371/ 100898 [not numbered] TASS, 'On Chinese participation in the Olympics', Extract from the Hsinhua News Agency, 16 July 1952; Richard Espy, *The Politics of the Olympic Games, with an Epilogue, 1976–1980* (Berkeley, CA: University of California Press, 1981), 37.

17) *The Times*, 14 May 1954.

18) Brownell, *Beijing's Games*, 132.

19) David B. Kanin, *A Political History of the Olympic Games* (Boulder, CO:

공산당 국가올림픽위원회 승인결정은 비정치적이고, 이와 같이, 올림픽헌장 소관과 기구의 역사적 기반에서 남아 있다는 리차드 에스피 Richard Espy의 견해와는 대조적으로, 사실상 국제올림픽위원회의 결정은 *분명하게* 정치적임이 명백하다. 의도하지 않았더라도 말이다.[20] 위원회는 국가올림픽위원회는 이것 이면에 있는 국가를 가진다고 주장하기보다는 오히려 '국가올림픽위원회 통제 하에서 영토 인정주의를 도입하면서, 위원회의 비정치적 지위'를 주장했다.[21] 사실상 이것이 스포츠의 지리에 관한 원래 개념에 대한 채택된 기반이 되었는데, 아마도 도덕적 우월성에 비추어서 국경선을 초월하는 것이다.[22]

중국 공산당은 1956년 11월 6일 국제올림픽위원회에 전신으로 멜버른 올림픽으로부터 자국 선수단의 철수를 발표했다.[23] 브런디지와 텅 사오 이Tung Shao-yi—1949년 이전 중국 몫으로 남아있는 한 자리 국제올림픽위원회 위원—등이 1957-58년 동안 소통했지만, 관계는 악화되었고 결국 중국은 올림픽 운동과 두 개의 중국을 회원으로 승인했던

---

Westview Press, 1981), 75. See also Brownell, *Beijing's Games*, 132.

20) Richard Espy, *The Politics of the Olympic Games, with an Epilogue, 1976-1980* (Berkeley, CA: University of California Press, 1981), 66.

21) Hill, *Olympic Politics Athens to Atlanta*, 45.

22) 근대올림픽 운동에 관한 쿠베르탕의 영향은 처음부터 핵심이었는데, 힐Hill은 그를 올림픽의 선동자로서 불렀다 (Hill, *Olympic Politics Athens to Atlanta*, 5). 19세기 말에서 1937년 그의 사망까지 그의 오랜 기간 운동과의 관례는 그의 견해의 진화를 허용했다. *Olympism: Selected Writings of Pierre de Coubertin 1863-1937*, ed. Norbert Muller (Lausanne: International Olvmn Committee, 2000). 심층적인 내용에 대해선, John MacAloon, *This Great Symbol: Pi de Coubertin and the Origins of the Modern Olympic Games* (Chicago: University of Chicago Press, 1981)를 보고 in the *International Journal of the History of Sport*, 23:3-4 (2006)에 두 번째 판에 있다..

23) Xu Guoqi, *Olympic Dreams*, 85; Brownell, *Beijing's Games*, 132-3. 약간은 아이러니하게도, 대만 대표 팀이 처음 도착했을 때 환영의 표시로 조직담당자들이 실수로 중국공산당 깃발을 내걸었다는 보도가 있었다. 그렇지만 이것은 대만 대표단에 의하여 즉시 내려졌고 제자리에 자국 깃발을 내걸리게 되었다. *New York Times*, 30 October 1956.

여덟 개의 국제연맹 등으로부터 철수했다.[24]

1960년 이전, 중국의 올림픽 참여는 미국 외교계에서 지대한 관심사로 나타나지 않는 것처럼 보였다. 놀랄 필요도 없이, 미국과 극동과의 관계는 매우 전통적인 외교정책 관심사로 자리 잡았는데, 국가로서 중국의 비승인을 포함해서 말이다.[25] 그러나 1956년 올림픽경기의 여파로, 1960년 동계올림픽 개최를 위하여 캘리포니아 스쿼밸리가 성공적인 유치선정에 주목하면서 이목을 잡게 되었다. 미국의 입장은 소프트파워, 공공외교, 국가 활력과 위신 등의 생각과 관련된 세 가지의 상호 관련된 관심사항에 기반했다. 한편으로, 미국이 개최국으로 선정된다면, 심층적으로 올림픽 개최와 관련된 문제에 개입하는 기회가 늘어나는 것이 필요했다. 매우 간단하게, 직접적인 문제와 몇몇 차원에 개입하지 않는 것이 불가능하다. 두 번째로, 그리고 상호 연관적으로, 스포츠와 외교에 관한 미국 정책은 또한 미국이 소련의 올림픽 무대에 관해 소련의 신중한 정치화로 바라보는 것에 대한 특별한 급으로 진화 중이었다.[26] 마지막으로, 그리고 본 장과 관련되게 결정적으로, 스쿼밸리 경기는 미국 국무부가 중화민국에 우선권을 두는 정책을 추진하는 것으로 선택된 맥락이 되었다.

국무부의 1960년 동계올림픽경기 승인은 1957년 초에 향후 벌어질 일이었다. '스쿼밸리가 개최지로 선정될 기회를 가졌다는 것은. . . 국무부로서는 캘리포니아 주의 대단히 후한 호스피탤리티를 보여주기 위한 훌륭한 기회로 여겼다'.[27] 국무부는 중화민국의 참여를 보장하기

24) 축구, 육상경기, Football, athletics, 역도, 수영, 농구, 사격, 사이클링, 레슬링과 아시아 탁구연맹 등이다.

25) Dwight D. Eisenhower Presidential Library, Abilene, Kansas (hereafter DDE): Papers as President, Ann Whitman File (hereafter PaPAWF), Dulles-Herter Series Box 4, 'Dulles, John Foster – July 54 (3)', Memorandum from Eisenhower, 6 July 1954를 보라.

26) Kanin, *A Political History of the Olympic Games*, 249.

27) NACP: RG 59, CDF 1950-54, folder: 811.453/ 1-1855 to 811.46/ 6-3055,

위한 시도로 경기 동안과 그 전에 상당한 이면에서 노력을 했었는데, 두 개의 상호연관 된 외교 목적에 집중했다. 첫째, 중화민국 국가올림픽위원회를 위한 상호 수용 가능한 이름을 홍보하기 위한 것이다–명명법에 관한 문제. 예를 들면, 미국도 중화민국도 '대만'으로 불리는 것에 대한 수용준비가 되어 있지 않았다. 두 번째로, 몇 안 되는 중국 동계올림픽 선수를 실질적으로 경기에 참여하도록 할 수 있는 국제올림픽위원회의 기준 자격조건을 완화하기 위하여(또는 심지어 전적으로 회피), 중화민국에 대한 미국의 지지에 관하여 세계에 의미 있는 외교 메시지를 전달하는 것이었다.

공식적으로, 미국 정부는 특별한 조직의 역할을 다음과 같이 아무것도 갖지 않았다. 책임은 대신에 프렌티스 C. 하레Prentice C. Hale가 이끄는 스쿼밸리올림픽위원회SQOC가 졌다. 경기는 개인적으로 후원되고 지원되었다. 비슷하게, 국무부 개입도 비공식적이지만, 국무부의 1960년 샌프란시스코 국제올림픽위원회 투표에의 긴밀한 연관은 국제스포츠 문제에 정부 개입에 대한 부처의 확대된 재평가를 재촉했다.[28] 내부 메모에서는 다음과 같이 의문을 가졌다. '1960년 올림픽과 관련되어 제기되어 온 문제의 시각에서 바라보면. . . 국무부가 [이것]이 직접적인 이해관계가 없다 해도 강력한 연관성을 지니는. . . 쟁점인지를 결정하는 것이 현명한 것처럼 보인다'.[29] 결정적으로 그리고 본 장에서 보여주는

---

file: 811.4531/ 6-1857, Letter from Robert C. Hill, State Department to Senator William Knowland, 27 June 1957.

28) NACP: RG 59, Miscellaneous records of the Bureau of Public Affairs [hereafter MRBPA] 1944-62, Lot 65D472, Subject Files of the Policy Plans and Guidance Staff 1946-62, file: 'Winter Olympics 1960', State Department internal memorandum, 3 February 1960. The Bureau of Public Affairs 'engages domestic and international media to communicate timely and accurate information with the goal of furthering U.S. foreign policy and national security interests as well as broadening understanding of American values.' See www.state.gov/r/pa/ (2015년 12월 15일 접속)를 보라.

29) NACP: RG 59, MRBPA 1944-62, Lot 65D472, Subject Files of the Policy

바와 같이, 국무부는 사실상 경기 개최를 중화민국 정권에 대한 우선성 대vs 매우 일반적인 미국 정책을 진작시키고자 활용해 왔다. 그렇지만, 부처 개입에 관한 확실한 본질은 내부적으로 약간의 우려를 자아냈다. 한 가지 옵션, '중국 국가올림픽위원회의 이익을 방어하고 옹호하기 위하여',[30] '중요성이라는 정치적 문제 . . . [중]인. . . 이익'에 기반 해서 –이와 같이 경기에 준 공식적인 개입을 구성하는—제안되었다. 그러나 일반적으로 국무부와 특별하게 국무장관이 공개 조사에 종속될 수 있다는 것이었다. 대체로, 올림픽이 미국에 대하여 가지는 긍정적인 영향에 관한 수많은 보장에도 불구하고, 외교 의견은 다음과 같은 약간 애매모호하게 남았다. '국무장관은 미국의 현재 정책과 중국공산당의 허용으로 제시되는 명백한 문제 등과 관련하여 경기가 여기에 유치되지 않거나 이루어지지 않는 것이 더 좋을 것이라고 느낀다.'[31] 이것은 경기 무대를 괴롭히기 위한 문제와 한편으로 올림픽으로부터 나온 미국 정치 기구의 독립성과 다른 한편으로 미국 외교정책의 근본 목적 등을 보여줄 시도에 관한 충돌하는 압력에 관한 효과적인 예언이었다.

정치적으로 미국의 체면은 2주간 올림픽 동안 공개조사에 처해지게 되었다. 백악관은 연방정부 개입은 필수적인 것으로 간주했고 탁월한 조직적인 일을 위한 필요성을 강조했다.[32] 비슷하게, 아이젠하워 정

---

Planning and Guidance Staff 1946-62, file: 'Winter Olympics 1960', State Department memorandum, 11 February 1960.

30) NACP: RG 59, MRBPA 1944-62, Lot 65D472, Subject Files of the Policy Planning and Guidance Staff 1946-62, file: 'Winter Olympics 1960', State Department memorandum, 11 February 1960.

31) DDE: John Foster Dulles Papers, General Correspondence and Memoranda Series, Box 5, Miscellaneous Correspondence 16 May 1957-59 August 1957, Memorandum from Robert Cartwright, SCA to William B. Macomber, Secretary of State, 9 August 1957.

32) DDE: PAPAWF, Central Files, Official File, Box 734, '143D Olympic Games (2)', Memorandum from Bob King, Federal Assistance - 1960 Olympic Winter Games, 'Reasons Why', n. d., 1957.

부는 경기 개최를 '국민 대 국민' 프로그램의 국내 실천을 위한 환상적인 기회로 여겼고, 비슷한 이벤트는 확대되어진 냉전에 선전 승리를 암시하는 것을 희망했다. 중국 참가 문제와 백악관의 연계는 프로그램을 위하여 팀과 케네스 터크 윌슨Kenneth Tug Wilson, 미국 올림픽위원회 위원장 등에게 대통령의 호의적인 메시지 전달 준비 과정 동안 부상되었다. 집행사무국 책임자인 요한 칼훈John Calhoun은 백악관에게 '대통령의 행동이 중국의 스쿼밸리 참가 문제와 샌프란시스코 국제올림픽위원회 회의 등에 대하여 묵인하는 발전으로 오해받을 가능성을 피하기 위하여 며칠 동안 메시지 전달을 늦추도록 하는 것이 대통령에게는 바람직한 것이라고 조언했다'.[33] 놀랍지도 않게, 스쿼밸리조직위원회SVOC와 국무부 등은 적절한 재정자금이 필수불가결한 것임을 알았다. 더욱이, 미국 군사 전문식견과 원조 등은 스키 경기장을 만드는데 필수불가결한 것이었다. 특별 연방 기금도 이미 미국정부가 소유했던 토지에 주요 아이스 스케이트장 건설과 관련되어 필요하게 되었다.[34]

## 이름에 무엇이 있는가? 명명법 문제

중화민국 올림픽 팀으로 알려진 실질적인 이름은 상대적으로 올림픽계에선 오랫동안 논의 중이던 문제였고 스쿼밸리 경기와 관련하여 국무부뿐만 아니라 중국 등을 심각하게 동요시켰다. 이것은 상대적으로 부차적인 관심사로 보이는 반면에, 명명법 문제는 중국 문제의 맥락 안에서 의미를 취했다. 이것은 '중국'이라는 한 가지 지정만이 합법적이라는

33) NACP: RG 59, CDF 1960-63, folder: 800.453/ 2-361 to 800.4531/8-1660, file: 800.4531/ 1-160, paper: 800.4531/ 2-1960, State Department Memorandum from John A. Calhoun to Frederic E. Fox, White House, 19 February 1960.

34) 요청받은 연방의 재정 지원이 딱 그 정도까지인지 약간이 혼돈이 있었다. DDE: PaPAWF, Central Files, Official File, Box 734, '143D Olympic Games (2)' Memorandum for Brundage, 27 November 1957.

것에 대해서 직접적으로 중화민국 정권(대 중국정권)의 정통성과 승인에 관한 인식에 기여했기 때문이었다. 미국의 입장에서 보면, 중화민국에게 수용(또는 호의적으로까지) 팀 이름을 촉진하는 것이 관건이었다—그리고 진행 중인 광범위한 미국 정책에 관한 핵심적인 분야였다.

올림픽 입장에서 보면, 중국이 스쿼밸리 경기에서 경기를 하려는지도 전혀 확실하지 않았다. 1957년 이래로 북경은 지속적으로 국제올림픽위원회가 중화민국을 올림픽경기에서 추방해야 한다고 주장했다.[35] 계속해서, 국제올림픽위원회는 정치결정을 하려 하지도 않았고 할 수도 없고 두 개의 국가올림픽위원회는 엄연히 구별되는 두 개의 지역을 관장하면서 존재하고 있음을 반복해 왔다. 두 개는 경기에 인정되어야만 하고 대표단을 파견하도록 해야만 한다. 중국의 반응은 브런다지에게 정치를 국제올림픽위원회의 순수성에 도입했다고 비난했다. 그를 미국의 하수인으로 명명했고, 신속하게 올림픽에서 중국공산당의 철수를 발표했다.[36] 상황은 오토 메이어Otto Meye, 국제올림픽위원회 위원장가 마르첼로 가르로니Marcello Garroni, 이탈리아 국가올림픽위원회 위원장에게 대륙별 대표자 명분으로 국가올림픽위원회의 재편성에 관한 한 통의 편지로 인하여 심각하게 변하게 되었다. 이러한 의견교환은 1959년 10월부터 예전 제안된 수정안을 실천하려는 의도였는데 정치적 배경보다는 오히려 대륙별로 국가올림픽위원회를 등록하는 것 말이다. 승인된 국가기관 명단으로부터 중국 국가올림픽위원회 결정 (동년 5월)에 의하여 먼저 이루어졌고, 중화민국은 자신이 스포츠를 통제했던 분야에 대하여 매우 익숙한 이름하에 소속에 재차 응모를 할 필요가 있다.[37]

---

35) Brownell, *Beijing's Games*, 133를 보라.

36) PRO/NA: FO 371/ 150557 [FCN 1801/ 1] Translated extract from *Hsinhua*, 29 February 1960; Hong and Xiaozheng, 'Communist China: sport, politics and diplomacy', 326.

37) 중국 상황 배경에 관한 유용한 요약을 위해선, NACP: RG 59, Bureau of Far Eastern Affairs [hereafter BFEA], Assistant Secretary for Far Eastern Affairs;

국제올림픽위원회는 1959년 5월 뮌헨 55차 총회에서 이 문제에 대한 표결을 요청했다. 중화민국이 인정되지만 중화민국의 본토 스포츠 관할보장은 허용하지 않는다는 벌리Burghly 경의 제안은 최종적으로 48 대 7로 가결되었다.[38] 중화민국은 더 이상 '중국 국가올림픽위원회'가 아닌 자국이 통제해 오던 영토를 정확하게 반영하는 이름으로 재차 가입하는 것은 자유라고 통보받았다. 이러한 국제올림픽위원회의 규칙은 본질적으로 결점이 있었고—싱가포르, 마카오와 홍콩 출신 선수들도 '대만'과 경쟁할 자격이 있다—잘못 해석되었다. 브런디지도 최소한 영국에 대한 부분적인 존경으로 매우 일반적인 미국정책을 위반하는 것처럼 보였다. 뮌헨 표결에 관한 벌리 제안을 통해서 말이다. 소련이 중국을 절대적으로 지지하는 것만큼, 모든 의도와 목적을 가지고 미국은 반대 입장을 취했고 장개석과의 운명을 함께 하는 것을 포기했다.[39]

중화민국이 다른 이름으로 재가입을 요구한 국제올림픽위원회는 스쿼밸리 동계올림픽의 상황에 심각한 압력행사의 위협으로 다가왔다. 중화민국과 미국 양국은 중화민국에 대하여 화해적인 접근방법은, 뮌헨 결정을 존중하면서, 제안된 새로운 이름—'중화민국올림픽위원회'—으로 중화민국의 경기 참여의 결과를 가져다주었다. 이어지는 10월 국제올림픽위원회 회의에서 수용되었고, 이처럼 문제는 종결되었다.[40] 그렇지

---

Subject, Name, Country Files 1960-63, 1960 Subject Files, Folder: from 'Memorandum of Conversation-Australia' to 'Interparliamentary Union, Tokyo', file: '1960 Olympics', 1960, Bureau of Far Eastern Affairs Memorandum: 'Background', 8 April 1960 등을 보라.

38) Guttmann, *The Olympics*, 93.

39) 냉전 동안 미국과 중국에 대한 더 많은 것을 위해선, 예를 들면Gordon H. Chang, *Friends and Enemies: The United States, China and the Soviet Union, 1948-1972* (Stanford, CA: Stanford University Press, 1990); Evelyn Goh, *Constructing the US Rapprochment with China 1961-1974: From 'Red Menace' to 'Tacit Ally'* (Cambridge: Cambridge University Press, 2004) 등을 보라.

40) NACP: RG 59, MRBPA 1944-62, Lot 65D472, Subject Files of the Policy Planning and Guidance Staff, 1946-62, Department of State Memorandum from Andrew Berding, Political Affairs to Christian Herter, Secretary of State,

만, 이것은 실제로는 그렇지 않았다. 애초부터 중화민국은 유엔안보리에 따라 국제올림픽위원회에 재가입을 했지만 국제올림픽위원회가 거부했다.41)

1959년 6월 사전 기자회견 브리핑에서, 장문의 글이 중화민국 참가에 관한 예상 질문에 대응해서 준비되었다. 아이젠하워가 '중국'을 합법적으로 구성하지 않다고 중화민국을 추방하는 결정은 '어리석은 것'으로 보고 있다고 여기에서 언급한다.42) 아이젠하워는 일반적인 것은 자신의 이름을 사용하지 않은 사람처럼 단순하지 않다고 설명을 계속했다. '그리고 그는 가장 골치 아픈 문제는 이와 같은 것 또는 이승만,43) 장개석 또는 그리스 등 모두가 그들만으로 시작했고 우리를 멍청하게 되는 것처럼 너무 비논리적으로 만드는 것 등으로부터 나왔다고 덧붙였다.'44) 국제올림픽위원회는 로마 하계올림픽경기 이전에 마지막 가능한 순간까지 결정적인 태도를 취하지 않으려는 것으로 나타났다. 그 때까지, 국제올림픽위원회는 뮌헨 총회로부터 잠정 규칙으로 다음과 같이 활동했다. 중화민국은 '중화민국'으로 경기할 수 있다. 중화민국은 이와 같은 특정 능력으로 초대되어 왔기 때문이었다.45) 로마 올림픽조직위원회가 국제올림픽위원회 입장에 관한 확인을 받을 때까지, 이러한 협의가 후에 논쟁이 되더라도 공식적인 프로그램에 '대만'을 포함하려는 수많은 시도가 존재했다.46) 명명 규정을 변화하기 위한 국제올림픽

19 January 1960.

41) PRO/NA: FO 371/150699 [FK 1801/2] Note to file from Dalton, Foreign Office, 3 February 1960.

42) DDE: PaPAWF, Press Conference Series, Box 8, '6/17/59', Pre-Press Conference briefing, 17 June 1959, 2.

43) 이승만은 대한민국 대통령이었고, 남한(1948-60)으로 더 잘 알려져 있다.

44) DDE: PaPAWF, Press Conference Series, Box 8, '6/17/59', Pre-Press Conference briefing, 17 June 1959, 2.

45) NACP: RG 59, MRBPA 1944-62, Lot 65D472, Subject Files of Policy Planning and Guidance Staff 1946-62, Department of State Memorandum, 19 January 1960.

위원회를 위한 잠재성과 중화민국 팀은 '중화민국–대만' (또는 비슷한) 국무부에게 중요한 고충을 야기했다. '파슨스 씨는 문제는 미국 외교정책 이유 때문에 국무부를 관심 끄는 의미 있는 정치적 함의를 가지고 있고, 이것은 로마올림픽경기를 위한 전례로서 중요하다고 설명했다.'47) 프렌티스 C. 하레, 더글라스 로비Douglas Roby, 국제올림픽위원회 미국 위원, 중화민국 국가올림픽위원회 대표와 다양한 국무부 관리 등은 결정 연기를 압박하기 위한 장시간 논쟁을 했다. 마지막 두 기관의 주류 의견은 그 때그때 봐서 처리하고, 신속한 결정을 위하여 활동하고, 브런디지에게 이러한 견해를 따르도록 설득하기 위하여 로비의 역량에 의존한다는 것 등이었다.48) 불행하게도, 에드윈 마틴Edwin Martin, 국무부 중국담당책임자은 다음과 같이 정보를 제공받았다. '투표 상황은 지금 낙관하지 않는다. . . [로비]는 참석하기를 바라는 가장 최근 명단을 가지고 있었는데. . . 소련 블록은 무겁게 의사표시를 해 왔음을 발견했고. . . 반면에 호의적인 입장을 취하기를 기대할 수 있었던 상당한 국제올림픽위원회 위원

46) NACP: RG 59, CDF 1960-63, folder: 800.453/ 2-361 to 800.4531/ 8-1660, file: 800.4531/1-169, paper: 800.4531.4531/ 1-1560, Department of State Memorandum of Conversation, participants: Prentis C. Hale, president Squaw Valley OCOG, Raymond A. Hare, Deputy under secretary for Political Affairs, J. Graham Parsons, assistant secretary for Far Eastern Affairs, John S. Hoghland Ⅱ, deputy assistant secretary for Congressional Relations, Edwin M. Kretzmann, deputy assistant secretary for Public Affairs, 15 January 1960.

47) NACP: RG 59, CDF 1960-63, folder: 800.453/ 2-361 to 800.4531/ 8-1660, file: 800.4531/ 1-160, paper: 800.4531. 4531/ 1-1560, Department of State Memorandum of Conversation, participants: Prentis C. Hale, president Squaw Valley OCOG, Raymond A. Hare, deputy under secretary for Political Affairs, J. Graham Parsons, assistant secretary for Far Eastern Affairs, John S. Hoghland Ⅱ, deputy assistant secretary for Congressional Relations, Edwin M. Kretzmann, deputy assistant secretary for Public Affairs, 15 January 1960.

48) NACP: RG 59, CDF 1960-63, folder: 800.453/ 2-361 to 800.4531/ 8-1660, file: 800.4531/ 1-169, paper: 800.4531/ 2-460, State Department Memorandum of conversation between Shao-chang Hsu and Edwin W. Martin, director, Chinese Affairs, 4 February 1960.

들은. . . 그러하지 않았다.'[49]

국무부는 국제올림픽위원회 지시 준수에 동의하고 '중화민국 올림픽위원회'라는 새로운 이름으로 재가입할 때 중화민국 국가올림픽위원회에 의한 화해 제스처 승인을 표명했다.[50] 그렇지만, 국제올림픽위원회는 이러한 양보를 거절했다. 명칭은 여전히 '중국'이라는 말에 기반했기 때문이었다. 중화민국을 위한 유일한 해결은 '스포츠 지리' 개념의 의견에 따르고 대신에 '대만/포모사'의 영토 지역에 기반 하는 자국의 대표를 가진다는 것이다—국제올림픽위원회에 의하여 실질적으로 스포츠를 통제했던 지역으로 간주되었다.[51] 국제올림픽위원회는 작년 이러한 노선과 함께 가능한 해결을 발표했다.[52] '대만'으로 지정하는 생각은 중화민국 또는 국무부 등에 의하여 호의적으로 받아들여지지 않았는데, 국무부는 다음과 같이 아주 간략하게 의견을 피력했다. '중화민국은 "대만"이 아니라고'.[53]

아마 놀랍게도, 중화민국 국가올림픽위원회의 건슨 호Gunson Hoh는 여전히 브런디지를 '중국의 친구'로 바라보았다. 더욱이, 그는 국제올림픽위원회 회장을 절대적으로 반공주의자이고 영국의 벌리 경과는 차이

49) NACP: RG 59, CDF 1960-63, folder: 800.453/ 2-361 to 800.4531/ 8-1660, fille: 800.4531/ 1-160, paper: 800.4531/ 2-460, State Department Memorandum of conversation between Roby and Martin, 4 February 1960.

50) NACP: RG 59, CDF 1960-63, folder: 800.453/ 2-361 to 800.4531/ 8-1660, file: 800.4531/ 1-160, paper: 800.4531/ 2-260, Letter from Macomber, to Dorn, House of Representatives, 12 February 1960.

51) NACP: RG 59, MRBPA 1944-62, Lot 65D472, Subject Files of Policy Planning and Guidance Staff 1946-62, Department of State Memorandum, 19 January 1960.

52) NACP: RG 59, CDE 1960-63, folder: 800.453/ 2-361 to 800.4531/ 8-1660, file: 800.4531/ 1-169, paper: 800.4531/ 2-260, Letter from Macomber to Dorn, Member of the House of Representatives, 12 February 1960.

53) NACP: RG 59, CDF 1960-63, folder: 800.453/ 2-361 to 800.4531/ 8-1660, file: 800.4531/ 1-169, paper: 800.4531/ 2-260, Letter from Macomber to Dorn, Member of the House of Representatives, 12 February 1960.

가 있다고 여겼다.[54] 벌리 경 리더십 하에서 국제아마추어육상경기연맹,[55] 중화민국 선수들은 1956년 올림픽과 1958년 아시안 게임 등에 '대만/포모사'로 선수권대회에 강제적으로 참여하도록 했다. 잠재적으로 중국 문제에 관한 대안적 해결을 위한 전례를 설정했다. 1956년 초, 국제아마추어육상경기연맹 총회는 '중화민국' 또는 유사한 명칭보다는 오히려 '대만'으로 중화민국선수연맹 소속으로 인정했다.[56] 국제아마추어육상스포츠연맹은 중국 본토 정권을 '중국'과 '대만'의 국민당 소수민족 등으로 바라보는 이중 중국 접근방법을 통합시킨다는 비판을 회피할 수 있었다.[57] 이것은 국제올림픽위원회에게 '스포츠 지리' 원칙 활용을 통하여 자신만의 문제 해결에 관한 잠재적인 영토에 기반한 전례를 제공했다. 그렇지만, 이러한 규칙은 국제아마추어육상경기연맹에서 오로지 가능한 것이었다. 다음과 같은 중화민국 선수협의회의 협정 때문이다. 올림픽 맥락 안에서 유사한 해결은 제재하지 않은 것으로 남았다. 또한, 국제아마추어육상경기연맹 결의는 이것의 문제없이는 존재하지 않았다. 협약에 관한 내밀어진 영토적 기반에도 불구하고, 중국은 대만 가입과 '두 개의 중국' 해결에 관한 관련된 함의 등의 결과로 철수를 위협했다. 그렇지만, 중국은 이러한 위협 중단으로부터 실망했다. 국제

54) 엑세터의 6대 후작인 버글리 경Lord Burghley은 국제올림픽위원회 영국 위원이자, 1946년 국제아마주어경기연맹 회장IAAF이 되었으며 1952년부터 1966년까지 국제올림픽위원회 부위원장이었다. NACP: RG 59, CDF 1960-63, folder: 800.453/ 2-361 to 800.4531/ 8-1660, file: 800.4531/ 1-169, paper: 800.4531/ 1-2260, Memorandum of conversation between Shao-chang Hsu, Chinese Embassy, Gunson Hoh, Josiah W. Bennett, Office of Chinese Affairs, and Arthur Rosen, Office of Chinese Affairs, 22 January 1960.

55) 'International Amateur Athletic Federation', renamed 'International Association of Athletic Federations' in 2001.

56) PRO/NA: FO 371/ 150557 [FCN 1801/ 6] Letter from Pain, Hon. Secretary-Treasurer, IAAF, to Mr Teng Chuan-kai, China National Amateur Athletic Federation, 9 August 1960.

57) PRO/NA: FO 371/ 145547 [W 1801/ 1] 'The Olympic Games - Political Problems', FO Intel. No. 85, 16 July 1959.

연맹 관리 안에 소속 이탈로 인한 결과로 양자적인 선수 회합을 가졌던 국가대표팀이 국제아마추어육상경기연맹으로부터 심각한 제재에 직면할 수 있기 때문이다.[58] 이와 같이, 이것은 경기에 맞출 팀으로부터 신속하게 나타나게 되는 것이다.

1960년 국제올림픽위원회 샌프란시스코 총회는 '중국 국가올림픽위원회'로부터 '중국국민당 국가올림픽위원회'로 중화민국 국가올림픽위원회라는 제안되어 변경된 명칭을 시험적으로 수용했다. 이것이 문제에 관한 최종적이고 구속력 있는 결정으로 존중되었지만 말이다. 브런디지 스스로가 자신만의 의지로 문제를 더욱 복잡하게 만들었는데, 중국 국민당 선수들이 '대만'이라는 이름으로 특별히 경기 출전해야만 한다는 추가 필요조항을 삽입 했다.[59] 질질 끄는 국제올림픽위원회의 전통적인 경향에서, 상대적으로 위원들이 샌 프란시스코 회의에 참여하지 않았기 때문에, 이것은 그해 말까지 최종 규칙을 연기하기로 결정했다. 그렇지만, 과도 조치와 국민당 선수들이 스쿼밸리와 로마 올림픽 등에서 경기할 기회를 가지기 위해서, 집행이사회는 '현재 "중화민국올림픽위원회" 자체를 부리는 기구로부터 대만 출전을 허용했다'.[60] 동계올림픽 공식 개막 일주일 전에, 국무장관 크리스티안 허터Christian Herter는 미국올림픽위원회 편지에서 상황의 정치적 함의에 관한 유용한 요약을 주었다. 허터는 국민당 국가올림픽위원회는 오랫동안 올림픽 회원국이었고, '거의 40년 동안 국제올림픽위원회에 의하여 인정되어 왔었고 올

58) PRO/NA: FO 371/150557 [FCN 1801/ 3] Letter from Dalton, FO to Stewart, British Embassy Peking, 13 April 1960.

59) NACP: RG 59, CDF 1960-63, folder: 800.453/ 2-361 to 800.4531/ 8-1660, file: 800.4531/ 1-160, paper: 800.4531/ 4-860, State Department Memorandum of conversation between Minister Carlo Perrone-Capano, Italian Embassy, Parsons, assistant secretary, BFEA, Ruth Bacon, BFEA, and Paul K. Stahnke, BFEA, 8 April 1960.

60) PRO/NA: F0 371/ 150557 [FCN 1801/ 3] Extracts from the Minutes of the 56th Session of the IOC, San Francisco, February 1960.

림픽 경기에 충실하게 참여해 왔었음'을 강조했다.[61] 뮌헨 결정 때문에 국제올림픽위원회에 의하여 재등록을 요구하기 이전이었다.

명명법 문제에 관한 국제올림픽위원회의 최종 결정—스퀴벨리 경기 결정 후에 취해졌지만—메이어와 브런디지의 원래 규칙을 효과적으로 승인했다. 로비, 다른 동정적인 위원회 위원과 국무부 등의 최적의 시도임에도 불구하고 말이다. 1960년 로마 하계올림픽에서 중화민국은 '중화민국올림픽위원회'로 등록했지만, 그들은 '대만' 표시로 경기에 임했다. 로비 결과는 '부분적으로 위원회 결정이 무엇이든지간에 중화민국은 트랙과 필드 경기에서 대만 이름을 사용해야만 한다고 주장했던 벌리 경이 주도하는 영국사절단의 공격적인 전술'의 결과였다—후자는 중화민국을 대만으로 승인하는 국제아마추어육상연맹 결정의 결과이다.[62] 대만선수들이 실질적으로 로마 올림픽 개막식 행진에 참여해야만 하는지에 관한 초기 논의에도 불구하고, 팀은 '포모사' 깃발 아래에서 일어났다. 그렇지만, 팀이 스탠드를 바라보는 귀빈석을 지나가면서, 경기장의 홈 스트레이트로 반쯤 내려가서, 펼쳐진 첫 번째 공식적인 깃발에는 '시위 중'이라고 읽혀지는 사인이었다. 로마 주재 미국 대사관 파견원은 다음과 같이 설명했다. '그는 이것을 약 100야드를 운반한 다음 이것을 접고 치워버렸는데, 스탠드에 있는 사람들은 환영했다.'[63] 명명법 문제와 관련해서 모든 문제를 쏟은 후에, 로마 주재 미국 대사관은 다음과 같이 실망감을 표현했다. '포모사로 중화민국 팀의 지정은

61) NACP: RG 59, MRBPA 1944-62, Lot 65D472, Subject Files of the Policy Planning and Guidance Staff 1946-62, 'Winter Olympics 1960', Letter from Herter, to Asa S. Bushnell, Secretary, USOC, I1 February 1960.

62) NACP: RG 59, CDF 1960-63, folder: 800.453/ 2-361 to 800.4531/ 8-1660, file: 800.4531/ 8-1660, paper: 800.4531/ 8-2360, Incoming telegram no. 721 from Zellerbach to Secretary of State, 23 August 1960.

63) NACP: RG 59, CDF 1960-63, folder: 800.453/ 2-361 to 800.4531/ 8-1660, file: 800.4531/ 8-1660, paper: 800.4531/ 8-2760, Incoming airgram no. G-150 from Zellerbach, Rome, 27 August 1960.

. . . 불행하게도 대부분의 정보에 어두운 사람들에 의하여 약간은 자연적인 발전으로 간주되어 왔다고.'[64]

중화민국 팀의 이름이 국무부에게 이러한 의미를 지니는 것(중화민국 자신도)은 공공외교 맥락과 스포츠 렌즈를 통하여 광범위해진 미국 정책의 투사 등에서 올림픽의 적절성에 관한 하나의 양상에 적절한 사례이다.

## 참가 문제

1960년 2월 스쿼밸리 경기 개막식까지, 명명법 쟁점은 해결되는 것 (오히려 뒤범벅이었지만)처럼 보였지만, 모든 국민당 선수는 실질적으로 불확실한 상태로 경기에 참여할 전망이었다. 중화민국에서 동계스포츠에 거의 관심이 없어서, 잠재력 있는 올림픽 선수 풀pool은 상대적으로 얇았다. 상황은 더 복잡해졌다. 국제 카운터파트와 제휴된 개별 국가스포츠연맹을 위한 정기적인 올림픽 조건 때문이었다. 불행하게도, 국민당이 올림픽 대표 보유를 희망했던 두 가지의 주요 스포츠—스키와 피겨 스케이팅—는 이것을 하는데 실패해 왔다.[65] 현실적으로 보면 국민

64) NACP: RG 59, CDF 1960-63, folder: 800.453/ 2-361 to 800.4531/ 8-1660, file: 800.4531/ 8-1660, paper: 800.4531/ 8-3060, Foreign Service Despatch no. 222 from H. G. Torbert, Rome to State Department, 30 August 1960.

65) 처음부터 피겨 스케이팅 참가전망은 관련 국제연맹인 국제스케이팅연합ISU의 태도 때문에 절망적이었다. NACP: RG 59, CDF 1960-63, folder: 800.453/ 2-361 to 800.4531/ 8-1660, file: 800.4531/ 1-160, paper: 800.4531. 4531/ 1-1560 Department of State Memorandum of Conversation, participants: Hale, Hare, Parsons, John S. Hoghland Ⅱ, deputy assistant secretary for Congressional Relations, Kretzmann, 15 January 1960; NACP: RG 59, CDF 1960-63, folder: 800.453/ 2-361 to 800.4531/ 8-1660, file: 800.4531/ 1-160, paper: 800.4531/ 2-1260, State Department Memorandum of conversation between Hale and Rosen, 12 February 1960; NACP: RG 59, CDF 1960-63, folder: 800.453/ 2-361 to 800.4531/ 8-1660, file: 800.4531/ 1-160, paper: 800.4531/ 2-1960, State Department Memorandum from John Calhoun to Frederic Fox, White

당 국가올림픽위원회를 위한 수용 가능한 이름을 확보하기 위한 노력에도 불구하고, 팀에게는 전혀 실익이 없는 것으로 부상될 가능성이 컸다. 이것은 해결하기 어려운 문제였다. 특히 국무부에게는 말이다. 한편으로는 소위 올림픽 운동의 독자성과 국제 스포츠에 대한 보편적인 접근성 등이었다. 다른 한편으로, 미국 외교정책의 핵심 분야—'중화민국'으로서 대만/포모사에 대한 국민당 정권 승인—는 타협이 되지 않게 보일 수 있었다. 프렌티스 하레는 국무부에게, 확실하게 약간은 불필요하지만, 이벤트가 불리한 방식으로 진행된다면 문제에 대한 공개가 적을수록 개선될 것임을 강조했다.[66]

1960년 2월 초, 국제스키연맹(FIS)은 중화민국에게 올림픽 참가를 촉진하기 위하여 특별 허가가 불가능하고 회원자격 요구를 위한 다음 기회가 1961년에 있을 것이라는 등의 정보를 제공했다.[67] 국제스키연맹은 스키선수들이 참여할 수 있는 유일한 방법은, 선수들의 스포츠를 위한 제휴 국가연맹에 접근권을 보유하지 못한 선수들의 예외적인 참가를 허용하는 것으로 고안된,[68] 규칙 34번에 의거하여 국제올림픽위원회에 직접 호소하는 것이다. 국제스키연맹 회장인 마르크 호드러Marc Hodler와의 개인적 친분을 통하여, 하레는 대만 스키선수들의 참여를 허

House, 19 February l1960; NACP: RG 59, CDF 1960-63, folder: 800.453/ 2-361 to 800.4531/ 8-1660, file : 800.4531/ 1-160, paper: 800.4531/ 2-2460, State Department Memorandum of conversation between Laird and Rosen, 24 February 1960 등을 보라.

66) NACP: RG 59, MRBPA 1944-62, Lot 65D472, Subject Files of the Policy Planning and Guidance Staff 1946-62, file: 'Winter Olympics 1960', Letter from Hale to Hare, 18 January 1960.

67) NACP: RG 59, CDF 1960-63, folder: 800.453/ 2-361 to 800.4531/ 8-1660, file: 800.4531/ 1-160, paper: 800.4531/ 2-260, State Department Memorandum of conversation between Shao-chang Hsu, Chinese Embassy and LaRue R. Lutkins, Deputy Director for Chinese Affairs, 2 February 1960.

68) NACP: RG 59, CDF 1960-63, folder: 800.453/ 2-361 to 800.4531/ 8-1660, file: 800.4531/ 1-160, paper: 800.4531/ 1-1360, Letter from Macomber to Dorn, House of Representatives, 13 January 1960.

용받기 위하여 중화민국 국가올림픽위원회와 국무부 등에게 보장하다시피 했다.

스키 선수 상황을 둘러싼 공개에 관한 직접적인 결과로서, 하원의원 월터 주드Walter Judd는 대만 올림픽 팀의 지위에 대한 국무부의 확인을 요구했다.[69] 국무부는 그에게 스키선수들의 곤경은 국무부와 대만 선수단 등에게 무한한 우려를 야기 시키는 중이라고 확인해 주었다. 에드윈 마틴은 다음과 같이 설명했다. '나는 대마 스키선수들의 실제 경기 참여보다 더 중요한 것은 국제올림픽에서 업무원칙과 지위 문제 등이었다고 느꼈다'.[70] 지속적인 정치 압력이 또한 대만 선수들에 관한 자격 박탈이 경기를 위한 활동 관리비를 제공하는 예산지출법안에 위배되는지와 관련하여 하원으로부터 부상 중이었다.

레이몽 하레Raymond Hare, 정무담당 부차관은 대만 스키선수들에게는 경기에 참여할 수 있는 가장 바람직한 것임을 반복했다. 이것이 어떻게 달성되는지 간에 말이다. 사실상, 하레는 피상적으로 대만 참여를 위한 아무런 장치도 발견되지 않는다면 미국정부와 중국에 관한 정책 등은 '곤란하고 당황스런 입장'에 있음을 발견할 것임을 경고했다.[71] 2월 11일까지 여전히 아무런 결정이 없었다. 관련된 개인들은 올림픽 빌리지 레지던스를 사용했다. 그렇지만, 이것은 문제를 야기 시키는 중이었다—국민당 팀은 국제스키연맹이 경기 허가를 부여할 때까지 빌리지에서 깃발을 올릴 수 없었는데, 국무부의 우려를 더욱 재촉했다.[72] 그렇지

69) Judd represented Minnesota in the House of Representatives, an outspoken anti-communist and advocate of the primacy of the ROC.

70) NACP: RG 59, CDF 1960-63, folder: 800.453/ 2-361 to 800.4531/ 8-1660, file: 800.4531/ 1-160, paper: 800.4531/ 2-360, State Department Memorandum of conversation between Dr Walter Judd, House of Representatives and Martin, 3 February 1960.

71) NACP: RG 59, CDF 1960-63, folder: 800.453/ 2-361 to 800.4531/ 8-1660, file: 800.4531/ 1-160, paper: 800.4531/ 2-360, State Department Memorandum of conversation between Hale, Hare and Lutkins, 3 February 1960.

만, 하레는 대만 스키선수들이 참가 자격에 대한 국제스키연맹 규칙을 기다리는 동안 선수촌에 남도록 허용하는 그의 권한을 이미 남용했고 더 이상의 행동을 취할 수 없음을 느꼈다고 설명했다. 당국은 팀에게 선수들이 경기에 참여할 자격이 없다면 그들은 즉각 선수촌을 떠나고 독립적인 성격을 가지는 미국국가올림픽위원회와 스쿼밸리올림픽위원회 등 때문에 이 문제에 대한 정치적 개입은 불가능하다고 말했다. 비공식적으로, 국무부는 호의적인 결과를 확보하는데 최선을 다했다고 확신했다.[73]

늦어도 2월 17일까지—올림픽이 공식적으로 시작되기 하루 전—스키선수들의 지위는 국무부의 실망에 대해서 여전히 결론 내려지지 않았다. 국무부는 또한 하레의 명백한 무능력에 대해서 흥분한 상태였다. 하레는 스키선수들의 참가를 보장하는데 아무런 문제가 없다고 모든 당사자를 미리 안심 시켰었다.[74] 하레는 그가 정부 측에 야기했던 실망에 대해서는 아무런 의심도 없이 그만두지 않았다. '국무부는 이 문제에 관하여 적극적으로 활동해 왔다. 커다란 정치적 중요성 때문 뿐만 아니라 이것은 우리와 관계를 가지는 국가선수가, 중화민국의 경우처럼 친밀하게, 마음에 안 드는 대접으로 나타나는 주체가 되어야만 한다면 가장 불행한 것으로 보이게 될 것이다.[75] 절망에 휩싸인 국무부는 문제

72) NACP: RG 59, CDF 1960-63, folder: 800.453/ 2-361 to 800.4531/ 8-1660, file: 800.4531/ 1-160, paper: 800.4531/ 2-1160, State Department Memorandum of conversation between Hsu and Martin, 12 February 1960.

73) NACP: RG 59, CDF 1960-63, folder: 800.453/ 2-361 to 800.4531/ 8-1660, file: 800.4531/ 1-160, paper: 800.4531/ 2-1260, State Department Memorandum of conversation between Hale and Rosen, 12 February 1960.

74) NACP: RG 59, BFEA, Assistant Secretary for Far Eastern Affairs, Subject, Name, Country Files 1960-63, 1960 Subject Files, folder: 'Memorandum of Conversation – Australia' to 'Interparliamentary Union, Tokyo', file: '1960 Olympics', State Department Memorandum from Parsons, Far Eastern Affairs to Hare, 18 February 1960.

75) NACP: RG 59, BFEA, Assistant Secretary for Far Eastern Affairs, Subject, Name, Country Files 1960-63, 1960 Subject Files, folder: 'Memorandum of Conversation

가 다음과 같이 호의적이지 않게 종식될 가능성이 명백하더라도 문제에 대한 마지막 지원을 위해 로비에게 호소했다.

> 하레와의 협약으로, 우리는 지금까지 심지어 현재까지 되도록이면 조용하게 이 문제에 관한 노력을 경주해 왔다. 우리는 공개성을 주도할 의도는 갖고 있지 않다. 그렇지만, 나쁜 결정이 반응을 창출하고, 국무부가 의문을 제기했던 다가올 이벤트에서, 우리는 우리의 동정이 놓이는 지역을 명확하게 하는데 절대 주저하지 않아야 하고, 이에 관하여 우리가 해왔던 것과 문제가 부정적으로 나타나는 것에 우리가 얼마나 실망하고 얼마나 비통해 있었는지 말이다.76)

흥미롭게도, 국무부는 결과적으로 이러한 입장에 논쟁을 일으켰다. 이름을 밝힐 수 없지만 신뢰할 만한 출처를 인용하면, 국무부는 호드러가 규칙 34 결의안과 함께 가는 것을 즐거워했고 스키선수들을 최종적으로 배제시키는 결정도 브런다지와 하레 등에게로 전달되었다는 정보를 제공 받았다고 확인했다. 레이몽 하레의 반응은 사과를 하지 않았고 이 문제에서 국무부의 역할에 대해서 용케 숨기지도 않았다—여기에서 최소한, 미국 외교정책 목적의 심장부에 있는 쟁점으로부터 빠져나오는 것은 너무 중요해서 무시해서도 부정해서도 안 되는 것처럼 보였다.

2월 19일 국민당 정권 대사관은 스키선수들이 참여할 수 없다는 최종 확인서를 국무부로 전송했다. 스쿼밸리올림픽위원회와 중화민국 국가올림픽위원회 등이 합동으로 발표한 선언은 스키선수들이 '경기에 필요한 모든 필요조건들을 충족시키지 못한 스키협회의 실패' 때문에

– Australia' to 'Interparliamentary Union, Tokyo', file: '1960 Olympics', State Department Memorandum from Parsons, Far Eastern Affairs to Hare, 18 February 1960.

76) NACP: RG 59, CDF 1960-63, folder: 800.453/ 2-361 to 800.4531/ 8-1660, file: 800.4531/ 1-160, paper: 800.4531/ 2-1760, State Department Memorandum of conversation between Hale and Hare, 17 February 1960.

참여하지 못하게 되었다고 설명했다.[77] 그들은 국가올림픽위원회 지위의 문제 때문에 스키선수들이 출전정지를 당했다는 모든 비판을 가볍게 피하기 위하여 각서를 만들어 놓았다. 중화민국의 자존심과 감정 등에 대한 하나의 양보로, 스키선수들에게 경기 동안 올림픽 선수촌에 머물 수 있도록 허용했다. 게다가, 건강한 스키선수(다른 선수는 부상)는 경기 시작 전에 내리막길 코스를 연습하기 위한 곳으로서 활용할 수 있었다.[78] 로센은 국무부가 해 왔던 모든 것은 선수출전을 촉진할 수 있었다고 설명했고, 비난은 하레와 팀이 출전하는데 아무런 장애가 없다고 한 그의 잘못된 확신 등에게로 향했다고 추론되었다. '하레 씨는 이 상황에 관하여 하레 씨와 이야기하기 위하여 1월초 국무부로 오게 되었다. 국무부는 열정적으로 관심을 보였다. 국무부의 관심은 열정적으로 밝혔다. 하레는 우리에게 모든 것은 오로지 중국만이 스키선수를 양성한다면 모든 것이 원만하게 움직일 것이라고 보장해 주었다.[79]

## 결론

국무부는 소련 블록으로부터 배제된 일반적인 스포츠의 정치화를 그저 잘 알고만 있었다. 반면에 1960년 미국의 스쿼밸리 동계올림픽 유치의 특별함은 미국의 정치적 스포츠 외교 관심의 병합의 면에서 약간은 이정표를 찍었다. 경기유치는 국제스포츠 쟁점들을 미국 정치 아젠다로

77) NACP: RG 59, CDF 1960-63, folder: 800.453/ 2-361 to 800.4531/ 8-1660, file: 800.4531/ 1-160, paper: 800.4531/ 2-1960, State Department Memorandum of conversation between Hsu and Martin, 19 February 1960.

78) NACP: RG 59, CDF 1960-63, folder: 800.453/ 2-361 to 800.4531/ 8-1660, file: 800.4531/ 1-160, paper: 800.4531/ 2-1960, State Department Memorandum of conversation between Hsu and Martin, 19 February 1960.

79) NACP: RG 59, CDF 1960-63, folder: 800.453/ 2-361 to 800.4531/ 8-1660, file: 800.4531/ 1-160, paper: 800.4531/ 2-1960, State Department Memorandum of conversation between Hsu and Martin, 19 February 1960.

밀어 올렸다. 특별하게 중화민국 승인 지위 문제와 연관된 것들이었다. 비공식적이라도, 경기의 기획과 집행 등에서 미국 외교관들의 광범위한 연관은 공공외교 플랫폼으로서 올림픽 가치에 관한 제고된 실현을 보여줄 뿐만 아니라 중화민국을 향해 미국 정책을 보여주는 것과 직접적으로 관련이 있었다. 이것은 냉전 안에서 광범위해진 미국 정책의 핵심이었다-'합법적인' 중국을 구성하는 국민당 중국의 인정, 중국을 희생하고 말이다. 불행하게도, 중국공산당 팀의 부재에도 불구하고 매우 복잡했다-아마도 올림픽 경기는 중화민국 참여 확보를 하려는 비정치적인 노력의 특수성이고 호의적인 겉모양으로는 전혀 솔직하지 않다는 것이었다. 국무부 메모는 다음과 같이 요약되었다.

> 개최국으로서 미국은 여기에서 정치 쟁점과 깊숙이 연관된다. 우리는 공세에 시달리는 중화민국의 주요 동지이다. 미국 땅에서 열리는 이와 같은 국제 토너먼트에 중화민국이 선수들이 경기 참여를 거부하는 것은 우리 동맹국에 대한 거부로서 외국에선 여기고 미국은 중화민국에 대한 국제적인 위상을 위한 지지의 언급한 정책을 실행하는데 덜 신경을 쓴다는 것을 보여준다.80)

동계올림픽 종식과 로마 올림픽 개막 기간에는 국제스포츠에 대한 지속적인 국무부의 관심을 보았다. 이것들 중 많은 것이 중국 문제에 초점이 맞추어져 있었다. 미국의 시각으로 보면, 쟁점의 가장 중요한 부분은 중국인들 스스로, 이탈리아 기획자(스포츠와 정치인), 미국 등이 수용할 수 있는 조건 하에서 국민당 중국 출신 팀이 완전한 올림픽 참여를 밀어붙이는 것이었다.81) 동계올림픽 폐막 이후, 국무부는 로마 경

---

80) NACP: RG 59, BFEA, Assistant Secretary for Far Eastern Affairs, Subject, Name, Country Files 1960-63, 1960 Subject Files, folder: 'Memorandum of Conversation - Australia' to 'Interparliamentary Union, Tokyo', file: '1960 Olympics', State Department Memorandum from Parsons, Far Eastern Affairs to Hare, 18 February 1960.

81) NACP: RG 59, CDF 1960-63, folder: 800.453/ 2-361 to 800.4531/ 8-1660,

기에 대한 미국 목적에 대한 수많은 권고를 발표했다.[82] 결국, 스타들을 데려오는 것과는 별개로, 올림픽은 냉전 자체에서 '두 개의 중국' 간에 지속적으로 폭언이 오가는 갈등을 보는 것처럼 보였다.

---

file: 800.4531/ 1-160, paper: 800.4531/ 2-560, Outgoing Telegram from Herter to US Embassy Rome, 11 February 1960.

82) NACP: RG 59, BFEA, Assistant Secretary for Far Eastern Affairs; Subject, Name, Country Files 1960-63, 1960 Subject Files, Folder: 'Memorandum of Conversation - Australia' to 'Interparliamentary Union, Tokyo', file: '1960 Olympics', 1960, Memorandum 'The Olympics and the GRC', 4 April 1960.

제11장

# 미국 스포츠 외교를 분산하기
## 현대 아시아-아프리카 시각으로 바라보는 1980년 모스크바 올림픽 보이콧*

요셉 이튼 *Joseph Eaton*

1980년 모스크바 올림픽 보이콧은 대실패였던 것으로 일반적으로 설명된다. 지미 카터 대통령의 보이콧 이야기에 관한 책들의 제목—*Dropping the Torch: Jimmy Carter, the Olympic Boycott, and the Cold war* by Nicholas Evan Sarantakes (2010)—은 소련의 아프가니스탄 침공에 대응하는 데 실패했다—해당 선수들에 대한 불공정한 대우, 모스크바에서 경기할 기회를 상쇄 당했다—*Boycott: Stolen Dreams of the 1980 Moscow Olympic Games* by Jerry Caraccioli and Tom Caraccioli (2008). 나쁜 나라들은 보이콧했다. 올림픽 운동은 훼손되었고 선수들은 고통 받았다. 반면에 소련은 아프가니스탄에 남아 있다. 보이콧의 유산

* 나의 논문에 대한 코멘트를 해준 J. 시몬 로페J. Simon Rofe, 헤더 딕테Heather Dichte, 윌리엄 쿠베라William Couvela와 데이비드 로David Rowe 등에게 그리고 2015년 런던 소재 SOAS 대학의 'Sport and Diplomacy?: Message, Mode and Metaphor' 콜로퀴움을 조직해 준 J. 시몬 로페 등에게 감사한 말을 전한다. 조사 자료를 찾아주는데 도움을 준 제리 사이오Jerry Hsaio와 우에 후Jue Wu 등에게도 고맙다는 말을 전한다. 대만과학기술부(전 국가과학위원회)로부터 연구 보조금은 이러한 연구를 가능케 만들었다(수여 번호 NSC 100-2410-004-118). 본 장의 일부는 출판된 *Diplomatic History*에 있는 논문에 바탕을 둔 것이다.

—그리고 가능한 미래 보이콧을 위한 교훈—은 진부한 것으로 잘 요약된다. '올림픽 보이콧은 작동되지 않았다.'[1] 본장에서는 보이콧에 대한 미국 외교가 작동된 지역을 다룬다. 연구된 모든 사례는 남반구의 저개발국Global South에서 온 것이다. 보이콧에 참가했던 동아시아이거나 아프리카 국가이다. 아직도 미국 외교 노력의 이야기는 매우 복잡하게 되었다. 보이콧 의미에 관한 이해가 현지 시각에 적합하도록 재해석되었기 때문이었다.

올림픽 보이콧—국제 스포츠와 외교의 넥서스에서—은 소련에 반대하는 가장 가시적인 표현이었다. 1980년 초, 소련 침공에 대한 비동맹국가의 반응은 즉각적이었고 거의 통합적이어 왔다. 소련 침공을 비난하는 유엔 총회 결의안이 1월 14일 104 대 18 (기권 18)로 통과되었다.[2] *워싱턴 포스트* 지는 표결을 '세계가 1956년 헝가리 침공을 비난한 이래로 소련의 가장 충격적인 외교적 참패라고 보도했었다.[3] *크리스티안 사이언스 모니터* 지 필자가 당시에 피력한 바와 같이, 개도국에서부터 나온 올림픽 보이콧의 요구—1월 28일 이슬라마바드 이슬람회의부터 이것이 포함—는 유럽의 몇몇 수도로부터 카터 대통령의 장광설보다

1) Howard Berkes, 'Talk of boycotting Russian Olympics stirs emotions' NPR (National Public Radio), 17 July 2013, www.npr.org/blogs/ therwo-way/2013/07/17/203067633/talk-of-boycotting-russian-olympics-stirs-emotions에서 이용할 수 있습니다 (2015년 4월 23일 접속)에서 인용.

2) J. Bruce Amstulz, *Afghanistan: The First Five Years of Soviet Occupation* (Washington, DC: National Defense University Press, 1988), 329-31. As 카터 대통령이 자신의 회고록에서 밝힌 바와 같이, 소련의 피후원국가인 쿠바조차도 소련 침공으로부터 자국을 거리두기 작업을 했다. Jimmy Carter, *Keeping Faith: Memoirs of a President* (Fayetteville, AK: University of Arkansas Press, 1995), 479-80; 데릭 L. 헐메 주니어Derick L. Hulme Jr가 적시한 바와 같이, 일본은 상당한 숫자의 3세계 국가들과의 협조에서만 [보이콧에 관하여] 행동하는데 매우 신중했다. Hulme, *The Political Olympics: Moscow, Afghanistam and the 1980 US Boycott* (Westport, CT: Praeger, 1990), 67.

3) Karen DeYoung, 'Overwhelming U.N. vote condemns Soviets', *Washington Post*, 15 January 1980, A1.

도 훨씬 민감한 반응을 받았다.[4]

제니퍼 박스Jennifer Parks가 보여 준 바와 같이, 예전 보이콧의 부활을 두려워하는, 소련 당국은 모스크바에 가능하면 많은 국가가 참여하도록 지속적인 노력을 기울였다. 국제스포츠에서 개도국 관련으로는 오랜 기간 주도국이던 소련이 1980년 글로벌 보이콧에 직면했다. 65개 국가의 보이콧은 소련 사람들에게 오랫동안 기다려 왔던 스포츠 외교의 승리를 부정했다.[5]

그렇지만, 1980년 미국 스포츠 외교 성공을 판단할 때에도 또한 '카터의 보이콧을 참가국들이 어떻게 이해하는지에 대한 연구를 필요로 한다. 동아시아와 아프리카 내부에서, 보이콧은 정부 당국과 미디어 등을 끌어들이면서 현지 시각으로 적용해야 한다고 읽혀지고 있었다. 단일의 보이콧은 존재하지 않았다. 다양한 국가 맥락에서 보이콧에 관한 재조사는 부패정권 정부 재정긴축의 공개 전시부터 늘어나는 범-이슬람운동 지지에서, 호전적인 초강대국을 응징하기 위하여 비동맹운동을 재편성에서, 국내의 권위주의 통치를 강화까지 보이콧 참여를 위한 복잡하고 다양한 목표를 보여준다. 1980년 보이콧도 이전 올림픽 시위의 기억을 떠오르게 했는데, 특별하게 1963년 대안 올림픽경기를 창출한 인도네시아의 시도와 뉴질랜드 럭비 대표팀 올 블랙스All Blacks가 남아프리카 순회경기에 대한 대응으로 만들어진 1976년 몬트리올 올림픽에 22개 국가가 보이콧을 한 일 등이 있다.

---

4) Jonathan Harsch, 'Olympic boycott issue tests strength of European community', *Christian Science Monitor*, 31 January 1980, 4.

5) Jenifer Parks, 'Welcoming the "Third World": Soviet sport diplomacy, developing nations, and the Olympic Games', in Heather L. Dichter and Andrew L. Johns (eds), *Diplomatic Games: Sport, Statecraft, and International Relations since 1945* (Lexington, KY: University of Kentucky Press, 2014). 바루흐 하잔Baruch Hazan이 언급한 바와 같이, 비동맹의 보이콧은 소련을 '소련 선전 기관의 가장 효과적인 도구들 중에 하나'를 빼앗아 버렸다. Hazan, *Olympic Sports and Propaganda Games: Moscow 1980* (New Brunswick NJ: Transaction Books, 1982), 5, 125-6.

1980년 보이콧에 관한 재평가도 보이콧 국가 출신 선수들을 위한 창조된 대안 스포츠 이벤트를 새로운 시각으로 바라볼 필요가 있다. 특별하게 리버티 벨 클래식Liberty Bell Classic이다. 모스크바 경기가 시작되기 직전에 7월 16일과 17일간 필라델피아에서 개최된 이틀간의 육상경기 대회였다. 이러한 잊힌 스포츠 외교 이니셔티브는 아시아와 아프리카 등에서 몇몇 국가의 보이콧과 함께 해석되는지에 효과적임이 증명되었다. 그러나 보이콧은 다른 미국 외교정책 목적에 그림자를 드리웠다. 인권에 민감한 카터 정권은 성공적인 외교적 조치로서 올림픽 비참여 수단을 통해 해결하려 했다.

## 인도네시아의 보이콧과 비동맹운동

1980년 올림픽 보이콧에서 인도네시아의 역할은 특별히 상징적이다. 국제스포츠(인도네시아는 1988년까지 올림픽에서 메달을 따지 못했다)에서 인도네시아의 역할이 아니지만, 비동맹운동에 대한 인도네시아의 지속적으로 역사적인 헌신과 올림픽 권위에 반대하는 전통 등이다. 1962년, 아랍국가와 중국 등으로부터 압력을 받았던 인도네시아 올림픽위원회Komite Olahraga National Indonesia는 중화민국과 이스라엘 선수와 관계자 등의 4차 아시안 게임 참석을 위한 비자 발급을 거부했다. 국제올림픽위원회는 인도네시아의 자격정지로 대응했는데, 이사회 역사상 처음 있는 자격정지였다. 인도네시아의 응수는 자국의 미미한 올림픽 역량의 범위를 훨씬 벗어났다. 수카르노 대통령은 대안올림픽인 신흥국경기대회GANEFO를 창설해서 응수했다. 초대 경기는 1963년 자카르타에서 열렸다.[6] 신흥국경기대회—'전진, 후퇴 금지!'라는 혁명적인 모토를 내세

6) '신흥국'New Emerging Forces이라는 용어는 미국 학자인 베라 미샐스 딘Vera Micheles Dean, *Builders of Emerging Nations* (New York: Holt, Rinehart & Winston, 1961)에서 나왔다. 신흥국경기대회GANEFO,의 지정학에 관한 한 가지 연구로는 Russell Field,

움—탈식민주의와 사회주의 '신흥국가'를 위하여 설립되었다. 1955년 반둥회의 전통에서, 수카르노는 올림픽운동의 신식민주의에 도전할 기회를 좋아했다. '스포츠는 정치와 관련을 갖는다는 것을 솔직하게 선언하자. 그리고 인도네시아는 지금 스포츠와 정치의 결합을 제안한다.'[7) ] *스포츠 일러스트레이티드* 지 기자는 경기—소련이 건설하고 중국이 재정 지원한 103,000석의 운동장에서 개최—는 아마도 '역사상 어떠한 기록도 없는 가장 완벽하게 허술한 스포츠 이벤트'라고 설명했다.[8)] 국제선수권대회 기준으로 의심스러운, 신흥국경기대회에 관한 이야기는 비동맹국가들에게는 대규모 보이콧이자 심지어 영구적인 경쟁 올림픽경기를 위한 잠재력을 보여주었다.

바로 뒤에, 국제올림픽위원회—비동맹국가의 라이벌 경기 창설로 위협받는—는 인도네시아가 올림픽 품으로 돌아오는 것을 환영했다. 그렇지만 몇몇 특정 스포츠 연맹은 인도네시아의 1964년 하계올림픽 보이콧을 성토하면서 인도네시아 선수들의 경기 출전을 금지했다. 인도네시아가 올림픽에서 한 개의 메달도 얻지 못한 반면에, 이 신생 국가는 국제스포츠 경기에서 중요하고 상징적인 역할을 수행하면서 자국의 비중을 넘어서는 기염을 토했다.

1980년, 인도네시아 지도자들은 올림픽경기 참가와 메달을 따는 것보다도 보이콧으로부터 더 많은 혜택을 얻는다고 재차 인식했다. 보이콧은 미국과의 동맹을 공고히 할 뿐만 아니라 비동맹/이슬람 연대의 명분을 강조하는 데 일조했다. 동아시아의 사활적인 미국의 동맹국이자

---

'Re-entering the sporting world: China's sponsorship of the 1963 Games of the New Emerging Forces (GANEFO)', *International Journal of the History of Sport*, 31 (2014)를 보라.

7) Richard Espy, *The Politics of the Olympic Games: With an Epilogue, 1976-1980* (Berkeley, CA: University of California Press, 1979), 81.

8) T. Peter Ross, 'Sukarno's lavish Ganefo was mostly Snafu', *Sports Illustrated*, 2 December 1963, 28-31.

주요 산유국이며 세계에서 가장 큰 무슬림 국가인 인도네시아 보이콧이 갖는 의미는 절대 간과해서는 안 될 문제였다. 아직도 인도네시아 당국은 1950년대와 1960년대, 아이러니하게도 미국-인도네시아 관계가 가장 낮았던, 수카르노 대통령의 인도네시아 시절의 기억을 떠올리는 반식민주의 비동맹 테마를 둘러싼 보이콧을 설정하고 있다.

1월 초, 인도네시아올림픽위원회KONI 의장인 가토트 수와직 쿠부워노Gatot Suwagic Kubuwono 소장major general은 모스크바올림픽 보이콧에 사우디아라비아의 동참 가능성을 발표했다. 수하르토 대통령과의 면담 이후, 그는 '인도네시아올림픽위원회는 올림픽경기 보이콧 여부에 대한 정부의 결정을 기다리는 중'이라고 선언했다.[9] 일주일 후에는, 웨스트 자바West Java에 있는 반둥Bandung에서, 젊은 이슬람 청년 그룹에 속하는 시위대들이 소련의 아프가니스탄 침공을 규탄하는 시위에서 소련 깃발을 불태웠다. 시위대들은 인도네시아 정부는 소련과 단교하고 인도네시아에서 열리는 국제 복싱경기에 소련 복싱 팀 초청 철회를 요구했다. 시위장소인 반둥은 한 세대 전에 정기적인 비동맹회의 장소로 글로벌 초강대국에 도전하는 인도네시아의 새로운 관심을 상징화하기에 안성맞춤인 곳이었다. 유사한 시위들이 자카르타에서도 일어났다. 대중시위에 대한 공식금지에도 불구하고 말이다.[10]

1980년, 인도네시아는 재차 국제스포츠 경기를 국제정치에 갖다 놓는 입장을 취하는 데 활용했다. 인도네시아—동티모르분쟁 때문에 서구 미디어의 취재가 한창이던—는 국면전환을 위하여 올림픽 보이콧을

9) 'Consideration of Olympic boycott', Hong Kong Agence France-Presse (AFP) in English, 9 January 1980, Indonesia Daily Report. Asia & Pacific, FBIS-APA-08-006 on 1980-01-09 Readex: Foreign Broadcast Information Service (hereafter FBIS).

10) 'Demonstrations in Bandung, Jakarta', FBIS Hong Kong AFP in English, 16 January 1980, Indonesia Daily Report. Asia & Pacific, FBIS-APA 80-011 on 1980-01-16.

활용한 반면에 비동맹운동에서 명예를 회복하려 했다.[11] 수하르토의 인도네시아—미국의 동맹국이자 주요 석유공급국—는 인도네시아 초대 대통령인 수카르노 하에서 개발시킨 내셔널리스트/비동맹스포츠 레토릭을 재활용했다.

## 위기의 필리핀

보이콧은 필리핀에게 약간의 비용을 지불했다. 인도네시아와는 대조적으로, 필리핀은 강력한 올림픽 전통을 유지해 왔다. 1924년 올림픽에 동남아시아에선 처음으로 선수를 파견했고, 1928년 올림픽에서 첫 번째 메달을 따고, 1972년 동계올림픽 경기에 참여한 최초의 열대 국가이었다. 여전히 1980년, 모스크바 올림픽 보이콧에 필리핀의 참가는 필리핀 정부에게는 반사이익을 가져다주었다. 미국의 보이콧에 참여함으로써, 마르코스 대통령은 미국으로부터 지속적으로 호의적인 지원을 받고 권위주의 정권의 인권유린과 부대 등에 대한 비난을 따돌리는 등 국가안보 관련 아젠다를 아우르는 것이었다.

1979년 말과 1980년 초는 마르코스와 필리핀 등에게는 시련의 시기이었다. 필리핀 경제가 하향 곡선을 타고, 고유가와 필리핀의 1차 수출 품목인 코코넛 오일과 설탕 등의 가격이 낮아지면서 이중으로 고통을 받게 되었다.[12] 개인적인 사치와 방만한 지출 우선순위 등의 이유 때문에 마르코스는 필리핀 가톨릭 지도자인 하이메 L. 신Jaime L. Sin 추기경에 의하여 공개적으로 비난을 받아왔다. 4천만 명의 가톨릭 신도의 나라에선 광범위하게 반향을 불러일으키는 비판이었다.[13] 새해 전날,

11) 'No bleep on the moral radar', *Washington Post*, 2 February 1980, A10.

12) Jennifer Conroy Franco, *Elections and Democratization in the Philippines* (London: Routledge, 2001), 190 n.115.

13) 'Philippine Cardinal sees civil war', *Washington Post*, 5 September 1979, A14.

정부 관리들은 마르코스와 다른 필리핀 관료 등의 암살 음모 전모를 발표했다.[14] 1개월 후, 필리핀 국민들은 1972년 계엄령 선포 이후 지방선거를 경험했다. 비평가들은 결과를 의심했지만 말이다.[15]

더욱이 미국은 장기간에 걸친 동맹에 대해서 피로가 가중되었다. 마르코스는 정기적으로 인권유린과 관련하여 미국 언론의 보도 대상이었다. 2월, 하원은 마르코스정권의 정치범 학대에 관한 증언을 청취했다. 움직임은 마르코스에 대해 진행 중인 군사원조를 끊는 것이었다. 다른 한편으로 몇몇 하원의원은 필리핀에서 미군기지 철수를 고려중이었다. 마르크스에게 가장 동정적인 평가조치도 반-마르크스 반란을 지원하는 소련으로 기울어진다면 효력이 있지 않을까 하는 의심을 가졌다.[16] 마르코스도 필리핀에 대한 미국의 공약에 의심을 가졌다. 이란 위기는 심약한 야망과 미국의 쇠락하는 힘 등에 관한 지표였기 때문이다.[17]

3월 28일, 마르코스는 필리핀 팀은 모스크바로 가지 않는다고 발표했다. 필리핀 텔레비전에 마르코스의 등장은 칠레 대통령인 아우구스토 피노체트Augusto Pinochet와의 회담 11시간이 지난 뒤 며칠 동안 국민 시야에서 사라졌다가 일주일 후에 나타났다. 1973년 쿠데타 직전 야당 정치인 살해로 기소된 피노체트는 마르코스에게는 환영하기 싫은 손님이었다. 특히나 자기 자산의 남용으로 인한 국제 미디어의 집중 조명 아래에서는 말이다.[18]

필리핀 국민들에 대한 그의 발표에서, 마르코스는 소련의 아프가니

---

14) 'Manila reports uncovering plot to kill Marcos and other aides', *New York Times*, 1 January 1980, 3.

15) Henry Kamm, 'Marcos's political scheming leaves opposition rudderless', *New York Times*, 3 February 1980, E3.

16) Frank Mount, 'The Philippines, 1980', Asian Affairs, 8 (1980), 122-3; Jack Anderson 'Philippines: another Iran?', *Washington Post*, 20 April 1980, D7.

17) 'Marcos questions Carter on Iran', *New York Times*, 20 April 1980, 15.

18) 'Chilean cancels tour after abrupt Marcos rebuff', *New York Times*, 23 March 1980, 3.

스탄 침공이 아니라 필리핀 국내 위기에 관한 주제를 가지고 결정을 정했는데, 보이콧은 긴축재정 목표에 부합한다고 선언했고, 15퍼센트까지 재정지출 삭감을 하려는 목표를 충족하는데 도움을 주었다.[19] 여전히 모스크바 보이콧이 긴축재정에 도움을 준다며 돈을 헤프게 쓰는 마르코스의 주장은 속임수였다. 필리핀은 모스크바 올림픽 경기 참가 재정지원을 해주겠다는 소련의 인센티브를 거절했다.[20] 또한, 필리핀은 재정자원을 리버티 벨 게임에 참여하기 위하여 필라델피아로 선수 파견을 하는데 재정을 지원하기로 했는데, 이는 마르코스의 긴축정책에 관한 이전 발표를 의심스럽게 만들었다.

필리핀의 보이콧 참가로 마르코스는 외교적 보상을 얻었다—카터 행정부로부터 갱신된 신뢰 말이다. 필리핀의 보이콧 발표 몇 주 만에, 마르코스는 미국신문사 발행인들에게 연설을 위하여 하와이를 방문했는데, 권력을 잡은 뒤 그의 첫 번째 미국 방문이었다. 마르코스는 미국 언론이 자신의 정권 왜곡을 하고 있다고 주장하면서 항의했는데, 일인 통치는 '권위주의적'이지만 '독재적'이지는 않다고 선언했다.[21] 카터 대통령은 하와이로 가지 않는 대신에, 동아시아 태평양 담당 차관보인 리차드 홀부르크Richard Holbrooke와 전 국무장관 딘 러스크Dean Rusk 등을 파견했다. 카터가 마르코스와 거리두기를 유지하는 반면에, 필리핀 독재자는 러스크와 홀부르크 등으로부터 의미 있는 보상을 받았는데, 보이콧에 대한 필리핀 지원에 감사한다는 카터의 편지이다.[22]

19) 'Marcos tells Press Philippines to boycott Moscow Olympics'; FBIS Hong Kong AFP in English Daily Report Asia & Pacific, FBIS-APA-80-065 on 1980-04-02. 'Chilean cancels tour after abrupt Marcos rebuff', 3.

20) Hulme, *Political Olympics*, 77.

21) 'Marcos, in Hawaii, gets a mixed Filipino reception', *New York Times*, 22 April 1980, A8.

22) Sara Steinmetz, *Democratic Transition and Human Rights: Perspectives on U.S. Foreign Policy* (Albany, NY: SUNY Press, 1994), 169; Peter Tarnoff to Zbigniew Brzezinski, 'Proposed Presidential Letter to Philippine President Marcos on the

카터 사절과 국방부 관리 등과의 만남 이후에, 마르코스는 미국은 재차 '의지할 수 있는 동맹'이자 유럽과 중동에서 전쟁이 발발해도 '아시아를 포기한다는 우려를 덜하게' 되었다고 마구 떠들어 댔다. 마르코스는 올림픽 보이콧과 카터 행정부의 다른 반소 이니셔티브 등을 칭찬했는데, '소련의 아프가니스탄 침공에 대한 미국의 대응과 관련하여 유럽 국가들의 유보적인 태도'를 공격하면서 미국에게 더 강력해진 리더십을 행사하도록 하는 그의 주장을 계속해 나갔다.[23] 국내와 미국 지원의 상실의 위험에 포위당하면서, 마르코스는 보이콧 참가가 자신의 정권 유지에 도움이 된다고 이해했다. 1980년 봄까지, 필리핀에 대한 카터 행정부의 인권 아젠다의 초점은 국가안보 아젠다로 수평선 너머로 표류하게 되면서—올림픽 보이콧으로 명확—필리핀-미국 관계를 지배하게 되었다.

## 중국의 보이콧: '아시아를 넘어서 세계로'

1976년 중국에서 모택동의 사망과 4인방 지배의 종식은 스포츠에 관한 매우 유리한 공식적인 태도를 가져왔다. 모 이후 중국의 세계로의 개방 일환으로, 중국 공산당은 국가 위대성의 수단이자 조치로서 국제스포츠에 재차 진입했다. 우연치 않게도, 중국의 새로운 '최고 지도자'인 등소평은 문화혁명 이전에 국가스포츠 정책을 조율해 왔었다. 1979년 중국국가스포츠위원회는 '올림픽 모델'을 포용했다. 그 해의 국가 경기들은 이 주제를 따랐다. '새로운 장정'은, 중국 스포츠를 국제무대로 가져올 필요가 있는 활동을 반영한 것이었다.[24] 1980년은 등소평의 중국을 위한

occasion of his visit to Honolulu April 1980. United States', PHO1646, Department of State. Executive Secretariat, 16 April 1980.

23) Frederic A. Moritz, 'Marcos tries to polish tarnished human rights image, boost US ties', *Christian Science Monitor*, 29 April 1980, 6.

24) Susan E. Brownell 'Sports', in Dingbo Wu and Patrick D. Murphy (eds), *Handbook*

일반적인 주제로 일조하게 되는 새로운 슬로건을 가져왔다. '세계를 넘어서 세계로'.[25] *크리스티안 사이언스 모니터* 지 헤드라인에서는 1984년 로스앤젤레스 올림픽 경기 직전에 '우정은 더 이상 중국 올림픽 선수들의 승리보다 앞서지 않는다'고 보도했다.[26]

회고해보면, 1980년 보이콧에 대한 중국의 지지는 어느 정도 희생이 있었다. 1979년 1월 올림픽으로 다시 들어가게 되면서, 중국은 모스크바 올림픽에서 첫 번째 메달을 딸 것으로 확신했다. 그럼에도 불구하고, 올림픽 영광을 위한 기회가 지정학에 종속되게 되었다.

미국과 함께 중국의 보이콧은 이익 수렴과 심층 협력 등에 상징적이었다. 취임하자마자, 카터 행정부는 문화외교를 통한 중국과의 관계 개선을 상정했는데, 선수 교류가 핵심 요인이었다.[27] 백악관도 소련의 점증하는 군사력에 대한 균형으로서 변화된 중국을 환영했는데, 소련의 아프가니스탄 침공 이후 더욱 사활적인 목표이었다.[28] 외교적 도구로

---

*of Chinese Popular Culture* (Westport, CT: Greenwood Press, 1994), 126.

25) Xu Guoqi, *Olympic Dreams: China and Sports, 1895-2008* (Cambridge, MA: Harvard University Press, 2008), 197.

26) Julian Baum, 'Friendship no longer ranks ahead of winning for Chinese Olympians', *Christian Science Monitor*, 26 July 1984, 3.

27) 'Memorandum from the President's Assistant for National Security Affairs (Brzezinski) to President Carter', Washington, 14 June 1977, *Foreign Relations of the United States*, 1977-1980 volume XIII, China, Document 31.

28) 등소평과의 예비회담에서, 카터 대통령은 미국은 개도국과의 개선된 관계를 가지고 싶다는 그의 바람을 표명했는데, 중국이 동남아시아와 아프리카 등에서의 글로벌 안정을 조성하는데 도움을 줄 수 있다는 희망아래에서 말이다. 'Memorandum of Conversation', Washington, 29 January 1979, *Foreign Relations of the United States, 1977-1980* Volume XIII, China (Washington, DC: Department of State, 2013), Document 202. 캄보디아와 아프가니스탄 등에서 비빌전쟁에서 협조를 포함하는 지속적인 중국-미국의 군사 관계에 대한 한 가지 조사로는, James Mann, *About Face: A History of America's Curious Relationship with China from Nixon to Clinton* (New York: Knopf, 1999), chapter 5, 'Carter's Cold War'를 보라. 소련의 아프가니스탄 침공 직후에 늘어나는 미국-중국의 군사관계에 대한 현대적인 설명으로는 Bernard Gwetzman, 'Arms not included: in Congress, Peking gets most-favored-nation status in trading', *New York Times*, 25 January

서 스포츠에 대한 강조는 '핑퐁외교'의 확실한 성공이 부여된다 해도 놀랄만한 일이 아니었다.

수많은 동맹정부와 미디어 등은 카터 대통령의 보이콧 압력에 저항했던 반면에, 중국 정부와 미디어 등은 모스크바와 거리 두기하는 데 주저하지 않았다. 중국이 보이콧을 수용한 정도는 중국의 소련 이탈과 미국 편향 등을 보여주는 1960년대와 1970년대 중요한 지정학적 이동의 의미를 보여준다. 중국은 미국과 소련의 긴장 완화의 종식을 환영했다. 모스크바 보이콧이 마지막 의미이었다. 신화사 통신은 소련의 동기에 관한 '재고'를 칭찬했다. 미국 국무부와 카터 행정부 관리들의 공격적인 발표를 우호적으로 보도했다.[29] 신화사는 미국 상원의 올림픽 보이콧 승인과 소련에 대한 선진기술 생산품 판매 금지 등을 열렬하게 보도했다.[30] 중국 미디어는 국가 보이콧에 대한 공동의 조건으로 글로벌 보이콧을 설명했는데, 소련과 공유하는 위협을 강조하면서 말이다. 범-이슬람주의 시각이 아닌, 신장 서부 지역에서 분리주의 운동이 부과된다면 잠재적으로 위험한 움직임이 될 수 있기 때문에, 신화사는 소련의 파키스탄과 중국 등에 대한 위협의 맥락에서 42개국 이슬람 협의회의 보이콧 노력을 보도했다.[31]

보이콧은 또한 중국이 스포츠 외교를 통하여 아시아 안에서 신장된 역할을 상정하도록 허용해 주었다. 4월 초, 중국 올림픽 당국은 보이콧을 지지하기 위하여 일본을 압박하기 위한 바람으로 말레이시아, 일본과 중국 국가올림픽위원회의 합동 회의를 소집했다.[32] 보이콧을 하

1980, A1를 보라.

29) 'Hodding Carter assesses Soviet goals', FBIS Beijing Xinhua in English 3 April 1980 FBIS-CHI-80-066 1980-04-03.

30) 'U.S. reaffirms opposition to Soviet invasion of Afghanistan', FBIS Beijing Xinhua 25 June 1980 B1 Daily Report. People's Republic of China, FBIS-CHI-80-125.

31) 'Islamic Council official on Soviet threat', FBIS Beijing Xinhua in English 24 January 1980 page 1 Daily Report FBIS-CHI-80-018 on 1980-01-25.

32) 'JOC in dilemma over PRC proposal for sports meeting', FBIS Tokyo KYODO

려는 중국과 말레이시아 등의 생각, 올림픽 메달획득이 아닌, 일본에 영향을 미치려고 노력하는 것—올림픽 역사에서 가장 많은 영광을 가진 국가—은 아이러니 했었다. 이것 또한 지역강대국으로서 중국의 새로운 야망을 말해주는 것이었다.

중국의 스포츠 관리들은 보이콧에 관한 지지에 절대 흔들리지 않았다. 1980년 1월 8일, 백악관이 보이콧 가능성에 관한 최초의 공개선언을 발표한 지 딱 4일 지나서, 체육문화스포츠위원회 관리들은 중국도 보이콧할 가능성을 표명했다.[33] 이러한 정서는 중국올림픽위원회 책임자인 종 시통Zhong Shitong에 의하여 반향이 곧바로 일어났다.[34] 몇 주 후, 중국올림픽위원회 관리들은 올림픽의 '평화와 우호' 정신에 글로벌 보이콧에 중국 참여에 관한 이야기들을 반복했다.[35] 모스크바 올림픽 폐막식에서, 관영 *북경 인민일보* 사는 중국의 최고 체조 선수 팀의 자발적인 희생에 대해서 보도했다. 이들 선수들은 이타주의와 애국주의 등을 가지고 보이콧을 포용했다.[36]

아마도 다른 국가보다도 더 할 정도로, 중국은 대체 경기를 조직하려는 미국의 노력을 환영했다.[37] 현대적인 시각에서 바라보면, 리버티

---

C1 Daily Report, ASIA & PACIFIC, FBIS-APA-80-067 on 1980-04-02.

33) 'PRC may reconsider participation in Moscow Olympics', FBIS Tokyo *Kyodo* in English 8 January 1980 China Daily Report FBIS-CHI-80-006 on 1980-01-09.

34) 'PRC supports idea of Olympic boycott', FBIS Tokyo *Kyodo* in English 22 January 22 1980 China Daily Report FBIS-CHI-08-016 on 1980-01-23.

35) 'PRC Olympic official holds press conference on boycott', FBIS Beijing Xinhua in English 25 January 1980 Daily Report A3 FBIS-CHI-80-018 on 1980-01-25.

36) Yan Nai Hua, 'After deciding not to participate at the Moscow Olympics - an interview with the Chinese gymnastics team', *Renmin Ribao*, 29 July 1980, 3.

37) 'China will participate in alternative Olympic Games', FBIS Beijing Domestic Service in Mandarin 27 March 1980 Daily Report A3 FBIS-CHI-80-065 on 1980-04-02. 'Alternative sports events', FBIS Xinhua in English 19 June 1980 FBIS-CHI-80-121.

벨 클래식에 중국 참여는 아무것도 아닌 반면에, 1980년 양일간의 미니 올림픽경기는 중국의 스포츠 역량에 비해선 비대칭적이었다. 중국은 딱 한 번 1952년 올림픽경기에 출전한 바 있었다. 경기에 늦게 도착했던 1952년 헬싱키올림경기에는 한 명만 참석했다. 1956년 멜버른 올림픽경기에 중화민국의 참가는 중국의 보이콧을 재촉했는데, 올림픽 운동으로부터 30년간의 고립을 알리는 것이었다. 중국은 레이크 플라시드Lake Placid에 24명의 선수를 파견했지만, 단 한 개의 메달도 얻지 못했다.

중국 미디어는 리버티 벨 클래식을 열렬히 환영했다. 경기의 경쟁력을 칭찬하면서, 이벤트는 1932년 로스앤젤레스 올림픽 이래로 미국에서 열린 최대의 육상경기대회임을 보도했다.[38] 7월 19일 1면 기사에서, 경기 폐막식 날에, *인민일보* 사는 필라델피아에서 중국 선수들의 선전에 대한 극찬하는 설명을 보도했다. 기사가 설명했던 바와 같이, 미국 관중은 펜실베이니아 대학의 '넓은' 프랭클린 운동장에서 중국의 열 개의 메달 (5개의 금메달) 획득에 대해서 환호했다. 가장 중요한 것으로, *인민일보* 사는 새로운 국가 스포츠 모토인 '아시아를 넘어서 세계로'[39]의 맥락에서 리버티 벨 클래식에 중국 참여를 선언했다.

리버티 벨 클래식은 중국의 미국과 늘어나는 관계에 가시성을 부과했는데, 양국 간 스포츠 관계를 제도화했고, 미국에서 국제 육상경기

38) 'Hundreds of athletes boycotting the Moscow Olympics gather in Philadelphia for the opening of the "Liberty Bell" track and field meet', *Renmin Ribao*, 18 July 1980, 6.

39) 'Our athletes "Out of Asia, Into the World"', *Renmin Ribao*, 19 July 1980, 1; Xinhua also expressed optimism that an alternative swimming and diving competition could be arranged in Hawaii. 'Water sports events', Beijing Xinhua in English, 19 June 1980, A2 Daily Report FBIS-CHI-80-121 on 1980-6-20. The Liberty Bell Classic was seen as just a beginning, as increased visits from US sport teams to China were discussed at meetings between Vice-Foreign Minister Zhang Wenjin and Secretary of State Cyrus Vance. 'Document 303 Telegram from the Department of State to the Embassy in China', *Foreign Relations of the United States, 1977-1980 Volume XIII, China, September 1979-1981*, 1099.

에서 중국 국가 대표 팀을 위한 국제경기를 허용 했다—모든 것이 중요한 성과이었다. 대조적으로, 필리핀이 리버티 벨 클래식에 참여한 반면에, 국가적인 노력은 현지 미디어 안에서 아무런 열정도 만들어내지 않았다. 미국이 주도하는 1980년 스포츠외교 이니셔티브—올림픽 보이콧과 리버티 벨 클래식—는 국제스포츠에서 '우호 우선'과 선수권 경쟁을 위한 새롭게 재발견된 취미 등으로 중국의 선호에 적용되었다.40)

1980년 3월 말에 다른 국가들이 보이콧 지지에 흔들리면서, 미국 관리들은 외무성 부장관인 장웬진Zhang Wenzin과 국무장관 밴스와 회의 이후에 '중국의 지지는 보이콧과 대안 경기' 등을 위하여 전 방위적이었음을 언급했다.41) 미국 외교 전신이 그 당시에 적시한 바와 같이, 올림픽 보이콧은 중국-미국 외교 맥락에서 호의적인 주제를 제공했는데, 미국과 중국의 정상화 속도를 제고하는 데 도움 주었다.42) 딱 들어맞게, 중국의 참여는 소련과 대부분 소련 진영의 보이콧 발표 직후에 1984년 로스앤젤레스 올림픽을 '구해주었다'.43) 로스앤젤레스 게임도 중국의 첫 번째 메달 (중국의 예전 노메달 계산과 비교해서 큰 오리의 알을 깼다)을 보았다.44)

40) Fan Hong and Lu Zhouxiang note that the PRC followed the US (both the 1980 boycott and the 1984 Los Angeles Games) for 'political, diplomatic, economic, and strategic reasons', 'Politics first, competition second: sport and China's foreign diplomacy in the 1960s and 1970s', in Dichter and Johns (eds), *Diplomatic Games*, 403.

41) 'Document 304 Information Memorandum from the Assistant Secretary of Defense for International Security Affairs (McGiffert) Secretary of Defense Brown', *Foreign Relations of the United States, 1977–1980 Volume XIII, China, September 1979–1981*, 1101.

42) 'DAS Armacost call on Han Xu: Iran, Japan, Afghanistan, and the Olympics', United States Embassy, China. Confidential Cable. 19 April 1980. Proquest Digital National Security Archive.

43) Lynn Zinser, 'Phone call from China transformed '84 Games', *New York Times*, 14 July 2008, D1; Bin Zhang, '1984: China saved the Olympics', *Success*, 9 2008, 20–22/.

44) Brownell, 'Sports', 127.

중국 보이콧의 의미는 중국과 더 강력해진 관계 주창자인 국가안보 보좌관인 즈비그뉴 브레진스키Zbignirw Brzezinski에 의하여 다음과 같이 언급되었다. 카터에게 보낸 메모에서, 브레진스키는 전략적인 핵심 국가들의 영향력과 함께 중국의 보이콧을 다음과 같이 평가했다.

> 소련의 눈에서 세계에서 가장 중요한 네 개 국가—즉, 미국, 중국, 독일과 일본—는 참가하지 않는다. 모든 다른 국가가 참가를 결정한다 해도, 이들 네 개 국가는 참가하지 않는다는 사실은 소련에 대한 정치적 메시지를 전달하기에 충분하다.

브레젠스키는 카터에게 보이콧은 '전적으로 동아시아에서 성공적이었다고 선언했다.[45]

현대 중국의 역사적 기억은 1980년 보이콧의 논리를 이해하려고 노력 중이다. 국제스포츠 경기에서 최고의 영예를 누리기 위한 중국 선수를 바라보고 미국 외교정책에 본능적으로 의심을 지니는 것에 익숙해지면서, 중국은 미국과 연계된 올림픽 보이콧을 환영하는 생각은 전례없이 복잡해졌다.[46] 북경올림픽 직전에 발행된 6권의 중국스포츠사는 1980년 보이콧 또는 리버티 벨 클래식 등에 대한 언급조차 하지 않았다.[47]

---

45) Zbigniew Brzezinski to President Carter, 6 June 1980, Memorandum, subject: NSC Weekly Report #144. The *Washington Post*'s Robert G. Kaiser made the same point: 'A serious Soviet student of world affairs who was asked to name the four countries outside the Soviet empire that are most important to the U.S.S.R. would list China, the United States, West Germany and Japan.' Kaiser, 'Counterfeit Olympiad', *Washington Post*, 4 June 1980, A19.

46) http://simonhuanghe.bokee.com/6677168.html (accessed 23 April 2015); 1980년 중국의 모스크바올림픽 보이콧 참가는 현대적인 미국시각으로 보면 유사하게 어리둥절하게 만드는 중이다. 'U.S. organizer of 1980 boycott talks about politics and the Olympics', Radio Free Europe, Radio Liberty, 28 March 2008, www.ferl.org/content/article/1079699.html에서 이용할 수 있습니다 (2015년 4월 23일 접속)를 보라.

47) Hao Qing, *A General History of Chinese Sport*, 8 vols (Beijing: People's Sports Press, 2008).

중국과 미국이 1980년 한 팀이었던 반면에, 그해 외교적이고 스포츠적인 영광은 양국의 이해관계에 관한 독특한 잠깐의 공통분모였다.[48]

## 이집트의 보이콧: 소련의 위협과 아랍의 연대

중국처럼, 이집트 안와르 사다트Anwar Sadat대통령은 미국과 협력하여 소련에 도전하기 위한 전략의 일환으로 처음부터 강력한 모스크바 올림픽 보이콧 지지를 제안했다. 소련의 아프가니스탄 침공에 관한 이집트의 반응은 소리 높여 표현했는데, 수많은 미국 동맹국과는 다르게 말이다. 이집트의 시각에서 보면, 소련 침공은 중동의 에너지 자원 통제를 위하여 소련 공격에 첫 번째 공세이었다. 몇몇 국가의 경우에, 이집트처럼, 1980년 보이콧 합류는 왕성한 반소정책을 위한 값싼 대체물이었다. 특별하게 서유럽(서독, 노르웨이, 대처 정부)과 일본 등에서—경제 제재와 제고된 군사 구축 등은 받아들이기 쉽지 않았던 지역—이었다. 올림픽 보이콧은 저비용, 미국과의 협력에 관한 세간의 이목을 끄는 상징 등으로 작동되었다.[49] 이집트의 사례에서, 관심은 상반되었다. 소련 침공 몇 주 만에, 이집트 미디어는 올림픽 보이콧이 막 시작되는 중이라는 다양한 수단에 의하여 소련과 대결하고 서구권을 형성하는 확실한

48) 미중 스포츠 관계는 짧았다. 1983년 4월, 중국은 중국 테니스 선수 후나Hu Na에 대한 미국의 정치적 망명 허용에 대한 보복으로 모든 스포츠와 공식적인 문화교류 등을 단절했다. 'China suspends cultural, sports links with U.S.', *Washington Post*, 8 April 1983, A1.

49) Michael Getler, 'Crises put new strains on alliance', *Washington Post*, 24 May 1980, Al, A12; Minton F. Goldman, 'President Carter, Western Europe, and Afghanistan in 1980: inter-allied differences over policy towards the Soviet invasion', in Herbert D. Rosenbaum and Alexej Ugrinsky (eds), *Jimmy Carter: Foreign Policy and Post-Presidential Years* (Westport, CN: Greenwood Press, 1994), 19-34. Daniel James Lahey, 'The Thatcher government's response the Soviet invasion of Afghanistan', *Cold War History*, 13:1 (2013); Paul Corthorn, 'The Cold War and British debates over the boycott of the 1980 Moscow Olympics', *Cold War History*, 13: 1 (2013).

역할을 하기 위하여 미국을 재촉했다.

페르시아만 지역에 대한 소련의 유화에 강력한 미국의 대응을 요구할 때, 이집트는 중동에서 활동적이고 강력한 미국 정책을 옹호하는 1월 23일 '카터 독트린'으로 불리는 미국 연두교서의 내용으로 미래를 직감했다. 올림픽 보이콧에 관하여 이집트의 열렬한 수용은 과거 여러 해 탈 소비에트화가 어떻게 소련의 아프가니스탄 침공으로 악화되는지를 보여주는데, 중동에서 심층적인 새로운 동맹과 미국의 협조를 위한 가능성을 보여주었다.[50] 또한 명백한 것과 같이, 이집트는 소련에 대한 강력한 도전을 조율할 수 있는 카터의 역량을 의혹의 눈으로 바라보고 있었다.

이집트의 보이콧은 또한 다른 아랍국가들로부터 관계 소원을 종식시키는 데 일조했다.[51] 1979년 3월 이집트-이스라엘 평화조약 체결에 즈음하여, 다른 아랍국가들은 이집트를 경제적으로 외교적으로 추방했다.[52] 아랍연맹은 본부를 카이로에서 튀니스로 옮겼고, 이집트에 있는 페르시아 만 개발기구를 해산했다.[53] 올림픽 보이콧은 이집트에 최대의 수혜 당사들과의 동맹을 하게 해주었다. 미국과 사우디아라비아 말이다.[54]

---

50) 미국-이집트 간의 군사 협력 확대에 관한 현대적인 시각으로 보면, John M. Goshko, 'Egypt to get best weapons as U.S. hunts Arab support', *Washington Post*, 10 February 1980, A18; Edward Cody, 'Egypt says it trains Afghan rebels', *Washington Post*, 14 February 1980, A1를 보라.

51) George C. Wilson, 'Egypt base could cost $400 million: Pentagon planning staging facility for Fast Reaction Force', *Washington Post*, 26 August 1980, A1.

52) 'Economic boycott of Egypt imposed by Arab countries', *Washington Post*, 1 April 1979, A1.

53) 'Tunisia breaks with Egypt; aid fund abolished', *Washington Post*, 28 April 1979, 21.

54) 사우디아라비아의 보이콧 발표는 1979년 이미 자국은 참여하지 않을 것이라고 말한 상황에서는 아이러니한 것이었다. 어떤 소련 관계자가 언급한 바와 같이, '나는 두 번의 결혼 제안을 거절하는 것은 불가능하다고 생각한다. 한번이면 족하다.' Kevin Klose, 'Soviets assail Olympic boycott idea, accuse U.S. of "political blackmail"', *Washington Post*, 15 January 1980, A12.

1월 11일 '보이스 오브 더 아랍' 라디오 논평은 소련에 대항하는 강력한 *이슬람 블록*(tajam'in)의 창설을 지지했다—아프간 국민들에 대한 가능한 한 군사지원뿐만 아니라 직접적인 군사원조. '이슬람 블록은 이슬람 국가들이 식욕을 돋운다고 해서 조각조각 삼킬 수 있는 작은 양이 아니었음을 보여준다.'[55]

봄 안으로, 이집트 미디어는 비동맹 운동에서 자국의 역할과 관련하여 보이콧을 설정했다. 정부가 운영하는 미들 이스트 뉴스기관Middle East News Agency이 설명한 바와 같이, 이집트의 태도는 '정의, 박애와 평화'의 명분으로 작동하는 것이다. 보이콧은 '이데올로기적'이고 '식민주의' 지배와 싸울 때 하나의 조치이다.[56] 1976년 이집트는 뉴질랜드 럭비팀의 남아프리카 순회경기에 대한 항의로 반 인종차별정책 보이콧에 동참하는 데 주저했었다. 3일 동안 경기를 하지 않고 (아무런 메달도 없이) 마지못해서 몬트리올을 떠났다. 1980년 이집트는 보이콧 지지로 절대 기울여지지 않았다. 1월에, 이집트 올림픽위원회 의장은 소련이 아프가니스탄으로부터 철수하지 않는다면 보이콧을 지지할 것이라고 발표했다.[57] 이집트 미디어는 이집트 스포츠협회장과 사다트 발표 이후 이집트 관리 등의 심층적인 회동에 대해서 보도했다. 여전히 선수와 스포츠 관리 간에 아무런 언급이 없었다. 사다트의 권위주의 이집트—미국과 다른 아랍/무슬림 국가 등과 합류하고 싶어하는—는 1980년 한결 같이 말했다.[58]

---

55) 'Commentator urges action of counter Soviet aggression', FBIS LD111643 Cairo Voice of the Arabs in Arabic 11 Jan 80 D11 Middle East and North Africa FBIS-MEA-80-010 1980-01-15.

56) 'Sports groups to boycott Moscow Olympics', FBIS NC131806 Cairo MENA in Arabic 13 Apr 80 D11 Daily Report Middle East and Africa, FBIS-MEA-80-077 1980-04-18.

57) 'Egypt to boycott Moscow Olympics unless troops withdraw', FBIS NC200635 Cairo MENA in Arabic 19 Jan 80 D1 Daily Report, Middle East and North Africa, FBIS-MEA-80-014 on 1980-01-21.

## 사하라 이남 아프리카: 긴축재정의 보이콧

사하라 이남 아프리카sub-Sahara Africa에서, 올림픽 보이콧은 활동적인 스포츠 외교에 관한 풍부한 유산과 연계될 가능성을 제공해 주었다. 케냐는 1월 초 나토 정상회담 회의에서 소련의 아프가니스탄 침공 대응으로 맨 처음 보이콧을 언급했을 때 환영했다.[59] 케냐 보이콧의 의미는 절대 과소평가되어서는 안 된다. 케냐는 올림픽 메달(전체 28개의 메달 중에 1968년과 1972년 9개)을 따본 경험이 있는 국가들 중에서 보이콧에 참여한 최초의 국가이기 때문이다.[60] 1980년 백악관 회담에서, 케냐는, 국제스포츠 시각에서 보면, 보이콧에 핵심적인 다섯 개 국가그룹 중에 하나로 언급되었다.[61]

이집트 경우처럼, 미국과 함께 케냐의 보이콧은 확실했다. 케냐 관리들이 어떻게 보이콧에 설명할지에 대해선 약간 예측 불가였다. 대니얼 아랍 모이Daniel arab Moi대통령은, 미국과 자국의 지속적인 군사 관계를 공표하는데 주저했던, 비동맹운동에서 케냐 역사의 맥락에서 보이콧을 설명했다.[62] 소련과 이란  위기가 미국-케냐 협조를 군사 문제를 포함하는 다양한 분야에서 원동력이 되는 반면에, 케냐 관리들은 탈식민

58) 이집트는 리버티 벨 클래식에서 하나의 메달을 얻어냈다. 나구이 아사드 유세프Nagui Asaad Youssef의 투포환에서의 금메달이었다. 이벤트는 두 명의 선수만 참여했다.

59) John Vinocur, 'Few support idea of Olympic boycott', *New York Times*, 4 January 1980, A7.

60) 'Kenyan urges Olympic boycott', *New York Times*, 3 February 1980, 10. Sarantakes lists Albania, Honduras, Kenya, Malawi, Paraguay and Saudi Arabia as the first commitments to the boycott. *Dropping the Torch*, 215.

61) The list included Kenya, France, West Germany, the United Kingdom and the PRC. 'Summary of conclusions of a Special Coordination Committee meeting'; *Foreign Relations of the United States 1977-1980 Volume VI Soviet Union* (Washington, DC: Department of State, 2013), 755.

62) 'Summary of conclusions of a Special Coordination Committee meeting', *Foreign Relations of the United States, 1977-1980 Vol. XVIII Middle East Region; Arabian Peninsula*, 283.

지와 '소국'의 지위 등에 입각해서 보이콧을 하는 쪽을 선호했다. 보이콧에 참가하는 선언을 할 때, 모이는 '어떤 비동맹국가도 소련 군대가 아프가니스탄에 있다면 모스크바 올림픽 참가는 가장 부적할 것'이라고 선언했다.63)

모이는 케냐가 올림픽 정신에 아무런 해악도 끼치기를 원하지 않는다고 주장했다. 소련의 아프가니스탄 침공으로 상징되는 '소국'에 대한 위협은 무시하기가 불가능하다고 했다. 모이는 국민들에게 케냐의 외교정책은 비동맹과 모든 국가의 영토주권, 이러한 독트린의 핵심이 되는 다른 소국에 관한 지지 등에 기반한다고 재확인 시켜주었다.64) 아프리카에서 케냐는 국제스포츠 무대에서의 존재와 리더십이 주어지면서, 뉴욕 타임스 기사가 보도한 바와 같이, 보이콧에 대한 보이 대통령 선언 이후 케냐의 확약은 즉각적으로 '아프리카 전역으로 영향을 가지는 것으로 나타났다'고.65) 1980년 두 가지의 의미 있는 요인이 올림픽 보이콧에 관한 케냐의 긍정적인 견해에 기여했다. 가장 중요한 것으로, 짧은 역사에서 케냐는 올림픽 메달 권투선수와 장거리 육상선수뿐만 아니라 올림픽 보이콧의 잠재력을 이해했던 국가지도자 등을 배출해 내고 있었다. 1963년 독립한 신생 국가인 케냐는 보이콧의 전통을 만들어내서 중요한 것으로 올림픽 보이콧을 위협해 왔다. 1963년, 케냐는 국제올림픽위원회 회의를 위한 한 명의 남아프리카 공무원의 비자 발급을 거부했다. 국제올림픽위원회는 나이로비에서 바덴바덴으로 회의

---

63) Barry Lorge, 'Kenya joins campaign to move Olympics from Moscow', *Washington Post*, 3 February 1980, A12.

64) 'President urges change of venue for Olympic Games', FBIS LD022107 Nairobi Domestic Service in English 2 Feb 80 B2 Daily Report Sub-Saharan Africa, FBIS-SSA-80-024 on 1980-02-04. Kenya had been one of four nations at the core of the 1976 African boycott. See Steve Cady, '22 African countries boycott Opening Ceremony of Olympic Games', *New York Times*, 18 July 1976, 1.

65) Pranay B. Gupte, 'Kenya will boycott Olympics in Moscow', *New York Times*, 4 February 1980, A10.

장소를 변경했다. 대응으로, 조모 케냐타Komo Kenyatta대통령은 동경 올림픽에 남아프리카와 포르투갈 참가에 항의하기 위하여 아프리카 보이콧을 주도하겠노라고 위협했는데, 올림픽경기에서 남아프리카 금지의 결과를 가져오는 위기를 초래했다.66) 1968년, 케냐는 남아프리카가 1968년 멕시코시티 올림픽에 참가한다면 예상되는 아프리카 보이콧의 선봉에 있었다.67) 대응으로, 국제올림픽위원회는 남아프리카의 재가입을 철회했다. 4년 뒤, 케냐가 주도하는 위협은 국제올림픽위원회에 뮌헨 올림픽 개막식 바로 4일 전에 로디지아를 추방하도록 압력을 가했다.68) 케냐는 남아프리카의 지속적인 인종차별정책을 노정시킨 1976년 아프리카 보이콧을 주도하는데 핵심국가였다.69) 케냐의 경우에, 교훈은 확실하다—보이콧과 보이콧 위협은 효과가 있었다. 놀랄 필요도 없이, 모이는 케냐의 국부인 조모 케냐타(1978년 사망)의 스포츠와 외교에 대한 접근방법을 지속적으로 혼합했다.

대체 스포츠 경기를 위한 잊혔던 미국의 기획이 또한 케냐와 관련해서 성공적인 보이콧을 창설하는데 실질적인 역할을 수행했다. 케냐

---

66) Robert Conley, 'Kenya threatens Olympic boycott', *New York Times*, 21 August 1963, 2.

67) 'Kenya, Sudan and Iraq join boycott of Summer Olympics', *New York Times*, 21 February 1968, 39.

68) Neil Amdur, 'Kenya threatens to boycott Olympics if Rhodesia is allowed to compete', *New York Times*, 17 August 1972, 45.

69) 모이 대통령은 1976년 몬트리올 올림픽 보이콧을 긍정적인 용어로 언급했다. 또한 몬트리올 보이콧에 관한 최근 평가는 www.theatlantic.com/international/archive/2012/08/the-olympics-used-to-be-so-politicized-that-most-of-africa-boycotted-in-1976/260831/에서 이용할 수 있습니다 (2015년 4월 23일 접속); and Courtney W. Mason, 'The bridge to change: the 1976 Montreal Olympic Games, South African apartheid policy, and the Olympic boycott paradigm', in Gerald P. Schaus and Steven R. Wenn (eds), *Onward to the Olympics: Historical Perspectives on the Olympic Games* (Waterloo, Ontario: Wilfred Laurier, 2007) 등을 볼 것. 메이슨이 적시 한 바와 같이, 'The 1976 Olympic African boycott generated considerable international interest in the South African apartheid policy, and contributed to the evolving campaigns of opposition to it' (292).

외교관과 스포츠 관계자 등은 올림픽 경기 대신에 케냐에서 개최되는 복싱 경기에 미국의 후원을 환영했다. 6월, 케냐아마추어복싱협회 사무총장 해리슨 키론조Harrison Kilonzo는 미국은 이벤트를 지원하기 위하여 469,000 달러를 약속했다고 발표했다. 이것은 최소한 40개국 선수 참가를 염두에 둔 것이었다.[70)]

'골드 컵 오브 케냐'Gold Cup of Kenya, 1980년 9월 6-13일는 미국, 태국, 도미니카 공화국, 케냐, 한국, 이스라엘, 영국과 푸에르토리코 출신 메달리스트를 포함했다.[71)] 경기는 보이콧의 원래 정신을 정확히 포착했다. 미국 정부가 다양한 대륙에서 여러 국가에서 대체 경기를 구상했을 때였다.[72)] 케냐는 비동맹 국가들과 연계할 필요성에 부합했다. 스포츠 시각으로 보면, 복싱은 적절했다. 케냐 복싱 그리고 아프리카 복싱은 일반적으로, 강력했다. 1972년 한 대륙에서 7개 메달 중에서 케냐가 3개).[73)] 케냐는 또한 두 번째로 규모가 큰 선수단(34명의 선수로 미국에 이어서 두 번째)을 파견했는데, 4개의 메달을 획득했다.[74)]

---

70) 'Kenyan boxing tourney', FBIS Beijing Xinhua in English 18 Jun 80 A1 Daily Report People's Republic of China FBIS-CHI-80-1211980-06-20; 'Kenya to hold boxing meet for boycotting countries', *Chicago Tribune*, 28 May 1980, Sports section, 4. Early in the process of planning the boycott, American diplomats had even mentioned Nairobi as a possible site for alternative games. 'Alternate Olympics talks attract small turnout', *Washington Post*, 18 March 1980, A16.

71) 'Cup of Kenya, September 6-13', http://amateur-boxing.strefa.pl/Tournaments/GoldCupofKenya1980.html에서 이용할 수 있습니다 (2015년 4월 23일 접속).

72) Chris Hastings, 'Secret US plot to steal Moscow's Olympic flame', *Telegraph*, 29 August 2004, www.telegraph.co.uk/news/worldnews/europe/russia/1470489/Secret-US-plot-to-steal-Moscows-Olympic-flame.html에서 이용할 수 있습니다 (2015년 4월 23일 접속).

73) Josephine Opar, 'Why Kenya became a country of marathoners, not boxers', *Christian Science Monitor*, 27 April 2015, http://search.proquest.com/docview/1675987643?accountid=14576에서 이용할 수 있습니다 (2015년 4월 23일 접속); 'When Kenyan boxers were kings', http://kenyapage.net/commentary/teams/when-kenyan-boxers-were-kings/에서 이용할 수 있습니다 (2015년 4월 23일 접속).

케냐와 함께, 우리는 모스크바 경기에 대한 보이콧을 확대하는데 중국의 노력과 연결시킬 수 있다. 3월초, 케냐 외교장관 로버트 우코Robert Ouko 박사는 자국 정부에게 케냐 주재 중국대사와 함께 타국의 내정 불간섭 정책을 강화 시켰는데, 소련에 대항하는 상호협력의 상징으로서 보이콧을 활용했다.75)

미국 외교를 위한 또 다른 승리에서, 케냐는 보이콧 지지를 위하여 1980년 2월의 무하마드 알리의 아프리카 순회에서 '전환점'을 나타냈다. 카터는 아프리카 지도자들의 지원을 받기 위하여 존경받는 미국 복싱선수의 아프리카 친선 여행을 보냈다. 탄자니아 대통령 율리우스 니에레이Julis Nyerere에 의하여 거부당한 이후, 알리의 여행은 케냐 대통령 모이가 알리를 따뜻하게 맞이하고 모스크바 올림픽 보이콧에 대한 지지를 재차 강조했을 때 힘을 얻었다. 남아프리카에 대한 미국정책과 1976년 아프리카 올림픽 보이콧 지지를 위한 미국의 실패 등에 관한 의문으로 괴롭힘을 당하면서, 케냐의 지지는 알리의 5개국 순회 경기의 정점이었다.76)

이집트와 케냐 등과는 대조적으로, 가나의 모스크바 보이콧은 특별한 국가 환경에 의하여 형성되었다. 가나의 보이콧 참가 가능성에 관한 초기 논의는 1976년 아프리카의 몬트리올 올림픽 보이콧에 관한 제한적인 효과성을 회고했다. 아프리카 보이콧은 서구 언론이 무책임한 것

74) '28 national teams in Liberty Bell Track Meet', *New York Times*, 13 July 1980, S6.

75) 'Foreign Minister reiterates decision to boycott Olympics', FBIS LD061202 Nairobi Domestic Service in English 6 March 80 Kenya Daily Report Sub-Saharan Africa, FBIS-SSA-80-047 on 1980-03-07.

76) Stephen R. Wenn and Jeffrey P. Wenn, 'Muhammad Ali and the convergence of Olympic sport and U.S. diplomacy in 1980: a reassessment from behind the scenes at the U.S. State Department', *Olympika: The International Journal of Olympic Studies*, 2 (1993), 54. As the headline of a *Chicago Tribune* article read, 'Sending Ali to Africa was a gain – for Moscow', *Chicago Tribune*, 9 February 1980, 10.

으로 *가나이안 타임스* 사설에서 언급했다. 사설에서는 가나는 '냉전의 졸'로 활용되어서는 절대 안 된다고 선언했다.[77] 아직도 1980년, 가나의 결정은 1976년 몬트리올 보이콧에 관한 부정적인 인식으로 전해 내려오지 않았고, 아프리카에서 소련, 미국 또는 인종 정치 등과는 전혀 관계없는 것이다. 1957년 제2차 세계대전 이후 독립을 달성하기 위하여 사하라 남부 아프리카에서 최초 국가인 가나는 독립국가로서 투쟁 중이었다. 가나의 보이콧 참여는 1980년 초 국가에 직면 중인 위기의 심각성의 상징이었다.

가나 대통령 힐라 리만Hilla Limann은, 존경받는 경력 외교관인, 카리스마가 있는 공군대위인 제리 롤링스Jerry Rawlings와 3명의 전임 가나 지도자의 사형 등에 의한 군사 쿠데타에 이어졌던 선거에서 1979년 10월 정권을 잡았다. 롤링스는 정부와 군부 지도자 등에게 그들이 횡령했던 자금을 상환하도록 강제했다. 10억 달러 외채, 불안정한 경제(20년 동안에 코코아 생산 저하와 여유분 부족에 기인한 25퍼센트 능력을 가동 중인 산업)와 늘어나는 기근 등에 직면하면서, 리만은 국가 경제를 개혁하기 위한 시간이 모자랐다.[78] 롤링스는 자신은 '보호 관찰' 중이었고 경제회복과 반부패운동 지속 등이 최우선 사항임을 리만에게 경고했다.[79]

그래서 가나 올림픽 참가가 낭비 비용에 관한 국민의식의 희생으로 하락된 것은 놀랄 일이 아니다. 4월 말에, 기독교 계 신문인 *더 빌리버*The Beliver 지는 모스크바 올림픽 팀 파견 비용을 비판했다. '게임에 모

77) 'Paper discusses U.S. call for Olympic boycott', FBIS AB071845 Accra Domestic Service in English 7 Feb 80 Ghana Daily Report Sub-Saharan Africa, FBIS-SSA-80-029 on 1980-02-11.

78) Leon Dash, 'Ghana's new chief vows to continue war on corruption', *Washington Post*, 12 July 1979, A28.

79) Darko Kwabena Opoku, *The Politics of Government-Business Relations in Ghana, 1982-2008* (New York: Palgrave Macmillan, 2010), 27.

든 돈을 쏟는 대신' 사설은 '우리는 농업과 산업 등을 진작시키기 위한 재정자금을 신중하게 활용해야만 한다'고 실었다. '가나가 경기에서 금메달을 목에 건다 하여도 필자는 공개적으로 재정지원 된 스포츠와 일반적으로 스포츠와 외교 등을 논의할 때 자주 반복되는 자제를 신중하게 추가하는데, 이것이 정말 우리에게 이득이 있는 것인가? 라고 어떤 사람이 물어볼 것'이다.[80]

올림픽 개막 전 일주일도 안 되어서, 가나 정부는 모스크바로 가려고 오락가락하는 선수들에게 경고했다. '지난 5월 모스크바 올림픽에 참여하지 않기로 한 위원회의 결정과 아프리카 외곽에서의 국제경기 등은 가나의 스포츠 남녀들은 주요 경기에 충분하게 연습하지 않았다는 현실로부터 거슬러 올라간다.[81] 당시, 가나는 메달을 딴 적(1960년, 1964년과 1972년 복싱에서만 각각 1개씩)이 있었다. 여러 올림픽에 선수를 보낸 많은 국가들과는 다르게 말이다. 그럼에도 불구하고, 1980년 국내 정치가 스포츠를 능가했다.

올림픽 보이콧의 형태인 상징적인 긴축은 리만을 구해내는 데 충분하지 않았다. 인식은 정부가 서투르고 부패했다는 인식이 커졌기 때문이었다. 1981년 12월 31일, 롤링스 대위는 쿠데타를 재차 감행했는데(그의 '두 번째 등장'과 15년 동안 가나의 네 번째 쿠데타), 리만을 투옥하고 스스로를 가나 지도자가 되었다.

다른 18개의 아프리카 국가와 함께 가나의 보이콧은 개도국에서 소련의 체면에 부인할 수 없는 한방이었다. *워싱턴 포스트* 지 기자가 동계올림픽 건설에 관한 1979년 6월 기사에서 보도한 바와 같이, '소련

80) 'Commentary urges Olympic boycott for economic reasons', FBIS AB301815 Accra Domestic Service in English 30 April 80 T1 Daily Report Middle East and Africa FBIS-MEA-80-086 on 1980-05-01.

81) 'Olympic Committee states boycott decision "still stands"', FBIS AB151410 Accra Domestic Service in English 15 Jul 80 T1 Daily Report Middle East and North Africa, FBIS-MEA-80-138 on 1980-07-16.

이 무엇보다도 두려워하는 것은 1976년 몬트리올 올림픽 경기와 유사한 검은 아프리카 팀들의 보이콧이다'.[82] 1979년 7월-8월 스파르타키아다Spartakiad, 소비에트 연방에서 근대 올림픽에 대해 대항 또는 보충하기 위해 만들었던 국제 운동경기이다. 대회 이름은 고대 로마의 노예봉기의 주동자였던 스파르타쿠스에서 왔다) 동안—모스크바 올림픽을 위하여 84개국이 '총연습'—소련 관리들은 열심히 아프리카 국가들을 자극하지 않으려고 노력했는데, '모스크바 경기로 가는 문은 인종주의와 인종차별주의 주창자들에게는 굳게 잠겼다'[83]라고 약속하면서 말이다. 이러한 노력에도 불구하고, 소련—국제스포츠에서 아프리카 국가들의 오랜 기간 옹호자인, 국제올림픽위원회를 반-인종주의/반-인종차별정책 등으로 밀어붙이는데 도움 준—1980년 아프리카의 대규모 보이콧에 곤욕을 치렀다. 이와 같은 아프가니스탄 침공은 소련 스포츠 외교에 쏟은 기간을 헛수고하게 만들었다. 아프리카 보이콧이 인상적인 반면에, 카터 행정부의 국제스포츠에 관한 무지는 아프리카에서 보이콧으로 거의 불행한 운명을 맞게 되었다. 피터 워버로스Peter Uberroth가 적시한 바와 같이, 백악관 3월 회동 동안 남아프리카는 미국이 주도하는 대안 경기에 참가할 가능성이 있는 명단에 기록되어 있었다.[84] 위에서 본 바와 같이, 남아프리카는 국제스포츠의 골칫거리였는데, 1964년부터 시작된 올림픽에서 금지당하고 1970년 국제올림픽위원회에 의하여 올림픽 단체에서 퇴출되었다. 남아프리카는 1976년 하계올림픽의 아프리카 보이콧의 핵심이었고, 1964년, 1968년, 그리고 1972년 보이콧 위협의 타깃이었다.[85] 카터의 백악관—반소연합

82) Kevin Klose, 'Boycott by Blacks feared', *Washington Post*, 22 June 1979, C1.
83) Barry Lorge, 'Spartakiade closes: "Olympics are next"', *Washington Post*, 6 August 1979, D1.
84) 우버로스 말에서, '남아프리카는 횃불처럼 눈에 띄었다. 빌어먹을, 카터, 커츨러 그리고 그들 중 나머지 등은 단서를 갖고 있지 않았다. . . 이러한 문제에 대하여 남아프리카와의 최소한의 접촉 움직임은 대통령이 하려는 모든 것과 제스처는 거의 모든 나라를 자극할 수 있는 위험에 빠뜨리게 할 수 있었다.' Peter Ueberroth, *Made in America: His Own Story* (New York: Wm. Morrow, 1985), 70.

을 세는 데는 능숙했지만 국제스포츠 외교의 인종차별적인 요인에는 눈 먼—은 최소한 아프리카에선 자국의 보이콧을 거의 더듬거리다시피 했다. 미국은 재차 올림픽 컬러 라인의 거의 안 좋은 면에 있었다. 움베르토 튤리가 본서에서 줄곧 설명한 바와 같이, 레이건 정부—1984년 또 다른 아프리카 보이콧을 예방하는데 민감—는 로스앤젤레스 올림픽이 고조되고 있는 중에 남아프리카 문제에 더욱 집중했다.

## 결론: 분산 보이콧

모스크바 올림픽 개막식까지 오는 동안, *뉴욕 타임스* 지 헤드라인에는 '4명의 아프리카인, 여전히 또 다른 올림픽 희생의 해'라고 보도했다. 몇몇 선수는 후원자 또는 세 번째 올림픽의 기회 등을 놓쳤다.[86] 동일한 일이 몇몇 아시아 선수에게도 적용되었다. 선수들의 희생에도 불구하고 여전히 모스크바 보이콧은 이질적인 부분으로 이뤄진 목표에 일조했다. 지도자와 미디어는 전통과 필요성 등에 맞추기 위하여 모스크바 올림픽의 보이콧의 의미를 재해석했기 때문이었다.

인도네시아, 중국과 케냐 등에서, 보이콧은 식민적인 서구가 지배하는 국제질서에 도전을 하기 위하여 스포츠 보이콧을 활용하는 장기간의 국가 전통의 일환이었다. 중국과 이집트 등은 긴장완화 종식과 카터 행정부의 국가안보 아젠다에 대한 지속적인 관심 등을 환영했다. 소련에 반대하는 이집트의 시위는 역시 다른 아랍과 무슬림 국가들에서

85) 미국이 모든 대안 경기에 남아프리카를 초청하지 않겠다는 무하마드 알리의 재확인은 아프리카 순회의 중요한 일부가 되었다. Pranay B. Gupte, 'Muhammad Ali stumps for Olympic boycott in Kenya', *New York Times*, 6 February 1980, 8; Sarantakes, *Dropping the Torch*, 140.

86) Pranay Gupte, 'For Africans yet another year of Olympic sacrifice', *New York Times*, 13 July 1980, S1. 1972년 뮌헨 학살 이후 이집트 투포환 선수 나구이 아사드 유세프 팀의 철수는 이집트가 1976년 반-뉴질랜드 보이콧과 1980년 재차 보이콧 등에 가담했을 때 거부되었다.

이러한 것들에게 반향을 보였는데, 이집트의 이스라엘과의 평화조약의 결과에 따른 중대한 제스처이기 때문이다. 가나와 필리핀 등은 정부의 재정 삭감에 헌신하는 것을 보여주기 위하여 희생적인 보이콧의 상징으로 악용했다. 부가적으로, 필리핀은 미국과 지속적인 관계로 보이콧을 공개적으로 악용했다.

보이콧은 비동맹/'소국'/'신흥국 운동'—중국, 가나, 케냐와 인도네시아—등에 사활적이어 왔던 국가들과 협력하기 위하여 미국에 기회를 제공했다. 이집트와 인도네시아 보이콧에 관한 이슬람적 용인은 주로 무슬림 국가에 대한 소련 공격에 의하여 소외된 국가들과의 연계하기 위한 기회를 미국에 제공하려는 유사한 음모가 있었다. 이는 동남아시아와 중동 등에서 최신 미국 외교정책 장애를 고려하는 자그마한 성과가 없었다. 카터 대통령이 보이콧으로 여러 우방들을 끌어들이는 데 실패한 반면에, 지속적으로 고립된 것—미국이 아니라—은 소련이었다.

유사하게, 리버티 벨 클래식은 실패했던 것처럼 통상 잊힌 반면에, 현대 몬트리올 가제트 기사 헤드라인에 쓰인 바와 같이, '필라델피아 올림픽의 궁핍한 대체물을 준비하다', 필라델피아 모임뿐만 아니라 다른 대체 스포츠 이벤트 등은 몇몇 보이콧 국가들을 위한 선수 경기의 필요성에 만족했다. 위에서 언급한 바와 같이 말이다.[87] 이러한 대안 경기들은 선수들의 시간과 점수가 아니라 긍정적인 이미지로 인하여 보이콧 국가뿐만 아니라 미국과의 관계에 대한 영향 등을 제공했던 경

87) Michael Farber, 'Philly meet poor substitute for Olympics', *Montreal Gazette*, 16 July 1980, 92. 1984년 우호경기에서, 소련을 보이콧팅하는 것은 미국 외교관들이 갈망해 왔던 것을 달성하는 것처럼 보였다. 7월에서 9월까지 지속되던 (소련과 다른 8개국 사회주의 국가들) 다국 시리즈 경기이었다. 이름뿐인 리버티 벨 클래식을 언급하지 않고서도, 니콜라스 이반 사란테이크스Nicholas Evan Sarantakes는 '트랙과 필드 경기가 필라델피아에서 결국 열렸지만, 이것은 좀처럼 소련에서의 경기와는 비교되지 않는다.' Sarantakes, 'The White House Games: the Carter Administration's effort to establish an alternative to the Olympics', Dichter and Johns (eds), *Diplomatic Games*, 349–50.

쟁으로 판단될만한 가치가 있다. 이러한 긍정적인 시각은 냉전 분열이 현저하고, 소프츠 파워로서 스포츠 외교가 아직 잠재적인 예시일 때 미국의 '매력'을 제고했다.

아시아와 아프리카 등에서 1980년 보이콧에 관한 다양한 국가 맥락 조사는 우리에게 1980년 수많은 국가의 정치경제적 역사에서 어려운 시기이었음을 환기시킨다. 개도국들은 고유가와 외채 등과 투쟁했다. 권위주의 국가 필리핀 정권은 경기 후퇴 와중내부 분쟁으로 폭력적으로 투쟁했다. 이집트는 아랍 후원국들을 상실하는 희생을 하면서 이스라엘과 평화를 만들었다. 가나는, 예전 탈식민 국가들의 자부심이던, 경제적으로 정치적으로 빚지지 않으려고 투쟁했다. '독재' 정권들 사이에서 소련 당국의 강력한 보이콧 지지에 대한 표현은 잘못이 아니라는 것이었다.[88]

다양한 아시아와 아프리카 시각으로 보면 성공적으로 판단되는 반면에, 보이콧은 현실적이고 장기적인 미국 외교정책 이익에 맞추지 못하였다. 보이콧에 대한 현지뉴스에서 바라본 것과 같이, 반소 국가안보 시각은 국가 보이콧 안에서 항상 확실하지 않았다. 보이콧은 국제 스포츠 외교에 관한 신흥 내셔널리스트적이고 비동맹적이고 심지어 범이슬람주의의 부담 안으로 의미를 부여했는데, 국가올림픽위원회와 스포츠 기관 등을 희생하면서 독재 정권을 강화했던 강력한 레토릭을 진전시켰다.[89] 여전히 가장 골치 아픈 것은 보이콧—스포츠 이벤트에서 단순한 비참여에 관한 부정적인 행동—은 반 부패/굿 거버넌스 등을 발전시

88) Israel's Olympic Committee votes for boycott of Moscow Games', *Washington Post*, 23 May 1980, A25

89) 다른 목적 때문에 스포츠 외교의 권리침해는 미국 경험에만 유별난 것은 아니다. 제니퍼 파크스가 국제스포츠의 반-인종차별정책 운동의 리더십을 획득하려고 노력할 때 소련의 좌절에 관한 그녀의 분석에서 설명한 바와 같이, '개도국은 국가와 지역적 이익을 위하여 스포츠를 활용한다. 이것은 냉전 후원국의 목표와 항상 일치하지 않는다 'Welcoming the "Third World"', 103.

키기 위한 다른 미국이 주도하는 이니셔티브에서 실질적인 협력을 대체하거나 예를 들면 인권남용 때문에 미국과 이러한 국가 관계들에서 다른 곤경을 어렵게 했다. 1980년 보이콧—소련의 잘못된 행동의 징벌을 의미—은 장기적인 민주 또는 경제발전의 진전없이 개도국에서 일상적인 권위주의적이고 편협하며 쇼비니스트적인 레토릭으로 맞추어지게 되었다.

제12장

# '그들이 행했던 거대한 인상을 만들기 위하여 미국적인 것들을 활용하고 모두 그렸으며 다듬었다': 1984년 올림픽 게임을 통한 레이건 혁명 팔기[1)]

움베르토 튤리 *Umberto Tulli*

1984년 12월 10일, 로널드 레이건 미국 대통령은 회장의 민간주도권 표창 프로그램의 시작을 위하여 로스앤젤레스올림픽조직위원회LAOOC 전 회장인 피터 워버로스Peter Ueberroth을 영접했다. 이러한 영예를 그에게 표창하면서, 대통령은 워버로스가 연방, 주 또는 지방정부로부터 아무런 지원 없이 '역대 가장 위대한 올림픽 게임'을 조직하는데 성공했다고 언급했다. 레이건과 다른 많은 이들에게, 워버로스는 훌륭한 사업가가 반드시 가져야만 하는 상상력이 풍부하고 개인적인 역량뿐만 아니라 세계 최고, 강대국으로의 자유로운 사회를 추동하는 정신, 원칙과 미덕 등을 전형적으로 보여주었다. 워버로스의 경기는 너무 성공적이어서 타임지는 '올해의 인물'로 선정했고 백악관은 그를 상원의원 후보로 선출하려고 고심했다.[2)] 마찬가지로 외국 여론도 열광했었다. '로스앤젤레스', 어떤 스위스 신문사는 유일하게 '세계에게 슈퍼 게임을 선

1) Quoted in *Los Angeles Times*, 31 July 1984.

2) Ronald Reagan Presidential Library, Simi Valley, California (hereafter RRPL), WHORM File, Alphabetical, Box Ueberroth Peter V., Folder 2, Letter, J. H. Hume to Don Regan, 4 December 1985.

사했다'고 다음과 같이 선언했다. '오랫동안 존재하지 않았던 일종의 스포츠 축제이고 긴급하게 올림픽 운동의 생존을 확실하게 보여줄 필요가 있다'.[3)]

올림픽 운동 역사가들은 1984년 로스앤젤레스 올림픽을 냉전의 마지막 게임 또는 대안적으로 올림픽 운동을 위한 신세기의 조짐 등으로 표현해 왔다. 기업의 후원, 국제 관객, 글로벌 시장 그리고 텔레비전 방송 등이 막대한 이익을 상정했고 올림픽 행사가 진정한 전 세계적인 것이 되도록 만들었던 시기라는 것이다.[4)] 로스앤젤레스 경기는 안전 문제 폭발, 정치 보이콧, 인종 시위와 재정문제 등으로 특징되어진 10년간의 오랜 퇴조로부터 올림픽운동을 구해 냈다. 이러한 면에, 1984년 로스앤젤레스 올림픽경기는 아무도 *올림픽* 균형에 관한 예상치 않은 승리로 원하지 않았던 게임으로부터 전환되었다. 이것은 *그중에서도* 2500만 달러의 이익을 냈고 전에 올리지 못했던 최대 장면들 중에 하나를 대표했다.[5)] 이러한 성공에 대한 핵심은 올림픽 역사에서 처음(그리고 마지막)으로 정부로부터 아무런 보조금 없이 경기를 재정지원하고 관리했던 모든 것이 민간 차원으로 이루어진 조직위원회로 특정되어 온 것이었다.[6)] 아직도 대역으로 남았던 1984년 올림픽 경기에 대한 정

---

3) IOC Archives, Lausanne, Collection 1984 – Boycott, Folder 24 (hereafter: CIO-call number) CIO-BOTC n.24, Clipping in IOC Archives.

4) 첫 번째 기업 경기로서 로스앤젤레스 경기에 대해선, 예를 들면, G. Whannel, 'The Five Rings and the small screen; television, sponsorship, and new media in the Olympic movement', and A. Tomlinson, 'The commercialization of the Olympics: cities, corporations, and the Olympic commodity', both in K. Young and K. B. Wamsley (eds), *Global Olympics: Historical and Sociological Studies of the Modern Games* (Bingley: Emerald Publishing, 2005) 등을 보라. 마지막 냉전 올림픽으로서 로스앤젤레스 경기에 대해선, P. D'Agati, *The Cold War and the 1984 Olympic Games* (Basingstoke: Palgrave Macmillan, 2013)를 보라.

5) H. Edwards, 'Perspectives on Olympic sportpolitics: 1968–1984', *Black Law Journal*, Spring (1984).

6) Tomlinson, 'The commercialization of the Olympics'; B. Shaikin, *Sport and Politics: The Olympics and the Los Angeles Games* (New York: Praeger, 1988); K. Reich,

치적인 차원이 존재했다. 1984년 소련이 주도하는 보이콧에 대한 최근 연구에서는, 1980년 모스크바 경기에서 미국이 주도했던 보이콧에 대한 보복으로 1980년부터 이미 보이콧이 기획되었다는 주장에 도전하는 논문은 경기조직에 백악관의 연관성을 일축했다.[7] 이러한 분석과는 대조적으로, 본 장에서는 백악관이 1984년 로스앤젤레스 올림픽 경기의 수동적인 관망자가 아니었음을 제시한다. 오히려, 백악관은 경기의 완전한 무대를 올리기 위한 워버로스의 노력을 지원하고 미국의 긍정적인 이미지를 세계에 나타내기 위하여 수많은 주도권을 행사했다. 이러한 면에서, 연방정부가 로스앤젤레스올림픽위원회의 행동을 조정할 뿐만 아니라 국내외에서 경기의 영향을 극대화하기 위하여 단호한 정치를 따랐다. 백악관은 최소한 세 가지 분야에서 주요 역할을 수행했다. 첫째, 백악관은 경기 안전과 모든 필요한 행정적 지원 등을 보장했다. 매우 자연스럽게, 오로지 연방 정부만이 이러한 임무들을 제공할 수 있었다. 두 번째로, 백악관은 보이콧 위기 동안 중요한 역할을 수행했다. 마지막으로, 백악관은 로스앤젤레스 경기와 모든 개인적 방식 등에 관한 긍정적인 이미지를 제고하기 위한 몇 가지 특수한 행동을 개발했다. 레이건의 백악관에 대해서, 경기가 미국 자본주의와 경제에 대한 국가개입 저감을 목적으로 하는 레이건 혁명 선언이 세계적인 공개적 행사가 될 수 있도록 할 것으로 즉각 알려졌다. 백악관이 경기에 부과하는 중요성은 아마도 1932년 로스앤젤레스 경기와 1984년 경기 간 상당한 차이점이 존재한다는 것이었다. 사실상, 양 행사 사이에는 수많은 유사점이 존재했지만, 1932년 후버 대통령은 경기가 제공하는 정치적 기회를 파악하지 못해서 이것을 무시했다. 반면에 1984년 로널드 레이건 대

---

*Making it Happen: Peter Ueberroth and the 1984 Olympics* (Santa Barbara, CA: Capra Press, 1986).

7) R. Edelman, 'The Russians are not coming! The Soviet withdrawal from the Games of the XXIII Olympiad', *International Journal of the History of Sport*, 32:1 (2015).

통령은 올림픽 경기의 열정적인 지지자였고 이에 대한 자본투자를 하려고 노력했다.[8)]

이에 따라서, 본 장의 목적은 세 가지이다. 첫째, 대단히 중요한 차원으로, 1984년 올림픽이 어떻게 다른 올림픽 대행사의 경기만큼 정치화되었는지. 그리고 올림픽 메가 이벤트가 어떻게 미국의 제한적인 역할 등에 관한 레이건의 생각을 제고시키기 위한 선전이 되었는지와 공공외교가 행해져야만 하는 이유를 자세하게 살필 것이다. 이러한 요점은 특별한 주목을 받을 만하다. 최근에 학자들이 공공외교 이니셔티브에서 공공과 민간 부문 관계를 논의해 오고 있기 때문이다. 왈리 올린스Wally Olins는 다음과 같이 주장해 왔다.

> 국가 브랜드가 관광, 외국인 직접투자·브랜드 수출·스포츠·예술·문화활동 등등을 수용한다면, 누가 이것을 경영하는가? 민간 부문 또는 공공부문—또는 둘 다? 공공부문은 누가 책임 지는가—미외교부, 산업부, 관광부 또는 수상실인가? 누가 이것에 지불하는가? 다른 활동들을 어떻게 조정하는가?[9)]

본 장에서는 백악관은 경기를 특정 국가브랜드의 진흥을 위한 도구로서 상정했다고 주장할 것이다. 이것은 공공 부문보다 민간 부문과 더 연계되어 있다—연방 정부가 전혀 무관하지 않더라도 말이다. 이것

8) A. Tomlinson, 'Los Angeles 1984 and 1932: commercializing the American dream', in A. Tomlinson and C. Young (eds), *National Identities and Global Sports Events* (Albany, NY: State University of New York Press, 2006). On the 1932 Games, see also B. Keys, 'Spreading peace, democracy and Coca-Cola: sport and American cultural expansion in the 1930s', *Diplomatic History*, 28:2 (2004); M. Dyreson and M. Llewellyn, 'Los Angeles is the Olympic city: legacies of the 1932 and 1984 Olympic Games', *International Journal of the History of Sport*, 25:14 (2008).

9) W. Olins, 'Making a national brand', in J. Melissen (ed.), *The New Public Diplomacy: Soft Power in International Relations* (Basingstoke: Palgrave Macmillan, 2005), 178.

은 세 번째이자 마지막 요점으로 이끈다. 본 장은 역설을 다음과 같이 살필 것이다. 백악관은 경기 성공—레이건의 미국 성공으로 요약되는—은 정치 개입없이 이루어졌는지를 정치적 메시지의 홍보에 기여했다는 것 말이다.

## 자본주의 게임과 승리

1984년 올림픽 개최지로 로스앤젤레스의 선정은 1970년대를 풍미했던 위기감에 깊숙이 뿌리를 두고 있다. 경기에 대한 세계적인 호소는 극적으로 시들어가는 중이었는데, 정치 시위와 폭력, 보이콧, 국가경쟁, 올림픽 시설의 재정적인 지속가능성에 관한 천문학적인 비용과 우려 등으로 시달렸다. 로스앤젤레스의 응모를 위한 명분을 보면, 대통령올림픽스포츠위원회 상임이사인 마이클 T. 해리간Michael T. Harrigan은 올림픽스포츠에 정치 개입으로 창출되는 위기를 다음과 같이 지적했다. '경기는 정치가들의 추악한 망령 드러내기를 지속한다면 해서는 절대 안 된다'고. 경기를 구할 길은 미국만이 '1984년 경기를 유치하면서. . . 정치로부터 자유로운 경기로 시계를 되돌릴 수 있다'.[10] 그렇지만, 중요한 위협을 노정 시키는 것은 재정적인 지속가능성이었다. 제2차 세계대전 이후, 중앙 정부로부터 막대한 보조금은 경기를 조직하고 개최하는 데 주요 재정 자원이었다. 릭 구루노Rick Gruneau와 로버트 뉴바우어Robert Neubauer 등이 적시한 바와 같이, '올림픽 경기에 대한 국가 후원은 공익에 이익되는 것처럼 보이는 활동을 추구하면서 정부 비용을 합법화하는 준-케인즈적인 정치 담론으로 쉽게 통합하는 것이다'.[11] 여전히 1970년대

10) M. T. Harrigan to the House International Relations Subcommittee on International Organizations, 23 September 1977.

11) R. Gruneau and R. Neubauer, 'A gold medal for the market: the 1984 Los Angeles Olympics, the Reagan era, and the politics of neoliberalism', in H. Jefferson Lenskyj and S. Wagg (eds), *The Palgrave Handbook of Olympic*

깊은 경제위기에 직면해서, 경기에 대한 국가 재정지원은 그 당시 의문이었다. 인플레이션이 터졌고 세수가 적어질 때, 정부는 사회복지사업을 유지하고 시민들의 기대충족을 위하여 기록적인 공채를 일으킨다. 1976년 몬트리올 올림픽은 이러한 경제 변동의 절정에 개최되었고 심각하게 다음과 같이 영향을 받았다. 올림픽 가족은 유산이 곧 빚인 '재정 비극'과 동의어가 되었다. 캐나다 국민들의 경우에 그야말로 악몽으로 나타났다(2006년이 되어서야 몬트리올 시는 빚을 완전히 탕감했고, 몬트리올 납세자들은 경기를 위하여 20억 달러 이상을 지불해 왔다고 추정된다). 1977년부터 바라보면, 1980년 모스크바 올림픽 경기에 대한 자세한 내용은 전례 없는 암울한 적자에 달했다.[12)]

이러한 모든 문제들을 고려할 때, 1978년 1984년 올림픽 응모 과정이 끝났을 때, 로스앤젤레스만이 신청한 도시라는 사실은 놀랄만한 일이 아니었다. 조직위원회는 국내외적으로 적법한 개최지로서 인정받기 위하여 노력해 왔다. 국제적으로, 부전승으로 이러한 결과를 부여한 국제올림픽위원회는 올림픽 헌장 규칙 4를 깨면서 로스앤젤레스 시를 인정할 수밖에 없었다. 이 뜻은 올림픽 경기에 대한 재정 책임은 개최한 도시에 있다고 위임되어 있고, 이를 수용하기 위해 중요한 조건부로 정부와 관계없는 민간 기업이 경기 개최에 책임을 진다는 것이다. 모든 개인 공식이 미국에 대한 국제올림픽위원회의 기다란 불만 리스트에 새로운 논쟁거리가 되었다. 1970년대 중반 이래로, 올림픽 운동 내부에서 미국의 영향과 위신 등은 급속하게 하락 중이었다. 첫 번째 문제는 1972년에 나타났다. 환경과 경제 문제 등을 우려한 콜로라도 시민들이

*Studies* (Basingstoke: Palgrave, 2012), 140.

12) T. Teixeira, 'The XXI Olympiad: Canada's claim or Montreal's gain? Political and social tensions surrounding the 1976 Montreal Olympics', in Jefferson Lenskyj and Wagg (eds), *The Palgrave Handbook of Olympic Studies*, 120–33. On the costs associated with the Moscow Games, see Shaikin, *Sport and Politics*, 38.

주민투표로 1976년 동계올림픽을 거부했다. 국제올림픽위원회가 이미 덴버로 경기를 이전했어도 소용없었다. 1978년 새로운 긴장이 나타났다. 1980년 모스크바 올림픽 경기에 반대하는 캠페인이 미국과 소수의 유럽 국가에서도 발생했다. 모스크바에서 경기가 열리는 것이 과연 적절한가에 의문을 제기하기 시작했다.13) 지미 카터의 올림픽 보이콧 발표로, 국제올림픽 내부에서 미국의 지위는 확실히 나락으로 떨어졌다. 자유를 사랑하는 국가들을 위한 대체 올림픽 개최 제안인 레이크 플라시드 동계 올림픽 개막식의 불참 등으로 카터의 보이콧은 국제올림픽위원회를 모욕한 것이 되고 말았다.

더욱이, 보이콧은 올림픽 운동 내부에서 반미 감정을 강화시켰고 경기 변경을 위한 로스앤젤레스의 청원이 과잉된 것에 대한 모멘텀을 제공했다. 더욱 심층적인 새로운 문제가 모스크바 경기에서 부상되었다. 국제스포츠연맹에서 모든 국가가 스포츠 이벤트에서 경기하는 선수 수를 줄이는 데 동의함으로서 미국 같은 체육 강국의 이익을 방지하려고 할 때였다. 그렇지만, 올림픽 운동에서 미국 역할에 대한 최대의 한 방은 1984년 사라예보 동계올림픽 경기 직전에 나왔다. 소련과 동맹국 등이 경기에 대해 신뢰받던 네트워크로부터 나온 라디오 프리 라디오와 라디오 리버티 등을 배제하는 데 성공했을 때였다. 금지는 미국의 분노를 도발했다. 저널리스트와 보수 하원의원 등은 국제올림픽위원회가 소련의 행위를 제재하도록 재촉했다. 헬싱키협정을 감시하기 위한 하원위원회 위원장 단테 파스셀Dante Fascell, 민주당 플로리다은 1975년 헬싱키 최종합의서 인권조항의 명백한 위반이라며 이러한 금지를 비난했다.14)

---

13) U. Tulli, 'Boicottare le Olimpiadi del gulag. I diritti umanie la campagna contro le Olimpiadi di Mosca', *Ricerche di Storia Politica*, 1/2013.

14) P. Ueberroth, *Made in America: His Own Story* (New York: William Morrow, 1985). On RFE/RL at the Sarajevo Games see: RRPL, Folder RFE/RL, Kenneth J. Hill collection, Box 6, 'Sarajevo Accreditation Chronology', 'Transcript of

여전히 이것은 로스앤젤레스와 로잔느 간 주요 긴장을 야기한 경제 계획이었다. 응모 과정 동안, 로스앤젤레스 시장은 '스파르타식 올림픽'Spartan Olympic, 검소하고 엄격한 올림픽을 약속했다. 로스앤젤레스가 1932년 경기를 조직했었다는 사실은 다른 도시들이 초래했던 거대한 비용을 삭감하도록 해주었다. 많은 스포츠 시설 등이 좋은 상태로 남아 있었기 때문이었다. 캘리포니아 대학교 로스앤젤레스와 남가주 대학 등은 기숙사를 제공해서, 새로운 올림픽촌을 위한 필요성을 불식시켰다. 준비의 복잡성이 제고되면서, 로스앤젤레스올림픽위원회는 군 자원봉사자를 충원했다. 이러한 조치들은 국제올림픽위원회의 반대를 받지 않았다. 다만 여전히 차이와 분열 등이 경기의 재정적인 지속가능성을 어떻게 달성할지가 부상되었다. 국제올림픽위원회는 경기 개최 비용 충당을 위해 조직위원회와 시 등이 보유하는 모든 텔레비전 중계권을 가지겠다는 계획에 분노했다. 한 국제올림픽위원회 관리는 '분노할 일'로 여겼다—'심지어 모욕적'이기까지 한 일이라고 했다.[15)]

국내적으로, 미국에서는 지역적인 연방 차원에서 늘어나는 비용에 대한 우려가 빗발쳤다. 지역적으로, 경기는 강력한 반미운동에 대항해 싸웠다. 로스앤젤레스 응모는 1939년으로 거슬러 올라가는 중인 장기적인 올림픽 꿈으로 지원받았지만, 일단의 지역 기업가들은 이러한 목표를 위하여 활동하려고 시작할 때, 공개 지지는 전혀 강하지 않았다. 오히려, 1977/78년에 초기 응모 과정 이래로, 현지 신문사와 라디오 등

---

IOC Press Conference Statement', 7 February 1984, and 'Accreditation of RFE/RL', 9 February 1984; S. Mickelson, 'IOC ban on Radio Free Europe draws fire', *Los Angeles Times*, 10 February 1984; IOC Archives, D-RMOI-ETATU-021, Letter, Dante Fascell *et al.* to Samaranch, 21 March 1984. See also T. C. Rider, 'Filling the information gap: Radio Free Europe-Radio Liberty and the politics of accreditation at the 1984 Los Angeles Olympic Games', *International Journal of the History of Sport*, 32:1 (2015).

15) Associated Press Report, 'Olympic committee angry with Los Angeles, other bids welcome'.

은 올림픽의 캘리포니아 유치를 혹독하게 비난했다.[16] 여론조사에서는 캘리포니아 주민들의 65퍼센트가 공공비용 또는 납세자 등이 없다는 조건 하에 경기를 지지한다고 보고했다.[17] 세금과 재정비용 증액에 관한 우려가 고조되었으며 캘리포니아 전역으로 조세 저항 운동이 퍼져나갔다. 재산세에 대한 최고 한도를 결정했던 1978년 주민투표(잘 알려진 법률개정안 13)도 주 재정으론 경기를 불가능하게 만드는 효과를 가졌다. 같은 해, 로스앤젤레스 시민들은 이벤트 흥행을 위하여 표에 대한 증세를 승인했던 주민투표에 유사한 태도를 취했고 시에게 경기 적자를 촉발시키도록 허용하지 않았다.

연방 경제 지원은 불가능했다. 카터 행정부로부터 연방 지원 획득은 실패했다. 1979년 미국이 직면한 혹독한 경제적 곤란으로 인해 카터는 로스앤젤레스 시장 브래들리의 경제적 지원 요구를 거절했다. 연방정부는 미국 영토에서 발생했던 국제스포츠 이벤트 재정지원에 관한 긍정적인 기록을 가졌다.[18] 레이건 행정부는 심지어 그다지 부응하지도 않았다. 선거운동 이후, 레이건 대통령은 신자유주의에 유리한 케인스주의 모델을 확실하게 포기하면서 미국 경제를 재규정하겠다고 약속했다. 세금 감면, 지출 삭감, 인플레이션을 잡기 위한 강경노선 금융정책과 경제적인 탈규제 등은 올림픽 경기를 위한 연장재정과는 양립 불가할 뿐만 아니라 1981년과 1982년 사이에 엄청난 경기침체를 도발해

16) LAOOC Records, UCLA; Los Angeles (hereafter LAOOC Archives), Box 61, Folder 2, KNTX newsletter, 'Tax dollars and Olympic finance', 26 January 1978, 'Protecting the taxpayer', *Los Angeles Times*, 23 February 1978; IOC Archives, doc. JO-1984S-Boyco-n.25, Lynn Morean, Letter to the IOC.

17) LAOOC Records, Box 61, Folder 2, KNTX Opinion poll, 28 November 1977.

18) LAOOC Records, Box 62, Folder 3, 'Federal participation in staging the Olympic Games'; Jimmy Carter Presidential Library (Atlanta), Staff Offices, Domestic Policy Staff - Berenson, Box 15, F. Olympics Los Angeles, Letter Tom Bradley to Jimmy Carter, September 1978; and Memorandum of a Meeting: Carter, Eizenstat, Watson, Bradley, Ferraro, Remy, Ueberroth.

서, 연방 정부가 경기에 재정을 지원하기를 더욱 곤란하게 만들었다.[19]

공공부문으로부터 아무런 재정지원 없이, 로스앤젤레스올림픽 조직위원회는 글자 그대로 민간 부문과 민간 자본 등에 의존하도록 강요받았다. 이러한 생각은 로스앤젤레스올림픽조직위원회 회장 워버로스의 *세계관*weltanschauung과 조화를 이루었다. 자수성가하고 자유기업 주창자이자 공화당 충성파인 워버로스는 민간기업은 경기조직을 위한 해결임을 믿었다. 1985년에, 그는 '올림픽경기로서 특별할 뿐인 스포츠 이벤트보다도 더 정부 지원 가치가 있는 수많은 중요한 프로그램이 명백히 존재한다'고 했다.[20]

워버로스와 로스앤젤레스올림픽조직위원회 등은 곧바로 경기와 관련된 비용을 부담하기 위한 좋은 기회를 제공했던 로스앤젤레스 지역에 있는 사회기반시설과 스포츠 시설 등을 인식하게 되었다.[21] 또한 몬트리올의 재정적 과오를 연구했고 몇몇 연구를 캐나다 시와는 다른 전략을 설정하도록 위임했다. 워버로스와 스태프 등은 몬트리올 올림픽조직위원회의 두 가지 주요 실수를 특정하는 것을 회피했으면 했다. 첫째로, 조직위원회가 너무 적었기 때문에 4,800만 달러를 창출하지만 경기에 공헌할 수는 없는 628개의 후원사, 파트너와 라이선스 등의 너무 많은 공식 후원사를 수용했다.[22] 두 번째로, 로스앤젤레스올림픽조직위원회에 따르면, 몬트리올 올림픽조직위원회는 텔레비전 중계권 판매로

19) This point is further developed in Gruneau and Neubauer, 'A gold medal for the market', 134-62.

20) Quoted in C. Lorocco, 'Rings of power: Peter Ueberroth and the 1984 Los Angeles Olympic Games', www.moaf.org/publications-collections/financial-history-magazine/81/_res/id=File1/Article_81.pdf (accessed 26 May 2016).

21) S. R. Wenn, 'Peter Ueberroth's legacy: how the 1984 Los Angeles Olympics changed the trajectory of the Olympic movement', *International Journal of Sport History*, 32:1 (2015).

22) LAOOC Records, Box 1307, Folder 2, 'Montreal 1976 - International Marketing Programs'

부터 나오는 수입을 무시했고, 텔레비전 회사들 간 경매를 소집하는 것보다 오히려, 직접 그들에게 2,500만 달러라는 적절한 가격으로 에이비씨ABC에 팔았다.[23)]

워버로스의 리더십 하에, 로스앤젤레스올림픽조직위원회는 이러한 과오들을 피했을 뿐만 아니라 공격적인 마케팅 전략을 추진했다. 1981년 7월까지, 경기는 어느 정도의 이윤을 남기고 폐막된 것이 명백했다.[24)] 첫 번째 영역의 행동은 방송중계권 판매이었다. 미국 시장을 위한 방송중계권 판매를 위한 교섭은 1979년 4월 시작되어서 9월에 결정되었다. 에이비씨가 로스앤젤레스올림픽조직위원회에 텔레비전 중계권으로 1억 달러와 기술서비스로 12,500만 달러 등을 지급하는 데 동의했다. 국제올림픽위원회가 2500만 달러를 받았지만, 국제올림픽위원장 킬라닌 경과 국제올림픽위원회 집행위원장 모니크 베를리우 등은 워버로스의 행동을 비판했다. 로스앤젤레스올림픽조직위원회가 텔레비전 중계권에 대해서 성급하고 허풍떠는 발표를 했는데, 조직위원회는 이전 경기의 폐막식 이전 공개선언을 해서는 안 된다는 올림픽 헌장을 위반했을 뿐만 아니라 국제올림픽위원회의 역할을 축소했다는 것 등이었다. 1960년 로마 올림픽경기 이래로 국제올림픽위원회는 텔레비전 중계권 교섭 이면에서 주도적인 행위자였다.[25)] 전 지구적으로, 로스앤젤레스 텔레비전 교섭은 3억 달러에 가까운 세수를 부과해 주었다. 모스크바 올림픽경기 소련이 얻은 세수의 3배와 몬트리올 조직위원회가 벌어들인 금액의 4배 등이었다.[26)] 그동안에, 로스앤젤레스올림픽조직위원회

---

23) LAOOC Records, Box 1307, Folder 2, 'Montreal 1976 – International Marketing Programs'.

24) P. McMillan, 'Ueberroth's goal a profit-making Olympics', *Los Angeles Times*, 12 July 1981.

25) IOC Archives, CIO-JO-POLIT n.58, Telegram, Killanin and Berlioux to Ueberroth. 20 November 1980. See also Ueberroth, *Made in America*, 69-70.

26) C. Hill, *Olympic Politics* (Manchester: Manchester University Press, 1996).

는 공식 스포츠 후원회 숫자를 최대 50개(그 당시 30개)로 제한을 목적으로 하는 계획을 세웠는데, 시장 부문에서 배타적인 권리 교환조건으로 최소 400만 달러를 기부하도록 요구했다. 결국, 이러한 전략이 잘 먹혀들어 갔다. 로스앤젤레스는 안호이저-부시, 코카콜라, 맥도날드, 뷰익, 엠앤엠, 마스와 아이비엠 등과 같은 기업들로부터 엄청 큰 13,000만 달러 수입을 올렸다. 또 다른 43개의 회사로부터 '공식' 올림픽 생산품을 판매하는 라이선스를 주었다. 결국, 소련이 주도하는 보이콧에도 불구하고, 로스앤젤레스올림픽조직위원회는 21,500 만 달러의 흑자로 전환시켰다. 부가적으로, 여러 후원사들이 경기의 경제적인 지속가능성에 기여했을 뿐만 아니라 현존하는 스포츠 시설의 수리에 비용을 지불했다. 예를 들면, 7-일레븐이 있다. 예를 들면, 이것은 7-일레븐 사례이다. 경륜장vellodrome의 설립과 맥도날드 올림픽수영경기장을 건설한 맥도날드 등의 후원으로 이루어진 것이었다.[27)]

개인 후원자 성공은 비판을 촉발시켰다. 경기 전날, 랠프 네이더Ralph Nader는 자신이 '로널드 레이건의 메가 기업 세계'라고 명명했던 것에 관한 희생자로서 미국의 진행 중인 변환을 비판했다.[28)] 매우 냉소적인 비판가는 로스앤젤레스 경기를 '햄버거 올림픽'으로 재명명하는 것까지 나갔다. 삭제된 한 가지는 햄버거 형상을 한 올림픽 수영장이었다.[29)] 여전히 로스앤젤레스올림픽조직위원회에 대해서, 광대한 기업연합은 하늘이 준 선물이었고 광대한 이윤을 확보했는데, 다른 올림픽위원회—이데올로기에도 불구하고, 그리고 정부 재정에 따라서—에서는 갖지 않았었다. 레이건 대통령은 경기 개최를 위한 개인 기부의 중요성

27) Ueberroth, *Made in America*, 70.

28) R. Nader, 'The mega-corporate world of Ronald Reagan', 6 June 1984, in *Ralph Nader: A Reader* (New York: Seven Stories Press, 2000), 80.

29) R. Gruneau, 'The hamburger olympics', in A. Tomlinson and G. Whannel (eds), *Five-Ring Circus - Money, Power and Politics at the Olympic Games* (London: Pluto Press, 1984).

을 축하했다. 그가 1983년 3월 다음과 같이 언급한 바 있다.

> 내년 경기는 세계에 정부 보조금 없이 미국인들이 달성할 수 있음을 보여줄 것입니다. 이들 경기들은 탁월성, 환대, 그리고 우리의 너무 많은 생활의 일부에 있는 성취감 등을 반영할 것입니다. . . 여기에서 누가 오늘 있는지를 당신이 증명하듯이, 기업공동체는, 그 중에서도, 경기를 위하여 필요로 하는 특정 건설 프로젝트에 재정 지원하는 대규모 방식으로 진척시켜 왔습니다. 그리고 나는 우리 모두는 이러한 기업의 시민권의 사례에 감사하다고 생각합니다.[30]

민간 후원사들은 올림픽 운동 내부에서 특별하게 미국올림픽위원회USOC과 함께 긴 기록을 가져왔지만, 처음으로 그들은 경기의 유일한 재정적 파트너이었고 이들의 존재는 전보다 더 매우 가시적이었다. 기업의 슬로건과 이들의 올림픽 연계 등은 주요 미국 신문과 잡지 등의 면을 차지했다. 몇몇 경우에, 그들은 또한 유럽과 일본 시장을 위한 유사한 슬로건을 제안했다. 애국주의와 국제주의 등에 관한 특별한 혼합을 통하여, 이들의 선전은 로스앤젤레스 경기에 대한 긍정적이고 역동적인 인식을 만들어 내서, 로스앤젤레스올림픽조직위원회 성공에 기여했다. 예를 들면, 캐논사는 '경기의 35mm 카메라'로 선정되었고 회사는 전 세계에 있는 사진사들을 '캐논과 함께 금메달로 가자'하고 초대했다.[31] 석유회사 아르코는 1980년 초까지 공식파트너가 되었다. 이것의 광고들 중에 하나에서, 내셔널리즘과 국제주의에 관한 본질적인 혼재는, 아르코는 로스앤젤레스올림픽조직위원회와 올림픽운동 등에 기여한 것을 자랑스럽게 주장했다. '우리는 올림픽을 위한 트랙을 만들었

30) R. Reagan, Remarks at a Luncheon Meeting of the United States Olympic Committee in Los Angeles, California, 3 March 1983, www.reagan.utexas.edu/archives/speeches/1983/30383a.htm에서 이용할 수 있습니다 (2015년 2월 20일 접속).

31) Canon Advertisement, 'Go for the gold, with Canon', *The Olympian*; IOC Archives, CIO-JO-1984S-PUB, Canon Advertisement, 'A photographic memory'.

다'(그림 12.1). 1984년 올림픽 경기에서 경쟁할 월드 클래스 선수들을 위한 세계 최고 환경을 창출하기 위한 트랙 등을 새로 단장하는 회사일 뿐만 아니라 로스앤젤레스 안과 주변에 있는 학교의 7개의 연습 트랙장을 건설 중이었고 10대를 위한 트랙 프로그램인 아르코 제시 오웬스(Jesse Owens) 경기를 지원했다. '아르코에 있는 우리는 시간, 노력, 자금과 에너지 등을 미국으로 쏟아붓는 중'이라고 광고는 결론 내렸다.32)

12.1 아르코ARCO는 1984년 로스앤젤레스 올림픽 경기에 900만 달러를 기부했고 이에 대한 광고는 경기의 성공확신을 반영했다

32) 예를 들면 1984년 3월 *The Olympian* 1984에서 출판된 선전을 보라.

최대 광고 파트너들로는 맥도날드와 코카콜라 등이었다. 두 회사는 미국에 본부와 핵심 비즈니스 등을 가진 다국적 회사였다. 양사는 전 세계에서 가장 잘 알려진(그리고 여전히) 로고와 상징을 가졌다. 마지막으로, 양사는 올림픽과 오랜 파트너에 대한 자부심을 가질 수 있었다. 로스앤젤레스올림픽조직위원회의 '공식 파트너'로서, 맥도날드와 코카콜라 등은 올림픽 고리를 활용할 수 있는 권리를 획득했는데, 로스앤젤레스올림픽조직위원회와 전 세계적인 공식 마스코트인 샘-더-이글Sam-the-Eagle 등이 채택된 로고인 '스타 인 모션'이다. 이들의 광고와 상업 이니셔티브 등을 통하여, 그들은 로스앤젤레스 경기 직전 미국에 관한 역동적이고 색깔 있는 이미지를 증진했다. 그들은 또한 로스앤젤레스올림픽조직위원회의 업적과 전 세계적인 상징 등을 출판했다. 무엇보다도 로스앤젤레스 우승의 요인이 되었던 우정 어린 마스코트인 샘-더-이글이 있었다(그림 12.2).

12.2. 우편엽서에 특별히 포함되어 어디에나 있는 마스코트인 샘 더 이글은 1984년 올림픽 경기 성공의 일부이었다. 이것은 일련의 인형, 모자, 열쇠고리와 머그 그리고 다른 수많은 기념품 등에 영감을 주었다

마스코트는 본질적인 애국적인 상징이었다. 로스앤젤레스올림픽조직위원회가 '올림픽 정신에 관한 즐거운 낙관주의를 표현하고 [그리고] 올림픽 모토의 이상인' '더 빠르게, 더 높게, 더 강력하게'를 구현하지만, 샘은 미국 독수리이다. 이것은 성조기가 그려진 링컨 모자를 쓴 엉클 샘과의 연대감을 나타낸다.[33] 놀랄 필요도 없이, 샘은 마스코트의 판매와 기대를 초과하는 관련 판촉물 등으로 미국에서 극도로 인기가 있게 되었다. 그가 퍼레이드와 다른 공개 이벤트 등으로 지나가면서, 어린이들은 열광했고, 그들과 함께 남도록 촉구한다. 몇몇 민간인은 마스코트에 대한 지지를 보여주기 위하여 *로스앤젤레스* 지에 기고했다. 글렌데일부터, 캘리포니아, 프랑크 쿠에라 등은 '샘 더 이글이 비난 받을 때 공격받기 위하여 그리고 우리 마스코트로서 샘 더 이글을 가지는 것이 자랑스럽게 되는 것'이라고 고백한다.[34] 유럽에서, 샘은 최고의 마스코

12.3 샘 더 이글은 또한 다스 인터내셔널DAX international(1983)이 제작한 일본 만화에 영감을 주었다

33) LAOOC Records, Box 385, Folder 9, Flyer LAOOC.
34) F. Guerra, *Los Angeles Times*, 16 July 1984.

트로서 전례 없이 환영받는다. 샘의 인기는 일본에서 정점에 달했다. 마스코트에 관한 다스DAX 인터내셔널이 51개 에피소드 텔레비전 쇼를 생산한 국가이다(그림 12-3). 이것은 1983년과 1984년간 운영되었다. 모든 에피소드 속에 낙관주의적이고 지략이 있다. 샘 더 이글을 헷갈리게 하는 것은 경찰에게 미스터리와 일상 문제에 직면하는 현지 공동체 등을 해결하는 데 도움 주었다. 샘이 도전에 직면하기 힘들어지면, 일종의 초강대국성을 부여하는 다섯 개의 올림픽 고리가 그의 성조기에 나타났다.

## 로스앤젤레스의 부흥: 백악관과 경기 개최

놀랄 필요도 없이, 샘은 소련에서는 거의 인기가 없다. 언론이 독수리의 진정한 얼굴은 다음과 같다고 하는 국가이다. 탐욕스럽게 이윤을 창출하는 미국 자본주의(그림 12.4)로 말이다. 그림 12.4의 소련 만화는 미국 경기에 대한 과도한 상업주의와 로스앤젤레스올림픽조직위원회에 의하여 보여준 파괴적인 자본주의 편견 등을 맹렬히 비난하는 것을 목적으로 하는 대형 캠페인의 일부이었다. 그렇지만, 소련은 절대 혼자가 아니었다. 국제올림픽위원회 집행위원장 모니크 베를리우Monique Berlioux는 경기의 지나친 상업화와 미국의 쇼비니즘chauvinism 등에 불만을 표명했다. 그리스 출신인 올림피아 시장인 스카이로스 포리모스Skyros Forimos는 올림픽 성화 릴레이를 위한 후원사 프로그램을 수행하려는 로스앤젤레스올림픽조직위원회의 결정을 혹독하게 비난했다—그는 선언했다—'올림픽 성화는 달러를 표시하는 것이 아니다'라고.[35] 걷잡을 수 없는 상업주의에 소련과 그리스 등의 주장은 표적을 정확히 맞춘 것이었다. 사실상, 상업화는 올림픽 경기 이면에서 이미 추동력이 되었다. 로스앤젤레스 경기는 예전 올림픽만큼 정도였다. 여전히 전 세계에 있는 소비자

35) 'L.A. Olympic aide dispatched to explain: Greeks leery of Games Torch Relay program', *Los Angeles Times*, 31 January 1984.

12.4 소련 언론이 바라보는 샘 더 이글. 이 만화에서, 샘은 자본주의 상징의 정수로 그려진다

들은 공식적인 올림픽 후원사와 제품을 경기에 연계시키기를 바라는 다른 회사 등의 광고 신청이 쇄도했다. 또한 중요한 것으로, 경기의 상업화는 로스앤젤레스의 재정 성공에 필수적이었다. 로스앤젤레스가 올림픽 응모를 준비하는 도시들에게 새로운 모델이 되었을 뿐만 아니라 자본주의를 위한 효과적인 전 세계적인 광고를 창출했다. 그야말로 미국이 전 세계에 제공할 수 있는 쇼케이스showcase였다.

로스앤젤레스올림픽조직위원회가 이익을 쌓기 위한 자체 전략을 정의하는 반면에, 백악관은 위원회의 행동을 지지하고 조정하기 위한 초기계획을 발전시켰다. 목적은 모든 개인 형식을 정당화하는 것인데,

자유시장—정부가 아니라—은 전례 없는 목표를 도달할 수 있음을 보여주었다. 모든 직접적인 재정 지원을 부인하더라도, 백악관은 경기조직에 직접 관여한다. 이것은 경기가 믿을 수 없는 공공외교 기회를 대표하는 것이 직접적으로 명확하기 때문이었다.

경기 성공—국무부에게 1982년 11월 모든 외교관에게 적고 있다—은 미국 정부의 최고 수준에서 다음과 같이 중요한 이슈이었다. '그렇지만, 로스앤젤레스올림픽조직위원회는 공식적인 게임을 개최할 것이라고 적시하라. 로스앤젤레스올림픽조직위원회는 민간 부문 이니셔티브인데, 공적 자금을 받지 않고. . . 이러한 노력은 완전한 행정 지원이고 모델 같은 것으로 여겨진다.'[36)]

백악관의 경우에, 해외 외교관들은 조직위원회에 관한 모든 개인적인 속성과 미국정부로부터 지속적인 정치지원을 비난하는 것 등에 대한 국제비판에 응답해야만 한다.[37)] 집행 분과의 관여는 공식적으로 1981년 시작되었다. 레이건 대통령은 미국은 하계올림픽에 오는 선수, 담당자, 기자와 관객 등에 안전을 제공하기 위하여 힘이 닿는 범위에서 할 수 있는 모든 것을 하겠노라고 워버로스와 국제올림픽위원장 후안 안토니오 사마란치Juan Antonio Samaranch 등에게 확약했을 시기이었다. 1982년 초, 백악관 태스크포스가 '경기 지원에 연방 노력'을 조정하기 위하여 마이클 디버Michael Deaver와 마이클 맥머너스미Michaek McManus 등의 지휘 아래 설립되었다. 몇 달 후, 케네스 힐Kenneth Hill과 에드 더윈스키Ed Derwinski 등이 팀에 합류했다.[38)] 올림픽에 관하여 백악관 태스크포스

36) LAOOC Records, Box 64, Folder 4, Telegram from State Department to LAOOC, 'Following is text from Telegram to all Diplomatic POSTS, dated November 25, 1982'.

37) LAOOC Records, Box 64, Folder 5, Memorandum, Bill Hussey to the files, October 1982.

38) RRPL, Kenneth Hill File, Box 2, Correspondence, Unsigned Memorandum for M. Deaver, 18 September 1984.

가 수행한 주요 이니셔티브들 중에 하나는 1983년 8월에 자체 '올림픽 팀'을 구성했던 미국해외공보처USIA와의 행동을 조정한 것이었다. 몇 개월 안에, 미국해외공보처는 해외에서 로스앤젤레스올림픽조직위원회를 활성화시키는 중요한 파트너가 되었는데, 올림픽경기에 관한 정보를 확산시키고 조직화하기 위한 민간 부문 이니셔티브를 최우선시하는 것이었다. 또한 미국올림픽조직위원회 게시판인 *Stars in Motion and the Olympian*의 부수들을 인쇄하고 배포했다. 경기가 있기 수 일전에, 찰스 Z. 위크Charles Z. Wick는 미국해외공보처는 경기와 관련된 기사와 사진 등을 선별하여 18개 언어의 10개의 잡지와 상업 게시판 등을 확보했다고 보고했다.[39] 경기가 폐막되었을 때, 케네스 힐은 연방기관들이 경기 조직에 7900만 달러를 공여해 주었다고 균형 잡힌 메모랜덤에서 보고했다. 직접적인 이체가 로스앤젤레스올림픽조직위원회로 들어가진 않았지만 말이다.[40] 이 조직위원회도 경기의 정치적 의미를 인식하고 있었다. 경기 바로 몇 개월 전에 쓰인 바에 따르면, 로스앤젤레스올림픽조직위원회는 관계자인 빌 허시Bill Hussey는 '우리는 국가 전통과 이상 등을 최적으로 대표하고 있음을 인정했다. 현실적으로 우리는 지금 외교와 해외 영향력의 최전선에서 근무 중이다. 그렇지만, 결국 이것은 미국 정부이지 우리 위원회가 아니다. 이것은 세계여론이 판단할 것이다.'[41] 외국 언론—특히 서유럽과 일본—은 로스앤젤레스올림픽조직위원회가 최초의 모든 민간 경기 개막식 이전에 이룩했던 중요한 성공을 보도했다.[42]

---

39) RRPL, Box 1, Kenneth Hill Files, Memorandum, Charles Z. Wick to Michael Deaver, June 1984. See also J. Gygax, *Olympisme et Guerre Froide, le prix de la victoire américaine* (Paris: L'Harmattan, 2012), 407–8.

40) RRPL, Kenneth Hill File, Box 1, Folder Budget, Memorandum, Joseph R. Wright to Michael Deaver, 'U.S. Funding Associated with the L.A. Games – Additional Info', 15 September 1984.

41) LAOOC Records, Box 64, Folder 4, Memorandum from Bill Hussey to Bea Nemlaha, 'Government Relations: the USIA and the Department of State', May 1984.

## 백악관과 소련이 주도하는 보이콧

경기조직과 개최 등에 집행위원회의 관여는 국제문제와 소련 보이콧 쟁점 등과 관련하여 매우 중요하게 되었다. 로널드 레이건이 백악관으로 들어간 후, 워버로스는 새로운 대통령에게 각국에서 온 선수들을 환영하기 위한 미국의 약속에 관하여 재확인하기 위하여 초청했다. 5월에, 레이건은 사마란치에게 '미국인들은 로스앤젤레스 올림픽경기를 환영하고 올림픽 헌장을 준수 할 것'이라고 언명하는 보장을 강조하는 편지를 썼다. 다음 달 스웨덴 텔레비전과의 인터뷰하는 동안, 레이건 대통령은 전 세계 선수들을 환영한다고 맹세했다.[43] 백악관과 로스앤젤레스올림픽조직위원회 모두는 외국에 로스앤젤레스 시의 긍정적인 이미지를 창출하기 위하여 협력해야만 한다는 것을 인식했다. 그 이유는 소련의 위원회 비판은 고조되고 있었기 때문이었다. 1982년 말, 소련 언론은 안전 준비태세의 여러 약점을 들춰내고 많은 기사는 소련과 로스앤젤레스 주변 지역에 관련된 수많은 문제를 비난했다. 놀랍게도 올림픽에 관한 점증하는 상업화는 더 이상 현저하게 나타나지 않고, 빈곤, 부패, 인종주의 스모그와 오염 등을 강조하기 시작했다.[44] 백악관 태스크포스로부터 나온 한 가지 제안을 선택하면, 워버로스는 이러한 문제들에 대처하는 로스앤젤레스올림픽조직위원회가 행하는 사회기반시설과 조치 등을 점검하기 위하여 소련 공식대표단을 초청했다. 7명으로 구성된 소련대표단의 방문은 예상한 결과를 가져왔다. 소련 체육부 장

42) 예를 들면, 'Olimpiade – Il grande spettacolo di Los Angeles rilancia il ricordo del mito hollywoodiano', *La Stampa*, 30 July 1984; 'I dollari e la perfezione', *Gazzetta dello Sport*, 21 January 1984를 보라.

43) RRPL, Kenneth Hill File, Box 2, Folder Federal Correspondence, Letter, Ronald Reagan to Samaranch, 25 October 1982.

44) LAOOC Records, Box 383, Folder 13, Telegram, State Department to LAOOC, 10 January 1983.

관은 워버로스를 치하한다는 전신을 보내왔기 때문이었다.[45]

국제올림픽위원회 위원장 사마란치는 워버로스에게 몇 가지 잡다한 소련의 불만에 관하여 경고했는데, 입국 절차, 마술경기를 위한 말 통관을 위한 절차 등을 포함하는 것이었다.[46] 다음 달, 세 가지 요점이 극도로 논쟁이 되었는데, 워싱턴, 로스앤젤레스, 로잔느와 모스크바 간에 혼선과 긴장을 도발했다. 첫째, 소련은 미국 정부에게 경기 동안 에어로플로트 비행기의 착륙권을 인정할 것을 촉구했다. 소련으로부터 들어오는 비행기를 제한한 1980년 카터의 결정 포기로서 말이다. 원래 요구에서, 소련은 비행은 소련과 다른 동유럽 선수들과 올림픽 관계자 등을 실어 나르겠다고 특정했다.[47] 소련은 또한 경기가 열리는 동안 로스앤젤레스에 소련 선박 정박을 제안했다. 선박은 다음과 같이 두 가지 목적을 가진다. 이것은 소련 선수들을 위하여 스포츠 물품, 장비, 재료와 음식 등을 배달한다. 이것은 소련 선수와 관계자 등을 머물게 하는데, (인정하듯이) 안전 소홀과 반소시위 등에 대한 우려 때문이었다.[48] 마지막으로, 그들은 로스앤젤레스에 1명의 소련올림픽연락관 주재 가능성을 타진했다.

역사학자인 브라드 J. 콩겔리오Brad J. Congelio에 따르면, 이러한 요구들은 백악관이 소련과의 접근방법에서 반전을 고려했을 때 도달했다는 것이었다.[49] 1983년 1월 초, 대통령은 '미국과 소련 관계'에 대한 국가

---

45) Ueberroth, *Made in America*, 153-4.

46) IOC Archives, JO-1984S-COJO n.35, Telegram, Samaranch to Ueberroth, 22 December 1982.

47) LAOOC Records, Box 64, Folder 4, Telegram, State Department to LAOOC, 'Request of S. Pavlov - President USSR Olympic Committee', 25 November 1983.

48) IOC Archives, JO-1984S-BOYCOTT et MAISON BLANCHE-24, Memorandum on discussion between the representatives of the LAOOC, IOC officials and the representatives of the National Olympic Committee the USSR, December 1983.

49) B. J. Congelio, 'Reagan's rapprochement: a brief analysis of the Reagan administration and the 1984 Olympics', *Journal of Olympic History*, 21:3 (2013).

안보 결정명령 75를 승인했다. 명령서에는 로널드 레이건의 견고한 반소주의로부터 한 걸음을 뒤로 물러나지 않겠음을 표명했다. 이것은 공식적인 미국의 임무는 '봉쇄하고 시간이 흐를수록 소련의 팽창주의를 뒤엎고' '우리에게 유리한 좁은 한계 안에서 소련 변화 과정을 제고 하는 것'이라고 반복했기 때문이었다. 여전히, 최초로, 백악관에 들어간 이래로, 레이건은 미국은 또한 '미국의 이익을 보호 증진하고 엄격한 상호주의와 상호 이익 원칙에 따라서 협정에 합의할 시도를 하기 위하여 소련과 교섭에 임해야만 함을 수용했다'.[50]

이와 같이 재개된 대화는 올림픽 게임을 통해서 발전될 수 있었다. 여전히 소련의 대한항공 비행기 007기 격추는 양극 정치변화에 대한 결정과, 좀 더 구체적으로 말하면, 올림픽 경기를 위한 소련의 요구 등을 더욱 복잡하게 했다. 대한항공기 사건 직후, 호전적인 소련 연합 금지와 같은 미국에서 많은 풀뿌리단체는 올림픽 경기를 위하여 미국에서 소련이 있어야 할 적절성에 의문을 제기했다.[51] 재개된 공개적인 반소비에트주의에 대한 자본투자를 하려고 노력하면서, 백악관은 소련에 대한 올림픽 금지를 고려하기 시작했다. 국가안보회의 장교(와 미래국방차관보)인 로버트 심스Robert Sims에 따르면, 행정부는 로스앤젤레스 게임과 관련하여 대한항공기 사건의 여파를 '면밀히 검토해야'만 한다. 그 이유는 '소련이 참가한다면 소련을 위한 잠재적인 선전 플러스가 존재하고 로스앤젤레스 경기 입지가 부여된다면, 선거가 있는 해에. . . 중요

50) RRPL, Executive Secretariat, National Security Council Files, Box 91310, Folder NSDD 75(1), William P. Clark, Memorandum, 'NSDD 75 on U.S. Relations with the USSR', 17 January 1983, RRPL.

51) LAOOC Records, Box 65, Folder USIA, '1984 Olympics: Ban the Russians?', ABC News Nightline, 18 October 1983, transcript. 동독의 스포츠메가이벤트 참가를 막기 위한 서구 시도에 대한 장기적인 시각에 대해선, H. Dichter, 'A game of political ice hockey: NATO restrictions on East German sport travel in the aftermath of the Berlin Wall', in H. L. Dichter and A. L. Johns (eds), *Diplomatic Games: Sport, Statecraft, and International Relations since 1945* (Lexington, KY: University of Kentucky Press, 2014), 19–52를 보라.

한 백악관의 이해관계가 될 것이다'.[52] 국무부 출신 관리들은 매우 조심했었다. 예를 들면, 로버트 키미트Robert Kimmitt는 행정부를 '이 문제에 매우 주의 깊게 접근하도록 촉구했다. 모든 비판이 카터 행정부에 가해진다면 이것은 올림픽 경기에 대한 것이다.'[53] 국무부에서 올림픽 문제를 담당했던 데르윈스키 자문관은 다음과 같이 유사한 태도를 취했다. '소련 선수들의 참가를 금지하는 것은 하찮은 문제이다'. 대통령은 '올림픽 헌장을 존중하고 전 세계 선수들을 환영하는'데 동의했다. 지금까지, 대통령의 대한항공기 사건 처리는 소련의 체면에 날카로운 한 방으로 가해졌다. 로스앤젤레스로부터 소련 금지를 하려는 움직임은 소련이 그 당시 모색했던 일종의 선전카드를 정확하게 다음과 같이 부과한 것이었다. '나는 미국은 완벽한 올림픽 개최로 많은 것을 얻는다고 믿는다. 우리는 많은 사람이 가능한 한 많이 와서 미국의 경이로움을 볼 수 있도록 독려해야만 한다. 어느 쪽이냐면, 세계인의 눈에 올림픽 개최국으로 비치도록 우리의 역할을 높여야만 한다.'[54]

미국이 향유하는 중인 공공외교의 혜택을 유지하고 결국 제고하기 위하여, 행정부는 소련과 세계 선수들을 환영해야 한다. 그렇지만 소련을 환영한다고 소련의 요구를 들어주는 것은 아니다. 행정부 내에서의 집중적 논의 이후, 올림픽 태스크포스는 노선 대 소련의 요구를 다음과 같이 좌우했다. 미국 정부는 로스앤젤레스까지 에어로플로트 비행기와 소련 선박의 정박 두 가지를 수용했다. 이것은 또한 1명의 올림픽 연락

52) RRPL, WHORM File, ND016, casefile 174810, Memorandum from Robert B. Sims for William P. Clark, 'KAL Incident – Soviet Participation in Los Angeles Games', 19 September 1983.

53) RRPL, WHORM File, ND016, casefile 174810, Memorandum from Robert B. Sims for William P. Clark, 'KAL Incident – Soviet Participation in Los Angeles Games', 19 September 1983.

54) RRPL, Box 7, Folder Soviet Participation in Olympics, Kenneth J. Hill File, Memorandum from Ed Derwinski to the Acting Secretary, 'Soviet Participation in the 1984 Olympics', 30 September 1983.

관도 수용했지만, 소련이 제안했던 케이지비KGB 요원으로 의심되는 올레그 이루스미슈킨Oleg Yrsmishkin은 불허했다.[55]

3월 1일, 국무부는 공식적으로 이르스미슈킨의 비자를 거부했다. 4월 11일, 소련 국가올림픽위원회 회장 마라트 그라모프Marat Gramov는 올림픽 정신과 경기 조직 등에 미국 정부의 증대되는 간섭을 비난하는 전신을 사마란치에게 전송했다. 이것은 또한 '소련의 올림픽 경기 참가에 반대하는 대규모 캠페인은 미국에서 고조를 이루고 있다'고 주장했다. 마지막으로, 그는 라디오 프리 유럽-라디오 리버티 등의 역할에 관하여 다음과 같이 불평했다. 소련 사람들에게, 미국 정보기관이 후원하는 라디오의 유일한 시각은 소련에서 전복 활동에 관여하는 것이다. 이들은 정보 또는 올림픽 정신 권리와는 아무런 상관이 없다. 따라서, 그는 국제올림픽위원회를 이러한 문제들을 해결하기 위하여 로잔느에서 특별회의 소집을 촉구했다.[56]

5월 8일 소련은 최후통첩을 전했다. '경기에 소련 선수들의 참가는 불가능했었다[다].' '쇼비니스트적이고 반소 히스테리' 때문이었다.[57] 발표—이것은 언급할 가치가 있는—는 올림픽 성화가 미국 전역을 도는 여정을 시작하기 위하여 뉴욕에 도달한 그 날 발생했다. 사마란치는 보이콧에 침통했다. 로스앤젤레스올림픽조직위원회는 자체적인 안전조치를 방어했고 소련은 환영했다. 5월 9일 사마란치와 워버로스 등은 백악관으로 향했다. 그들은 레이건에게 공개적으로 소련 선수들의 보호를 보장하고 요구를 들어주기 위하여 올림픽 헌장 준수 약속을 공개적으로 되풀이 해줄 것을 촉구했다. 워버로스는 심지어 대통령은 공식적으

55) RRPL, Kenneth Hill File, Box 2, Folder Correspondence, Synopsis of a Meeting on Soviet Olympic Participation, 24 January 1984.

56) IOC Archives, CIO-JO-1984s-POLIT n.58, Telegram, M. Berlioux to P. Ueberroth, 11 April 1984.

57) RRPL, Executive Secretariat, NSC Head of State File, Box 82, Folder Olympics, TASS, 8 May 1984. See, also Rider, 'Filling the information gap'.

로 경기 개막식에 체르넹코를 초대해 줄 것을 제안하기까지 했다. 슐츠 국무장관과 레이건 대통령은 단호하게 워버로스의 제안을 거절했다. 그렇지만, 대통령은 올림픽 헌장을 존중하겠다는 미국의 약속을 반복하는 편지를 전달했다.[58] 며칠 안에, 불가리아, 동독, 베트남, 아프가니스탄, 체코슬로바키아, 북한, 헝가리와 폴란드 등이 소련 쪽에 가담했다. 로스앤젤레스에 참여시키려는 사활적인 시도에서, 사마란치는 모스크바로 3번이나 날아간 반면에 로스앤젤레스올림픽 조직위원회 관리들은 유럽 국가들에게 결정을 재고하도록 설득하려고 노력했다. 반대로, 백악관은 이러한 운동에 거리두기를 결정했다. 백악관은 곧바로 소련 보이콧으로부터 잃을 것이 아무것도 없음을 깨달았다. '보이콧에서의 패자는 러시아'라는 것이 즉각적으로 명백해졌다.[59]

## 보이콧 봉쇄, 소련 고립

소련에 대한 백악관의 무시하는 접근방법은 보이콧 성공을 제한 할 때 역할을 모호하게 해서는 절대 안 된다. 로스앤젤레스올림픽조직위원회와 긴밀히 연계하고 활동하면서, 행정부는 소련의 위협에 직면하여 결국 소련 블록 안에서 균열을 배가시키려는 피해 통제 전략으로 정의했다.[60]

첫 번째 중요한 승리는 아프리카에서 나왔다. 경기 준비 동안, 아프리카 선수들의 참가는 여러 가지 이유로 논쟁거리이었다. 첫째, 1981년 남아프리카국가대표 럭비 팀은 미국을 순회했다. 럭비가 올림픽 정

58) Ueberroth, *Made in America*, 267–8.

59) IOC Archives, CIO-JO-1984S-BOYCO n.23, Letter, Ronald Reagan to Joseph Bloom, 14 June 1984.

60) On solidarity and tensions within the Eastern bloc relating to sport affairs, see E. Mertin, 'Steadfast friendship and brotherly help: the distinctive Soviet-East German sport relationship within the Socialist bloc', in Dichter and Johns (eds), *Diplomatic Games*, 53–84.

식 종목은 아니었지만, 뉴질랜드와 인종차별정책의 남아프리카 간의 럭비 경기는 1976년 몬트리올 올림픽 경기 보이콧을 촉발 시켰다. 따라서, 로잔느 출신인 베를리우는 미국올림픽위원에게 '순회는 경기를 개최하는데 매우 치명적이고 부정적인 결과를 초래할 것'이라고 경고했다.[61] 두 번째로, 남아프리카 선수들에 대한 올림픽 금지를 부과하면, 남아프리카 선수 졸라 버드Zola Budd는 경기에 참가하기 위하여 영국 시민 자격을 적용해 왔다. 버드의 요청이 받아들여질 때, 아프리카 출신의 많은 스포츠 관계자와 정치인 등은 격렬하게 저항했는데, 경기 보이콧을 위협하면서 말이다.[62]

소련이 보이콧을 발표했을 때, 로스앤젤레스와 워싱턴 등에 있는 많은 사람은 아프리카 국가올림픽위원회들이 여기에 합류할까봐 우려했었다. 그들은 23개국으로부터의 공식 참가 확정을 기다리고 있었을 뿐만 아니라 워싱턴 주재 수많은 아프리카 대사관은 아프리카의 경기 참가를 경고하는 큐 클럭스 클랜KKK, Ku Klux Klan으로 추정되는 전단지를 받기도 했었다. 소련 언론과 텔레비전 등은 반복해서 추정되는 위협을 상기시켰다. 5월 22일, 아프리카 참가에 대한 특별회의가 백악관에서 열렸고 행동계획이 채택되었다. 결과적으로, 국무부는 아프리카 참가를 독려하는 데 적극적이 되었다. 국무부가 '경기를 정치화하려는 시도로서 여겨질 수 있고 아프리카에서 부작용이 될 것 같은' 은밀한 로비 시도를 의도적으로 자제하면서 말이다. 국무부를 통하여, 행정부는 각국 선수들을 환영한다는 언명을 반복하는 동시에 소련의 음모로 큐 클럭스 클랜으로 추정되는 위협을 비판했다. 워버로스의 제안에서, 국무부는 아프리카에 있는 외교관들과 국가올림픽위원회 등에게 올림픽

61) IOC Archives, CIO-JO-1984s-POLIT n.58, Telegram, M. Berlioux to William Simon (President USOC), 17 July 1981.

62) RRPL, Executive Secretariat, NSC Subject File, Box 82, Folder Olympics, 'Department of State Final Report: 1984 Summer Olympic Games'. See also Shaikin, *Sport and Politics*, 58-9.

참가 독려 전신을 보냈다. 국무부는 또한 워버로스 직원들에게도 '아프리카 참가를 독려하는 조치를 취하도록' 다음과 같이 촉구했다. 아프리카스포츠최고협의회SCSA 회의에 대표 파견, 아프리카 언론인들에게 부가적인 언론 접근성 허용, 마지막이 될지라도 아프리카 정부 수반이나 다른 정부 고위 관료들의 입장권 구매 요구 수용, 애틀랜타 훈련장에 아프리카 올림픽 선수들의 참가비용 대납' 등이었다.[63] 미국 해외공보처는 올림픽 이전에 한 달 동안의 훈련장을 위하여 미국으로 제3 세계 육상선수들을 데려오기 위하여 58,900달러의 프로그램을 시도했다. 국무부의 이니셔티브로서, 미국해외공보처는 자체 위성 텔레비전 네트워크[64]인 월드넷WORLDNET를 통한 소련 선전을 확산하기 위한 회의에 초대했다. 그런 다음 워버로스의 회의는 워버로스, 브래들리 시장과 로스앤젤레스 경찰LAPD 서장 다렐 게이트Darrell Gates 등과의 3건의 독자적인 1시간 기자회견이 되었고, 아프리카, 아시아와 라틴 아메리카 등에 있는 20개 이상의 국가에 중계되었다. 세 사람은 올림픽 헌장을 준수하고 선수, 스포츠 관계자와 로스앤젤레스에 있는 관광객 등의 안전을 보장하기 위한 자신들의 의지에 관해 국제시민들에게 확인해 주었다. 이러한 요점을 강조하기 위하여, 미국해외공보처는 두 개의 단편 다큐멘터리인 *Hello, Los Angeles*와 *Sharing the Dream* 등을 제작했고, 로스앤젤레스에서의 안전에 관한 의혹을 불식시키기 위하여 전 세계에 있는 외교관들에게 배포했다.[65] 심지어 워버로스도 쿠바로 갔다. 카스트로는

---

63) RRPL, Executive Secretariat, NSC Subject File, Box 82, Folder Olympics, 'Department of State Final Report: 1984 Summer Olympic Games'.

64) RRPL, Kenneth Hill File, Box 4, Folder LAOOC, Memorandum 'Meeting – Olympics', 22 May 1984; RRPL, Kenneth Hill File, Box 1, Folder Budget, Memorandum from David Sitrin for Joe Wright, 'U.S. Olympics Status report', 14 June 1984.

65) RRPL, WHOM FO005-03, casefile 241077, USIA, Television-Worldnet, 'Video Dialogue with Peter Ueberroth, Tom Bradley and Darrell Gates', 15 June 1984; LAOOC Records, Box 65, Folder USIA, Letter, Carol C. Daniels to Rober O.

그에게 자국은 아프리카 국가올림픽위원회의 참가 결정에 관여하지 않을 것임을 재확인해 주었다.[66]

그렇지만, 가장 중요한 성공은 동유럽으로부터 나왔다. 수많은 공산국가가 보이콧에 참가한 이후, 루마니아는 여전히 참가를 고려중이었다. 라디오 프리 유럽과 서유럽 언론 등은 루마니아 정부가 모스크바로부터 엄청난 압력을 받고 있다고 보도했다. 로스앤젤레스올림픽조직위원회와 백악관 등은 차우셰스쿠 정권을 피해국 전략을 위한 특별 타깃으로 특정했다. 이에 따라서, 워버로스는 5월 18일 루마니아 출신 국제올림픽위원회 부회장인 알렉산더 시페르코Alexander Siperco와의 특별회의를 위하여 로잔느로 날아갔다. 반면에 레이건 대통령은 차우셰스쿠에게 편지를 보냈는데, 그는 루마니아의 최혜국 대우 지위를 1년 더 연장할 것을 제안했고 3년 간 쌍무 교역 협정 확대 등을 언급했다. 마지막 제안으로, 레이건은 로스앤젤레스 올림픽 경기에 소련의 우려와 비난이 가해지는 것은 '터무니없을' 뿐만 아니라 '미국은 올림픽헌장을 준수할 것이라고 국제올림픽위원회에게 개인적으로 확인시켜 주고, 루마니아 올림픽팀이 올해 여름 경기에 참여하는 것이 우리의 희망이다.'라고 했다.[67] 루마니아 주재 미국 대사인 데이비드 펀더버그David Funderburk에 따르면, 이 편지는 불필요했다. 소련과 루마니아의 긴장을 고조시키고 서유럽 경제에 루마니아의 의존을 부과시켰기 때문이었다고.[68] 그렇지

---

Jones, 5 March 1984. See also A. A. Snyder, *Warriors of Disinformation: American Propaganda, Soviet Lies and the Winning of the Cold War* (New York: Arcade Publishing, 1995), 108–10.

66) Ueberroth, *Made in America*, 296-300.

67) RRPL, Executive Secretariat, NSC Head of State File, Box 28, Folder Romania, – Ceacescu 8203396; Letter, Reagan to Ceaucescu, 18 May 1984. See also Ueberroth, *Made in America*, 290.

68) RRPL, Executive Secretariat, NSC Head of State File, Box 28, Folder Romania, – Ceacescu 8203396, Telegram from U.S. Embassy in Bucharest to State Department, 'Proposed Presidential Letter to Ceausescu', 24 May 1984.

만, 워버르는 반대 입장을 피력했다. 대통령은 차우셰스쿠에게 편지를 써야만 할 뿐만 아니라 그는 '모든 가능한 지원과 원조 등을 제공'해야만 한다.69) 같은 날, 프라하에서 공산국가들 간 스포츠회의 동안, 루마니아 장관 하라람비에 알렉사Haralambie Alexa는 루마니아 선수들은 경기에 참여할 것임을 발표했다. 월말, 로스앤젤레스올림픽조직위원회 사절이 부쿠레슈티를 방문해서 루마니아 비용을 대납하는 데 합의했다. 로스앤젤레스올림픽위원회와 국제올림픽위원회 등은 각각 루마니아 팀을 로스앤젤레스로 데려오는 데 6만 달러씩을 지불했다(전체 예산의 약 3분의 2).70)

## 결론

개막식 동안 국가대표팀 입장에서, 루마니아, 유고슬라비아, 중국 등은 92,655명 관객의 박수갈채를 받았다. *스포츠 일러스트레이티드* 지에 따르면, '엄청난 숫자의 573명의 미국 선수단이 맨 마지막으로 입장할 때와는 비교가 되지 않았다'.71) 통계는 개최국이 상당한 숫자의 메달을 획득한다는 것을 보여준다. 소련과 동유럽 챔피언들이 부재한 상황에서, 미국 선수들이 믿을 수 없을 정도로 많은 메달(83개의 금메달, 61개의 은메달, 30개의 동메달)을 획득했다. 미국인들은 이들의 성공을 열렬히 따랐다. 에이비씨 텔레비전 네트워크는 다음과 같이 부풀렸다. 비국인도 에이비씨의 쇼비니스트적인 편파성이 담긴 보도에 관해 자주

69) RRPL, Kenneth Hill Files, Box 4, Folder LAOOC, Letter, Ueberroth to Shultz, 24 May 1984.

70) 'LAOOC, IOC helped to pay for Romanians' trip', *Los Angeles Times*, 31 July 1984. See also H. E. Wilson, 'The golden opportunity: Romania's political manipulation of the 1984 Los Angeles Olympic Games', *OLYMPIKA: The International Journal of Olympic Studies*, III (1994).

71) 'Hey Russia. It's a heck of a party', *Sports Illustrated*, 6 August 1984.

불만을 가졌다.[72] 아이러니한 것은, 소련이 로스앤젤레스에 있었더라면 승리하지 않았더라도 미국 승리에만 한정시킨다며 수많은 이벤트에 대해 항의했을 것이다.

백악관이 발전시킨 보이콧 문제와 이니셔티브 등은 레이건의 1984년 올림픽에 대한 상징적인 접근방법이었다. 경기의 조직에는 확실하게 무시하고 무관심하면서, 레이건 행정부는 성공을 보장하기 위하여 이면에서 지속적으로 작업했다. 소련에 대한 무시 접근방법과 피해대책 전략 등을 통하여, 행정부는 소련을 고립시켰고 레이건 대통령은 '소련에게 문호는 열려져 [있었다] 알려 줌으로써 [그]는 그가 할 수 있는 모든 것을 할 수 있기'를 주장할 수 있었다. 반면에 그가 '우리가 그들에게 행진할 수 있는 보상을 해주는 것처럼 보이는 몇 가지를 제공할 수 없음'을 언명했다.[73]

올림픽에서 연방 집행부의 역할은 보이콧 논쟁에만 한정되지 않았다. 레이건 행정부는 곧바로 경기를 새로운 정치메시지를 위한 하나의 쇼케이스로 특정했다. 로스앤젤레스올림픽조직위원회에 관한 모든 민간부문은 이것에 중요한 역할을 수행했다. 워버로스가 경기의 정치적 의미에 관하여 주의를 했어도, 그는 1980년대의 신자유주의 정신을 온몸으로 받아들인 사람이었다. 그는 레이건 혁명을 위한 전형으로 여겨지는 인물Poster child인데, 정부 개입 없이 완벽한 올림픽 경기를 조직할 수 있는 미국 비즈니스맨의 상징이었다.[74] 조직위원회의 모토('우리는 메시지를 갖고 있지 않다. 훌륭한 경기를 갖자는 것 이외에는 말이다)

72) According to journalist Frank Deford, ABC stood for 'Always Be Cheerleaders'. See F. Deford, 'Cheer, cheer, cheer for the home team', *Sports Illustrated*, 13 August 1984.

73) RRPL, WHORM CO 165 – casefile 237741, Letter Ronald Reagan to Paul Trousdale, 17 May 1984.

74) G. Troy, *Morning in America: How Ronald Reagan Invented the 1980's* (Princeton, NJ: Princeton University Press, 2005), 152.

는 로스앤젤레스 경기의 완전한 종합으로 나타났다. 여전히, 워버러스, 로스앤젤레스올림픽조직위원회와 경기 등은 레이건 혁명을 위한 한 줄기의 빛이었다—미국 사회와 같은 자유로운 사회를 미국 우월성을 재확인 할 필요가 있는 재능과 자원 등을 창조하기 위하여 경제에서 국가의 역할 축소를 바라는 신자유주의 혁명이다.

이러한 올림픽의 절정에서, 레이건은 민간부문 성공에 관한 하나의 사례를 발견했다. 미국 선수들이 젊은이들이 경쟁을 돕는 데 활용될 수 있는 자유 경제로부터의 혜택을 국가가 선수와 타국 등에 지원하는 보조금과 동일한 수준으로 걷어 들인다는 것을 증명했기 때문이다.[75] 여전히 이러한 올림픽 벌점에서 다음과 같은 특별한 역설paradox이 존재한다. 자본주의 경기 개최와 민간 이니셔티브 등에서 공동주연은 레이건 행정부뿐만 아니라 또한 개인 자유의 성취, 자유시장과 국가권력 제한 필요성 등에 대하여 세계를 위한 글로벌 쇼케이스 올림픽 경기를 상정하고 활용했다는 것 등이었다. 이것은 로스앤젤레스 올림픽 경기의 정치적 메시지와 이것의 근본적인 역설이었다. 로스앤젤레스 경기는 정부가 없는 것으로 표현되기를 원했지만, 결국 정부 개입을 피할 수 없었다.

---

75) R. Reagan, Remarks to United States Olympic Medal Winners in Los Angeles, 13 August 1984, www.presidency.ucsb.edu/ws/?pid=40252에서 이용할 수 있습니다 (2016년 5월 26일 접속).

결론

# 경기 후 회복과 분석:
## 스포츠와 외교에 관한 결론적인 생각

애런 비컴과 J. 시몬 로페 *Aaron Beacom & J. Simon Rofe*

본 장에서는 본서에서 특정해 왔던 주제를 살펴보고 외교와 스포츠의 미래 넥서스와 관련된 것들에 대해서 몇 가지 생각을 시도해 본다. 이것은 본서에서 도출된 논쟁에 비추어서 재조명하면서 시작한다. 국제스포츠에 관련 연구와 외교 관행에 대한 재구성 조사 등에 관한 상호적인 혜택이다. 거기로부터, 이것은 본서 전체를 통하여 개발된 다음과 같은 핵심 주제에 대해서 집중한다. 즉 외교와 관련된 개념적인 쟁점, 공공외교의 패턴과 외교 도구로서 스포츠 보이콧 등이다. 외교 프레임워크 차원으로서 스포츠의 궤적에 대한 평가를 위한 기반을 형성한다. 본서에 포함된 분석을 도출하면서, 결론의 장에서 파악하려는 것은 스포츠와 외교 간 지속적으로 얼기설기 얽힌 관계이다. 스포츠는 자체적인 외교 행동으로 간주될 수 있는 분야로, 예를 들어 대표성과 중개의 이해관계의 맥락이 있다. 이러한 면에서 본서는 수많은 다양한 공간적이고 일시적인 분야에서 이들의 관계에 대한 재균형을 살펴왔다.

## 스포츠와 외교의 재조명

스포츠와 외교 등에 관한 연구는 가치 있고 그 자체로, 체육의 양상이 어떻게 국제시스템에서 완벽한 범위의 행위자들 간에 넓어진 정치적 사회적 관계에 필수적이 되었는가에 대한 이해를 제고하는 것이다. 이와 같이, 외교 관행을 형성하는 글로벌적 현상은 다양한 방식으로 스포츠 기구와 연계된다. 즉, 본 분석의 중심에서 스포츠와 외교 등에 대한 상관관계에 있는 자질이 존재한다.

스포츠와 관련되어 발전되어 온 구조와 기관 등은 본질적으로 정치적이다. 영토적 구분, 현지와 지역적 정체성, 문화적 특성, 그리고 종교적, 인종적 그리고 정치적 연합 등과 같은 다양한 방식(종종 논란이 있는)을 반영한다. 그런 다음, 국제스포츠는 일반적으로 국제관계의 발전에 관한 경험적 연구를 위한 기초와 매우 특별하게 외교 담론의 진화 등을 제공한다.[1)]

수년 동안 인식되어 온 바와 같이 국제 스포츠 이벤트는 국제사회의 축소판이었는데, 부상 중인 긴장과 단층선fault line 등을 반영한다.[2)] 메가스포츠이벤트가 본서 전체에서 뚜렷하게 다뤄지는 것은 놀랄 일이 아니다. 메가스포츠이벤트는 아이버 B. 뉴만Iver B. Neumann이 '외교 광장'으로 특정했기 때문이었다. 외교관행에 관한 다양한 의식과 전시 등이 펼쳐지는 장소라는 것이다. 2008년 북경올림픽과 4년 후 런던 올림픽 등에서 볼거리를 제공하는 올림픽 개막식은 뉴만이 '숭고한 외교'로 설명한 것에 대하여 직접적으로 다음과 같이 말하는 것이다. 비잔틴 외교를 연상시키면서 교섭상대자에게 깊은 감명을 주고 압도하기 위한 외

1) Aaron Beacom, *International Diplomacy and the Olympic Movement: The New Mediators* (Basingstoke: Palgrave Macmillan, 2012).

2) Richard Epsy, *The Politics of the Olympic Games* (Berkeley, CA: University of California Press, 1979).

교 역량 말이다.[3] 이와 같은 이러한 메가스포츠이벤트는 공공외교 이니셔티브뿐만 아니라 보이콧을 포함하는 특별한 외교 관행을 위한 지침으로 행동하는 기반을 형성해 왔다.

동시에, 이것이 스포츠와 관련되기 때문에 외교 활동의 척도는 볼거리를 제공하는 이벤트로 더 심층적으로 간다는 것이다. 예를 들면, 스포츠 거버넌스에 관한 결정, 스포츠에 기반하는 개입에 연관을 통하여 개발 목적을 추구하기 위한 시도, 그리고 국제적인 성과를 제고하기 위한 노력의 일환으로 엘리트 스포츠 개발 프로젝트에 관한 기금 등 모두는 본서가 보여주어 왔던 외교관행의 대표성의 자질을 위한 함의를 지닌다.[4]

마찬가지로, 다양한 학제적인 배경을 지닌 학자들이 지속적으로 스포츠에 관심을 두고 있다. 본서에서 자주 언급해 온 바와 같이, 조셉 나이Joseph Nye의 '소프트 파워'에 관한 개념화는 매우 위험하거나 어려운 상황에 부닥치는 것을 넘어서서 국제문제에서 영향력 조사를 위한 시금석이 되어 왔다.[5] 나이 자신도 스포츠를 농구선수 아이콘 마이클 조던Michael Jordan의 매력과 2008년 북경 올림픽경기를 통하여 중국에 소

3) Iver B. Neumann, *Diplomatic Sites: A Critical Enquiry* (London: Hurst, 2013), 121-46.

4) Alison Holmes and J. Simon Rofe, *Global Diplomacy: Theories, Types and Models* (Boulder, CO: Westview, 2016), 9.

5) '소프트 파워'에 관한 문헌은 다양한 연구 분야에서 풍부하고 이것의 진화에 대한 나의 생각은 이것을 이해하는 데 정보를 제공한다. 'Think again: soft power', *Foreign Policy*, 23 February 2009, http://foreignpolicy.com/2006/02/23/think-again-soft-power/에서 이용할 수 있습니다 (2017년 5월 18일 접속)를 보라. 소프트 파워와 공공외교 간의 연결고리에 관한 가장 적절한 것은 나의의 논문인 'Public diplomacy and soft power', *Annals of the American Academy of Political and Social Science – Public Diplomacy in a Changing World*, 616 (2008)이다. 스포츠는 나의 심층적인 논문에서 반복되는 주제이다. 'The Olympics and Chinese soft power', *Huffington Post*, 29 September 2008를 보라. 나이의 성과는 다른 저작물에서 자주 인용되는데, 미국의 대외관계에 관한 저명한 역사학자인 Walter Lafeber's book *Michael Jordan and the New Global Capitalism* (New York: W. W. Norton, 2002)에서 말이다..

개하기 위하여 중국 인민들에 의하여 취해지는 기회 등을 지적하면서 외교에서의 '매력'의 힘을 설명하는데 활용해 왔다. 중국 리더십은 2012년부터 중국슈퍼리그 축구토너먼트의 재구성으로서 심층적인 노력을 보장하는 데 충분하게 성공한 것으로 평가했고 2022년 동계올림픽의 성공적인 선정도 북경에서 개최하기로 되어 있다.

이것은 스포츠에 대한 본질주의적essentialistic 접근방법 선택을 피하려는 실무가이거나 분석가 등인 스포츠와 외교에 관련된 사람들에게는 중요하다. 동시에 더 넓어진 국제사회에서 이것의 중요성을 인식하는 것이었다. 사회와 정치변동을 위한 약간의 기관을 갖지만, 궁극적으로 국제스포츠는, 이벤트 기구, 개발 개입에서 연관 또는 거버넌스 결정 등 인지 간에, 최우선 사항을 결정하는 특별한 지정학적인 맥락에서 발생한다. 특별하게 관련 외교 담론과 관계하기 때문이다. 1980년대의 올림픽 보이콧의 맥락은 당시 국제무대를 지배했던 냉전의 양극체제였다. 스포츠 참가 여부에 대한 결정은 이러한 충성(모스크바 올림픽에 영국 선수들의 참가는 그 당시 정부에 대한 직접적인 도전으로 상당한 논쟁을 반영하였으며, 스포츠 자율성의 문제에서 장기적으로 실패했다)에 의존하는 자원에 대한 관심과 충성 등과 연결되는 것이었다.[6] 재차 영국 시각에서 바라보면, 유럽연합을 떠나는 국민투표(2016년 6월 23일)는 정부에 대한 결과와 이것이 지역적 거버넌스와 연결되는 방식 등에 대하여 불가피하게 다음과 같은 결과를 가질 것이다. 예를 들면, 선수들의 유럽연합 잔류 또는 이탈에 따른 이적이다. 예를 들면, 보스만 규칙Bosman Ruling은 인간의 자유로운 이동과 이와 같은 자유로운 이동 결정에 관한 단일시장 약속과 연결된다. 선수, 코치로 또는 관리 등은 재차 미미한 수준에 이르게 되었다. 당장의 결과는 거의 없으나, 영국 국민투표의 결정은 미국과 유럽 팀 등이 주로 참여하고 유럽의 단합(유럽연합

6) Paul Corthorn, 'The Cold War and British debates over the boycott of the 1980 Moscow Olympics', *Cold War History*, 13:1 (2012).

으로부터 막대한 재원이 들어오는)을 주로 상징하는 골프 경기 대회인 라이더 컵Ryder Cup의 출전으로 최소한 함의를 가지게 될 것이다.[7] 글로벌 사회의 거대한 단결을 촉발시킬 수 있으면서 반면에 다른 것에 의하여 역대급으로 무관심에 처할 수 있는 체육, 사회와 문화 활동으로서 스포츠는 정치 외교적 의미에서 위상이 높아져 왔다.

## 본서에서 발전된 주제에 대한 재조명

본서의 장들에서는 외교 인식과 관행 등에 대한 광범위한 접근방법을 취해 왔었다. 그렇게 하면서 이것은 리셜리외Armans Jean du Plessis Richelieu, 프랑스 추기경이자 정치가, 구찌아르디니Francesco Guicciardni, 이탈리아 역사가자 정치가, 1483-1540 등과 같은 외교사상에 관하여 오랫동안 정착된 수호자를 반영한다. 19세기부터 해럴드 니콜슨Harold Nicolson, 영국 외교관이자 전기 작가, 1886-1968이 추가한 지오프 베리지Geoff Berridge, 브리안 호킹Brian Hocking, 얀 멜리센Jan Mellissen과 폴 샤프Paul Sharp 등의 현대 학자 등과 함께, 닉 컬Nick Cull, 제임스 팜멘트James Pamment, 노에 카르나고Noe Carnago와 제이슨 디트머Jason Dittmer 등과 같은 학자들과 함께 말이다.[8] 니콜슨의 강조점은

7) Ian Henry, *Transnational and Comparative Research in Sport: Globalisation, Governance and Sport Policy* (London: Routledge, 2007); Barrie Houlihan and Dominic Malcolm (eds), *Sport and Society* (London: Sage, 3rd edn, 2015).

8) 이들 저자들은 '신' '구'외교에 관한 저작물 중에서 선택된 학자들로 작성된다. 프란체스코 구치아르디니와 추기경 리셜리외 등은 외교에 관한 몇몇 고정관념을 대표한다. 외교가 이탈리아 르네상스에서 그런 다음 프랑스 왕정 안에서 구현되었는데, 후자에서 최초의 외교부를 만들었다. Francesco Gucciardini, *Maxims and Reflections Ricordi*, trans. Mario Domandi (Philadelphia, PA: University of Pennsylvania Press, 1972); and Armand Jean du Plessis Richelieu, Cardinal et Duc de, *The Political Testament of Cardinal Richelieu*, trans. Henry Bertram Hill (Madison, WI: University of Wisconsin Press, 1964) 등을 보라. 20세기 전반 영국 통치 엘리트의 일원으로서 해럴드 니콜슨Harold Nicolson의 상당한 양의 관련 저작물은 그 당시 '새로운' 공개외교에 대한 혜안과 비판적인 생각을 제공한다. Harold Nicolson, *Peacemaking 1919* (London: Faber & Faber, 1933)를 보라. 최근의 유서 깊은 저

실제로서 외교에 관한 것이다. 1935년 그는 외교를 '국가 간 관계에 관한 이론이라기보다는 오히려 실제'로 바라보았다고 적고 있다.9) 베리지는 외교를 '국가들에게 무력, 선전 또는 법 등에 의존하지 않고 자국의 외교정책의 목적을 확보하도록 국가가 할 수 있는 필수 불가결한 정치적 활동'이 되어야 한다고 외교를 매우 구체적으로 언급한다.10) 디트머는 차이나게 다른 견해를 취하는데, 외교를 인간과 비인간의 상호작용의 산출로 바라보고, 실질 환경과 '인간 대리인의 만일의 사태를 살피면서 말이다.11) 이러한 광범위한 범위의 행위자들을 고려할 때, 스포츠 거버넌스에 관련된 이해관계자들을 포함하면서, 대표성, 의견교환 그리

서로는, 지금 5판인, Geoff Berridge's *Diplomacy: Theory and Practice* (London: Palgrave Macmillan, 2015)는 영향력이 큰 교재이다. 브라이안 호킹Brian Hocking, 얀 멜리센, 존 영, 코스타스 콘스탄틴우와 폴 샤프 등을 포함하는 외교사학자로서 베리지Berridge의 현대저작물은 광범위한 출판에 걸쳐서 심층적인 생각을 제공한다. 두 가지는 특별한 이목을 끈다. 첫째, Paul Sharp's *Diplomatic Theories of International Relations* (Cambridge: Cambridge University Press, 2009); 그리고 두 번째로, the collective piece Brian Hocking, Jan Melissen, Shaun Riordan and Paul Sharp, *Futures for Diplomacy: Integrative Diplomacy in the 21st Century* (Clingendael: Netherlands Institute of International Relations, 2012). 닉 컬의 저작물은 공공외교에 초점을 맞추어서 진화되었는데, *Public Diplomacy: Lessons from the Past* (Los Angeles: Figueroa Press, 2007), 그리고 남가주대학 아넨버그 공공외교대학에 그의 공헌이 있다. 제임스 팸먼트의 저작은 James Pamment, *British Public Diplomacy and Soft Power: Diplomatic Influence & Digital Disruption* (London: Palgrave Macmillan, 2016) and *New Public Diplomacy in the 21st Century: A Comparative Study of Policy and Practice* (London: Routledge, 2013) 등에서 공공외교에 관한 비판적 독서목록을 제공 한다. 노에 카르나고 노에 카르나고의 저작은 '준'para와 '원래'proto 외교를 살펴보는데, 즉, 스포츠 기구를 포함하는 다양한 행위자에 의하여 전통적인 형태에 반대하는 외교 관행에 관한 흉내 또는 유사 등이고 *Trans-Professional Diplomacy* (Leiden: Brill Research Perspectives on Diplomacy and Foreign Policy, 2016)에서 코스타스 콘스탄틴우와 피노아 맥코닐Finoa McConneel 등과 함께 이것을 탐색해 왔다는 것이다.

9) Harold Nicolson, 'Modern diplomacy and British public opinion', *International Affairs (Royal Institute of International Affairs 1931-1939)*, 145 (Sept.-Oct., 1935).

10) Berridge, *Diplomacy*, 1.

11) Jason Dittmer, *Diplomatic Material: Affect, Assemblage, and Foreign Policy* (Durham, NC: Duke University Press, 2017).

고 교섭 등에 관심을 가지는 더 넓어진 외교 과정 참여자들은 다양한 정체polities의 이익 증진을 목적으로 하는 것이기 때문이다.12)

## 스포츠와 외교의 개념과 역사

본서의 첫 번째 섹션에서는 외교와 관련된 개념적 논쟁에 초점을 두었다. 이것이 스포츠와 연관되었기 때문이기도 했다. 스포츠 외교 틀에서 특징을 나타낸 개입의 형태와 행위자의 범위 등을 강조하면서 살펴보았다. 쿨리의 장에서는 외교와 확대된 국제연구 분야 간 관계를 강조하는 데 일조했다. 분쟁 해결과 평화구축 전략의 일환으로 스포츠의 채택에 관한 고려는 많은 스포츠에 기반하는 개입의 야심찬 양상을 강조했다. 이것은 통합모델(평화구축 이니셔티브의 일환으로 구성되는 넓어진 제도적 약속은 다양성 반영으로 구상되는 포용적/공존형 프레임워크에 대한 초점에 유리하게 매우 일반적으로 거부된다)을 통하여 스포츠 거버넌스에 연관되기 위한 시도에 반영되었다. 이러한 것들은 계속해서 스포츠 힘은 사회결집력과 평화구축 등에 기여한다는 가정에 근거를 둔다. 이에 따라서 본장에서는 스포츠는 이러한 쟁점들을 강조하는데 움직여야만 하는 잠재적인 역할을 둘러싼 광범위한 논의에 기여하는 것이다. 이러한 논쟁은 유엔스포츠개발평화사무실의 권한을 국제올림픽위원회에게 효과적으로 이전하는 유엔사무총장의 결정에 의하여 2017년 새로운 명성을 부여받게 되었다.

카르데나스와 랑 등은 심층적으로 평화구축에 기여하기 위한 스포츠의 잠재력에 대한 시각을 고려했다. 이들의 장에서 스포츠가 어떻게 군사평화지원활동PSO의 하나의 양상으로서 채택되어 왔는지를 고찰한

12) J. Simon Rofe has previously articulated the applicability of a global diplomacy framework and its relation to sport and diplomacy; see Rofe 'Sport and diplomacy: a global diplomacy framework', *Diplomacy and Statecraft*, 27:2 (2016).

다. 이것은 필리핀과 콜롬비아 등 무장 세력의 사례에서 국가에 기반하는 활동뿐만 아니라 제한적인 기반에서 유엔평화유지활동UNPKO의 맥락에서도 마찬가지였다. 그들은 이러한 이니셔티브를 스포츠개발평화SDP 운동을 위한 확장된 하나의 양상과 현지 기관에 대한 이것의 이전 등을 밝혀냈다. 일상적으로 스포츠에 기반 하는 개입과 연관된 대상의 다층성은 보건교육 프로그램, 젠더와 장애인 권리 관련 프로젝트 그리고 공동체 발전 이니셔티브 등을 포함한다. 평화구축 개입의 맥락에서, 전투 트라우마에 대한 심리적인 치료의 일부로서 스포츠와의 연계와 사회 관계의 재회복은 목적으로서 현저한 특징을 이룬다. 본장에서는 이러한 목적을 달성하는데 도전들을 특정 하는데, 결과에 영향을 미치는 다양한 변수들을 부여하면서 말이다. 예를 들면, 스포츠에 기반 하는 개입은 정치 안정화에 입각하고 있다. 부가적으로, 본장에서는 이미 수립된 균열을 강조하기 위하여 스포츠의 잠재력을 인정하는 것이다. 이러한 면에서, 카르데나스와 랑 등은 개발을 위한 스포츠와 더 나아가 외교의 도구로서 개발원조 등에 대한 광범위한 담론과 관련하여 비판적 논쟁을 하는데 기여해 왔다.

톰린슨의 글로벌 현상으로서 축구의 진화에 대한 혜안은 스포츠 안에서 현재 투쟁을 위한 귀중한 맥락을 제공한다. 국가와 국제제도 간의 초기 긴장—특별하게 축구협회와 피파—과 국제 중개인으로서 특정 개인의 역할—은 본질적으로 스포츠의 정치적 본질과 동시에 수반되는 외교의 필수조건 등을 반영한다. 이것은 이익을 표현하는 수단으로서 글로벌 이벤트에서 적극적으로 관여를 모색하기 때문이다. 외교 개념화에 관련해서, 특별한 언급은 주제와 많은 저작Beck 1999 and 2003에 대한 그의 관찰은, 외교용어를 사용하지 않으면서, 예를 들면 공공외교와 관련된 외교과정의 요인, 비정부행위자의 부상과 인정/국제관계에 영향을 미치는 도구로서 비승인 등을 살피는 것이다.

도우스는 메가스포츠이벤트를 스포츠를 통한 외교 개입에 관한 논쟁에 핵심으로서 도입했다. 1995년 남아프리카 럭비 월드컵과 2010년 월드컵축구 등의 맥락에 대한 초점은 이러한 전환기를 관리하는 데 도움을 주는 스포츠에 적절한 장치를 채택하기 위한 급속한 이전에서의 국가에 의한 시도를 반영하고 있다. 도우스는 이러한 과정에 직면하는 도전과 한계 등을 강조한다. 이것은 현대 메가스포츠이벤트를 개최하는 데 필요한 공공지출(사실상, 개최응모 비용까지도) 차원을 위한 대중 지지를 확보하는 국내적인 요인을 포함한다. 광의의 의미로, 도우스는 '정치도구 활용된 메가스포츠이벤트는 접근과 기대 등의 맥락에서 다른 어떤 정책 개입처럼 다루어져야만 한다고 적시한다. 이러한 입장의 핵심은 의미 있고 지속가능한 실질적 정책결과 등을 전달하기 위한 모든 이벤트를 기대한다는 것은 불합리하다는 것이다. 이벤트 전달 우선사항 또는 이벤트 소유주 등에 대한 정책의 우선순위 성과를 강조하는 다차원적이고 전략적인 정책 접근방법 으로 통합되지 않는다면 말이다.' 이러한 요점은 효과적인 유산의 혜택을 보장하려는 수많은 다른 평론가에 의하여 고려된다. 이벤트는 '지렛대'leverage 도구로 기획되는데, 넓은 기획과정으로 완전히 통합된다. 이것은 운송과 사회기반시설 등과 같은 다른 영역에서처럼 외교의 맥락에서도 의미 있는 것으로 주장된다.

## '정책을 판매하기': 공공외교로서 스포츠와 외교

본서의 두 번째 섹션에서는 개념적 토대 위에서 설정되고 공공외교 차원에서 스포츠에 관한 아이디어를 살펴보았다. 선형과정linear process으로서 외교의 역사적 발전을 나타내는 경향이 다음과 같이 존재한다. 주권국가가 자국의 이익을 대표하는 국가 외교 기관과 함께 하는 준거 틀을 제공하는 국가중심으로부터 이동, '신' 외교로서 빈번하게 언급되는 것을 향한 국가이익 등이다.[13] 논쟁이 되는 용어인 반면, 국가로부터 떨어져서 이동해 다양한 범위의 활동을 통해 집단적인 이익을 대표하는

데 관련된 다층적인 행위자로 향하는 것 등을 자주 언급했다. 이것은 여론을 형성하고 이익을 보호하기 위한 다른 국민들과 연계되는 '신' 공공외교가 부상 과정으로 표현되는 배경이고 새로운 커뮤니케이션 기술로 고조되었다.[14]

역사적 시각은 아프가니스탄 독립일 경기에 대한 외교적 차원에 대한 드레팔의 장에서 다르게 발전된다. 이러한 스포츠 이벤트는 제1차 세계대전 여파로 시작되었고 제2차 세계대전 종식 이후인 1947년 후에 처음으로 개최되었다. 드레팔은 스포츠가 국가정체성 형성에 제공할 수 있는 국가건설의 특징을 고찰한다. 아프가니스탄의 경우 독립일 경기는 영국 제국에 맞서 공들여 만든 내셔널리즘에 중요한 연례적인 공식행사여서 수많은 스포츠 광경을 만들어 낸 20세기 후반기의 탈식민화 아젠다로 반영된다. 기세등등한 2002년 피파 월드컵 선수권대회에서 전 식민국가인 프랑스와의 축구경기에서 세네갈의 승리는 이러한 차원에서 가질 수 있는 스포츠의 잠재성에 대한 강력한 사례로 남는다. 특히 세네갈의 23개의 선수 중에서 2명 외에 모두가 그 당시 프랑스에 있는 클럽 축구에서 활약하고 있었다.

공공외교와 선전의 관계는 외교와 특별하게 공공외교 등에 대한 실무자의 시각과 최근 학계 등에서 핵심이었던 것이 하나 있다. 커뮤니케이션 연구, 외교연구, 문화 관계와 외교사 등에 관한 예전 독자적인 학문 분야를 초월하는 연계는, 반면에 법, 정치, 국제관계와 사회 등을 매우 광범위하게 차용하면서, 공공외교와 선전 등의 논의에 대한 배경을 제공한다.[15] 공공외교가 중지되고 선전이 시작되는 문제는 1960년

---

13) 새로운 외교를 구성하는 것에 대한 논쟁은 외교연구 문헌에서 반복되는 특징이다. Holmes and Rofe, *Global Diplomacy*, 60, 73를 보라.

14) Jan Melissen, 'The new public diplomacy: between theory and practice', in Jan Melissen (ed.), *The New Public Diplomacy: Soft Power in International Relations* (Basingstoke: Palgrave, 2005).

15) For more on the relationship between propaganda and public diplomacy, see

대 중국-미국 스포츠 사절단의 의미에 대한 슐만의 장에 함의가 있다.[16] 이 장에서는 이러한 노력들이 여론 형성에 정확한 위치를 찾아냈는데, 대약진운동(1958-62)에 이어진 중국사회의 과도기에서 말이다. 집권 공산당이 국내 분야에서 안정성 확보를 모색하는 시기였다. 동시에 공산당의 영향력을 국제적으로 제고하려는 것을 모색 중이었다. 슐만은 외교 맥락으로 스포츠 활용은 뿌리를 가지고 있음을 다음과 같이 적시한다. 올림픽 선수들을 위한 지지 속에 반영되었다. 일반적으로 스포츠를 위한 재정 지원 부족에도 불구하고 말이다. 그럼에도 불구하고, 1960년대 아프리카 대륙에서 스포츠에 기반하는 외교적 이니셔티브의 범위는 소련과 공산주의 관계를 희생해서라도 중국 영향력 팽창으로 나가는데 기여하는 특별한 이데올로기적이고 문화적 세계관을 투사하기 위한 넓어진 의지를 보여주었다. 이와 같이 상대적으로 소규모 활동들은 의미 있는 국제 이목을 도출했었다. 슐만이 제시하듯이, 스포츠 외교가 메가스포츠이벤트와 연계된 대규모 이벤트에 제한되지 않음을 보여준다. 동시에 이러한 이니셔티브들은 특별 스포츠와의 중국 연계의 상승을 따르지 않았다. 이러한 연계는 1961년 국제탁구연맹 세계선수권대회 개최를 통하여 분명하게 설명되었다. 개발 시각에서 보면, 슐만의 장에서는 초기 형태의 중국 핑퐁외교는 중국을 시대에 앞서게 하는 자리에 놓았다. 반면에 개최국과 방문국 간의 불평등한 관계를 노정하기도 했다. 이러한 접근방법은 개발을 위한 지침으로서 스포츠와 연계하려는 가장 최근 시도의 맥락과 특히 21세기 아프리카에서 중국의 노력 등을 고려할 때 주목할 만하다.

그렇지만, 크라스노프의 장에서는 국제스포츠 접촉을 통하여 형성

---

the eponymous website of Phil Taylor at the University of Leeds, http://media.leeds.ac.uk/papers/, and Nicholas Cull, *The Cold War and the United States Information Agency: American Propaganda and Public Diplomacy, 1945-1989* (Cambridge: Cambridge University Press, 2009).

16) Holmes and Rofe, *Global Diplomacy*, 45.

중인 여론에서의 오랜 전통을 살펴본다. 파리 대학 클럽에 의한 전후 미국 순회 농구 경기의 결과로부터 나온 젊은 남자 엘리트들의 호혜성 형성에 관한 고려는 시민회의의 역할에 대해서 언급한다. 반면에 오늘날 '스포츠 대사'라고 불리는 것에 대한 반향을 보여주는데, 미국 교육문화청에 의하여 운영되는 수많은 다른 공식적인 미국 스포츠외교 이니셔티브를 포함한다.17)

축구와 관련된 호주의 아시아 신뢰에 관한 데이비드 로웨의 논의는 의견을 모으는데 도움을 줄 수 있는데, 특히 다른 소프트 파워 논쟁의 양상과 관련해서이다. 오세아니아축구컨페더레이션으로부터 탈퇴하여 지역 축구 소속을 이동시키려는 호주에서의 스포츠 이해관계에 의하여 취해진 결정에 관한 로웨의 논의는 무엇보다도 공공외교 도구로서 스포츠를 위한 야심과 지역적이고 국제적인 이해관계를 두고 충돌하는 다양한 문제들을 해결하려고 노력 중인 현실 등의 비연속성을 반영하는 것이다. 움직임이 광범위해진 호주 비즈니스에 관하여 아시아로 향하는 재강조에 필수적인 것으로 보는 반면에, 정치 문화적 이해관계, 지역강대국 관계 등이 신속하게 이러한 것들을 확보해 주었고 변화를 추동하는 '축구 외교'의 잠재성에 대한 한계는 극명히 대비되는 것으로 가져 왔다.

## 보이콧: 외교로서 노 스포츠(no sport)

본서의 세 번째 섹션에서는 외교 도구의 특별한 형태로서 스포츠 보이콧에 관하여 살펴본다. 시작 장에서 고메즈는 국가들의 바라는 결과를 달성할 때, 이러한 외교 도구들의 효과성에 관한 광범위한 토론 안에서

17) Bureau of Educational and Cultural Affair Department of State, https://eca.state.gov/programs-initiatives/sports-diplomacy에서 이용할 수 있습니다 (2017년 7월 17일 접속).

스포츠 보이콧과 스포츠 제재 등에 관한 쟁점들을 갖다 놓는다. 역사적인 시각에서 바라보면, 고메즈는 동서간의 냉전 권력 싸움에 대해서 살피고, 보이콧의 장치(후에 이튼의 장에서도 고찰)를 통하여 정확하게 설명되었다. 동시에, 그녀는 다음과 같은 핵심 문제를 물어본다. 스포츠 보이콧은 국제사회의 변화하는 본성으로 인하여 역사에 넘기는 것인가, 또는 오히려, 새로운 지정학적인 맥락을 반영하는데 재구성 중인가? 2008년 북경 올림픽경기 보이콧 위협과 관련해서는 이러한 맥락에서 고려될 수 있다. 그래서 역시 비 참가형식으로 부분적 보이콧의 등장 또는 국내외 정책 결정(예를 들면, 시민 권리의 형식과 소수그룹 대우)에 대한 반대를 정확하게 설명하기 위한 전략으로서 최근 경기에 대한 개폐회식에 축소된 참여 등이 될 수 있는 것이다.

1960년 동계올림픽 맥락에서 미국과 '두 개의 중국'의 관계에 대한 본의 장에서는 일반적으로 국제외교에서 스포츠의 궤적을 강조하지만, 냉전의 맥락에서도 특정할 것이다. 본 장은 전략적 반응의 일환으로서 증가한 투자를 통해 대응할 수 있는 미국을 위한 '차질'로서 미국해외정보처로부터 나온 문서에 다음과 같이 주목한다. 이 문서는 소련 블록에 의한 스포츠 성공의 상징적인 가치를 명백히 시사하는 내용이다. 스포츠를 고전적인 제로섬 냉전의 어휘 안에서 확실하게 갖다 놓았다. 동시에, 장은 국제 대표성으로 보면 국제올림픽위원회/국가올림픽위원회 관계의 복잡성을 풀어 보려고 한다—그리고 그렇게 하면서 국제문제에서 비정부 행위자로서 국제올림픽위원회의 늘어나는 권위 기간을 살펴본다. 국가올림픽위원회를 통하여 대표성을 둘러싼 긴장에 초점을 두면서, 1960년 경 동계올림픽을 통하여, 논쟁 중인 국제 동맹뿐만 아니라 국제, 국가 지역 이익 등 간의 접속점을 제공할 때 이벤트의 역할을 강조한다—그리고 사실상 국가와 비국가의 야망이다.

1980년 모스크바 올림픽에 관한 이튼의 분석은 다차원 과정으로서 이것을 밝혀냄으로서 외교의 맥락에서 보이콧에 관한 우리의 이해를 제고한다. 1980년 보이콧 합류 결정은 동서분열에 대한 완전한 고수보다는 오히려 특별한 지역 전략을 반영했다. 유사하게, 예를 들면, 인도네시아는 지역강대국으로서 자신의 지위와 이슬람 국가들 간에 주도적인 역할을 확보하기 위하여 움직였는데, 이집트의 모스크바 올림픽 보이콧 합류는 잠깐 동안의 조락 이후 지역에서 이집트의 영향력을 재설정하기 위한 노력을 반영했다. 이튼은 중국과 미국 간의 관계 정상화의 속도를 내는데 도움을 주는 것으로서 보이콧에 합류하기 위한 중국의 결정을 밝힌다. 그렇지만, 여기에서 재차 수많은 지역적인 이익들이 중국의 결정에서 역할을 했는데, 소련 모델에 대한 의미 있는 대안 제시로서 자체를 나타내는 중국공산당의 바람을 부여한다면 말이다. 더욱이, 이튼은 보이콧에 관한 국내 차원을 지적한다. 이튼은 이것은 필리핀과 가나 등과 관련하여 특별하게 강력함을 지적한다. 이 지역은 재정적 어려움에 직면해서 공공재정을 줄이려는 정부 약속의 일환으로서 제지되었던 나라들이었다. 이것이 하도록 도움을 주는 것은 스포츠가 함께 가져오고 스포츠와 외교 등에 관한 개념적인 기초를 특징짓기 위한 외교정책과 국내정책 간의 의미 있는 관계를 재차 강조하는 것이다.

1984년 로스앤젤레스 올림픽 경기에 대한 튤리의 장에서는 올림픽에 대한 '공적' 대 '사적' 접근방법 이라는 양분법에 도전한다. 정치와는 거리두기를 특징으로 하는 믿음에 입각한 로스앤젤레스의 선정에도 불구하고, 지난 10여 년을 특징지었던 부식을 일으키는 침범에 이어졌다. 튤리는 미국 정부는 경기에서 방관자일 뿐이었다는 광범위하게 여겨지는 주장에 의문을 제기한다. 대조적으로 그는 사업가적인 기질, 추진력과 원칙 등이 몸에 배인 레이건 대통령에 의하여 인정된 로스앤젤레스 올림픽조직위원회 회장을 지적한다. 이러한 특징들은 미국의 가치와 세계관 등에 대한 레이건의 시각을 뒷받침 했다—1984년 선거 캠페인에서 다음과 같이 표명을 했다. '다시 한 번 미국에서 아침에 출근하자'It's morning in America again—레이건의 신 냉전 레토릭에서 직접적인 외교정책

카운터파트를 가졌다. 튤리는 경기 안전에 대해서 취해지는 행정의 역할을 다음과 같이 적시한다. 불가피하게 채택해야 하는 역할임에도 불구하고 말이다. 행정부는 또한 경기까지 펼쳐지는 보이콧에 대한 담론에 불가피 하게 진입했다. 부가적으로, 경기로 연계되는 공공외교 캠페인으로 또한 해석될 수 있었다. 이것은 불가피하지 않고 오히려 개최과정을 통하여 미국의 가치를 투사하려는 역량에 관한 레이건의 소신으로부터 나와서 부상된다고 튤리는 주장한다. 로스앤젤레스올림픽조직위원회 대표에 의한 공격적인 교섭과 관련해서는, 핵심 미디어와의 수익성이 좋은 계약을 맺은, 예전 이러한 활동 교섭에 책임을 지녔고 개최 기구였던 국제올림픽위원회로부터 떨어져서 힘의 기반의 이동으로 나타난다. 뉴만의 '숭고한 외교'에 관한 현대적인 이해는, 수행 중인 외교가 규모를 통하여 압도하는 노력이 있는 나라, 여기에서 확실하게 움직였다.[18] 동시에, 민간부문 이해관계자들은 역할에서 급격한 팽창을 통하여 영향력과 후원 기업사 지지 등을 제고했다.[19] 이것은 올림픽 경기가 '구'외교로서 국가로부터 '신' 외교의 전형적인 관련 민간 부문까지로 움직일 때 획기적인 과정이었다. 최소한 이러한 면에서, 올림픽 경기 특징을 보이는 실질적으로 국제관계에서 위상을 변화시키고 자본주의 사고를 포용하는 시대의 시작을 알렸다. 1976년 몬트리올 경기는 케이스 개입주의 시대의 정점, 1980년 모스크바 경기를 변칙으로 여긴다—최소한 한 세대—그들이 마음을 끌었던 국가 지지의 본질과 수준 등과 관련해서이다.

---

18) Iver B. Neumann, *Sublime Diplomacy: Byzantine Early Modern, Contemporary,* Clingendael, Netherlands Institute of International Relations, Discussion Papers of Diplomacy, 102, 2006, 1. See also Iver B. Neumann, 'Sublime diplomacy, Byzantine, early modern, contemporary', *Millenium*, 34:3 (2006).

19) Noe Cornago, *Plural Diplomacies: Normative Predicaments and Functional Imperatives* (Leiden: Martinus Nijhoff, 2013)를 보라.

## 외교와 스포츠의 밀접한 관계

본서를 마치려고 할 때, 본서에서 발전된 주제들은 우리에게 외교와 스포츠 간의 진화 중인 관계를 이해시킨다. 그런데, 학자들 사이에서 연구를 위한 심층적인 기회를 어떻게 제공하고, 또 어떻게 공존하는 분야 속 실무자들을 형성하는 데 도움을 줄 것인가?

### 소프트 파워와 메가 이벤트

본서에서 보여준 바와 같이, 메가스포츠이벤트와 소프트 파워 간의 관계에 대한 특별 논쟁이 존재한다. 이러한 논쟁은 소프트 파워 활용에 대한 현대사회와 학자들 간에 광범위한 담론의 일부였다. '하드 파워'에 대한 반대 태도는 이러한 담론의 핵심 요소이다. 이와 같이, 소프트 파워는 아마도 현존하는 헤게모니가 '재상정되고, 재포장되고, 재확인하는 수단'으로 여기는데 매우 유용할 것이다.[20] 즉, 소프트 파워를 행사하는 것은 지속적으로 이러한 관행은 수용자로서 보다는 오히려 동료이자 공동 기여자 등으로서 소위 관중과 연결할 필요가 있는 통제 형식이다. 다른 관점에서 소프트 파워는 시들어 간다. 2017년 초, 백악관 예산관리 책임자인 미크 멀바니Mick Mulvany는, '하드파워는 소프트 파워 예산이 아니다'라는 도널드 트럼프 대통령에 의하여 시도된 예산에 대해서 언급했다.[21] 예산은 국방, 국토안보와 보훈 문제 등을 포괄하는 안보에 대한 연방지출을 증액해야만 한다. 국무부가 제출한 예산의 20

20) Melissa Nisbett, 'Who holds the power in soft power?', Arts & International Affairs (2016), https://theartsjournal.net/2016/03/13/nisbett/에서 이용할 수 있습니다 (2017년 4월 26일 접속).

21) Michael Memoli and Noah Bierman, 'Trump's hard power budget makes sweeping cuts to EPA and State Department, boosts defence spending', *Los Angeles Times,* 16 March 2017, www.latimes.com/nation/la-na-pol-trump-budget-20170316-story.html에서 이용할 수 있습니다 (2018년 1월 31일 접속).

퍼센트를 확실하게 삭감하면서 말이다. 외교와 외교관 등에 관한 역할을 위한 평가 부족은 이 개념을 정립한 조셉 나이로부터 지적된 반응을 다음과 같이 도출한다. '이것은 심각한 오류를 보여 준다'고 나이는 외교위원회에서 말했다. '문제는 하드 파워 대 소프트 파워가 아니라 두 가지를 어떻게 통합해서 서로 상승 작용하는 것인데, 당신의 목적을 더 적절하게 달성하기 위해서이다. 이러한 면에서, 원조 단절, 공공외교, 또는 이와 같은 다른 것들이 주가 아니라 호감을 버리는 것이다. 이것은 하드 파워의 전력 승수force multiplier이다'. 나이는 '아무도 국방장관 [짐] 마티스Jim Mattis보다도 단순하면서도 가장 효과적인 용어로 표현한 사람은 없었다. 그는 [2013년 상원 청문회에서], "당신이 국무부에 충분히 재정지원을 하지 않는다면, 그렇다면 나는 궁극적으로 더 많은 탄약을 살 필요가 있다."22)

하드 파워와 소프트 파워의 균형과 보완 등에 관한 나이의 지속적인 평가에도 불구하고, 트럼프의 예산인 하드파워에 중점을 두고 레토릭인 트럼프 예산은 국제문제가 더 커진 현실주의적 제로섬 중심을 채택하는 2016년 이후의 광범위해진 내셔널리즘 증대의 일부이다. 영국의 브렉시트Brexit 결정에 이어진 교섭은 소프트 파워의 1990년대와 2000년대 초 행해졌던 동일한 흐름은 아마 유지되지 않을 것임을 보여준다. 스포츠를 위한 함의는 전반적으로 명확하지 않지만 스포츠와 국가 정체성을 연계하는 인식된 혜택에 관한 의문을 제기한다. 우리는 2014년 월드컵과 2016년 올림픽 등을 개최하려는 정부 결정에 반대하는 시위를 위하여 2013년 거리로 모여든 수백만 명의 브라질 국민의 공개적이고 명백한 반대를 지적할 수 있다. 의미심장하게, 이러한 시위의 타깃 메가스포츠이벤트 유치를 위한 주요 명분을 내포하는 국제 관광객을 유치하

22) Joseph P. Nye, 'Hard power's essential soft side', *Council on Foreign Relations*, 29 March 2017, www.cfr.org/interview/hard-power-essential-soft-side에서 이용할 수 있습니다 2017년 4월 26일 접속).

려는 브라질 정부에 대한 노골적인 반대로부터 진화되었다. 2016년 6월 말(8월 초 시작되는 올림픽 경기 때문에), 시위자들이 리오 갈레아오-톰 조빔Rio Galeão-Tom Jobim 국제공항에 다음과 같이 영어로 적힌 피켓을 쳐들었다. '지옥에 온 걸 환영 한다: 경찰과 소방관 등은 봉급을 받지 마라. 리오데 자네이로로 오는 누구든지 안전하지 않을 것이다.'[23] 스포츠 구경에 대한 오랫동안 이러한 시위의 영향은 평가하기가 어렵지만 현실이 어떻든 간에 시위는 두 가지의 핵심적 사항에서 공공 인식을 바꾸어 놓았다. 첫째, 대규모 국제 이벤트를 유치할 수 있는 브릭스BRICS 국가들 중 하나로 부상 중인 강대국으로서 브라질을 그리기를 원했던 브라질 정부의 이미지는 불가피하게 도전받게 되었다.[24] 두 번째 변화로는 리오의 직전 경기 개최지로부터 올림픽경기를 위한 개최도시로서 양적의 국민 인식을 확연하게 이동시켜야만 했다. 2012년 런던개최에 대한 약간의 반대가 존재한 반면에, 국민지지가 매우 가시적이었

---

23) Nick Butler, 'Riot police hold up signs welcoming tourists to hell as strikes threatened during Olympics and Paralympics', 29 June 2016, www.insidethegames.biz/article/1039006/rio-police-hold-up-signs-welcoming-tourists-to-hell-as-strikes-threatened-during-olympics-and-paralympics에서 이용할 수 있습니다 (2017년 4월 26일 접속).

24) 브릭스BRICS는 다국적 금융회사와 골드만삭스Goldman Sachs의 회장인 짐 오닐Jim O'Neil이 2001년 브라질, 러시아, 인도, 중국과 남아프리카 등을 포함하는 것으로 용어를 만들어냈다. 이들의 관련성은 2008년 북경올림픽이 시작되면서이었는데, 메가스포츠이벤트 개최의 모든 것에 관한 신속한 성공 때문이었다. 남아프리카의 2010년 피파월드컵, 인도의 2010년 영연방국가 경기, 러시아의 2014년 소치 동계올림픽에 이어진 2018년 피파 월드컵과 브라질의 2014년 피파월드컵과 2016년 하계올림픽 유치 등이었다. 하나의 메가스포츠이벤트로 인하여 형성되는 국가 이미지 또는 브랜드의 잠재력은 조나단 그릭스와 도날 리 등의 Jonathan Grix and Donnal Lee, 'Soft power, sports mega-events and emerging states: the lure of the politics of attraction', *Global Society*, 27:4 (2013)에서 살펴본다. 국가이미지에 관한 메가스포츠이벤트 가치의 담론은 브릭스와 다른 신흥국가 너머까지 비친다.Jonathan Grix, 'Image leveraging and sports mega-events: Germany and the 2006 FIFA World Cup;, *Journal of Sport and Tourism*, 17:4 (2012) 그리고 가장 최근에, Jonathan Grix, Paul Michael Brannagan and Barrie Houlihan, 'Interrogating states' soft power strategies: a case study of sports mega-events in Brazil and the UK', *Global Society*, 29:3 (2015) 등을 보라.

고, 런던 시와 영국 정부 등이 직면한 만큼 특징되었던 광범위한 경기 관계자들을 통한 자원봉사자 프로그램을 분명히 표현했다. 세바스천 코Sebastian Coe 경은 이들의 역할을 설명하는데—'경기관계자들은 런던 2012 영웅들에 속한다'—그의 폐막식의 'Made in Britan' 연설에서.[25] 매우 가시적으로, 2013년 첫 번째 시위 단계의 여파로 미래 메가스포츠이벤트 입장에서 보면, 2020년 개최 도시—도쿄—는 2020년 경기를 계획을 줄였는데, 예산 규모에서 40% 축소로 그리고 이라크계 영국인 자하 하디드Zaha Hadid의 올림픽 스타디움 디자인에 대한 상당한 분노도 존재했다.[26] 메가스포츠이벤트 유치로 외교적으로 활용하기 위한 국가에 대한 인식되는 역량은 지속적으로 의문시되면서, 응모 과정을 변경하기 위하여 국제스포츠기구에 대한 압력이 존재한다. 동시에, 스포츠기구들은 의전 절차를 재검토 하는 중이다. 메가스포츠이벤트 응모에 참여하려는 도시 숫자들의 저감에 비추어 보면  특별하게 직면하는 도전들을 염두에 두면서 말이다. 동시에 2024년과 2028년 경기 선정에 대한 현재의 국제올림픽위원회의 고려를 포함하는데, 공식적인 두 단계 응모과정(원래는 부패 방지에 목적을 두는)을 재조명하고, 과정에 관한 이들의 관심을 완화시키기 위한 노력으로 잠재적 응모국과의 매우 공개적인 대화를 촉진하는 것이다.[27]

---

25) Lord Coe, chairman of the London Organising Committee of the Olympic and Paralympic Games, 9 September 2012.

26) Oliver Wainwright, 'Zaha Hadid's Tokyo Olympic Stadium slammed as a monumental mistake and a disgrace to future generations', *The Guardian*, 6 November 2014, www.theguardian.com/artanddesign/architecture-design-blog/014/nov/06/zaha-hadids-tokyo-olympic-stadium-slammed-as-a-monumental-mistake-and-a-disgrace-to-future-generations에서 이용될 수 있습니다 (2018년 1월 30일).

27) BBC News, 'IOC may award both 2024 and 2028 Olympic Games in September', 17 March 2017, www.bbc.co.uk/sport/olympics/39301380\에서 이용할 수 있습니다 (2017년 4월 26일 접속).

## 메가스포츠이벤트를 위한 응모 도시/국가 숫자들의 저감

메가스포츠이벤트 개최를 하려는 소수의 도시와 국가 등에게는 한 가지 관찰할만한 경향이 존재한다.[28] 2017년 초, 2024년 올림픽 경기와 2026년 피파 월드컵 등은 각각 두 개와 한 개의 응모가 남았다. 의미심장하게, 수많은 개최도시—부다페스트, 로마와 함부르크—는 스스로를 올림픽경기 운영으로부터 배제하고, 2026년 월드컵을 위하여 부상될 것 같은 더욱 구체적인 응모가 없어서 북중카리브축구연맹은 멕시코, 캐나다 그리고 미국 등 간에 합동응모는 반대가 있을 가능성이 없어 보인다. 이러한 면에서 1990년대를 회고해 보는데, 2004년 경기를 위한 시도된 11개 지역의 응모가 정점이었다. 메가스포츠이벤트 유치에 관하여 인식된 외교적 가치에서 최고점으로서 말이다. 표 13.1에서 보여주는 바와 같이, 2004년 응모 이래로 올림픽경기(그리고 패럴림픽)를 위한 응모에서 지속적인 저감이 존재한다. 2024년 경기를 위한 응모 라운드까지 지속되는 패턴이다.

그렇지만 메가스포츠이벤트를 위한 응모에서 이같이 하향 지원되는 경향은 광범위해진 역사적인 맥락으로 간주될 때, 다양한 형태의 국제 모임이 다양한 시기에 특성을 띠어 왔다. 유용한 유사점으로는 냉전 동안 그리고 특별하게 1970년대와 1980년대 정상회담 외교의 최고수위와 함께 나올 수 있다. 그 이후 다른 포럼보다 적은 문제를 함께 하는 동서를 대표하는 양국 지도자의 세계 중심이 조락되었다.[29] 이것은 스포츠용

---

28) 특정 국가에 관한 영향과 매력적으로 보이게끔 하는 능력은 2022년 카타르 피파월드컵과 관련하여 나타날 것으로 생각된다. Paul Michael Brannagan and Richard Giulianotti, 'Soft power and soft disempowerment: Qatar, global sport and football's 2022 World Cup finals', *Leisure Studies*, 34:6 (2014).

29) 외교에 관한 정상회담의 가치에 관한 심층적인 설명을 위해선, David Dunn (ed.), *Diplomacy at the Highest Level: The Evolution of International Summitry* (Basingstoke: Palgrave, 1996); and Jan Melissen, *Summit Diplomacy Coming of Age*, Discussion Papers in Diplomacy, Netherlands Institute of International

표 13.1 하계올림픽 신청도시, 2004-24

| 개최년도 | 신청도시 | 후보 도시 | 선정도시(발표장소 및 날짜 포함 | 비고 |
|---|---|---|---|---|
| 2004 | 이스탄불<br>릴<br>리오 데 자네이로<br>성 페테스부르그<br>산 후앙<br>세빌 | 부에노스 아이레스<br>케이프타운<br>로마<br>스톡홀롬 | 아테네<br>(106차: 1997년 9월 5일 로잔) | 아테네는 처음 신청 도시 라운드로부터 2단계 선택 시스템 하의 첫 번째 도시였다. |
| 2008 | 방콕<br>카이로<br>아바나<br>쿠알라룸푸르<br>세빌 | 이스탄불<br>오사카<br>파리<br>토론토 | 북경<br>(112차: 모스크바, 2001년 7월 13일) | 인권 보도에 기반 한 북경 신청에 관한 광범위한 우려. 또한 선수들에 대한 공기 질과 영향 등에 관한 우려. |
| 2012 | 아바나<br>이스탄불<br>라이프치히<br>리오 데 자네이로 | 마드리드<br>모스크바<br>뉴욕<br>파리 | 런던<br>(117차 :싱가포르, 2005년 7월 6일) | 2012년 런던 올림픽 까지 국제올림픽위원회 신청 위반에 대한 파리 사절단으로부터 제소. 로게에 의하여 거부된 제소. |
| 2016 | 바쿠<br>도하<br>프라하 | 시카코<br>마드리드<br>동경 | 리오 데 자네이로<br>(121차: 2009년 10월 2일 코펜하겐) | 도하, 바쿠, 마드리드와 동경 등은 2020년 경기를 위한 지원도시로 등록하는 것을 지속했다. |
| 2020 | 바쿠<br>도하<br>로마* | 이스탄불<br>마드리드 | 동경<br>(부에노스 아이레스, 2013년 9월 7일) | *로마가 처음 응모에서 철회한 이후 심각한 우려를 표명하다 - 많은 지원 도시들이 다섯 개 도시로 줄어듦. |
| 2024 | | 함부르크*<br>로마**<br>부다페스트***<br>로스앤젤레스<br>파리 | 파리 (2017년 9월 13일 페루에서 발표 –동시에 2028년 경기 개최는 로스앤젤레스로 발표) | *2015년 11월 29일 함부르크의 지원 철회 (함부르크시의 주민투표 때문)<br>**2016년 10월 11일 로마의 지원 철회<br>***2017년 2월 22일 부다페스트의 지원철회 |

Relations (Clingendaal, 2003) 등을 보라.

혼합처럼 정상회담은 여전히 논의를 위한 의미 있는 기회를 여전히 논의하고 협상을 위한 장소로서 주목에 초점하는 데 일조한다는 사실을 간과하지 않는다는 것이다. 사실상, 공동 편집인들 중에 한 사람이 곳곳에서 적혀진 바와 같이, 국제올림픽위원회의 연례 총회는 '올림픽 용어로 *정상*'을 표현하고, 매년 가는 '유엔의 연례 총회의 그것을 흉내 낸 것'을 가진다는 말이다.[30] 외교에서 이러한 사례가 있어 왔던 것과 같이, 외교의 성공은 어떤 특별한 형식보다는 오히려 커뮤니케이션과 교섭 등을 위한 필요성을 충족시키는 수단의 진화를 반영한다.

외교에 관한 변환 중인 어휘에서 심층적인 고려는 핵심 하부 국가 행위자는 올림픽과 패럴림픽 등과 관련한 결정에 분투하면서 이러한 도시들에 영향을 미치는 것이다. 이러한 영향력은 경기 응모를 위하여 제안 거부와 상당히 연관되게 되었다(종종 국가정책에 도전) 경기 주기에 대한 다른 양상처럼 말이다. 이런 이유로, 독립적인 주민투표를 포함한 미디어를 통한 반대표명을 위하여 시민사회의 영향력은 과소평가해서는 절대 안 된다. 반대 의견소환의 한 방식으로 소셜 미디어와 연계하면서 말이다. 동시에, 지방외교의 일환으로서 스포츠에서 흥미를 재차 얻기 위한 도시들의 경우에, 다음과 같은 대안이 있다. 재정적이고 다른 위험부담 등에 관한 동일한 수준 없이 수많은 혜택을 보여주는 국제(메가와는 반대되는) 스포츠이벤트이다.[31] 영국의 사례로부터, 맨체스터 시가 개최했던 2002년 영연방경기대회는 도시와 지역 등의 재생에 의미 있는 기여를 만들었던 것으로 광범위하게 인식하고 있다. 이곳은 산업 퇴조에 연계되는 광범위한 사회-경제적 도전들과 사투를 벌이고 있었다.[32] 유사하게, 2014년 글라스고우영연방경기대회도 도시와

30) Holmes and Rofe, *Global Diplomacy*, 42-3.

31) Aaron Beacom 'Game on? The City and the public diplomacy of the Olympic bid', *Public Diplomacy*, Summer/Fall (2017), www.publicdiplomacymagazine.com에서 이용할 수 있습니다 (2017년 8월 8일 접속).

32) Andrew Cave and Alex Miller, 'A sporting gift: the renaissance of Manchester',

지역 등에 관한 전략적인 개발에 의미 있게 기여했다는 믿음(지역 자율과 관련된 논쟁은 진행 중)을 가지고 있다.33) 비부처 공공기구 영국스포츠 '글로벌 이벤트 시리즈'Global Events Series는, 2012년 런던으로부터 유산을 확보하기 위한 광범위한 시도와 연결되면서, 지방정부와 함께 적절한 스포츠 기구를 지원(그리고 몇몇 관계에서 재원 제공)했다. 2013년과 1019년 사이의 영국 전역에서 수많은 지역 국제 스포츠이벤트를 확보하기 위해서이었다.34) 이 기간 70개의 월드 클래스 이벤트를 확보하려는 타깃 이니셔티브(예정된 초기 이벤트들 중 하나이던 2014년 런던 올림픽아쿠아틱스센터에서 열린 국제아마추어수영연맹 다이빙 월드 시리즈) 시작을 1년 안에 이루어 냈다.35)

## 안전 문제와 국제스포츠 이벤트의 미래

여러 장들에서 다루어 왔고 심층연구의 기회가 무르익은 스포츠와 외교의 역동성에 관한 심층적인 특징은 상호연관 속에서 안전을 특정하는 방식이다. 스포츠에 관한 지속적인 특징들 중에 하나는 대중들에 대

*The Telegraph*, 4 August 2016, www.telegraph.co.uk/investing/business-of-sport/manchester-commonwealth-games-legacy/에서 이용할 수 있습니다 (2018년 1월 30일 접속).

33) Social Research Unit, Scottish Government, 'An evaluation of legacy from the Glasgow 2014 Commonwealth Games: post-games report', *Scottish Government Publication*, July 2015, www.gov.scot/Resource/0048/ 00482151.pdf에서 이용할 수 있습니다 (2018년 1월 30일 접속).

34) UK Sport, 'Sports Gold Event Series to create a stage to inspire Games legacy', 14 November 2012, www.uksport.gov.uk/news/2012/11/14/uk-sports-gold-event-series-to-create-a-stage-to-inspire-games-legacy에서 이용할 수 있습니다 (2017년 4월 26일 접속).

35) Inside the Games, 'Gold Event Series reaches halfway target inside first year, claims UK Sport', 20 November 2013, www.insidethegames.biz/articles/1017205/gold-event-series-reaches-halfway-target-inside-first-year-claims-uk-sport에서 이용할 수 있습니다 (2017년 8월 8일 접속).

한 접근 가능성이었다. 그렇지만, 주요 스포츠 이벤트에 관해 선수 또는 관객으로서의 참여적인 차원은 또한 스포츠를 타깃으로 만들었다. 2013년 4월 보스턴 마라톤 공격과 2015년 11월의 파리 스타드 드 프랑스에서 프랑스 대 독일 축구 경기 타깃 등의 사례들은 안전한 경기 플랫폼을 제공하기 위하여 스포츠가 직면하는 도전들을 제시한다. 1972년 올림픽은 이스라엘 올림픽 팀 중에 11명의 선수, 1명의 독일 경찰관과 엉터리 구조 동안 퍼스텐펠트부르크 비행장에서 8명의 테러리스트 중에 5명 등을 사살한 테러리스트 공격을 위한 장소이었다. 특별하게 외교적인 공감을 가지는 오랜 역사는 기원전 9세기로 거슬러 올라갈 수 있고 1993년 이래로 동계와 하계 올림픽 경기와 연결해서 유엔총회에 의하여 부활되어 온 올림픽 휴전에서 찾을 수 있다. 현실적이라기보다는 오히려 이상적일지라도, 올림픽 경기 선수, 그들의 가족과 순례자 등에 대한 안전한 통행을 허용하는 뒷받침되는 개념은 여행에서 인정받은 외교관들에 의하여 향유된 면책특권과 직접적으로 동일한 것을 가진다. 동등하게, 외교적 기반시설은 지속적으로 안전 문제에 직면해 왔는데, 전 세기를 통하여 내내 대사와 대사관 등은 공격의 타깃 목표이었다. 시기별 전통외교에서의 다양한 요점은 구내 또는 벙커bunker안에서 피난을 모색해 왔지만 이러한 행동은 불가피하게 외교 수행을 위한 능력을 방해해 왔다. 외교와 스포츠의 기반시설은 더 이상 순수하게 물질적이지 않다. 스포츠의 미래가 밝히는 반면에, 주요 스포츠와 외교 수행 등을 떠받치는 전자 기반시설은 21세기에도 필수불가결해서 취약하기도 하다. 이러한 안전 도전을 살피는 것은 외교뿐만 아니라 조직의 도전과 이것들을 살피기 위한 개별국가들의 능력을 지속적으로 넘어서는 부담 등을 위한 기회를 제공한다. 스포츠에서 안전의 초국경을 인식하는 것은 다층 기관인 국제 협력(특별하게 첩보 아젠다에 대해서)을 필요로 한다. 즉, 스포츠와 외교 등을 위한 균형은 이에 따라서 접근 가능성과의 안전을 조화시키는 것이다.

## 외교 유산을 지렛대로 활용하기

본서에서 살펴본 문제점과 한계 등에 대한 대응의 일환은 일반적으로 외교 목적과 유산 아젠다로 언급된다. 그렇기에 외교 목적이 포함된 광범위한 구조적 목적에 공헌하기 위한 올림픽과 패럴림픽의 역량을 고려해야만 했었다. 긍정적인 혜택을 염두에 두고 광범위한 정책의 목적을 달성하기 위한 지렛대로서 이벤트를 활용하려 시도하는 전략이 있다. 이러한 의식적인 개발에 연관된다는 희망에 의해 이벤트 운영 사이에서 근본적인 차이가 존재한다. 로차는 이것을 그가 고려했던 2016년 리우 하계올림픽과 패럴림픽 게임으로부터 나온 긍정적인 외교 구상을 지렛대로 활용하기 위한 기획을 할 때 브라질 정치인과 외교관 등에 관한 제한적인 개입을 특정했다.[36] 이것은 2012년 런던 경기의 진행으로 특징했던 유산 기획과는 대조적이었다. 유산을 위한 기회의 체계적인 증거는 치열한 경쟁에 직면해서 응모 성공에 필수적이고 대다수의 평론가에 의한 가장 유력한 우승후보로 여겨지지 않았던 시기이었다.[37] 긍정적인 사회 유산을 달성하는 준수는 국내적인 사회정책 목적을 지렛대로 활용하는데 올림픽을 활용하는 문제만 아니었다. 이것은 또한 배려하는 포용적인 사회로서 국제적으로 영국의 이미지를 기획하기 위한 잘 기획된 노력에 반영되었다. 이러한 면에서 패럴림픽 경기는 특별하게 의미 있는 기능을 수행했다.[38] 2017년 개막된 건강과 복지센터로서 주요 올림픽 장소와 스트라트포드에 있는 퀸 엘리자베스 공원 등으

36) Claudio Rocha, 'Support of politicians for the 2016 Olympic Games in Rio de Janeiro', *International Journal of Sport Policy and Politics*, 35:4 (2016).

37) Ian Brittain and Aaron Beacom, 'Leveraging Paralympic legacy', *Journal of Sport and Social Issues*, 40:6 (2016),

38) House of Commons Foreign Affairs Select Committee, 'FCO and public diplomacy: the Olympic and Paralympic Games 2012' – second report of session 2010–2011. February 2011, www.publications.parliament.uk/pa/cm201011/cmselect/cmfaff/581/581.pdf에서 이용할 수 있습니다 (2017년 4월 26일 접속).

로부터 약 160마일 떨어진 세필드 올림픽유산공원은 유산이 지렛대로 활용할 수 있는 방식에 관한 증거이다.[39]

긍정적인 유산 진흥과의 우려는 개최 도시와 정부 등을 위한 쟁점만이 아니다. 국제올림픽위원회는 자체적인 개발에서 직접적인 이해관계를 가져 왔었는데, 특별하게 국제문제에서 중개자로서였다. 예를 들면, 2000년 시드니 올림픽 경기의 맥락에서 남북한 커뮤니케이션을 위한 전달자로서 올림픽 경기와 연계를 통하여 과거에 반영되어왔다.[40] 2016년 올림픽과 패럴림픽 경기와 관련된 가장 최근에, 난민 지위를 지닌 선수팀 분야는, 각각 국제올림픽위원회와 국제패럴림픽위원회 깃발 아래에서 경쟁 중인, 국제위기에서 효과적인 지원을 제공하는 광범위한 유산을 창조하기 위해 이와 같은 약속을 반영했다.[41] 올림픽 연대를 통하여 조정된 선수개발 이니셔티브와 가장 최근에 아지토스 재단Agitos Foundation, 각각 올림픽과 패럴림픽 운동과 연계된 국제개발기구도 이러한 맥락에서 고려될 수 있다.[42] 기본적으로 선수와 기반시설 지원과 관련된 것이 자원 빈곤 국가들에게 필요하다. 반면에 이러한 이니셔티브는 광범위한 인간개발 약속으로 보면 올림픽과 패럴림픽 운동의 이미지를 제공할 능력을 가지고 있다.

동시에, 정치적 사회적 자본과 관련한 효과적인 유산들은 광의의 맥락에서 고려될 때 메가스포츠이벤트의 응모와 개최 등에 대한 불협화음이 나타날 수 있고, 이제까지 오해되거나 저평가 된 이익에 관한 효율적인 표시를 제안한다. 이러한 맥락에서, 셍큡타의 델리 영연방국

---

39) Olympic Legacy Park, Sheffield, http://olympiclegacypark.co.uk/about에서 이용할 수 있습니다 (2017년 7월 20일 접속)를 보라.

40) Aaron Beacom, *International Diplomacy and the Olympic Movement: The New Mediators* (Basingstoke: Palgrave, 2012).

41) Aaron Beacom, 'The Paralympic Movement and diplomacy: centering disability in the global frame', in Ian Brittain and Aaron Beacom (eds), *Palgrave Handbook of Paralympic Studies* (Basingstoke: Palgrave, 2018).

42) Brittain and Beacom, 'Leveraging Paralympic legacy'.

가경기 준비에서 추방당한 사람들의 대우에 대한 관심을 통해서 정치 활동주의 부상에 대한 언급과 새로운 정당에 관한 이어진 창당은 중요하다.[43] 이어지는 패럴림픽 경기의 맥락에서, 아마 2021년 런던과 관련된 최적의 다큐멘터리는, 패럴림픽이 정책결정자들에게 정보를 제공할 방법을 모색하고 관심을 정확히 설명하기 위한 장애인기구의 지침으로서 다양하게 행동해 왔음을 보여준다. 이처럼, 국제패럴림픽위원회는 외교적 프레임에서 글로벌 선수로서 관여할 역량을 가지는데, 장애인 공동체의 이익을 대표하는 것이다.[44]

## 기술과 스포츠 외교

외교가 수행하는 방식을 변화하기 위한 기술 발전의 역량은, 즉 커뮤니케이션, 대표와 교섭 등에 관한 수정된 접근방법은, 외교에 관한 작가들로부터 광범위한 논평을 도출해 온 요인이다.[45] 이러한 수정된 형식들 중에 하나로서 소셜 미디어는 시민사회 단체와 호킹 이외의 논문에서는 '통합적인 외교'로 언급되는 것을 특징으로 하는 다른 행위자 등에 관한 외교적 프레임에서의 부상을 촉진시킬 역량을 갖는다.[46] 예를 들

43) Mitu Sengupta, 'A window into India's development story – the 2010 Commonwealth Games', *International Journal of Sport Policy and Politics State Strategies for Leveraging Sports Mega-Events*, 9:2 (2017).

44) Aaron Beacom and Ian Brittain, 'Public diplomacy and the IPC: reconciling the roles of disability advocate and sports regulator', *Diplomacy and Statecraft*, 27:2 (2016).

45) Holmes and Rofe, *Global Diplomacy*, 47-9.

46) Brian Hocking, Jan Melissen, Shaun Riordan and Paul Sharp, 'Futures for Diplomacy: Integrative Diplomacy in the 21st Century', *Netherlands Institute of International Relations* (Clingendael: The Hague, 2011). 일반적으로 공공외교에 관계된 네트워크를 논평할 때, 호킹과 다른 저자들은 전통외교의 계층적인 흐름을 대신해 오던 '다층적인 정보의 흐름'을 창출할 때 뉴 미디어 형태의 활동을 고려하는 것이다. 이러한 정보는  외교적 메시지의 '소비자'라기 보다는 오히려 '생산자'로서 만들어질 수 있고, 정책을 변화시키는데 반드시 필요하지는 않더라고, 자주 '엘리트 태도와

면, 패럴림픽 경기와 관련해서, 국제패럴림픽위원회(글로벌 행위자가 장애인 옹호뿐만 아니라 유사-스포츠 거버넌스의 정점에서 이것의 위상 등을 채택했기 때문이다)는 경기를 통한 수용과 역량 강화 등에 관한 이것의 서사를 제고시키기 위한 소셜 미디어 플랫폼에 대하여 지속적으로 의존한다.[47] 소셜 미디어는 패럴림픽 운동을 새로운 관중과 연결 짓고 '경기와 운동'에 관한 호소를 확대할 수 있는 것으로 나타난다.[48] 예를 들면, 선수와의 연계는 패럴림픽 경험의 범위에 대한 선수 시각을 제공하고 관중에 대한 경기의 새로운 차원을 여는 기회를 제공한다. 이러한 접근방법을 발전시키면서, 국제패럴림픽위원회는 장애인 선수와 자매인 광범위한 장애인 공동체 등의 관심과 이익 등을 제고하는 대표자로서 선수 대사athletes ambassadors를 특정하는 정책을 채택했다.[49]

또한 노트에 관한 것은 2012년 경기의 결과로서 트위터에 의하여 발표된 보고서가 있다. 이것은 해시태그 #Paralympics가 가장 유행화를 한 2012년 영국 스포츠 이벤트를 위한 테이블을 엎어버렸다고 밝혔다. 이것은 올림픽 경기와 수많은 유명한 프리미어 축구 클럽 등으로부터 보상 거절을 관리했다.[50] 약 50명의 유명 선수는 또한 삼성 블로거스 프로젝트에 참여했다. 이 프로젝트는 2012년 런던 경기 이전, 동안과 이후의 이면에서부터 기록과 비디오 리코딩 이후 보여주기 등으로 보았다. 600개 이상의 블로그가 업로드 되었고 30만 명 이상의 사람이 보았다.[51] 이것은 재차 주류 미디어 포맷에 의존하지 않고 이익 대표에

---

정책 선택'에 영향을 미치는 광범위한 목적을 가질 것이다.

47) Beacom, 'The Paralympic Movement and diplomacy.

48) International Paralympic Committee, 'IPC publishes Sochi 2014 social media guidelines', 14 September 2013, www.paralympic.org/news/ipc-publishes-sochi-2014-social-media-guidelines에서 이용할 수 있습니다 (2017년 8월 8일 접속).

49) Aaron Beacom, Liam French and Scott Kendall, 'Impairment re-interpreted? Continuity and change in media representations of disability through the Paralympic Games', *International Journal of Sports Communication*, 9:1 (2016).

50) Brittain and Beacom, 'Leveraging Paralympic legacy'.

대한 귀중한 통로를 제공으로 해석될 수 있다.

## 결론

세계문제의 하나의 양상으로서 스포츠가 직면 중인 다른 수많은 도전들이 다음과 같이 존재한다. 특별하게 다양한 형태의 외교 항의에 초점으로서 스포츠 이벤트의 재부상이다. 특히 2014년 소치 동계올림픽은 특정 국가의 행동에 대한 불쾌함을 정확하게 표현하기 위하여 경기를 매개로 활동하기 위한 노력을 반영했다. 이러한 동계올림픽은 크리미아 Criema병합과 우크라이나 지역에서의 적대행위 등과 동시에 발생했다. 행사를 앞두고서, 러시아는 이벤트를 국제적으로 개방되고 관용적인 사회(장애인 권리를 위한 입법을 포함한)로 선전하려는 수단으로 이벤트를 활용하려고 시도했다. 지역 이벤트는 최소한 부분적으로 이러한 노력을 무력화하는데 일조했다. 이것은 수많은 외교 항의를 통하여 반영되었는데, 특별하게 크림과 우크라이나 등에 사이 개입에 대한 반응이었다. 영국과 미국 정부는 공식 경기사절을 파견하지 않기로 결정했고 우크라이나 팀은 공개식 국가행진에 참여하지 않았다—우크라이나 국기를 들고 갈 한 명의 선수도 없이 말이다. 이것은 외교적인 맥락에서 의미심장하다. 이것은 개최국과 관련하여 항의를 표시하기 위한 주도면밀하게 고려한 외교적 대응으로 연결한 지속적인 경향을 반영하기 때문이다. 모든 특성을 갖춘 보이콧을 피하는 것은 앞자리에 있는 수많은 사람에 대하여 역효과를 낳는 것으로 간주되었다.[52] 항의는 또한 러시아에서 성소수자 공동체 권리를 제한하는 것처럼 해석되는 입법에서 변화를 둘러싼 논쟁에 대한 옹호단체의 반응을 반영했다. 게이경기연맹

---

51) Ian Brittain, From Stoke Mandeville to Sochi: A History of the Summer and Winter Paralympic Games (Champaign, IL: Common Ground Publishing, 2014).

52) Beacom, 'The Paralympic Movement and diplomacy'.

The Federation Gay Games은 러시아 정부가 공개경기 진행—패럴림픽 바로 직전 열리기 때문에 성 소수자 선수들을 위한 다중 스포츠 이벤트—을 허용하지 않는다면 경기에 참여하지 않을 것이라고 국제패럴림픽위원회 회장에게 청원했다. 결국, 러시아의 공개 경기는 안전문제 때문에 대단히 혼란했고 몇몇 논평가는 러시아 당국의 압력이 원인이라고 했다.[53] 공개적으로 게이라고 선언한 노르웨이 보건 장관 벤트 호이에Bent Hoie는 러시아에 있는 성소수자 공동체에 대한 연대를 보여주기 위하여 남편과 함께 패럴림픽 경기에 참여하겠다고 선언했다.[54]

다른 고려사항들이 외교로 개입된 국제스포츠기구의 역량과 관련된 논쟁에 들어가게 되었는데, 이해 대표자와 중개 등에 관해서 말이다. 설명 부족이 나타나고 본서에서 이미 언급된 스포츠 거버넌스에서 광범위하게 보고된 본질적인 취약점은 다양한 맥락에서 국제행위자로서 위상을 발전시키려는 피파, 국제올림픽위원회, 국제아마추어육상경기연맹 등과 같은 기구들의 야망에 의심을 가진다. 특히 2016년 올림픽 경기와 축구에서의 재정적인 직권남용과 더불어 국제스포츠 이벤트의 특징이었던 도핑 파문과 연결될 때 두드러졌다. 이러한 기구들이 어떻게 이러한 관심을 설명하는데 재구성할 수 있는 것인지에 학문적인 관심을 이끈다. 축구와 관련된 것처럼 외교에서 발전에 대한 지속적인 관심은 경기의 지속적인 글로벌 관심을 부여한다면 적절한 것이다. 톰린슨과 로등은 '축구 외교'에 관한 확대된 대화에 대한 기고는 의미심장하다.

---

53) Kathy Lally, 'Russian LGBT athletes hold Open Games despite official harassment, cancellations', *The Washington Post*, 2 March 2014, www.washingtonpost.com/world/russian-lgbt-athletes-hold-open-games-despite-official-harassment-cancellations/2014/03/02/b58ec98e-a213-11e3-84d4-e59b1709222c_story.html에서 이용할 수 있습니다 (2016년 10월 12일 접속).

54) Charlotte MacDonald-Gibson, 'Winter Olympics 2014: Norway's Health Minister to take his husband to Paralympics', *Independent*, 5 February 2016, www.independent.co.uk/sport/olympics/winter-olympics-2014-norway-s-health-minister-to-take-his-husband-to-paralympics-9110369.html에서 이용할 수 있습니다 (2016년 10월 12일 접속).

마지막으로, 우리는 국제외교에서의 스포츠의 역할을 과대포장해서는 안 된다는 것을 주의해야만 한다. 이것은 2014년 소치 동계올림픽 배경에 관심을 갖게 한다. 경기는 수많은 차원에서 외교가 어떻게 광범위하게 규정되어 기구와 전달 등에 녹아들어갈 수 있는지를 제시하는 반면에, 또한 단호한 외교정책 이익의 궤적에 영향을 주기 위한 스포츠의 한계에서 환영할 만한 교훈이다. 현실정치 외교에서 냉혹한 교훈을 살펴볼 필요가 거기에 있는 것이다.

그렇다면 전반적으로, 학자, 실무자 그리고 선수 등이 고려해야 할 많은 것이 여기에 존재한다. 스포츠와 외교 등에 대한  논의의 마무리는 다음 논쟁의 서막이 되기 때문이다. 스포츠와 외교 분야는 자주 서로와 제쳐두고 떨어졌다고 여겨졌던 재정, 거버넌스, 젠더, 정체성과 경쟁 등에 대한 다양한 쟁점들을 함께 묶는 것이다. 여기에서 본서는 경험적이고 개념적이지만 전반적으로 비판적인 분석을 통하여 이와 같이 뚜렷한 분야 고찰을 모색해 왔다. 심층적인 주목을 필요로 하는 광범위한 분야를 지적하여 연구의 새로운 분야를 제시하면서 끝을 맺는다.

# 색인

# 스포츠 공공외교

## 경기장 안의 또 다른 경기

초판 인쇄 | 2022년 6월 15일
초판 발행 | 2022년 6월 22일

저자 J. 시몬 로페
역자 김진호

펴낸곳 온누리디앤피
등록 1995년 8월 31일 제51호
주소 제주특별자치도 제주시 신성로12길 21-2
전화 064-722-0086
팩스 064-755-3380
이메일 on21@hanmail.net

ISBN 978-89-94495-75-0 93340

값 20,000원

•잘못된 책은 바꿔드립니다.

※ 이 도서는 한국국제교류재단의 지원을 받아 출간되었습니다.